AUSLANDSDEUTSCHE in PARAGUAY BRASILIEN ARGENTINIEN

Günther J. Bergmann

Die vorliegende Arbeit wurde unter dem Titel „Das Deutschtum im paraguayisch-brasilianisch-argentinischen Dreiländerbereich des oberen Paraná" vom Fachbereich 12 / Sozialwissenschaften der Johannes Gutenberg-Universität Mainz 1992 als Dissertation zur Erlangung des akademischen Grades eines Doktors der Philosophie (Dr. phil.) angenommen.

Die Deutsche Bibliothek – CIP-Einheitsaufnahme
Bergmann, Günther J.:
Auslandsdeutsche in Paraguay, Brasilien, Argentinien / von Günther J. Bergmann. – Bad Münstereifel: Westkreuz-Verl., 1994
Zugl.: Mainz, Univ., Diss., 1992 u. d. T.: Bergmann, Günther J.: Das Deutschtum im paraguayisch-brasilianisch-argentinischen Dreiländerbereich des oberen Paraná

ISBN 3-929 592-05-3

© 1994 Westkreuz-Verlag GmbH Berlin/Bonn,
53902 Bad Münstereifel
Herstellung: Westkreuz Druckerei Ahrens KG Berlin/Bonn,
12309 Berlin

Inhalt

Abkürzungsverzeichnis		IX
Begriffserläuterungen		X
Vorwort		XI

1. Einleitung 1

2. Die deutschen Migrationsbewegungen nach Amerika im 19. Jahrhundert 4

2.1 Die politisch-wirtschaftliche Ausgangslage in den deutschen Staaten und die Emigrationsgründe 4
2.2 Die Herkunftsgebiete der Auswanderer 10
2.3 Die Entscheidungskriterien bei der Zielsuche 11
2.4 Ausgangslage und Aufnahmegründe der Zielländer 12
2.5 Die Siedlungsgebiete und Siedlungsformen in Südamerika 14

3. Die deutschen Volksgruppen in Südamerika bis zur Machtergreifung der Nationalsozialisten in Deutschland 22

3.1 Das rapide Anwachsen der deutschen Volksgruppen bis zum Jahre 1933 23
3.2 Die Auswirkungen des Ersten Weltkrieges auf das Auslandsdeutschtum und dessen Stellung zum Deutschen Reich 27
3.3 Die Organisationsformen deutscher Volksgruppen – Fallbeispiel Paraguay 31
3.4 Das Engagement der Deutschen in den Volksgruppen und in der Politik der Gastländer 36
3.5 Wirtschaftliche Entwicklung und Arbeitsorganisation der Kolonien – Fallbeispiel Brasilien 39

4. Das Auslandsdeutschtum Südamerikas in den Jahren der NS-Diktatur in Deutschland 45

4.1 Die Auslandsdeutschen als Zielgruppe der Nationalsozialisten 46
4.2 Der Einsatz der NSDAP-Landesgruppen und seine Konsequenzen im Untersuchungsgebiet – Fallbeispiel Argentinien 48
4.3 Südamerika als Zufluchtsort deutscher Juden und politischer Flüchtlinge 54
4.4 Die Dreiecksbeziehung zwischen Alteingessenen, Flüchtlingen und Nationalsozialisten 57

4.5	Die Lage der deutschen Volksgruppen in Paraguay und Brasilien am Ende des Zweiten Weltkrieges	59

5.	**Mennoniten in Südamerika — eine Religionsgemeinschaft auf der Wanderschaft**	**70**
EXKURS A: Die Wanderungen der Mennoniten		**71**
EXKURS B: Einige Grundbegriffe des mennonitischen Glaubens		**74**
5.1	Die Mennoniten entdecken Paraguay und Brasilien als Siedlungsziele	75
5.2	Der Aufbau und die Organisation der Mennonitenkolonien — Fallbeispiele Menno und Krauel	82
5.3	Das Beziehungsgeflecht zwischen den Mennoniten, den anderen deutschen Siedlern und den Einheimischen	85
5.4	Die kulturellen und sozialen Einrichtungen der Siedlungen	87
5.5	Die Mennoniten und das Dritte Reich	89

6.	**Der Neubeginn**	**101**
6.1	Die letzte größere Zuwanderung	102
6.2	Die versuchte Überwindung einer Spaltung	105
6.3	Der Wandel im Selbstverständnis der Deutschen — die Einwandererkirchen vollziehen einen wegweisenden Schritt	108
6.4	Die Ideen des Karl von Koseritz — Perspektiven für das Deutschtum im Beobachtungsraum?	114
6.5	Deutsch-jüdische Gemeinden in Südamerika	115

7.	**Die Nachkriegsentwicklung der deutschen Volksgruppen in Paraguay und Brasilien**	**124**
7.1	Aufbau und Normalisierung des deutschen Vereinswesens in Paraguay	125
7.2	Versuch einer Wiederbelebung des zerschlagenen Volksgruppenlebens in Brasilien	127
7.3	Neuerliche Belastungsproben durch flüchtige Nationalsozialisten	129
7.4	Die deutschstämmigen Präsidenten Stroessner und Geisel als Exponenten politischer Partizipation?	135
7.5	Gibt es eine Zukunft für deutschsprachige Zeitungen im Untersuchungsgebiet?	138

8.	**Die Mennonitenkolonien in Paraguay und Brasilien heute**	148
8.1	Der Chaco, Ostparaguay und Südbrasilien im Zahlenvergleich	149
8.2	Die Mennonitensiedlungen als Wirtschaftsfaktoren	156
8.3	Das mennonitische Schulsystem heute	163
8.4	Mennoniten und Indianer in Paraguay — ein Verhältnis mit Modellcharakter?	166
9.	**Das paraguayisch-brasilianisch-argentinische Grenzgebiet als neuer Siedlungsraum**	173
9.1	Gründe und Voraussetzungen für eine Ansiedlung im östlichen Paraguay	174
9.2	Brasiliendeutsche lassen sich nieder	178
9.3	Die neuen Kolonien in Paraguays Osten — Fallbeispiel Casilla Dos	183
9.4	Die Kolonisation und ihre Auswirkungen auf Natur und Umwelt dieser Region	188
10.	**Die aktuelle Lage der deutschen Volksgruppen im deutsch-südamerikanischen Beziehungsgeflecht**	195
10.1	Der Primat der transnationalen Beziehungen zwischen Deutschland und Südamerika	196
10.2	Die Beteiligung der politischen Stiftungen an der nicht-staatlichen Entwicklungszusammenarbeit	200
EXKURS C: Die Wirtschaftskontakte zwischen Deutschland und Südamerika		203
10.3	Der Einsatz privater Organisationen — Fallbeispiel VDA	207
10.4	Das deutsche Auslandsschulwesen als Aufgabenbereich privaten und staatlichen Engagements in Südamerika	211
10.5	Selbstverständnis und Grad der Integration der Deutschstämmigen	216
10.6	Die Deutschen im Untersuchungsgebiet und im restlichen Südamerika — eine Zahlenübersicht	219
11.	**Zusammenfassung und Ausblick**	232
12.	**Anhang**	238
13.	**Literatur- und Quellenverzeichnis**	242

Abkürzungsverzeichnis

AA	=	Auswärtiges Amt
AEM	=	Associaçao Evangélica Menonita
A.F.I.	=	Asociación Filantrópica Israelita (früher: Hilfsverein deutschsprechender Juden)
AMAS	=	Associaçao Menonita de Assistência Social
AMB	=	Associaçao Menonita Beneficente
BDMP	=	Bund Deutscher Mennoniten in Paraguay
BfAI	=	Bundesstelle für Außenhandelsinformationen
BMZ	=	Bundesministerium für wirtschaftliche Zusammenarbeit
BVA	=	Bundesverwaltungsamt
BzfpB	=	Bundeszentrale für politische Bildung
CMAPW	=	Cooperativa Mista Agro-Pecuária Witmarsum Ltda.
DAI	=	Deutsches Auslandsinstitut
DELPS	=	Deutsche Evangelische La-Plata Synode
DVP	=	Deutscher Volksbund für Paraguay
EGSC	=	Evangelischer Gemeindeverband Santa Catarina
EKD	=	Evangelische Kirche in Deutschland
EKLBB	=	Evangelische Kirche Lutherischen Bekenntnisses in Brasilien
ELKC	=	Evangelisch-Lutherische Kirche in Chile
ELS	=	Evangelisch-Lutherische Synode von Santa Catarina, Paraná und anderen Staaten Brasiliens
FAO	=	Food and Agriculture Organization (mit den UN verbundene Welternährungsorganisation)
FES	=	Friedrich-Ebert-Stiftung
FNS	=	Friedrich-Naumann-Stiftung
HSS	=	Hanns-Seidel-Stiftung
IBB	=	Indianer-Beratungsbehörde
ICPA	=	Instituto Cultural Paraguayo-Alemán
KAS	=	Konrad-Adenauer-Stiftung
MBS	=	Mittelbrasilianische Synode
MCC	=	Mennonite Central Committee
MGdS	=	Der bras. Bundesstaat Mato Grosso do Sul
MS	=	Deutsche evangelisch-lutherische Synode von Missouri, Ohio und anderen Staaten
NGO	=	Nongovernmental Organizations
NSDAP-A.O.	=	Nationalsozialistische Deutsche Arbeiterpartei - Auslandsorganisation
ODESSA	=	Organisation der ehemaligen SS-Angehörigen
PR	=	Der bras. Bundesstaat Paraná
RGdS	=	Der bras. Bundesstaat Rio Grande do Sul
RGS	=	Riograndenser Synode
S.C.	=	Der bras. Bundesstaat Santa Catarina
S.P.	=	Der bras. Bundesstaat Sao Paulo
SVR	=	Stiftungsverband Regenbogen
VDA	=	Verein für das Deutschtum im Ausland

Begriffserläuterungen

Paßdeutsche	=	Inhaber der deutschen Staatsangehörigkeit.
Reichsdeutsche	=	Inhaber der deutschen Staatsangehörigkeit bis 1945.
Bundesdeutsche	=	Inhaber der deutschen Staatsangehörigkeit seit 1949.
Volksdeutsche	=	Personen, die nicht (mehr) die deutsche Staatsangehörigkeit besitzen, sich aber wegen Abstammung und Sprache zum Deutschtum bekennen.
Streudeutsche	=	Deutsche, die nicht in geschlossenen deutschen Siedlungen im Ausland, sondern über das Land verstreut, leben.
Stadtdeutsche	=	Deutsche, die in den großen Städten anzutreffen sind.
Kontraktdeutsche	=	Paßdeutsche, die im Auftrag einer deutschen Firma o. ä. nur für eine bestimmte Zeit im Ausland verweilen.
Investitionsdeutsche	=	Bundesdeutsche, die zum Zweck der Geldanlage Ländereien u. ä. im Ausland erwerben.
Cono Sur	=	Der südliche Teil des amerikanischen Subkontinentes, auch Südgürtel genannt.

Vorwort

Bei der Erstellung der vorliegenden Arbeit fand ich von Beginn an viele Helfer, so daß gleich mehrere Einzelpersonen, Institute und Vereine zur Vollendung dieser Dissertation beitrugen.
Stellvertretend für alle, die mich während der verschiedenen Bearbeitungsphasen unterstützten, möchte ich mich herzlich bei

>Herrn Gary J. Waltner von der „Mennonitischen Forschungsstelle" in Weierhof/Pfalz,
>Herrn Alfredo J. Schwarcz vom Altenheim „Adolfo Hirsch" in Buenos Aires,
>Herrn Manfredo Levin von der „Asociación Mutual Israelita Argentina" (AMIA) in Buenos Aires,
>Herrn Gerhard Ratzlaff in Asunción,
>Pater Wendelin Gruber in San Cristobal/Ostparaguay,
>Herrn Peter Pauls in Witmarsum/Brasilien,
>Herrn Werner Cohen in Buenos Aires
>und beim „Verein für das Deutschtum im Ausland" (VDA) in St. Augustin

für die entgegengebrachte Hilfe bedanken.

Mein besonderer Dank gilt jedoch meinem Doktorvater, Herrn Professor Dr. Manfred Mols vom Institut für Politikwissenschaft der Johannes Gutenberg-Universität Mainz, der mir stets mit seinem kritischen Rat zur Seite stand und mir dabei dennoch genügend Freiräume ließ.

Kalkar/Mainz, im Oktober 1992   Günther J. Bergmann
Kalkar, im November 1994

1. Einleitung

Die vorliegende Untersuchung zeigt die Geschichte, Entwicklung und aktuelle Situation der deutschstämmigen Bevölkerungsteile im paraguayisch-brasilianisch-argentinischen Dreiländerbereich auf.
Während auf die Beschreibung der frühen Einzeleinwanderungen weitgehend verzichtet wird, nimmt die Darstellung der im 19. Jahrhundert einsetzenden Massenemigration aus Deutschland und des daraus resultierenden Anwachsens der Immigrationszahlen in Südamerika im allgemeinen und im Untersuchungsgebiet im besonderen einen wichtigen Platz in der Vorbereitung auf die Schilderung der aktuellen Lage der Volksgruppen ein. Mit dieser Vorgehensweise trägt die Arbeit dem Stellenwert der Geschichte für das Auslandsdeutschtum Rechnung.
Der Leser merkt schnell, daß die Historie in vielen Bereichen der Gegenwart eine wichtige und gleichzeitig stützende Funktion einnimmt. Da in Teilgebieten, besonders bei den deutschsprachigen Mennoniten, auf Traditionen vergangener Jahrhunderte zurückgegriffen wird, findet sich eine Vielzahl historisch begründeter Elemente des Volksgruppenlebens noch heute.
Für die Mennoniten werden in Form von Exkursen Hintergrundinformationen über Wanderungen und Glauben, die das Zusammenleben in den heutigen Kolonien Paraguays und Brasiliens leichter verständlich machen, vorangestellt.

Die Schilderung der großen Migrationsbewegungen und die Darstellung der Volksgruppenarbeit in thematischem und zeitlichem Parallellauf hebt vordringlich auf die Entwicklung in Paraguay und Brasilien ab, um ein Verständnis für die späteren Geschehnisse in dieser Region zu schaffen. Dies ermöglicht dem Leser durchgehend, neben den großen Verlaufslinien die ortsbezogene Umsetzung politischer Veränderungen zu verfolgen. Die Zeit der nationalsozialistischen Diktatur in Deutschland wird am Fallbeispiel Argentinien dargestellt, da somit die Geschehnisse im Beobachtungsraum und die Konsequenzen für das Auslandsdeutschtum in einem geschlossenen Rahmen erscheinen.
Nach der eingehenden Bestandsaufnahme für den Bereich der Volksgruppen nach dem Zweiten Weltkrieg und der Beschreibung des Neubeginns im Untersuchungsgebiet folgt eine Auseinandersetzung mit der neuesten Entwicklung in der Region um den Río Paraná auf brasilianischer und paraguayischer Seite. Hier ist es in den letzten 2 Jahrzehnten zu einer bedeutenden Migrationsbewegung deutschstämmiger Brasilianer gekommen, deren Aus-

maß und geographische Verteilung bis dato nur wenig Eingang in die Literatur gefunden haben. Der Versuch, diesen neuesten Teilbereich in die Darstellung der Gesamtentwicklung mit anschließender Beurteilung der Zukunftsperspektiven zu integrieren, bildet im folgenden einen Schwerpunkt. Dabei spielen neben den Fakten besonders Hintergründe und Strukturen eine wichtige Rolle, damit der Leser so den Verlauf einordnen kann.

Es leuchtet ein, daß die Untersuchung wegen ihrer Komplexität auf die politischen Vorgänge in den betroffenen Staaten des südlichen Amerika nur begleitend eingehen kann, da die Arbeit primär den Weg der deutschstämmigen Bevölkerungsteile Südamerikas, jedoch nicht den der südamerikanischen Staaten aufzeigt. Eine Vielzahl allgemeinpolitischer Aspekte erscheint daher auf den für das Thema relevanten Teil reduziert.

Wenn in der Arbeit, wie in der Forschung generell üblich, der Begriff „DEUTSCH" verwendet wird, so schließt dies auch Volksdeutsche, Österreicher und deutschsprachige Schweizer ein. Die deutsche Sprache dient somit als Zuordnungskriterium, da viele der Emigranten auch vor Ankunft in Südamerika nicht im geschlossenen deutschen Siedlungs- und Sprachraum gelebt hatten, sich jedoch zum Deutschtum zugehörig fühlten. In Einzelbereichen kann dennoch eine Berücksichtigung besonderer landsmannschaftlicher Gegebenheiten erfolgen.

Es sei darauf hingewiesen, daß sich die vorliegende Untersuchung mit den autochthonen Deutschen im Untersuchungsgebiet beschäftigt. Kontrakt- und Investitionsdeutsche unterliegen anderen Gesetzmäßigkeiten und finden deshalb nur in Teilbereichen Erwähnung.

Um dem Leser die Bedeutung der schwerpunktmäßig beschriebenen Volksgruppen Paraguays und Brasiliens, aber auch der Argentiniens zu verdeutlichen, werden ständig Vergleiche zu anderen deutschstämmigen Bevölkerungsgruppen Südamerikas in Form von Zahlen und Einzelbeispielen angestellt. Die Abgrenzung des Arbeitsthemas verlangt allerdings, darauf hinzuweisen, daß diese Bezugnahme nur einen Nebenaspekt der Untersuchung darstellen kann. Sie erleichtert dem Leser jedoch die Einordnung der Vorgänge in die Gesamtentwicklung des südamerikanischen Deutschtums. Des weiteren sollen die angeführten Literaturhinweise dem Interessenten den Einstieg zur Vertiefung in das Themas ermöglichen.

Es darf deshalb kein Zweifel bestehen, daß das Hauptaugenmerk auf den Entwicklungen in Paraguay und dem südlichen Brasilien sowie deren Schnittstelle am Río Paraná liegt.

Was den Forschungsstand für den Bereich des Auslandsdeutschtums auf dem amerikanischen Subkontinent anbetrifft, so ist festzustellen, daß es eine Vielzahl von häufig veralteten Arbeiten zu verschiedenen Teilgebieten gibt, jedoch nur eine, mittlerweile 15 Jahre alte Zusammenfassung durch Hartmut

Fröschles Buch „Die Deutschen in Lateinamerika" aus dem Jahre 1979 verfügbar ist. Das Sammelwerk beschreibt die Verlaufsgeschichte der Deutschen in allen iberoamerikanischen Staaten und gilt bis heute als ein Standardwerk. Weitere allgemeinumfassende Darstellungen neueren Datums fehlen weitgehend, so daß häufig, wie im Fall der Mennoniten, nur Beschreibungen einzelner Gruppen, Länder und Aspekte vorliegen. Gerade die Mennoniten haben in der Vergangenheit zahlreiche Bücher über ihre Lebensform und Vorstellungen herausgebracht, wobei auffällt, daß deren Verfasser in der Regel dieser Glaubensgruppe angehörten.

Schließlich sei noch auf verschiedene Arbeiten Gerd Kohlhepps hingewiesen, die sich mit den Migrationen im Beobachtungsraum sowie deren Auswirkungen auf die Umwelt befassen. Da sie erstmals die ökologischen Konsequenzen der großen Wanderungsbewegungen neuerer Zeit in Brasilien und Paraguay eruieren, haben sie für den Untersuchungsgegenstand ein besonderes Gewicht.

Bei der großen Bedeutung Südamerikas für das Auslandsdeutschtum in aller Welt (siehe Karte nächste Seite) nimmt das Untersuchungsgebiet eine besondere Stellung ein. Ziel dieser Arbeit soll in erster Linie die Zusammenfassung der bedeutenden Geschehnisse für die in Paraguay und Brasilien lebenden Deutschstämmigen sein.

Der damit zu erzielende Synergieeffekt fördert eine eingehende Darstellung zutage und liefert dem Leser einen Gesamtüberblick der Entwicklung im paraguayisch-brasilianisch-argentinischen Dreiländerbereich bis in die Gegenwart.

2. Die deutschen Migrationsbewegungen nach Amerika im 19. Jahrhundert

Im Lauf des 19. Jahrhunderts fanden sowohl die südamerikanischen Staaten als auch Deutschland zu einer nationalstaatlichen Ordnung. Trotz dieser Gemeinsamkeit stellte sich die Situation in den beiden Regionen völlig unterschiedlich dar: während sich der amerikanische Subkontinent (mit Ausnahme der 3 Guayanas) im Lauf der ersten 3 Jahrzehnte von den Kolonialmächten Spanien und Portugal löste, vollzogen die zahlreichen deutschen Einzelstaaten erst nach dem Sieg über Frankreich im Jahre 1871 ihre staatliche Einheit in Form des Deutschen Reiches.

Die in Südamerika entstandenen unabhängigen Staaten übernahmen historische Grenzen aus der Kolonialzeit und nannten häufig noch unentdeckte, unbesiedelte Gebiete ihr eigen. Grenzstreitigkeiten und Kriege zur Klärung von Territorialfragen gehörten daher bis in die Gegenwart zu den Entwicklungsprozessen des Kontinents. Aufgrund der großen Landmengen bei relativ geringen Bevölkerungszahlen gelangten die souveränen Staaten nach und nach zu der Überzeugung, daß es für die wirtschaftliche Fortentwicklung und die territoriale Sicherung einer massiven Einwanderung bedurfte.

In den deutschen Staaten bzw. im später vereinten Deutschen Reich gab es wegen der wirtschaftlichen Misere und der politischen Spannungen im Lauf des 19. Jahrhunderts ein großes Emigrationspotential für überseeische Zielländer, dessen sich primär die Vereinigten Staaten bereits bedienten, als die Bemühungen um deutsche Zuwanderung durch die Länder des Subkontinents begannen. Die Zeit des überseeischen Massenexodus aus Deutschland hatte begonnen, und auch die Staaten im Untersuchungsgebiet, Brasilien, Argentinien sowie Paraguay, profitierten davon in der Folgezeit in großem Ausmaß.

2.1 Die politisch-wirtschaftliche Ausgangslage in den deutschen Staaten und die Emigrationsgründe

Nachdem es in den vorausgegangenen Jahrhunderten lediglich zu Einzel- und Gruppenauswanderungen aus den verschiedenen deutschen Ländern nach

Südamerika gekommen war, setzte mit Beginn des 19. Jahrhunderts eine Wende in bezug auf die Emigration ein. Hatten bis zu diesem Zeitpunkt vornehmlich Ausreisen aus wissenschaftlichen oder aus ideellen Gründen stattgefunden[1], so entwickelte sich für eine beträchtliche Zahl von Menschen die Frage nach Verbleib in der Heimat oder Auswanderung nach Übersee zu einer mehr und mehr existentiellen, wirtschaftlichen Überlegung.

Forscher wie Alexander von Humboldt, Caspar Rueß und Thaddeus Haenke, Expeditionsteilnehmer wie Nicolas Federmann und Hans Staden oder Söldner wie Ulrich Schmidel (auch Schmidl), Ambrosius Dalfinger und die Männer in den Heeren Cortes' und Cabrals waren ausnahmslos als Einzelpersonen oder in kleinen Gruppen nach Südamerika gekommen.[2] Lediglich bei den Söldnertruppen spielten wirtschaftliche Überlegungen eine entscheidende Rolle.[3]

Die bis dahin nach Südamerika gelangten Deutschen halfen bei der Entdeckung und Entwicklung des Kontinents und hatten meist nicht vor, für den Rest ihres Lebens in der Ferne zu bleiben.

Die später eintreffenden Jesuiten, die von 1609 bis 1767 diverse Reduktionen in Südamerika errichteten, und die deutschen Befreiungskämpfer um Simon Bolívar brachten erstmals eine Trendwende in bezug auf die Verweildauer. Auch wenn ihnen später teilweise der Verbleib auf dem amerikanischen Subkontinent verwehrt wurde, kamen viele mit dem Ziel, fernab ihrer Heimat seßhaft zu werden.[4]

Es waren anfangs also die verschiedenen Reize des neu entdeckten Kontinents, die zu einer Reise in die spanischen bzw. portugiesischen Kronkolonien animierten, nicht primär die Situation in der Heimat.

Dies änderte sich mit Beginn des 19. Jahrhunderts erheblich. Nachdem während der vorangegangenen Jahrhunderte nur wenige Deutsche nach Südamerika gelangt waren, setzte nun eine Massenauswanderung in Richtung des amerikanischen Subkontinents ein. Diese neue Wanderungsbewegung kann als Teil des in diesem Jahrhundert einsetzenden Massenexodus aus den deutschen Einzelstaaten nach Übersee eingestuft werden. Unumstrittenes Hauptziel waren dabei die Vereinigten Staaten von Amerika, die etwa 90% der Emigranten aus dem Gebiet des späteren Deutschen Reiches aufnahmen, während Südamerika von vergleichsweise kleineren Nebenströmen dieser überseeischen Auswanderung profitierte.

Wie kam es zu dem starken Anstieg der Emigrationszahlen? Welche politischen und wirtschaftlichen Gründe lassen sich für jene Zeit als Auslöser der transatlantischen Wanderungsbewegungen eruieren? Die politische Unzufriedenheit kulminierte in diesen Jahren ebenso wie die wirtschaftliche Not breiter Bevölkerungsschichten im pränationalen Staatengefüge auf deutschem Boden.

Ohne daß im einzelnen auf politische Strukturen und Entwicklungen in den deutschen Staaten eingegangen wird, sei hier z. B. auf die unerfüllten Hoffnungen und Wünsche der nationalen Bewegung nach dem Wiener Kongreß von 1815 hingewiesen. Anstelle des erhofften deutschen Nationalstaates hatte sich ein loser Staatenbund, bestehend aus 35 souveränen Einzelstaaten und 4 freien Reichsstädten, entwickelt. Dies erschien vielen aus den napoleonischen Befreiungskriegen heimkehrenden Soldaten, einem großen Teil der Intellektuellen und vor allem den Studenten als Versuch der Restauration alter Machtstrukturen. Der studentische Zusammenschluß in einer Burschenschaft sowie die von Studenten und Professoren gleichermaßen getragenen nationalen und liberalen Strömungen wollten diese Ordnung nicht akzeptieren.

In den Folgejahren eskalierten die Ereignisse: dem Wartburgfest im Jahre 1817 folgten die Karlsbader Beschlüsse von 1819, die den Beginn der sogenannten „Demagogenverfolgungen" darstellten. Die Burschenschaft wurde ebenso verboten wie die öffentliche Kritik an dem bestehenden Staatsgefüge. Ferner sollte eine Zensur von Druckerzeugnissen die Ruhe wiederherstellen. Universitätsprofessoren und studentische Anführer konnten nach diesen Beschlüssen aus ihren Stellungen entlassen oder mit Haft bestraft werden, wenn sie gegen die Bestimmungen verstießen.

Nach der Revolution von 1848/49, dem gescheiterten Versuch, u. a. eine nationalstaatliche Ordnung für Deutschland zu erzwingen, entschieden sich große Teile der nationalen und liberalen Bewegungen zur Auswanderung nach Übersee.

Die Zahl politisch motivierter Emigrationen wuchs in den Jahren der „Demagogenverfolgung" stetig und stieg nach dem Scheitern der Revolution steil an.[5]

Zeitlich parallel verschlechterte sich die wirtschaftliche Situation in den deutschen Staaten des 19. Jahrhunderts erheblich.

Die Mißernte des Jahres 1816 war der erste große Auslöser für die Auswanderung besonders aus den südlich und südwestlich gelegenen Gebieten. Diese aus der Landwirtschaft (um einen Terminus technicus unserer Zeit zu verwenden) kommenden, meist verarmten Emigrationswilligen sahen für sich bei einem stärker werdenden Bevölkerungsdruck keinen anderen Ausweg als das Verlassen ihrer angestammten Heimat.

Nach dem Verlust der Kriegsabsatzmärkte, den schlechten Ernteerträgen bei gleichzeitig rapide steigenden Preisen und der Aufhebung der Kontinentalsperre waren die Menschen speziell in ländlichen Regionen oft nicht mehr in der Lage, für ihren Lebensunterhalt zu sorgen. Das Bevölkerungswachstum und die einsetzende Verarmung traf in der Folgezeit neben Kleinbauern, Pächtern und landwirtschaftlichen Hilfskräften auch die handwerklichen Berufsgruppen, da die Teuerung zunahm und das Wirtschaftsgefüge mit der aufkommenden industriellen Revolution in Bewegung geriet. Hier hatte Englands Vorsprung auf dem Fertigungssektor, der nach Beendigung der Kontinentalsperre deutlich spürbar wurde, zum Teil gravierende Konsequenzen, so daß nach und nach die Auswanderung zu einer Rettung aus der Not für breite Schichten der Bevölkerung wurde.

Kurz gefaßt kann man für diese Zeit von einer Kumulation der Emigrationsgründe sprechen: immenser Bevölkerungsdruck, große Ernährungsengpässe, starke Verteuerung der Produkte, Unzufriedenheit mit der politischen Situation, Unterbeschäftigung und Arbeitslosigkeit bewirkten einen sprunghaften Anstieg der Auswanderungszahlen.[6]

Da die Städte und Gemeinden unter den zusätzlichen Belastungen durch die Verarmung großer Teile ihrer Bevölkerung litten, waren sie häufig dankbar, wenn sich solche Bewohner zur Auswanderung entschlossen. Hier erkennen wir eine Parallele zu den politischen Emigranten, derer man sich ebenfalls gern mittels Auswanderung entledigte.

Die dargestellte Kombination von politischer Unzufriedenheit und wirtschaftlicher Not ergab zuerst eine stark anwachsende Wanderungsbewegung innerhalb der deutschen Gebiete primär von Süden nach Norden. Da entweder Hamburg und Bremen oder die niederländischen Häfen als die „Tore zur Neuen Welt" dienten, wurden die deutschen Staaten von Wanderstraßen durchzogen, die im Lauf des 19. Jahrhunderts von vielen tausend Ausreisewilligen genutzt wurden. Für viele von ihnen endete die Auswanderung allerdings bereits noch auf deutschem Gebiet, da ihnen die – häufig durch Verkauf des gesamten Besitzes erworbenen – Ersparnisse ausgingen und sie so die Passage nicht mehr bezahlen konnten. Daher verwundert es nicht, daß z. B. der Niederrhein als Grenzregion zu den Niederlanden ungewollt zu einer Art Auffangbecken vieler emigrationswilliger Pfälzer wurde, die sich wegen der Finanzknappheit die Überfahrt nicht mehr leisten konnten und sich fortan beispielsweise im Herzogtum Kleve niederließen.[7]

Daß dennoch eine solch große Zahl von mittellosen Bürgern die Reise nach Übersee antrat, lag daran, daß die Preise durch den vermehrten Schiffsverkehr, die Steigerung der Transportkapazitäten und neue Finanzierungsarten relativ erschwinglich blieben. Die Ladezonen der Schiffe wurden für die Atlantiküberquerung notdürftig als Aufenthaltsorte der Emigranten umgebaut. So konnten Handelsschiffe nach Löschung ihrer Ladung in Europa die deutschen Auswanderer aufnehmen und die Zahlen der Passagen deutlich erhöhen. Die Enge und die hygienischen Verhältnisse an Bord waren oft katastrophal und hatten eine hohe Sterblichkeitsquote zur Folge.[8]

Da, wie bereits geschildert, das Gros der Menschen über keine Geldreserven verfügte, erdachten sich die Schiffseigner neue Wege, um die Überfahrt für Einzelpersonen und ganze Familien besonders in die Vereinigten Staaten finanzierbar zu machen. Das sogenannte „Redemptioner-System" erlangte dabei eine dominante Bedeutung. Die Ausreisewilligen verkauften sich dabei quasi an die Kapitäne der Schiffe. Diese boten — in Amerika angekommen — die Auswanderer als Arbeitskräfte für die verschiedenen Bereiche wie Landwirtschaft, Handwerk und Hauswirtschaft in den Häfen kaufwilligen, zahlungskräftigen Interessenten an. Schließlich erhielten die Kapitäne eine Art „Pro-Kopf-Auslösung" und übertrugen den Käufern die Verpflichtungen der Auswanderer, ihre Passagen abzuarbeiten. Die Deutschen mußten auf diese Weise nach ihrer Ankunft in den USA erst einmal ihre Schulden durch unfreie Arbeit begleichen, bevor sie nach Jahren an den Aufbau einer eigenen Existenz gehen konnten.

Diese Version des sanktionierten Menschenhandels sicherte den Kapitänen ihre Einkünfte, ermöglichte auch Armen die Überfahrt und brachte gesuchte Arbeitskräfte nach Amerika.[9]

Hier wird ein Begleitumstand deutscher Auswanderung deutlich: viele wollten an der Emigration der in Not geratenen Menschen Geld verdienen und nutzten ihre schwierige Lage aus.

Hatten in den früheren Jahrhunderten viele Menschen gerade aus den ländlichen Gebieten der deutschen Fürstenstaaten einen Ausweg durch die Auswanderung an die östliche Peripherie des geschlossenen deutschen Sprach- und Siedlungsraumes oder nach Rußland gesucht[10], änderten sich die Zielprioritäten mit Beginn des 19. Jahrhunderts sehr.

Es gab zwar weiterhin Migrationen in Richtung Osten — häufig fungierte die Donau dabei als Wanderroute —, doch überseeische Länder waren fortan Primärziele. Das lag u. a. auch daran, daß die Auswanderer sich dort die Möglichkeiten erhofften, die in einem wirtschaftlich darniederliegenden Europa nicht realisierbar schienen.

Man kann also von einer Umorientierung der Migrationsbewegungen sprechen: während traditionelle Ziele seit dem 19. Jahrhundert an Bedeutung verloren, nahmen die USA und, mit deutlichem Abstand, Lateinamerika und auch Australien die führenden Positionen ein.

Im Gegensatz zu den südamerikanischen Staaten begannen die USA sehr früh mit der Registrierung ihrer Einwanderer, so daß seit 1820 gesicherte Zahlen über die Immigration vorliegen.

Führt man sich die US-Einwanderungszahlen aus Deutschland von Beginn des vorigen Jahrhunderts bis in die Gegenwart vor Augen, so erscheint das entstehende Säulendiagramm wie ein Spiegelbild deutscher Geschichte.[11]

Mit Ausnahme des amerikanischen Bürgerkriegs (1861—1865) und der Wirtschaftskrise in den siebziger Jahren waren es die Ereignisse in der deutschen Heimat, die die Emigrationszahlen nach den USA steigen oder zurückgehen ließen. Mit den geschilderten politischen Unruhen in den zwanziger und dreißiger Jahren des 19. Jahrhunderts trat dieses forthin begleitende Phänomen der Auswanderungsentwicklung Deutschlands erstmals in Erscheinung. Die Revolution von 1848, der Deutsch-Französische Krieg der Jahre 1870/71,

die wirtschaftlichen Nöte der achtziger Jahre sowie der Erste und Zweite Weltkrieg waren weitere Auslöser für millionenfache Emigration besonders in Richtung USA.[12]
Die deutsche Amerikaauswanderung schätzt man für das gesamte 18. Jahrhundert auf rund 200.000 Menschen.[13] Diese Zahl wurde später in Spitzenjahren des vorigen Jahrhunderts übertroffen; so etwa 1854, 1881 und 1882.[14] Dies war auch auf die gezieltere Arbeit der Auswanderungsvereine zurückzuführen.[15]

Aufgrund unzureichenden empirischen Materials für die Staaten Südamerikas und die Schwerpunktländer dieser Arbeit lassen sich detaillierte Zahlen hier nicht angeben. Die Auswandererzahlen nach Südamerika belaufen sich nach neueren Erkenntnissen für das gesamte 19. Jahrhundert auf weit mehr als 100.000 Personen deutscher Herkunft. Die Kontingente lagen somit weit unter denen der USA, wenngleich auch für diesen Teil des Kontinents Schwankungen zu verzeichnen waren und der Anteil Lateinamerikas an der gesamten deutschen Auswanderung in einzelnen Jahren bis zu 30 % ausmachte.[16]

Im Untersuchungsgebiet begann die spürbare Zuwanderung deutscher Kolonisten in den zwanziger und dreißiger Jahren des 19. Jahrhunderts, steigerte sich mit Spitzenwerten in den folgenden Dekaden, um dann im achten und neunten Jahrzehnt die Höchstwerte zu erreichen. Vor nunmehr hundert Jahren begann der Rückgang der Zahlen, die sich auf einem mittleren Niveau einpendelten, wobei sie in der ersten Hälfte unseres Jahrhunderts noch einmal deutlich anstiegen.

Um hier einen Eindruck der Emigrantenverteilung zu vermitteln, sei auf eine Erhebung des Jahres 1900 hingewiesen. Danach gingen 88 % der deutschen Auswanderer in die USA, Brasilien und Argentinien erreichten als die großen südamerikanischen Aufnahmeländer nur 3 %.

Zielgebiete deutscher Auswanderer im Jahre 1900:[17]

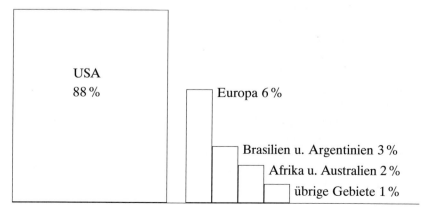

Diese starke Konzentration auf die Vereinigten Staaten bewirkte, daß der deutsche Anteil an den US-Immigranten der höchste überhaupt wurde.[18] Festzuhalten bleibt, daß mit Beginn des 19. Jahrhunderts eine massive Wanderungsbewegung nach Übersee einsetzte. Dadurch wurde das östliche Europa als Primärziel deutscher Auswanderer abgelöst und durch die USA ersetzt. Südamerika profitierte in der Folgezeit verstärkt von Nebenströmen dieser neuen geographischen Ausrichtung in nicht geringem Ausmaß.

2.2 Die Herkunftsgebiete der Auswanderer

Nach diesem Überblick über die Auswanderungsursachen und die zahlenmäßige Entwicklung der Abwanderung aus dem erst 1871 geeinten Deutschland soll nun ein kurzer Blick auf die Herkunftsgebiete der Auswanderer geworfen werden.

Während die politische Unzufriedenheit besonders in den Städten der deutschen Länder zur Emigration führte, war für die wirtschaftlich motivierte Auswanderung ein deutliches Übergewicht auf der Seite ländlicher Gebiete feststellbar. Bei den Mißernten oder der großen Depression der achtziger Jahre standen so in erster Linie die industriell schwachentwickelten, oft unter immensem Bevölkerungsdruck stehenden Bezirke im Vordergrund.[19]

Regionen wie Hessen, Schlesien, Württemberg, Bayern, Brandenburg, Mecklenburg, Pommern und Rheinhessen sowie der Hunsrück und das Moselgebiet traten bei den nach Südamerika auswandernden Deutschen verstärkt als Herkunftsgebiete auf.[20] Aufgrund des damaligen Partikularismus im pränationalen Staatengeflecht des späteren Deutschland war und ist diese Abstammungsfrage aus vielerlei Gründen wichtig.

Die Auswanderer nahmen Traditionen und Dialekte ihrer Heimat mit in die Neue Welt. Da es bis 1871 kein Deutschland als Nationalstaatsgebilde gab, galten diese Merkmale als Anknüpfungspunkte zur alten Heimat. Sie wurden über Generationen weitergegeben und sind noch heute anzutreffen.

Genau wie der Begriff „Rumäniendeutscher" erst später entstand — diese Gruppe setzt sich bekanntlich mehrheitlich aus Banater Schwaben und sogenannten Siebenbürger Sachsen zusammen — kam es auch in Südamerika zuerst zu Regionalbezeichnungen, so etwa in Venezuela, wo es die Alemannen waren.[21] Erst nach der deutschen Einigung begann sich gegen Ende des letzten Jahrhunderts eine Art deutsches Herkunftsgefühl herauszubilden. Bis heute spielen die regionalen Abstammungen eine wichtige Rolle in Südamerika. Dies spiegelt sich in Brauchtum, Kleidung, Lebensweise und Sprache wider.[22]

Für das vermehrte Auftreten bestimmter deutscher Siedlergruppen gab es jedoch einen weiteren wichtigen Grund: die von den südamerikanischen Regierungen beauftragten Anwerber konzentrierten ihre Arbeit oftmals auf eine spezielle Region.[23]

In Brasilien, wo seit jeher die größte deutsche Volksgruppe Südamerikas ansässig war, kam es zu einer weiteren interessanten Zusammensetzung der Siedler. Bei der Größe des Landes konnten sich deutsche Siedler verschiedener Abstammung ohne näheren Kontakt niederlassen und ihr Brauchtum pflegen. Neben den Früheinwanderern aus dem Hunsrück und aus Pommern kamen Mennoniten verschiedener Gegenden und Glaubensrichtungen, denen dann schließlich nach dem Zweiten Weltkrieg eine große Zahl von Donauschwaben folgte. Alle Gruppen praktizierten abstammungsspezifische Brauchtumspflege.[24]

2.3 Die Entscheidungskriterien bei der Zielsuche

Die wirtschaftliche Entwicklung traf — wie geschildert — in erster Linie die in der Landwirtschaft und im Handwerk Beschäftigten. Später kam der Stand der zahlenmäßig noch nicht sehr stark vertretenen Industriearbeiter hinzu. Gemäß den persönlichen Fähigkeiten und dem finanziellen Spielraum entschieden sich die Menschen für ein bestimmtes Ziel in der Ferne.

Ob Bergleute, die verstärkt Bolivien und Peru zum Ziel hatten[25], oder Arbeitskräfte aus der Landwirtschaft, die u. a. nach Südchile gingen[26], oder Handwerker und Kaufleute, die oftmals in Städte zogen[27], die Menschen versuchten sich schon beim Aussuchen ihres Zieles über relativ gute Voraussetzungen für eine gesicherte Zukunft zu informieren. Dies geschah z. B. mittels der eingerichteten Auswanderungshilfsvereine.

Neben diesen materiellen Kriterien spielte eine weitere Überlegung eine zentrale Rolle: die Wahl des Emigrationszieles fiel oftmals wegen einer grundsätzlichen Vorstellung über die zukünftige Lebensform; d. h., Personen, die nicht nur einen Neuanfang aus den oben geschilderten Notwendigkeiten heraus wagten, sondern auch in der neuen Umgebung zu einem assimilierten Teil der anderen Nation werden wollten, trafen eine andere Entscheidung als diejenigen, welche weiterhin als Deutsche unter Deutschen leben wollten.

Kurz gesagt bestand die Alternative darin, ein Stück Heimat bewußt zu exportieren, in der Fremde beizubehalten und in eine dort entstehende deutsche Gemeinschaft mit einzubringen oder mit seiner Vergangenheit zu brechen und als Bestandteil in einer fremden Nation aufzugehen. Dies war eine nicht unwichtige Überlegung und Grundsatzentscheidung vieler Emigranten. Die Vereinigten Staaten von Amerika, Schmelztiegel verschiedener europäischer und dann außereuropäischer Völker, Lebensweisen und Kulturen, waren für viele der Inbegriff des Neuanfangs, der den Bruch mit der alten Heimat zur Folge hatte. Auch wenn es in den USA, z. B. mit Pennsylvania, natürlich Gebiete mit starken deutschen Bevölkerungsanteilen gab[28], so war hier doch meist klar, daß man nach einem Eingliederungsprozeß mit verschiedenen Zwischen- und Übergangsformen als ein Teil in der sich herausbildenden Nation größtenteils aufgehen würde. Für die religiösen Auswanderungsgruppen galt das nicht in diesem Maße.

Anders waren hingegen die Voraussetzungen für Südamerika. Diese Staaten, die sich im Lauf des 19. Jahrhunderts für Einwanderer öffneten, boten durch geschlossene Ansiedlungen die Möglichkeit, das Deutschtum nicht nur zu bewahren, sondern auch weiterzuentwickeln. Menschen, die bewußt als Deutsche unter Deutschen leben wollten, fanden somit dort gute Rahmenbedingungen vor. So entstanden speziell in den Hauptzielländern Gebiete mit großen „deutschen Landstrichen".

Die Emigration wies drei Hauptmerkmale auf:
a) sie fand in großer Zahl schubweise statt;
b) innenpolitische und wirtschaftliche Nöte waren Hauptgründe;
c) es gab wenige Zielländer, in denen sich der überwiegende Teil der Deutschen niederließ.

Bei der Zielsuche konnte man demnach von 2 Entscheidungskomplexen sprechen, nämlich einem wirtschaftlich-materiellen und einem soziologisch-volkskundlichen. Beide Aspekte spielten bei der Auswanderung eine wichtige Rolle.

2.4 Ausgangslage und Aufnahmegründe der Zielländer

Die Vereinigten Staaten übernahmen in diesem Bereich, wie in so vielen Sektionen, die für diese Thematik von Bedeutung sind, die Vorbildfunktion. Dieses größte Einwanderungsland der Welt bewies durch seine teilweise rasante Entwicklung, welchen Nutzen man von eingewanderten Ausländern haben konnte.

Speziell bei den beiden großen Flächenstaaten Südamerikas, Argentinien und Brasilien, konnte man direkte Ableitungen vom US-Vorgehen vornehmen. Die Einwanderungspolitik mußte, wollte man ähnliche Erfolge wie die USA vorweisen können, professionalisiert werden. Die Ausgangsbasis der Länder war durchaus vergleichbar: großen, oftmals ungenutzten und auch ungesicherten Landflächen standen geringe Bevölkerungszahlen gegenüber.[29]

„Gobernar es poblar"[30], so brachte der argentinische Jurist und Politiker Juan B. Alberdi, ein prominenter Verfechter einer forcierten Einwanderungspolitik seines Landes, die Notwendigkeit der Anwerbung ausländischer Siedler auf einen kurzen Nenner. Diese prägnante Formel konnte durch die positiven Erfahrungen der USA nur untermauert werden. Die schwierige wirtschaftliche und soziale Lage Brasiliens im 18. Jahrhundert rührte zu einem erheblichen Teil von der schwachen Bevölkerungszahl her. Dies galt es nun zu ändern. Es mußte „eine von den Großgrundbesitzern wirtschaftlich und sozial unabhängige Mittelschicht"[31] gegründet werden. Diese Mittelschicht aus Kaufleuten, Handwerkern und auch Landwirten konnte sich nur aus Fremden zusammensetzen. Durch die räumliche Distanz zwischen dem Tätigkeitsbereich der alteingesessenen Latifundienbesitzer und den neuentstehenden Siedlungsgebieten der Deutschen wurde für Jahrzehnte das Konfliktpotential, das diese bipolare Anordnung verschiedener Konzepte für die Landwirtschaft in sich barg, vermindert.[32]

So trafen sich also die Interessen und Nöte vieler südamerikanischer Staaten mit denen zahlreicher deutscher Emigrationswilliger. Da dort das Reservoir an Kolonisten in Europa und speziell in Deutschland bekannt war, wurde zuerst von Brasilien und später von allen anderen Staaten des Subkontinentes eine offensive Anwerbungspolitik betrieben. Einheimische Persönlichkeiten mit guten Verbindungen zum alten Kontinent oder Deutsche, die bereits in den Ländern lebten, wurden beauftragt, für das jeweilige Land in Europa und speziell in Deutschland zu werben.

Auch wenn dies häufig mit unlauteren Methoden der Werber verbunden war – so wurden etwa unerfüllbare Hoffnungen geweckt, die zur Verschuldung von Auswanderern führten –, konnte man doch von einem vollen Erfolg dieser Maßnahmen sprechen. Die Aussicht etwa, in geschlossenen deutschen Siedlungen in Brasilien leben zu können, überzeugte viele noch zögernde Emigrationswillige.[33]

In den Köpfen der Menschen mußte sich erst die Erkenntnis festsetzen, daß es neben den USA noch andere Aufnahmestaaten jenseits des Atlantiks gab. Obwohl die USA weiter größter Anziehungspunkt blieben – es wanderten zwischen 1820 und 1928 über 37.000.000 Menschen, unter ihnen 6.000.000 Deutsche,[34] in die USA ein –, sicherten sich die Südamerikaner fortan ein für sie wichtiges Kontingent an Immigranten und traten nach den wachsenden

Integrationsbestrebungen in den USA verstärkt in das Bewußtsein deutscher Ausreisewilliger. Durch die Arbeit der Auswanderer-Hilfsvereine wurde die Anwerbetechnik noch effizienter und ermöglichte den jungen Staaten die gezielte Planung und Durchführung von Siedlungsprojekten. Große, gering bevölkerte, brachliegende Flächen konnten nun landwirtschaftlich genutzt werden. Viele Dienstleistungen und handwerkliche Arbeiten fanden genügend Absatz.[35] Sukzessiv öffneten sich alle Länder den Einwanderern, wobei Brasilien die südamerikanische Vorreiterolle zufiel.

Die südamerikanischen Staaten hofften, gleichzeitig ein weiteres Problem durch ihr Engagement auf diesem Sektor in den Griff zu bekommen: die territorialen Streitigkeiten!

Es gab viele Gebiete (z. B. Atacama, Chaco und Oriente), die noch nicht in dem einen oder anderen Staatsgefüge verankert waren und Grund für Auseinandersetzungen wurden. Die Besiedlung in offiziellem Regierungsauftrag durch Kolonisten sollte hier vielfach den Hoheitsanspruch manifestieren.[36] Diese Art der Flächenanbindung fand u. a. auch in beinahe menschenleeren Gebieten wie Südbrasilien statt, um erst gar nicht Unklarheit über die Zugehörigkeit aufkommen zu lassen.

Es wird also deutlich, daß sowohl bei den Faktoren Zeit und Menge als auch Berufsgruppen eine weitgehende Interessenkongruenz zwischen den Ländern Südamerikas und den deutschen Emigranten vorlag. Dies bot beiden Teilen günstige Zukunftsperspektiven.

2.5 Die Siedlungsgebiete und Siedlungsformen in Südamerika

Ein weiterer beabsichtigter Nebeneffekt war die pädagogische Wirkung, die durch die Ansiedlung fremder Kolonisten erzielt wurde. Oberacker schildert diese Intention für Brasilien, wo man sich für geschlossene Nationalitätensiedlungen entschieden hatte und auf einen wachstumsfördernden, modernisierenden Schub durch diesen künstlich installierten Konkurrenzkampf hoffte.[37]

Durch die Zulassung quasi rein deutscher Ortschaften sollten nicht nur die oben erwähnten Ziele, Territorialsicherung und Wirtschaftsaufschwung, realisiert, sondern auch die Existenzfähigkeit entlegener Ansiedlungen bewiesen werden. Diese Möglichkeiten kamen den deutschen Kolonisten sehr entgegen, da die Umgebung nun nicht völlig fremd war, sondern eine Gemeinschaft darstellte.

Diese Siedlungen, die die ungenutzten Flächen zur Versorgung der wachsenden Städte ausbeuten sollten, entstanden vornehmlich in ländlichen Regionen, wodurch die Gruppenbildung gefördert wurde. Auch wenn es stets deutsche Einwanderer zu einem Teil in die großen Städte zog, kann man davon ausgehen, daß sich der Immigrantenstrom überwiegend in ländliche Regionen ergoß.[38] Die Gruppe der Stadtdeutschen setzte sich zu einem Großteil aus kaufmännischen Berufen zusammen. Die früh gegründeten Handelsniederlassungen boten z. B. in Rio de Janeiro oder Buenos Aires große Betätigungsfelder.[39] Gleichzeitig kam es hier zu ersten Kontakten zwischen Stadtdeutschen und Kontraktdeutschen.

Die früher dominante Elitenwanderung, die größtenteils in die Städte geströmt war, wurde somit im Lauf des 19. Jahrhunderts von der Siedlungs- und dann Arbeitswanderung abgelöst. Die erstgenannte Gruppe ging völlig und die zweitgenannte zu einem großen Teil in die ländlichen Gebiete.[40]

Nach dem vorliegenden Zahlenmaterial boten die 5 Staaten Brasilien, Argentinien, Chile, Paraguay und Uruguay über 90 % der deutschen Einwanderer Südamerikas eine neue Heimat.[41]
Die Karte zeigt die Siedlungsschwerpunkte dieser Menschen in den genannten Ländern des Cono Sur.

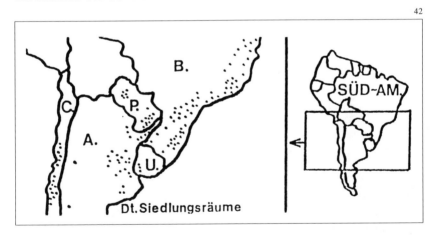

42

War anfangs Brasilien das Hauptziel der Deutschen, so schwächte sich diese Entwicklung nach 1859 ab. In diesem Jahr erließ die preußische Regierung das sogenannte „Heydtsche Reskript", welches indirekt die Auswanderung preußischer Untertanen nach Brasilien bis Ende des 19. Jahrhunderts untersagen sollte.[43] Dadurch kam es zu einer Auffächerung der Siedlungsziele. Chile und Argentinien, aber auch Paraguay und Uruguay erhielten nun Zulauf. Chiles Süden mit den Provinzen Valdivia und Llanquihue, der Norden Argentiniens um Misiones, Entre Ríos und Santa Fé sowie Paraguays

15

Südosten und Uruguays Südwesten bildeten neben den brasilianischen Ansiedlungsräumen die Schwerpunkte der Kolonistentätigkeit.[44] Auffällig und für den Untersuchungsgegenstand der Arbeit von Bedeutung ist hierbei die Tatsache, daß somit ein Gebiet mit starkem deutschem Bevölkerungsanteil über verschiedene Grenzen hinweg geschaffen wurde. Deutschbrasilianer, Deutschargentinier, Deutschparaguayer und Deutschuruguayer wurden zu direkten Nachbarn.

Wirtschaftliche Überlegungen wie etwa die verkehrstechnische Anbindung durch Flüsse und die Absatzchancen der Produkte des Handwerks und der Landwirtschaft spielten für die Kolonisten bei der Landsuche eine zentrale Rolle.

Hier nun ein kurzer exemplarischer Blick auf die südbrasilianischen Siedlungsgebiete:

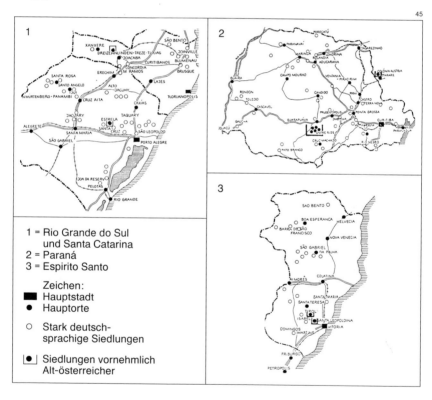

[45]

1 = Rio Grande do Sul und Santa Catarina
2 = Paraná
3 = Espirito Santo

Zeichen:
■ Hauptstadt
● Hauptorte
○ Stark deutschsprachige Siedlungen
|●| Siedlungen vornehmlich Alt-österreicher

Wie aus den Karten ersichtlich, wurde Südbrasilien von deutschen Siedlungen beinahe flächendeckend erfaßt. Obwohl es neben der Ersteinwanderung von Spaniern und Portugiesen weitere Immigranten in größerer Zahl gab – etwa Japaner – waren die Deutschen die stärkste und bedeutendste Gruppe von ausländischen Siedlern dieses Gebiets.

Diese Erkenntnis gewinnt noch mehr an Bedeutung, bedenkt man, daß die deutsche Einwanderung für Lateinamerika en bloc von 1854 bis 1924 lediglich 2,7 % der Gesamteinwanderung dieses Teils des amerikanischen Kontinents ausmachte.[46] Hier wird der Stellenwert dieser südlichen Gebiete und der geographischen Konzentration deutscher Siedler noch einmal deutlich.

Die entstehenden Kolonien mußten sich wegen der kaum vorhandenen Infrastruktur möglichst in allen Bereichen selbst versorgen. So entstanden Orte mit breitgefächerten Versorgungsangeboten. Von der Ziegelei bis zum Lebensmittelhandel verfügten diese Siedlungen über alles, um existieren zu können. Ihr relativer Wohlstand zog neue Zuwanderer aus Deutschland an.

Die Vorgehensweise, eigenständige Verwaltungs- und Versorgungsmechanismen zu installieren, wurde durch die jeweilige offizielle, staatliche Politik beeinflußt. Dabei gab es innerhalb Südamerikas große Unterschiede. So konnte man für Brasilien bereits gegen Ende des letzten Jahrhunderts von einer aufkommenden Skepsis gegenüber isoliert lebenden Kolonisten und von spürbaren brasilianischen Integrationskräften sprechen, während etwa Chile seinen Siedlern im Süden eine Art wirtschaftlichen Autarkismus zubilligte.[47]

Wie später noch zu sehen sein wird, kam es überall recht schnell zum Zusammenschluß in Genossenschaften und Kooperativen, um den widrigen Bedingungen besser trotzen zu können. Auch in Fragen der Schulbildung und der Religionsausübung war Eigenverantwortung das Prinzip. Die damit einhergehende Solidarisierung der Siedlergemeinschaft und die Identifizierung mit der Kolonie war ein wichtiges Motivationsmoment besonders in den harten Anfangsjahren.

Anmerkungen zu Kapitel 2

1 Hier kann auf die durchaus wichtigen Beiträge deutscher Einzel- und Gruppeneinwanderer nicht näher eingegangen werden. Die nachfolgenden Literaturhinweise bieten jedoch die Möglichkeit, sich mit dieser Thematik zu befassen.
2 Vgl. Lawrezki, Josef: Simon Bolívar, Köln 1981, S. 34 ff.
Vgl. N. N.: Ulrich Schmidel, in: Globus, 18. Jg., Nr. 3 1986, S. 25 f.
Vgl. Hoffmann, Werner: Die Deutschen in Argentinien, in: Die Deutschen in Lateinamerika. Hrsg. v. Hartmut Fröschle, Tübingen 1979, S. 61.
Vgl. Wolff, Reinhard/Fröschle, Hartmut: Die Deutschen in Bolivien, in: Die Deutschen in Lateinamerika. Hrsg. v. Hartmut Fröschle, Tübingen 1979, S. 147.
Vgl. Allgaier, Dieter: Die Deutschen in Kolumbien, in: Die Deutschen in Lateinamerika. Hrsg. v. Hartmut Fröschle, Tübingen 1979, S. 435.
Vgl. Fröschle, Hartmut: Die Deutschen in Venezuela, in: Die Deutschen in Lateinamerika. Hrsg. v. Hartmut Fröschle, Tübingen 1979, S. 768.
3 Zur Vorgehensweise bei der Söldneranwerbung dieser Zeit:
Vgl. Bretting, Agnes: Mit Bibel, Pflug und Büchse: deutsche Pioniere im kolonialen Amerika, in: Deutsche im Ausland — Fremde in Deutschland. Hrsg. v. Klaus J. Bade, München 1992, S. 145 ff.

4 Karl III. entzog den Jesuiten, u. a. wegen deren restriktiver Einstellung gegenüber der spanischen Obrigkeit, 1767 die Erlaubnis der Reduktionsführung. Spaniern z. B. war der Zutritt zu diesen Gebieten versperrt und die spanische Sprache verboten.
Vgl. Schuster, Adolf N.: Paraguay, Stuttgart 1929, S. 180 ff.
Vgl. Prien, Hans-Jürgen: Die Geschichte des Christentums in Lateinamerika, Göttingen 1978, S. 265 ff.
Vgl. Krier, Hubert: Tapferes Paraguay, Tübingen 1986, S. 24 ff. (zit.: Krier 1986).
Das Charisma Bolívars und die Idee des Freiheitskampfs zogen einige hundert deutsche Söldner nach Südamerika. Sie kämpften auf der Seite der Aufständischen und blieben häufig für den Rest ihres Lebens dort.
Vgl. Fröschle, a. a. O. S. 773 f.
Vgl. Lawrezki, a. a. O. S. 67−258.
5 Vgl. Müller, Helmut: Schlaglichter der deutschen Geschichte, Mannheim 1987, S. 145−157.
6 Vgl. Rößler, Horst: Massenexodus: die Neue Welt des 19. Jahrhunderts, in: Deutsche im Ausland − Fremde in Deutschland. Hrsg. v. Klaus J. Bade, München 1992, S. 149.
Vgl. Knabe, Wolfgang: Aufbruch in die Ferne, Augsburg 1990, S. 28 ff.
7 Vgl. ebenda, S. 30 und S. 271.
Kleve verlangte die Einrichtung von Straßen, die von den Auswanderern benutzt und nicht verlassen werden sollten, um dieses Bevölkerungswachstum zu stoppen. Im Raum Kalkar−Goch zeugen Orte wie Neulouisendorf oder Pfalzdorf noch heute von dem gescheiterten Versuch, die Kolonisten von einer Ansiedlung abzuhalten.
8 Vgl. Pohl-Weber, Rosemarie: Mit dem Paketsegler 1853 nach Texas, Bremen 1984, S. 6 ff.
9 Vgl. Knabe, a. a. O. S. 31 ff.
Vgl. Bretting, a. a. O. S. 137 f.
10 Vgl. Fleischhauer, Ingeborg: Die Deutschen im Zarenreich, Stuttgart 1986, S. 89−119.
Vgl. Dietz, Barbara/Hilkes, Peter: Deutsche in der Sowjetunion, in: Aus Politik und Zeitgeschichte, o. A., Nr. B 50 1988, S. 3 ff.
Vgl. Epp, George K.: Zweihundert Jahre deutsche Mennoniten in Rußland, in: Globus, 20. Jg., Nr. 4 1988, S. 3 ff.
11 Auf dieses Phänomen stoßen wir auch in bezug auf andere Einwanderungsländer.
12 Die erwähnte Statistik belegt diese These ebenso wie die Auswanderungszahlen Deutschlands für die Jahre 1820 bis 1913:

1820 bis 1828 =	50.000
1830 bis 1839 =	200.000
1840 bis 1849 =	500.000
1850 bis 1859 =	1.200.00
1860 bis 1869 =	800.000
1870 bis 1879 =	600.000
1880 bis 1889 =	1.300.000
1890 bis 1899 =	500.000
1900 bis 1909 =	300.000
1910 bis 1913 =	70.000
1921 bis 1929 =	520.000
	6.040.000

Vgl. Schmid, Heinz-Dieter (Hrsg.): Fragen an die Geschichte 3, Frankfurt a. M. 1977, S. 179.
Vgl. Mayer, Anton (Hrsg.): Das Buch der deutschen Kolonien, Potsdam/Leipzig 1933, S. 313.
13 Vgl. Digel, Werner (Hrsg.): Meyers Taschenlexikon Geschichte 1, Mannheim/Wien/Zürich 1982, S. 137.
Vgl. Bretting, a. a. O. S. 135.
Hier werden für Nordamerika für den gesamten Zeitraum des 17. und 18. Jahrhunderts 65.000 bis maximal 100.000 angegeben.
14 So gingen 1854 rund 215.000, 1881 rund 210.000 und 1882 250.000 Bewohner deutscher Länder nach den USA.

Vgl. Eichhoff, Jürgen: Statistisches zur deutschen Einwanderung nach Nordamerika, in: Globus, 21. Jg., Nr. 4 1989, S. 22 f.
15 Diese Vereine brachten eigens Publikationen zur Unterrichtung Ausreisewilliger heraus. In ihnen wurden Lebensbedingungen im Zielland und Formalitäten für die Auswanderung in der Heimat detailliert beschrieben.
Vgl. Auswander-Hilfsverein (Hrsg): Deutsch-Österreich in Paraguay, Wien 1919.
16 Vgl. Jacob, Ernst Gerhard: Grundzüge der Geschichte Brasiliens, Darmstadt 1974, S. 83.
Von 1830 bis 1870 verließen rund 2,7 Millionen Deutsche ihre Heimat. Gleichzeitig wurden 2.328.191 deutsche Einwanderer in den USA registriert. Der USA-Anteil lag also über 86 %. Jacobs Statistik beginnt mit dem Jahr 1884 und weist bis 1903 29.476 Neueinwanderer nur aus Deutschland für Brasilien aus.
Vgl. Bernecker, Walther/Fischer, Thomas: Deutsche in Lateinamerika, in: Deutsche im Ausland — Fremde in Deutschland. Hrsg. v. Klaus J. Bade, München 1992, S. 197 ff.
17 Vgl. Digel, a. a. O. S. 137.
Interessant in diesem Zusammenhang dürfte ein Vorgriff auf die heutige Zeit sein, da sich nicht nur die Größenordnung, sondern auch die Verteilung der Auswanderer sehr verändert hat. Für das Jahr 1970 sah die Verteilung z. B. wie folgt aus: Europa 88 %; USA 5 %; Asien 2 %; Afrika 2 %; Australien 1 %, restl. Amerika 2 %.
18 Bei Volkszählungen der letzten Jahre wiesen 49 Millionen US-Bürger auf ihre deutschen Vorfahren hin. Für die Zeit von 1820 bis 1985 stellten die Deutschen alleine die weitaus größte Nationalitätengruppe unter den Einwanderern der USA.
Vgl. Miller, Randall M.: Wie aus guten Deutschen gute Amerikaner wurden, in: Globus, 21.Jg., Nr. 4 1989, S. 14.
Vgl. Kloss, Heinz: Aufschlüsse über die US-Bürger, in: Globus, 15. Jg., Nr. 6 1983, S. 20f. (zit.: Kloss 1983).
19 Zu den politischen Unruhen und den Mißernten kam die Unfähigkeit des Handwerks und der Industrie, auf die Herausforderung Englands zu reagieren. Die Briten waren durch die Aufhebung der Kontinentalsperre in Europa wirtschaftlich dominant und verursachten dadurch eine Zuspitzung der wirtschaftlichen Situation Deutschlands.
Vgl. Converse, Christel: Die Deutschen in Chile, in: Die Deutschen in Lateinamerika. Hrsg. v. Hartmut Fröschle, Tübingen 1979, S. 304.
20 Vgl. ebenda, S. 310.
Vgl. Hoffmann, a. a. O. S. 89.
Vgl. Oberacker, Carlos H./Ilg, Karl: Die Deutschen in Brasilien, in: Die Deutschen in Lateinamerika. Hrsg. v. Hartmut Fröschle, Tübingen 1979, S. 185.
21 Vgl. Längin, Bernd G.: Kaiserstuhl oder Küstenkordilleren — das ist hier die Frage, in: Globus, 19. Jg., Nr. 2 1987, S. 3ff.
22 Dabei kam es zu interessanten Vermischungen der verschiedenen Herkunftsgebiete. So berichtet Hoffmann von einer Siedlung in Brasilien, die gemeinsam von Mecklenburgern und Schweizerdeutschen gegründet worden war. Nach der Abwanderung vieler Mecklenburger setzte sich das schweizerische Element so nachhaltig durch, daß die verbliebenen Mecklenburger den schweizerdeutschen Dialekt annahmen.
Vgl. Hoffmann, a. a. O. S .89.
23 Bernardo und Rudolph Philippi konzentrierten sich z. B. auf die Kasseler Gegend, wodurch der Anteil der Hessen bei der frühen Chileeinwanderung sehr hoch war.
Vgl. Converse, a. a. O. S. 306 ff.
Oder Damian Freiherr von Schnetz-Holzhausen warb 1856 im Rhein- und Moselgebiet sowie in Tirol. Der Anteil der Siedler aus diesen Regionen bei der Besiedlung Perus war dementsprechend in den Anfangsjahren dominant.
Vgl. Petersen, Georg/Fröschle, Hartmut: Die Deutschen in Peru, in: Die Deutschen in Lateinamerika. Hrsg. v. Hartmut Fröschle, Tübingen 1979, S. 705 f.
24 Vgl. Loewen, jr., Heinrich: Von Deutschland nach Brasilien, in: Mennoniten in Brasilien. Hrsg. v. Peter Pauls jr., Witmarsum 1980, S. 23 f.
Vgl. Granzow, Klaus: Bei Hunsrückern und Pommern in Esperito Santo, in: Wege und Wandlungen. Hrsg. v. Peter Nasarski, Berlin/Bonn 1983, S. 156 f.

Vgl. Ilg, Karl: Die Donauschwabendörfer von Entre Rios, in: Wege und Wandlungen. Hrsg. v. Peter Nasarski, Berlin/Bonn 1983, S. 163—173.
25 Sächsische Bergleute gründeten bereits 1631 im Gebirge von Potosí ein Bergwerk.
Vgl. Wolff/Fröschle, a. a. O. S. 147.
Bergmänner aus Clausthal brachten ihr Fachwissen ab 1845 in den peruanischen Bergbau ein.
Vgl. Petersen/Fröschle, a. a. O. S. 702.
26 Vgl. Converse, a. a. O. S. 310.
27 Vgl. Hoffmann, a. a. O. S. 78 in bezug auf Argentinien.
28 Die Staaten der USA, in denen Bewohner deutscher Abstammung die größten Gruppen stellten, waren: Montana, Wyoming, Colorado, Kansas, Nebraska, South und North Dakota, Minnesota, Iowa, Wisconsin, Illinois, Michigan, Indiana, Ohio, Pennsylvania, Maryland, Alaska und Missouri.
Vgl. Kloss 1983, a. a. O. S. 21.
29 Argentinien hatte Mitte des 19. Jahrhunderts z. B. 1,3 Einwohner, denen eine Fläche von ca. 2.700.000 km^2 zur Verfügung standen.
Vgl. Hoffmann, a. a. O. S. 71.
30 „Regieren heißt bevölkern", Solberg, Carl E.: Immigration and Nationalism, Austin 1970, S. 7.
31 Oberacker/Ilg, a. a. O. S. 182.
32 Vgl. Bernecker/Fischer, a. a. O. S. 200.
33 1834 beschloß die brasilianische Regierung eine Zusatzakte zum 1830 erlassenen Einwanderungsgesetz, wonach die Provinzialregierungen selbständig entscheiden konnten, ob und wie sie Kolonien gründen wollten. Diese Vorgehensweise sollte helfen, die Defizite in den wirtschaftlichen und sozialen Strukturen der Städte und Regionen zu verringern. Santa Catarina reagierte 1836 als erste Provinz mit einer eigenen Kolonialgesetzgebung, die die geschlossene Siedlungsform favorisierte. Somit wurde dieser Landesteil noch attraktiver und zu einer traditionell von Deutschen dicht besiedelten Region.
Vgl. Jacob, a. a. O. S. 92.
Vgl. Bernecker/Fischer, a. a. O. S. 202.
34 Vgl. Hoffmann, a. a. O. S. 84.
35 Vgl. Oberacker/Ilg, a. a. O. S. 182 ff.
36 Vgl. ebenda, S. 185.
37 Vgl. ebenda, S. 185.
Oberacker erwähnt die Verpflichtung der Handwerker von Neu-Freiburg, das 1819 in der Nähe von Rio de Janeiro gegründet wurde, Einheimische in die Arbeitstechniken einzuführen.
Vgl. Hoffmann, a. a. O. S. 81 f. in bezug auf Argentinien.
38 Schon die Herkunftsgebiete der Siedler zeigen, daß es sich zu einem großen Teil um Arbeitskräfte aus der Landwirtschaft und aus dem Handwerk handelte.
39 Vgl. Hoyer, Hans J.: Germans in Paraguay, Washington 1973, S. 2.
Diese Gruppe von Deutschen verlor wegen des fehlenden Umfelds ihr Deutschtum oft schnell. So kam es, daß nach 3 oder 4 Generationen nur der deutsche Name von der Abstammung zeugte.
40 Vgl. Bernecker/Fischer, a. a. O. S. 207 ff.
41 Diese Konzentration der deutschen Besiedlung wird in späteren Kapiteln noch eingehend behandelt.
42 Eigene Karte.
43 Vgl. Hoyer, a. a. O. S. 3.
Vgl. Bernecker/Fischer, a. a. O. S. 203 f.
Erst 1897 erfolgte die Aufhebung des nach dem preußischen Minister für Handel, Gewerbe und öffentliche Ausgaben benannten Erlasses. Allen Auswanderungsagenturen in Preußen war vorher die Konzession für Brasilien entzogen worden, da angeblich auf Kaffeeplantagen um São Paulo deutsche Arbeiter in sklavenähnlichen Verhältnissen lebten und aus Rio Grande do Sul heftige Streitigkeiten unter den Deutschen gemeldet worden waren. Die preu-

ßische Regierung meinte wohl, wegen ihrer Fürsorgepflicht gegenüber den Untertanen so handeln zu müssen. Gleichzeitig wollte sie den Abfluß benötigter Landarbeiter aus dem Osten Preußens stoppen. Die Migrationszahlen dieser Jahre belegen jedoch die relativ geringe Wirkung des Erlasses.
Vgl. Jacob, a. a. O. S. 83 und S. 92 f.
44 Vgl. Hoyer, a. a. O. S. 3 f.
Vgl. Hoffmann, a. a. O. S. 77 ff.
Vgl. Schuster, a. a. O. S. 590–612.
45 Vgl. Ilg, Karl: Heimat Südamerika Brasilien und Peru, Innsbruck/Wien, S. I und II (zit.: Ilg 1982).
46 Vgl. Bernecker/Fischer, a. a. O. S. 200.
47 Vgl. ebenda, S. 205 f.

3. Die deutschen Volksgruppen in Südamerika bis zur Machtergreifung der Nationalsozialisten in Deutschland

Die Situation in den Staaten des Untersuchungsgebietes hatte sich bis zu Beginn unseres Jahrhunderts geändert:
Brasilien, bis 1889 konstitutionelle Monarchie, erhielt nach Ausrufung der Republik im Jahre 1891 eine neue Verfassung und ging verstärkt daran, den Süden des Landes weiterzuentwickeln. Die Bundesstaaten Rio Grande do Sul, Paraná und Santa Catarina erlangten dabei besondere Bedeutung, da dort nicht der für Brasilien sonst typische Großgrundbesitz der alteingesessenen Latifundienaristokratie anzutreffen war.
Die südlichen Gebiete — Hauptziele deutscher Immigration — wurden nach ihrer Besiedlung vor allem durch Kleinbauern von einem Netz kleiner Gemeinwesen überzogen und stellten in ihrer Wirtschafts- und Sozialstruktur einen Gegenpol zum traditionellen Gefüge im Land dar.
Paraguay hatte sich der europäischen Einwanderung zwar erst spät geöffnet, registrierte aber nun eine spürbare Zuwanderung aus Europa, besonders aus Deutschland. Unruhen und Staatsstreiche lähmten jedoch die angestrebte Konsolidierung nach der verheerenden Niederlage im Tripelallianzkrieg gegen Brasilien, Argentinien und Uruguay. Das Land gelangte nicht mehr zu früherem Wohlstand. Auch hier befanden sich große Latifundienbesitze, die der kleinbäuerlichen Struktur deutscher Einwanderer und der großen Zahl landloser Einheimischer diametral gegenüberstanden.
Mit der Regierungsübernahme des deutschstämmigen Präsidenten Eduardo Schaerer im Jahre 1912 trat eine vorübergehende Beruhigung in Paraguay ein, und das Land erholte sich langsam von den politischen Unruhen und der wirtschaftlichen Schwäche.
Der Chaco-Krieg gegen Bolivien in den Jahren 1932 bis 1935 beendete dieses kurze Intermezzo jedoch wieder und stürzte den Staat in erneute Destabilität.
Argentinien nahm in dieser Zeit einen steilen wirtschaftlichen Aufstieg. Der Export besonders von Fleischwaren ließ das Land zu einem reichen und mächtigen Staat werden, der aufgrund seiner soziostrukturellen Vielschichtigkeit im Untersuchungsgebiet eine Sonderstellung einnahm und so zum Kontrahenten Brasiliens wurde.
Die gezielte Förderung heimischer Industrien hatte zur Folge, daß eine Mittelschicht und eine zahlenmäßig bedeutende Arbeiterschaft entstanden

waren. Sie erlangten politische Verantwortung und stellten ein wichtiges Gegengewicht zum Militär und Großgrundbesitz dar. Die beiden letztgenannten Gruppen nutzten die innenpolitischen Schwierigkeiten Argentiniens im Gefolge der Weltwirtschaftkrise und stürzten 1930 den Präsidenten Irigoyen, dessen Macht zu einem erheblichen Teil auf dem Rückhalt durch den Mittelstand basierte.

In Deutschland war das Kaiserreich nach der Niederlage im Ersten Weltkrieg 1918 durch die erste Demokratie auf deutschem Boden ersetzt worden. In der Zeit der Weimarer Republik, die durch Abtrennungen ein erheblich verkleinertes Gebiet umfaßte als ihr Vorgänger, kam es erneut zu einem Anstieg der Auswanderungszahlen. Diese Emigranten wählten zunehmend – u. a. bedingt durch die Einwanderungsbeschränkungen in den USA – die Staaten des Cono Sur als Ziel. Der wirtschaftliche Aufstieg dieser Region bewirkte, daß der Anteil der südamerikanischen Staaten an der deutschen Gesamtauswanderung stieg.

3.1 Das rapide Anwachsen der deutschen Volksgruppen bis zum Jahre 1933

Land/Anzahl	Zur Zeit des Ersten Weltkrieges	um 1933
Argentinien	130.000	236.755[48]
Bolivien	500	1.350[49]
Brasilien	< 300.000	800.000[50]
Chile	25.000	< 30.000[51]
Ekuador	100	500[52]
Guayanas	200	300[53]
Kolumbien	einige 100	1.000[54]
Paraguay	3.000–4.000	16.000[55]
Peru	1.700	2.000[56]
Uruguay	7.000	6.000[57]
Venezuela	1.000	4.300[58]
Insgesamt	ca. 470.000	ca. 1.100.000

Wie schon erwähnt, gab es in den meisten Staaten keine völlig zuverlässigen statistischen Erhebungen über die Entwicklungen der Minderheiten in frühen Jahren. Nach der Registrierung als Einwanderer ist daher oft nur unzureichendes Material über den Fortgang verfügbar.

Deutsche, damals als Reichsdeutsche registriert, wurden oft unter Deutschstämmigen und Deutschsprachigen subsumiert, so daß eine Differenzierung heute unmöglich erscheint. Volkszählungen und Erhebungen deutscher Organisationen in Südamerika vermitteln zwar einen Eindruck der zahlenmäßigen Entwicklung, können jedoch auch in unserem Jahrhundert keinen Anspruch auf Vollständigkeit erheben.

Lediglich bei der Ankunft in den großen Häfen des Subkontinents wurde genauestens unterschieden: so finden sich im zentralen Einwanderungsarchiv im Hafen von Buenos Aires detaillierte Angaben über Zahl und Herkunft der Immigranten. Dadurch ist heute der Fortgang der Immigration in das Untersuchungsgebiet leichter nachprüfbar als die Darstellung der Volksgruppenstärken.

Bei der Betrachtung der Einwanderung lassen sich für den hier untersuchten Dreiländerbereich Argentinien, Brasilien und Paraguay summarisch folgende Besonderheiten ableiten:

a) Die Masseneinwanderung in die 3 Staaten nahm einen höheren Anteil an der deutschen Gesamtauswanderung ein als im vorangegangenen Jahrhundert.

Entgegen der Entwicklung der US-Immigration, die seit 1893 mit dem Ende der freien Landnahme in den Vereingten Staaten abebbte, trat der Südgürtel des amerikanischen Subkontinents im ersten Drittel unseres Jahrhunderts verstärkt in den Mittelpunkt des Interesses deutscher Auswanderer.

Dies wird besonders daran deutlich, daß die Emigrationszahlen in den Jahren der Weimarer Republik beinahe ebenso hoch waren wie die der gesamten zweiten Hälfte des 19. Jahrhunderts bis zum Ersten Weltkrieg zusammen.[59]

b) Brasiliens dominante Rolle als südamerikanisches Aufnahmeland hatte seit der Jahrhundertwende keinen Bestand mehr. Vielmehr bauten wechselweise die umliegenden Staaten des Cono Sur ihre Stellungen aus. Neben Argentinien, das sowohl zu Zeiten der Weimarer Republik als auch während der NS-Diktatur in Deutschland große Gruppen von deutschen Emigranten aufnahm, trat dabei auch zusehends Paraguay als Zielland in Erscheinung.

Man kann für die Einwanderung in die Staaten des Untersuchungsgebiets eine zeitlich fließende Diversifikation der Migrationsziele feststellen.

c) Während in Brasilien und Paraguay zeitversetzt vornehmlich Landsiedlungen im Landesinneren von Deutschen gegründet wurden, wies Argentinien einen verhältnismäßig großen Anteil gewerblicher und kaufmännischer Kolonistengruppen auf, die sich in der Hauptstadt und deren näherer Umgebung niederließen.[60]

Mit Blick auf die tabellarische Zahlenzusammenstellung stellt die Wanderung untereinander ein weiteres Problem dar.

Es gab stets einen Austausch unter den Volksgruppen, so daß man Gefahr läuft, doppelt zu zählen, weil z. B. die Übersiedlung eines Brasiliendeutschen ins argentinische Misiones nicht unbedingt auf beiden Seiten entsprechend erfaßt wurde.

Dennoch geben die aufgeführten Größen Auskunft über die großen Zuwächse in den einzelnen Staaten Südamerikas.

Deutlich erkennbar sind die Zentren der Einwanderung: Brasilien, Argentinien, Chile, Paraguay und mit Abstand Uruguay, das dann nach dem Zweiten Weltkrieg größeren Zulauf erhielt. Der Cono Sur bildete sich also schon sehr früh als das Zentrum deutscher Immigration in Südamerika heraus.

Wenn man die wenigen Zahlen früherer Jahre heranzieht, wird diese Entwicklung der schnell wachsenden Volksgruppen im Süden gegenüber denen des Nordens noch besser sichtbar:

– Beispiel Argentinien:	1869 =	4.991	Deutsche
	1914 =	47.094	Paßdeutsche
	1938 =	43.626	Paßdeutsche[61]
– Beispiel Peru:	1876 =	320	Paßdeutsche
	1902 =	854	Paßdeutsche
	1906 =	1.100	Paßdeutsche
	1923 =	620	Paßdeutsche
	1935 =	2.000	Paßdeutsche[62]
– Beispiel Paraguay:	1884 =	100	Paßdeutsche
	1900 =	1.200	Paßdeutsche
	1913 =	3.000	Paßdeutsche
	1919 =	< 5.000	Paßdeutsche
	1927 =	7.000	Paßdeutsche
	1931 =	10.000	Paßdeutsche
	1938 =	16.000	Paßdeutsche[63]
– Beispiel Venezuela:	1900 =	1.200	Paßdeutsche
	1925 =	1.000	Deutsche
	1932 =	< 4.300	Deutsche[64]
– Beispiel Chile:	1835 =	3.000	Deutsche
	1900 =	10.000	Deutsche
	1914 =	20.000	Deutsche
	1938 =	30.000	Deutsche[65]

An diesen Zahlen ist deutlich abzulesen, daß es 2 Gruppen von Einwanderungsländern gab:
a) die Haupteinwanderungsländer, deren Immigrantenzahlen stetig stiegen und selbst unter den Ereignissen des Ersten Weltkrieges nicht sehr stark einbrachen.
b) die Nebeneinwanderungsländer, deren Einwanderungsquoten stets gering waren, nicht an der Entwicklung partizipierten und sich nach dem Ersten Weltkrieg kaum mehr erholten.

Während also die nördlichen Staaten an Bedeutung in bezug auf Zuwanderungen aus Deutschland verloren, gewann der Cono Sur als Immigrationszentrum in Südamerika an Bedeutung. Interessant dabei ist, daß Brasilien und Argentinien ihr hohes Niveau festigen konnten, während vor allem Paraguay, das sich viel später der Immigration geöffnet hatte, deutlich zulegte.

An der Entwicklung dieses Staates wird der Unterschied zu den nördlichen Staaten sehr deutlich. Der Anteil der Stadtdeutschen ging dort sehr schnell zurück. Der Grund dafür lag in der Ausweitung der paraguayischen Niederlassungsmöglichkeiten. Bis dahin hatte Paraguay zu einem erheblichen Teil von der Zuwanderung deutscher Firmenvertreter, Investitionswilliger und Kaufleute nach Asunción profitiert. Die erfolgreichen Siedlungsprojekte der letzten Dekaden machten das Land nun als Ziel handwerklich und landwirtschaftlich Tätiger attraktiver.

Paraguay machte verspätet den Schritt von der Eliten- zur Siedlungseinwanderung. Die Kolonisten siedelten im südlichen Landesteil bzw. im Chaco, wo Ende der zwanziger Jahre die Mennoniten eine neue Heimat fanden. Die ländliche Kolonisierung brachte nicht nur große Siedlergruppen in das Binnenland, sondern sie ermöglichte erst die Entwicklung Paraguays, dessen ländliche Gebiete — für Südamerika typisch — hinter der wirtschaftlichen und infrastrukturellen Position der Hauptstadt weit zurückfielen. Gleichzeitig brachte die Einwanderung eine weitere Neuerung, denn sie bestand zum überwiegenden Teil aus Kleinbauern und selbständigen Handwerkern, wodurch die unausgeglichene Zusammensetzung der paraguayischen Gesellschaft eine Erweiterung erfuhr.

Diese ländliche Siedlungsbewegung blieb in den nördlichen Staaten Südamerikas aus. Während der Südgürtel dadurch großen Zuwachs erhielt, blieb für den Nordteil primär die Elitenwanderung dominant. Den Haupteinwanderungsländern gelang also die Mobilisierung neuer, zahlenmäßig sehr großer Einwanderergruppen, während sich das Interesse für die nördlichen Staaten auf den Wirtschaftssektor beschränkte.

So kam es, daß der Cono Sur um ein Vielfaches mehr an den Migrationsbewegungen dieser Jahre partizipierte als der Norden.

In relativ geringem Ausmaß gab es jedoch auch Abwanderungen von Deutschen aus diesen Ländern; so wurden einige Siedlungsaufgaben bekannt.

Dies geschah z. B. wegen wirtschaftlicher Unzufriedenheit, wirtschaftlichen Ruins ganzer Siedlungsprojekte, siedlungspolitischer Konflikte (in nationalen Mischsiedlungen oder bei Streudeutschen, denen das Festhalten am Deutschtum nicht möglich war) und wegen persönlicher Repressalien, etwa während des Ersten Weltkrieges.

Selbst aus dem Land der scheinbar unbegrenzten Möglichkeiten, den USA, wanderte eine Anzahl von Deutschen entweder in andere Staaten weiter oder in die Heimat zurück.[66]

Für die südamerikanischen Nebeneinwanderungsländer bedeutete dies jedoch, ganz im Gegensatz zu den USA oder dem Cono Sur, entweder das Ende einer aktiven Volksgruppe oder das Zusammenschrumpfen auf eine marginale Größe.

Als Fazit gilt, daß bereits im 19. Jahrhundert die Grundlagen für die zahlenmäßig bedeutsamen deutschen Volksgruppen in Südamerika Bestand hatten. Bis zum Ausbruch des Zweiten Weltkrieges, also vor dem letzten größeren Schub an deutschen Immigranten, war die Gewichtung bereits deutlich und gefestigt. Der Südgürtel war eines der bevorzugten Ziele deutscher Auswanderer und wurde zur Heimat von Millionen Deutschen und Deutschstämmigen.

3.2 Die Auswirkungen des Ersten Weltkrieges auf das Auslandsdeutschtum und dessen Stellung zum Deutschen Reich

Wie dargestellt, erhöhte sich die Zahl der in Südamerika lebenden Deutschen und Deutschstämmigen bereits bis zum Ausbruch des Ersten Weltkrieges erheblich. So unterschiedlich die Siedlungszahlen und die Immigrantenverteilung waren, so unterschiedlich fielen auch die Maßnahmen aus, die seitens der Gastländer gegenüber ihren Neubürgern ergriffen wurden.

Ganz im Gegensatz zum später folgenden Zweiten Weltkrieg gab es keine geschlossene Front von südamerikanischen Regierungen, die gegen das Deutsche Reich auftrat.

Brasilien bildete dabei eine Ausnahme. Der größte Staat des Subkontinents erklärte Deutschland 1917 den Krieg.

Im Lauf der 4 Kriegsjahre brachen 4 weitere Staaten die diplomatischen Beziehungen zum Kaiserreich ab: Bolivien, Peru, Uruguay und Ecuador. In den letztgenannten 4 Ländern lebten zu diesem Zeitpunkt jedoch weniger als 10.000 Deutsche, so daß nicht von einer Beeinträchtigung des südamerikanischen Auslandsdeutschtums gesprochen werden konnte.

Wie an den aufgeführten Zahlenentwicklungen jedoch ablesbar, bedeuteten diese Schritte einen Einschnitt in der Entwicklung der kleinen dort ansässigen deutschen Minderheiten. Die Volksgruppen stagnierten in ihrer zahlenmäßigen Entwicklung oder verloren gar an Stärke. Diese Staaten forcierten mit ihren Maßnahmen die Konzentration auf den Süden zusätzlich. Lediglich Uruguay — und dies dank der Einwanderung Anfang der fünfziger Jahre — konnte sich später davon erholen und bot einigen tausend deutschen Einwanderern eine neue Heimat. Die anderen 3 Staaten konnten diese Zäsur nie mehr richtig ausgleichen und verfügten von da an über relativ kleine, wenn auch in Teilbereichen durchaus wichtige deutsche Volksgruppen. Kennzeichnend für sie waren der hohe Anteil der Kontraktdeutschen, die den bleibenden Handelsinteressen Rechnung trugen, und die stetig voranschreitende Integration der Auswanderer in die Gesellschaften der Länder.

Da kein weiterer Zufluß in größerem Ausmaß zu verzeichnen war, gingen die autochthonen Gruppen deutlich früher als im Süden von der Akkulturations- in die Enkulturationsphase über.

Wesentlich entscheidender für den Bestand und den Fortgang der einzelnen Minoritäten waren jedoch nicht die außenpolitischen und diplomatischen Schritte der Staaten, sondern die parallel dazu ergriffenen Maßnahmen auf innenpolitischem Sektor. Es muß für Teile der Immigranten so gewirkt haben, als setzten die Regierungen und die Öffentlichkeit damit bewußte Zeichen, die auf die Unerwünschtheit von Deutschen in den jeweiligen Ländern herausliefen oder zur Eliminierung volksgruppeneigener Organisationen und Stellungen führen sollten. Die damals in ihrer großen Mehrheit national orientierten, d. h. an den Geschehnissen um ihre Heimat hochinteressierten Auslandsdeutschen Südamerikas empfanden einen Teil der Maßnahmen als Brüskierung.

Auf ihr deutsches Erbe bedacht und ihre Lebensweisen beibehaltend, hatten sie viel für den Aufbau der Gastländer geleistet und wurden nun dennoch bestraft. Im Grunde mag die Vorgehensweise verschiedener Regierungen wie eine konsequente Interpretation der realen Zustände in den Staaten und eine logische Maßregelung ausgesehen haben. Hatten nicht die Deutschen stets ihr Deutschtum aktiv vertreten? Fühlten sie sich nicht, auch wenn mit anderem Paß ausgestattet, als Deutsche? War es da nicht stringent, dem Gegner und dessen potentiellen Emissären im eigenen Land seitens der Regierung Repressalien aufzuerlegen?

Diese Gedankengänge könnte man aus heutiger Sicht leicht nachvollziehen, und man neigt demzufolge zu einer übereilten und uneingeschränkten Bejahung der obigen Fragen. Die zentralen Aspekte jedoch bleiben dabei meist unbedacht: Hatten die Regierungen Südamerikas nicht die Siedler ins Land eingeladen, wenn nicht gar mit großen Versprechungen gelockt? Waren diese Kolonisten nicht über Jahre für ihre neue Heimat gut gewesen, Territorien zu sichern und Gebiete landwirtschaftlich zu erschließen?

Und schließlich die Kernfrage: Waren es nicht die Regierungen selber, die den Deutschen nicht nur das Praktizieren ihres Deutschtums weiter erlaubten, sondern bewußt durch geschlossene Nationalitätensiedlungen eine Aufrechterhaltung des Gedankens „ein Stück Deutschland in der Ferne" begünstigten und wohl auch beabsichtigten? Wurde nun der Erste Weltkrieg nicht nur als Vorwand genutzt, um einen Teil der eigenen Entscheidungen und Versprechen zurückzunehmen?
Aufgrund des Verhaltens der in den Ländern lebenden Deutschen während der vergangenen Jahrzehnte scheuten sich jedoch etliche Staaten vor direkten Maßnahmen gegenüber dem Deutschen Reich und den Volksgruppen. Schließlich war es in vielen Gegenden des Kontinents deutlich ersichtlich, welche Anteile die deutschen Siedler an dem Aufbau und der Fortentwicklung der Staaten hatten.

Kehren wir nun aber zu der brasilianischen Kriegserklärung des Jahres 1917 und den daraufhin ergangenen Beschlüssen der Regierung zurück.[67] Sie berührten die Brasiliendeutschen gleich in mehrfacher Hinsicht, trafen sie jedoch in dem zentralen Wirkungsbereich der Volksgruppe am schwersten: auf dem Vereins- und Publikationssektor. Mit einem Mal wurde den Deutschen die Herausgabe deutschsprachiger Publikationen wie Zeitungen und Gemeindebriefe untersagt und der Zusammenschluß in Vereinen verboten. Dies galt bis zum Ende des Krieges.[68]
Aus heutiger Sicht ist es ein leichtes, das Ausmaß des Schadens abzuschätzen, wenn man bedenkt, daß ein Großteil der Schulen durch Vereine gegründet, gefördert und geführt wurde. Wie noch zu sehen sein wird, war dies ein Vorgeschmack auf spätere Entwicklungen und gleichzeitig eine Konsequenz der verstärkt spürbar werdenden Integrationsbestrebungen der nationalistischen Bewegungen Brasiliens.[69]
Deutsche Geschäftsleute und Firmen sahen sich plötzlich starkem Druck durch das Auftreten der sogenannten „Schwarzen Listen" ausgesetzt. Diese Art der Parteinahme wurde beinahe in allen südamerikanischen Staaten praktiziert und verfehlte ebensowenig ihre Wirkung wie die meist antideutsch eingestellte Presse.[70]
Es folgten somit schwere Jahre für das aktive Volksgruppenleben, bis schließlich nach Ende der kriegerischen Auseinandersetzungen in Europa und der Kapitulation des Deutschen Reichs langsam wieder eine Normalisierung eintrat. Die etablierten Vereine und Organisationen der Deutschen nahmen ihre Arbeit nach und nach wieder auf und konnten sich von den Rückschlägen erholen.
Diese ersten negativen Erfahrungen, die die Siedler in ihren Gastländern von vielen Seiten machten, hatten bei einem kleinen Teil erstmals eine erhöhte Assimilierungsbereitschaft zur Folge. Das Gros der Deutschen widersetzte sich jedoch weiterhin einer vollständigen Übernahme der jeweiligen Landeskultur.

Einen Sonderfall bildete damals Paraguay: Präsident Schaerer (1912—1916)[71] hatte es ebenso wie sein Nachfolger Franco (1916—1919) nicht nur bei der Neutralität gegenüber dem Deutschen Reich belassen, sondern vielmehr seine Sympathie für das Kaiserreich während des Krieges signalisiert. Dadurch blieb die Volksgruppe fast unbehelligt und konnte ohne Unterbrechung weiterarbeiten, obwohl es auch hier die „Schwarzen Listen" und die negative Berichterstattung der Presse gab. Paraguay, das sich erst nach der katastrophalen Niederlage im Tripelallianzkrieg gegen Uruguay, Argentinien und Brasilien im Jahre 1870 der Einwanderung geöffnet hatte, wurde durch die von dort ausgehende Ruhe zu einem vermehrten Ziel deutscher Siedler.[72]

Erst die staatsgefährdende Ausgangslage nach dem Krieg hatte die Verantwortlichen zur Öffnung des Binnenlandes veranlaßt und den Beginn der Einwanderung markiert. Nicht nur Immigranten aus Deutschland, sondern auch Siedler der ehemaligen deutschen Kolonien Afrikas und Kolonisten anderer deutscher Volksgruppen Südamerikas wurden während und nach dem Ersten Weltkrieg dort gezählt.[73] Der schon angedeutete Austausch von Auslandsdeutschen fand nun erstmals statt. Daraus zog Paraguay nicht unerheblichen Nutzen, wurde es doch so auch Ziel vieler Südbrasilianer deutscher Herkunft. Es lag geographisch im Zentrum großer Ansiedlungsräume Südamerikas und erhielt demzufolge sowohl aus östlicher (Brasilien) als auch südlicher (Argentinien) Richtung Zulauf.

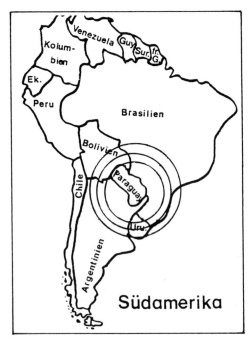

74

Das Land, das erst von der dritten großen Auswanderungsphase aus Deutschland am Ende des 19. Jahrhunderts profitiert hatte, erlebte nun binnen weniger Jahre eine Vervierfachung seiner deutschen Volksgruppe.
Der Erste Weltkrieg hatte also in Paraguay trotz auftretender Schwierigkeiten nicht die starken negativen Auswirkungen wie in anderen Staaten Südamerikas.[75] Für alle gemein war eine Konsequenz aus dieser Zeit: die erzwungene Solidarisierung. Die Gemeinschaft und das Zusammenhalten waren für viele der letzte Halt in einer ablehnenden Umgebung und hielt sie in Südamerika.

3.3 Die Organisationsformen deutscher Volksgruppen — Fallbeispiel Paraguay

Kurz nach Ankunft in Südamerika gingen die Menschen an die Organisation ihres zukünftigen Lebens im Kreis anderer Siedler. Es stellte sich schnell heraus, daß man in der teils menschenfeindlichen Umgebung allein nicht bestehen konnte, und so kam es von Anfang an zu Zusammenschlüssen in mehrerlei Hinsicht. Da Thema eines späteren Kapitels (s. 3.5), soll hier das landwirtschaftliche Genossenschaftssystem vorerst unberücksichtigt bleiben.
Wie also fanden sich die Deutschen zusammen? In den Kolonien wurde beinahe das gesamte Leben durch die Genossenschaften bestimmt bzw. erleichternd begleitet.
In den Städten, wo es stets eine Gruppe deutscher Kaufleute und Handwerker gegeben hatte, bildeten sich schnell Vereine und Organisationen, die weit mehr als reine Interessenvertretungen waren, sondern auch als Kommunikationszentren genutzt wurden. Man hatte frühzeitig die Wichtigkeit erkannt, in der Fremde ein Netz an Institutionen und Organisationen zu installieren, um den Erhalt des Volkstums zu gewährleisten. Entscheidende Hilfe bekamen die Auslandsdeutschen dabei vom „Deutschen Auslandsinstitut" (DAI) in Stuttgart. Das DAI stellte einen wichtigen Verbindungspunkt zwischen Deutschland und Südamerika dar.
Handelskammern koordinierten Geschäftskontakte ins In- und Ausland, fungierten jedoch ebenso als Diskussionsforen und Treffpunkte. Trotz des rückläufigen Anteils der Stadtdeutschen an den jeweiligen Volksgruppen im Untersuchungsgebiet bildeten die in den urbanen Zentren lebenden Deutschen einen wichtigen Personenkreis.
Durch das verstärkte Handelsaufkommen zwischen Südamerika und dem Deutschen Reich bis zur Weltwirtschaftskrise 1929 erlangten sie eine wichtige Mittlerfunktion zwischen den Kontinenten. Häufig ohne Familie als Teil der

sogenannten Einzeleinwanderung in die Länder gekommen, verfügten sie zum einen über ein aktuelles Deutschlandbild und konnten zum anderen finanzielle Mittel einsetzen, die für die Volksgruppen von großem Nutzen waren. Da sich das deutsche Handelsinteresse bereits zu Zeiten des Kaiserreichs verstärkt auf das südliche Amerika ausgedehnt hatten, erkannte man in diesen Firmenvertretern u. ä. eine Kontaktgruppe zu den im Ausland lebenden Deutschen.

Diese Entwicklung in der Weimarer Republik wurde durch einen weiteren Umstand noch forciert: nach der Niederlage von 1918 und der daraus resultierenden Abtrennung großer deutscher Reichsgebiete kam in Deutschland ein Sensibilisierungsprozeß in bezug auf die außerhalb der deutschen Grenzen lebenden Landsleute in Gang. Ausgangspunkt hierfür waren die im neugegliederten Europa verstreut lebenden Deutschen. Die Wahrnehmung ihrer gewandelten Position als Bürger anderer Staaten bewirkte jedoch nach und nach auch eine Bewußtseinsänderung gegenüber den überseeischen Volksgruppen.

Die Entstehung neuer Staaten in Europa hatte zahlreiche deutschsprachige Siedlungsgebiete zu Ausland werden lassen. In dieser Zeit entstand daher schließlich der Überbegriff „Auslandsdeutschtum", der in der Folgezeit nicht nur die plötzlich außerhalb der deutschen Grenzen lebenden europäischen, sondern auch die überseeischen Volksgruppen umfassen sollte.

Institutionen wie der „Deutsche Akademische Austauschdienst" und das „Goethe-Institut", deren Gründungen allesamt in die Zeit der Weimarer Republik fielen, arbeiteten fortan u. a. mit deutschen Organisationen in Südamerika zusammen.[76]

Die Niederlage im Ersten Weltkrieg und die offensichtliche Verschlechterung der Lage der in Osteuropa lebenden Deutschen führte somit zu einer verstärkten Perzeption der Situation des Auslandsdeutschtums durch die Verantwortlichen der ersten deutschen Demokratie im allgemeinen.

Paraguay erhielt und förderte im Lauf der Jahrzehnte eine Vielzahl von deutschen Organisationen, die zu einem großen Teil bis in die Gegenwart aktiv blieben. Dies bedeutete einen entscheidenden Wandel der Politik Paraguays, denn das Binnenland hatte sich bis zur Niederlage im Tripelallianzkrieg im Jahr 1870 einer europäischen Gruppeneinwanderung weitgehend verschlossen.

Präsident Francisco Lopez wollte mit dem Krieg gegen Brasilien, Argentinien und Uruguay einen direkten Zugang seines Landes zum Atlantik erkämpfen. Im Gegensatz zu seinen Vorgängern meinte er, Paraguays starke wirtschaftliche Situation bedürfe nun auch einer Stärkung der außenpolitischen Stellung. Der Krieg endete nach anfänglichen Erfolgen Lopez' mit einer verheerenden Niederlage Paraguays, das rund 80 % seiner Bevölkerung bei den Kämpfen

verlor. Große Teile des Territoriums mußten nach dem Sieg des Dreibunds an Argentinien und Brasilien abgetreten werden.[77]
Vor diesem Krieg stand der Isolationspolitik auf der außenpolitischen Ebene eine extreme Integrationspolitik auf der innenpolitischen gegenüber. Staatliche Bestimmungen hatten die völlige Assimilierung zugewanderter Bewohner — bis dahin meist Spanier, deren Familien nach der Kolonialzeit im Land geblieben waren — und die Schaffung eines einheitlichen paraguayischen Volkes zum Ziel. Zu diesem Zweck wurde z. B. das Heiratsverbot für Spanier untereinander erlassen, so daß sich die Bevölkerung bis zur Immigration gegen Ende des 19. Jahrhunderts fast ausschließlich aus Mestizen zusammensetzte. Die originären und bis dahin zugewanderten Gruppen waren weitgehend verschmolzen.[78]
Die Niederlage 1870 zwang Paraguay praktisch zu einem Umdenken im Bereich der Einwanderungspolitik. Der extreme Bevölkerungsmangel, besonders bei nur noch 6.000 lebenden Männern, machte die Öffnung des Landes für europäische Siedlungsbewegungen notwendig und bewirkte eine Immigrationspolitik, die dem früheren Vorgehen konträr entgegenstand.

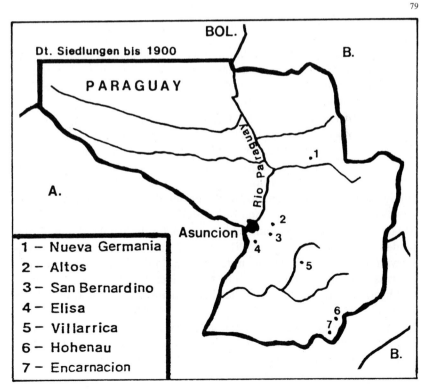

[79]

1 – Nueva Germania
2 – Altos
3 – San Bernardino
4 – Elisa
5 – Villarrica
6 – Hohenau
7 – Encarnacion

Die erste deutsche Vereinsgründung im Land geht auf das Jahr 1885 zurück. In Asunción, wo zu diesem Zeitpunkt noch eine anteilmäßig größere Gruppe von Deutschen als auf dem Land lebte, wurde der „Deutsche Kranken-Unterstützungs-Verein" gegründet. Die Hilfskasse auf Gegenseitigkeit vergrößerte in späteren Jahren ihren Aktionsradius und konnte auch von den Bewohnern ländlicher Gebiete genutzt werden.[80]

Ein knappes Jahrzehnt später kam es in Altos, der zweitältesten Siedlung deutscher Einwanderer nach San Bernardino, zur Gründung des Geselligkeitsvereins „Patria". Die von ihm organisierten Schützenfeste wurden zu einem Höhepunkt für die Deutschen im ganzen Land.[81]

Anhand dieser Beispiele aus den Teilbereichen Eliten- und Siedlungswanderung werden zweierlei Merkmale ersichtlich:

a) Die Deutschen gingen recht schnell daran, durch Vereinsgründungen ihr Kulturerbe zu erhalten.

b) Die Vereinsgründungen hatten neben der Geselligkeit meist auch soziale Hintergründe.

Das Beispiel Altos ist des weiteren ein Beleg dafür, daß man häufig nach einer Anlaufzeit die genannten Aspekte verbinden wollte. So übernahm „Patria" neben der Pflege deutscher Traditionen schon sehr bald auch die Trägerschaft der deutschen Schule dieser Siedlung. Dies kann durchaus als typische Vorgehensweise angesehen werden. Seit 1716/1717 bestand in Preußen eine Schulordnung, und während des 18. Jahrhunderts wurde in allen deutschen Ländern die Schulpflicht eingeführt, d. h., die Siedler waren an das Erziehungswesen gewöhnt und konnten es nicht akzeptieren, daß in der neuen Heimat ihre Kinder ohne Schulausbildung groß wurden.

Da der Staat diesen Einsatz von den Neubürgern erwartete und weder die finanziellen noch die personellen Voraussetzungen erfüllen konnte, blieb nur der Weg der Eigeninitiative. Somit wurden von vornherein die Grundlagen für den Erhalt der deutschen Sprache und der deutschen Identität gelegt. Die Autarkie auf Wirtschafts-, Bildungs- und Verwaltungssektor entsprang demzufolge dem Willen und den Möglichkeiten des Staates sowie dem Willen und den Bedürfnissen der deutschen Kolonisten.

Mit der gleichen Selbstverständlichkeit, die sie für die Schulausbildung empfanden, gründeten sie Vereine, die entweder ausschließlich oder zumindest schwerpunktmäßig eine Schule unterstützten. In den Zeiten des Siedlungsaufbaus, in denen noch keine Schulen bestanden, wurde für den Unterricht durch private und nachbarschaftliche Initiative sowie durch Wanderlehrer gesorgt.[82]

Durch die Vielzahl der entstandenen Vereine verfügte man schon nach wenigen Jahren über eine Basis für aktive Volksgruppenarbeit. Mit der Zeit erkannten die Siedler jedoch, daß dieses solide Fundament für eine solche Arbeit allein nicht ausreichte und eine überregionale, übergeordnete Organisationsform benötigt wurde, um in Zukunft den Erhalt des Deutschtums zu gewährleisten. So kam es am 24. September 1916, beschleunigt durch den Ausbruch des Ersten Weltkrieges und die darauf einsetzenden antideutschen Stimmungen in Teilen der paraguayischen Öffentlichkeit, zur Gründung des „Deutschen Volksbundes für Paraguay" (DVP).[83] Er setzte sich in seiner kurz darauf angenommenen Satzung folgende Ziele:

„a) Erhaltung und Pflege der deutschen Sprache, Sitte und Überlieferung durch Förderung des deutschen Schulwesens . . .

b) Pflege und Vertiefung des gegenseitigen Verständnisses und freundschaftlicher Beziehungen der deutsch-völkischen Stammesangehörigen untereinander . . .

d) Erhaltung und Verdichtung der geistigen und wirtschaftlichen Verbindungen mit der alten Heimat . . .

e) Pflege enger Beziehungen zu gleichartigen deutschen Verbänden im übrigen Ausland."[84]

Hier wird der Anspruch auf die Führungsrolle dieses Verbands für den paraguayischen Bereich deutlich. Die starke Verwurzelung der Siedler sollte als Gedankengut erhalten und an Nachfolgende weitergegeben werden. Des weiteren wurde ein enger Schulterschluß der einzelnen Vereine im Land angestrebt und mit ähnlichen überregionalen Verbänden in anderen südamerikanischen Staaten Kontakt aufgenommen.

In diesem Zusammenhang wichtig und nicht zuletzt auf die teilweise aufkommende Medienhetze gegen Deutschland zurückzuführen, sind 2 weitere Passagen aus der Satzung des DVP:

„c) Beeinflussung und Aufklärung der öffentlichen Meinung in Wort und Schrift.

h) . . . wirksame Bekämpfung deutschfeindlicher Bestrebungen."[85]

Letztlich erkennt man, daß der Erste Weltkrieg, wenn nicht Anlaß, so doch Beschleuniger für diese in jedem Fall nötige Verbandsgründung war und der Druck auch innerhalb Paraguays zu einer Solidarisierung und Besinnung auf die Herkunft bei den Deutschen führte. Die Mitgliederzahlen, 1.193 Personen (ca. 70% der Deutschen über 20 Jahre) in 16 Ortsgruppen, waren Beweis dafür, wie hoch bereits nach einem Jahr die Akzeptanz in der zusammenrückenden Kolonie für diese Entwicklung war.

Auch wenn nach dem Ende des Krieges seine Bedeutung zurückging, blieb der DVP aktiv, schuf mehrere Unterorganisationen und versuchte trotz vieler Rückschläge eine Koordinierung der in Teilen sehr unterschiedlichen deutschen Zusammenschlüsse. 1933 trat für den DVP eine entscheidende Wende ein, und es folgten Jahre, in denen er nochmal dominant für das Volksgruppenleben werden sollte.

3.4 Das Engagement der Deutschen in den Volksgruppen und in der Politik der Gastländer

Seit es Deutsche in Südamerika gab, beteiligten sie sich an der Gestaltung der gesellschaftlichen Ordnung in den jeweiligen Ländern. Es dürfte kaum einen südamerikanischen Staat gegeben haben, in dem nicht auch Deutsche in verantwortlichen Positionen gearbeitet haben. Daß die Einwanderer nicht eine eigene deutsche Partei gründeten, sondern in bestehenden mitarbeiteten, zeugte von ihrem integrierten politischen Engagement.[86]

Converse liefert uns einige der zahlreichen Beispiele für die Tätigkeit deutscher Siedler in Chile, wo durch starke Zuwanderung in den südlichen Landesteilen relativ geschlossene Siedlungsräume entstanden.[87] Um 1890 setzte sich etwa der Stadtrat von Puerto Montt zu 80 % aus Deutschchilenen zusammen[88], und mehrere Deutsche waren Bürgermeister umliegender Ortschaften.

Diese geographische Konzentration persönlichen, politischen Einsatzes lag in der Dichte deutscher Kolonisation in dieser Region begründet. Das deutliche Übergewicht der kommunalen Ebene war dabei Ausdruck der auch auf politischem Gebiet notwendigen Selbständigkeit der Siedler. Primär war ihnen daran gelegen, die regionalen Strukturen und das kommunale Gemeinwesen voranzutreiben. Ein weitergehendes Engagement auf nationaler Ebene war selten und wurde in den ersten Jahren — besonders von der Einwanderergeneration — lediglich als Interessenvertretung für die „deutschen Landstriche" verstanden. Die Siedlungsdichte, der starke Zusammenhalt untereinander und die weitgehende Isolation vom restlichen Chile bewirkten, daß die politische, aber auch religiöse und kulturelle Distanz zum neuen Heimatland lange aufrechterhalten werden konnte.

Vom Staat bewußt eingeräumte Freiräume bildeten somit eine Art Vakuum, in das die Deutschen stoßen konnten und stoßen mußten. Erst die einsetzende Anbindung des Landesteils vor allem an das Wirtschaftsgefüge Chiles hatte den Beginn einer Akkulturationsphase bei der Kindergeneration zur Folge.

Mehrere Deutschstämmige saßen zu diesem Zeitpunkt bereits im chilenischen Kongreß. Wie sehr die deutschen Bewohner Chiles bei aller Distanz in der politischen Auseinandersetzung des Landes standen, wurde an der Übertragung der politischen Konflikte jener Zeit auf die deutschchilenische Gemeinschaft deutlich. Die Konservativen und Radikalen, die beiden großen Parteien des Landes, verfolgten gegenüber der Kirche einen vollkommen gegensätzlichen Kurs. Auf der einen Seite die Konservativen, die die Interessen der katholischen Kirche offen vertraten, und auf der anderen Seite die Radikalen. die mehr auf Fortschritt und Eindämmung der Macht des Klerus zielten. Da die Protestanten unter den Deutschen ihren Glauben auch in dem katholischen Land Chile bewahren wollten, orientierten sie sich in Richtung der Radikalen, während sich die Katholiken den Konservativen anschlossen. In Chile übertrug sich somit von Beginn der Zuwanderung einer der zentralen politischen Konflikte auf die Neubürger, was indirekt zu einer Art politischer Integration führte.[89]

Aus dem Argentinien dieser Zeit wurden mehrere Deutsche, die in bedeutende politische Ämter gelangten, bekannt. Männer wie Dr. E. Frers (Landwirtschaftsminister), C. Maschwitz (Generaldirektor der Eisenbahn und später Bautenminister) sowie A. Bullrich und F. Seber (beide mehrjährige Bürgermeister von Buenos Aires) gelangten in hohe Staatsämter.[90]
Die frühzeitige Erlangung von Ministerwürden war u. a. auch dadurch zu erklären, daß ein großer Teil der deutschen Immigranten Argentiniens in der Hauptstadt Buenos Aires und in der gleichnamigen Provinz Aufnahme gefunden hatte. Die bis heute anzutreffende Dominanz der Metropole schlug sich also auch bei der Einwanderung nieder. Die geringe räumliche Entfernung zur eingesessenen argentinischen Gesellschaft förderte das frühzeitige überregionale und nicht nur gruppenbezogene Engagement mehr als in den Staaten des Untersuchungsgebiets mit stärker ländlicher Siedlungsstruktur.

Anders stellte sich wiederum die Situation in Brasilien dar, wo u. a. Lauro Müller eine beeindruckende politische Karriere durchlief. Dreimal zum Präsidenten vom Bundesstaat Santa Catarina gewählt, wurde er 1902 Verkehrsminister Brasiliens und schließlich 1912 zum Außenminister ernannt. Diesen Posten verlor er 1917 auf Druck der Alliierten, da er sich bis zuletzt gegen die Kriegserklärung Brasiliens an Deutschland gewehrt hatte. Neben Müller stiegen V. Kondor (für Verkehr) und L. Collor (für besondere Aufgaben) in Ministerrang auf.[91]
Trotz einer Mehrheit ländlicher Siedler gab es somit in diesem größten südamerikanischen Staat eine stattliche Zahl von Politikern deutscher Herkunft, die sich früh der Bundesebene verpflichteten. Dies mag zum einen auf die Wirkung der von Karl von Koseritz vertretenen Vorstellungen (s. 6.4), wonach sich die deutschen Einwanderer bei bewußter Bewahrung ihres deutschen Erbes möglichst schnell in die brasilianische Gesellschaft integrieren und dort aktiv werden sollten, gelegen haben. Zum anderen war es sicherlich auf die Integrationsbestrebungen des brasilianischen Staates gegenüber den deutschen Immigranten zurückzuführen. Verschiedene brasilianische Staatspräsidenten trugen so durch die Berufung deutschstämmiger Politiker in ihre Regierungen zu einer forcierten politischen Integration der Neubürger bei.

In Paraguay bekleidete Eduardo Schaerer von 1912 bis 1916 das Amt des Präsidenten, nachdem er vorher bereits der Regierung unter E. Navero als Innenminister angehört hatte. Als Sohn eines Schweizers, der über Uruguay nach Paraguay gelangt war, und einer Paraguayerin war Schaerer nicht nur sofort in die Gesellschaft integriert, sondern er erhielt durch die bedeutenden Stellungen seines Vaters auch Zugang zu politischen Kreisen Paraguays. Diese Voraussetzungen lassen ihn somit eher als eine Ausnahme unter den exponierten deutschstämmigen Politikern jener Zeit erscheinen.

Wir finden für den behandelten Zeitraum folgende Formen des politischen Engagements im Untersuchungsgebiet:
  a) Politischer Einsatz auf kommunaler bzw. regionaler Ebene, der speziell in den ländlichen Siedlungsgebieten wie dem südlichen Brasilien anzutreffen war.
  b) Politisches Engagement auf nationaler Ebene, dessen Vertreter sich meist aus den Gruppen der Stadtdeutschen und autochthonen Deutschen rekrutierten. Beispiele wurden für Argentinien und Paraguay aufgeführt.
  c) Die Mischform der beiden genannten Varianten, die vor allem im Brasilien jener Jahre dazu führte, daß auf der einen Seite Stadtdeutsche und auf der anderen Seite Deutsche der ländlichen Siedlungsgebiete des Südens nach der Übernahme regionaler Verantwortung in hohe Staatsämter berufen wurden.

Ganz allgemein kann man bereits für diese Zeit von der integrativen Wirkung politischer Partizipation deutscher Einwanderer und nachfolgender Generationen sprechen.

Während eine religiöse und eine kulturelle Distanz — speziell in den ländlichen Regionen — weiterhin bestehen blieben und zur Gründung deutscher Institutionen führten, hatte diese politische Integration die Konsequenz, daß die Gründung eigener deutscher Parteien ausblieb. Abgesehen von der als Sonderfall geltenden Zeit der nationalsozialistischen Diktatur in Deutschland gab es im Untersuchungsgebiet stets eine in das jeweilige System eingebundene Beteiligung der deutschen Bevölkerungsgruppen an der Landespolitik.

Neben dem politischen Engagement verstärkten die Siedler auch ihren Einsatz für die Volksgruppenarbeit. Die anhand der Entwicklung in Paraguay beschriebene Ausweitung dieser Arbeit konnte auch in den anderen Staaten beobachtet werden. In Brasilien etwa kam es zu einer Welle von Vereinsgründungen. Eine Statistik aus dem Jahr 1924 wies allein für den Bundesstaat Rio Grande do Sul 335 deutsche Vereine aus. Ein Jahr später schlossen sich die deutschbrasilianischen Lehrer zu einem Verband zusammen, der rund 1.400 Schulvereine umfaßte.[92] Aus diesen Zahlen ist ablesbar, daß die Konstituierungsphase der Einwanderergruppen zu diesem Zeitpunkt bereits abgeschlossen wurde und die Etablierungsphase deutlich voranschritt. Somit verfügten die einzelnen Volksgruppen Südamerikas in den dreißiger Jahren unseres Jahrhunderts über eine Vielzahl verschiedener Vereinstypen, die gleichzeitig ein Fundament für die Arbeit der Dachorganisationen wurden. Der Erhalt und die Pflege der deutschen Sprache, Kultur und Traditionen wären ohne dieses breitgefächerte Netz um ein Vielfaches schwieriger gewesen und hätten unter Umständen die frühzeitige Auflösung jeglicher deutscher Organisationsstrukturen zur Folge gehabt. Negativer Nebenaspekt der geschilderten Situation war ohne Zweifel die Tatsache, daß den an die Macht strebenden und später auch im Ausland aktiv werdenden Nationalsozialisten ungewollt Instrumente an die Hand gegeben wurden. Bessere Voraussetzungen für die Auslandsarbeit hätten die NS-Verantwortlichen kaum vorfinden können.

3.5 Wirtschaftliche Entwicklung und Arbeitsorganisation der Kolonien – Fallbeispiel Brasilien

Die aus aller Welt in der alten Heimat eintreffenden Erlebnisberichte deutscher Auswanderer schilderten auf beeindruckende Weise die Schwierigkeiten dieser Menschen im Ausland. Sie wurden Dokumente und Beweise für den harten Existenzkampf in oftmals menschenfeindlichen Gebieten. Neben dem immer wieder auftretenden Heimweh ist die Beschreibung des persönlichen und wirtschaftlichen Fortgangs ein Schwerpunkt dieser Berichte, die für uns heute von großem Wert bei der Beurteilung der Geschehnisse sind.[93]

Am Anfang stand für viele der Überlebenskampf, da sie klimatischen und gesundheitlichen Bedingungen ausgesetzt waren, die sie aus Mitteleuropa nicht kannten. Aufgrund der lange Zeit schlechten medizinischen Versorgung und der Hilflosigkeit, bis dahin unbekannten Erkrankungen zu begegnen, gab eine Anzahl von Siedlern auf und zog weiter. Andere mußten gar mit ihrem Leben bezahlen.[94] Nicht zuletzt deshalb bemühte man sich schnell um Abhilfe und baute nach gewissen Übergangszeiten Krankenstationen oder gar Krankenhäuser in den Siedlungen. War erst ein gewisser Standard in der Bewirtschaftung der Ländereien und bei den Siedlungsbauten erreicht, konnte man sich der widrigen Umstände besser erwehren. Feste Gebäude boten mehr Schutz, und das Zurückdrängen des Urwalds bewirkte das Ausbleiben der krankheitsübertragenden Mücken, die nicht in der trockenen, heißen Luft blieben, sondern in feuchten Waldgebieten lebten.

Bei solchen Voraussetzungen nahm es nicht wunder, daß von Beginn an ein starkes Solidaritätsgefühl unter den Betroffenen aufkam. Die Erkenntnis, daß man nur durch Schulterschluß Erfolg haben konnte, verbreitete sich schnell und übertrug sich auf sämtliche Lebensbereiche. Finanzierung von Krankenstationen, Schulen und Versicherungen waren Ausdruck dieses Verantwortungsbewußtseins für die Gemeinschaft.[95] Des weiteren war klar, daß auch bei der Arbeitsorganisation nicht Konkurrenz, sondern Kooperation vonnöten war. So kam es früh zur Zusammenarbeit bei der Produktion und Vermarktung landwirtschaftlicher Erzeugnisse. Das Genossenschaftsprinzip, also „Gedanken der Selbsthilfe durch Verbände, durch Einungen", in denen sich Menschen auf der Grundlage der Gleichheit zur Erreichung bestimmter Ziele zusammenschließen"[96], war recht schnell in den deutschen Siedlungen anzutreffen.

In dem südlichsten Staat Brasiliens, Rio Grande do Sul, lebte seit Anfang unseres Jahrhunderts die größte Gruppe der deutschsprachigen Landwirte.[97] Dieses große Potential bot ideale Voraussetzungen für eine schnelle und erfolgreiche Genossenschaftsarbeit auf diversen Feldern. Hervorstechend waren hier nicht nur die zahlreichen Siedlungsgenossenschaften, sondern besonders die überregional agierenden Zusammenschlüsse. Der „Deutsche Riograndenser Bauernverein", gegründet 1900, war der erste große Verband, der durch Gliederungen auf Distrikt- und Pikadenebene fest verankert war und erfolgreich arbeiten konnte. Die Arbeitsbereiche Ein- und Verkauf, Rassenverbesserung der Viehbestände, Saatgutwechsel, Waldschutz und Aufforstung sowie Kassenwesen waren Schwerpunkte seiner Arbeit.[98] Als er im Jahre 1914 zerbrach, lag es wohl neben organisatorischen und wirtschaftlichen Problemen an einer deutschbrasilianischen Besonderheit, nämlich an dem Gegensatz der beiden großen Religionsgemeinschaften.

Da Thema eines weiteren Kapitels, soll hier nur auf die weitreichenden Konsequenzen dieser Zwistigkeiten auf dem Glaubensektor hingewiesen werden. Ein harmonisches Zusammengehen des in Brasilien sehr starken evangelischlutherischen Anteils mit dem katholischen stellte zu diesem Zeitpunkt ein grundsätzliches Problem dar. In den Kolonien war man häufig unter Glaubensbrüdern, hier, in dem überregionalen Zusammenschluß, mußte man sich arrangieren, wollte man nicht von vornherein das Unternehmen zum Scheitern verurteilen. So überraschte es dann auch nicht, daß bereits 1912 mit dem „Volksverein für die deutschen Katholiken in Rio Grande do Sul" ein konfessionell gebundener Verein gegründet wurde, der sich nach dem Zerfall des erstgenannten Bauernvereins dessen Arbeitsfelder und Raiffeisenkassennetzes in den katholischen Siedlungsgebieten annahm und sie sukzessiv ausbaute. Während des Zweiten Weltkrieges und der aufkommenden „Nationalisierungspolitik" in Brasilien am Ende der dreißiger Jahre mußte der Volksverein seine Tätigkeit einstellen, schaffte aber die Wiederaufnahme der Arbeit im Jahre 1948.[99] In Rio Grande do Sul bestanden weitere Genossenschaften — etwa die „Liga der Kolonie-Unionen" —, die genossenschaftliche Fabriken, Unterstützungskassen und Absatzgenossenschaften unterhielten.

Der Tabakanbau, beinahe ein deutsches Monopol in dieser Region damals, wurde ebenfalls weitgehend von den sogenannten „cooperativas" betrieben. Das gleiche galt für den Bereich der Bienenzucht.[100] Aus dem Staat Paraná war ähnliches zu berichten, da auch dort ein weitverzweigtes regionales und überregionales Genossenschaftssystem arbeitete.[101] Im Gegensatz dazu stand die Entwicklung in Santa Catarina. Geographisch umschlossen von Rio Grande do Sul im Süden und Paraná im Norden wurde dieser Staat quasi von den genannten mitversorgt. Die dort entstandenen Großverbände griffen nach Santa Catarina über und schufen Zweigorganisationen bzw. gliederten sich solchen an.[102]

Warum gerade der stark von Deutschen besiedelte Staat Santa Catarina bei der allgemeinen Entwicklung eine Ausnahme machte, war nach Kloss nicht ganz ersichtlich. Die von ihm aufgeführten Gründe, fehlende städtische Metropole und das ausgeprägte Mißtrauen der Einheimischen, gaben jedenfalls einen Eindruck von den sehr unterschiedlichen Ausgangspositionen der einzelnen Kolonien.

Es wird somit deutlich, daß in Brasilien, wo die größte deutsche Volksgruppe beheimatet war, ein reges Arbeiten auf genossenschaftlicher Basis zu verzeichnen war. Es ist unbestritten, daß diese Tatsache für die wirtschaftliche Entwicklung und den Zusammenhalt (Stichwort: kultureller Nutzwert genossenschaftlicher Zusammenschlüsse) der Volksgruppen von großer Bedeutung war.

Anmerkungen zu Kapitel 3

48 Vgl. Hoffmann, a.a.O. S.113ff.
   Vgl. Deutscher Klub Buenos Aires (Hrsg.): Deutsche in Argentinien, Buenos Aires 1980, S.242. 1914 wurden darunter 47.094 Personen mit deutscher Staatsangehörigkeit gezählt. 1938 waren es noch 43.626.
49 Vgl. Wolff/Fröschle, a.a.O. S.149; Reichsdeutsche im Land.
50 Vgl. Oberacker/Ilg, a.a.O. S.221.
   Deutsche Einwanderer ohne Nachkommen in der Zwischenkriegszeit.
   Vgl. Wächtler, Fritz: Deutsche fern der Heimat, München 1940, S.16f.
51 Vgl. Converse, a.a.O. S.372.
   Vgl. Prien, a.a.O. S.787. Die Angaben vor 1918 schwanken zwischen 20.000 und 25.000, da teils nach Sprache gefragt wurde, wodurch Angaben anstiegen.
   Vgl. Hoyer, a.a.O. S.36. Er bezieht sich auf eine Umfrage des „Deutsch-Chilenischen Bundes" kurz vor dem Ausbruch des Zweiten Weltkrieges.
52 Vgl. Weilbauer, Arthur: Die Deutschen in Ecuador, in: Die Deutschen in Lateinamerika. Hrsg. v. Hartmut Fröschle, Tübingen 1979, S.380.
   Hier handelt es sich um eine Schätzung der in Deutschland geborenen Paßdeutschen in Ecuador vor dem Ersten Weltkrieg.
   Vgl. auch Hoyer, a.a.O. S.38 für die analoge Schätzung 1935.
53 Vgl. Schneeloch, Norbert: Die Deutschen in Guayana, in: Die Deutschen in Lateinamerika. Hrsg. v. Hartmut Fröschle, Tübingen 1979,S.425.
   Unsichere Schätzung für die Zeit vor dem Ersten Weltkrieg.
   Vgl. auch Hoyer, a.a.O. S.38 für die Zahl der noch in Deutschland geborenen Paßdeutschen im Jahre 1935.

54 Vgl. Allgaier, a.a.O. S.439. Wegen des hohen Anteils von Kontraktdeutschen kann es bei der Angabe für die Zeit um 1918 zu Ungenauigkeiten kommen.
Vgl. Hoyer, a.a.O. S.38 für die Zahl der noch in Deutschland geborenen Paßdeutschen 1935.
55 Vgl. Schuster, a.a.O. S.349.
Vgl. Bussmann, Claus: Treu deutsch und evangelisch, Stuttgart 1989, S.59.
In Deutschland geborene Paßdeutsche im Jahre 1914.
Vgl. Kliewer, Friedrich: Die Deutsche Volksgruppe in Paraguay, Hamburg 1941, S.114.
Seine Zahl für das Jahr 1937/38 erfaßt die Reichsdeutschen und die noch in Deutschland geborenen Paraguaydeutschen.
56 Vgl. Petersen/Fröschle, a.a.O. S.707 und S.731.
Es liegen Zahlen aus dem Jahr 1906 zu Grunde.
Vgl. Hoyer, a.a.O. S.38 für die Zahl der Paßdeutschen und der noch in Deutschland geborenen Mitglieder der Volksgruppe 1935.
57 Vgl. Fröschle, Hartmut/Hoyer, Hans-Jürgen: Die Deutschen in Uruguay, in: Die Deutschen in Lateinamerika. Hrsg. v. Hartmut Fröschle, Tübingen 1979, S.743.
Paßdeutsche und noch in Deutschland geborene Uruguaydeutsche 1925 und 1932.
58 Vgl. Fröschle, a.a.O. S.775.
Neben einer Schätzung der Zahlen für die Reichsdeutschen vor Ausbruch des Ersten Weltkrieges gibt er dort für 1932 die Höchstzahl der in Venezuela lebenden Deutschen an.
59 Vgl. Bernecker/Fischer, a.a.O. S.198f.
Vgl. Rößler, a.a.O. S.150.
60 Vgl. Bernecker/Fischer, a.a.O. S.200ff. und S.207.
61 Vgl. Hoffmann, a.a.O. S.93, S.113 und S.115.
62 Vgl. Petersen/Fröschle, a.a.O. S.707.
Vgl. Hoyer, a.a.O. S.38.
63 Vgl. Zöller, Hugo: Pampas und Anden, Berlin 1884, S.112.
Vgl. Kliewer, a.a.O. S.113−117.
Vgl. Hoyer, a.a.O. S.38.
1900 lag der Anteil der Stadtdeutschen aus Asunción an der Volksgruppengesamtzahl noch bei 25%. Dies reduzierte sich durch die starke Einwanderung der Folgejahre drastisch.
64 Vgl. Fröschle, a.a.O. S.775.
65 Vgl. Hoyer, a.a.O. S.34 und S.36.
Vgl. Converse, a.a.O. S.314 und S.372.
66 Vgl. Helbich, Wolfgang (Hrsg): „Amerika ist ein freies Land...", Darmstadt 1985, S.207. Für das 19.Jahrhundert lag die Rückwanderquote unter 10%.
Vgl. Schniedewind, Karen: Fremde in der alten Welt: die transatlantische Rückwanderung, in: Deutsche im Ausland − Fremde in Deutschland. Hrsg. v. Klaus J. Bade, München 1992, S.180ff.
67 Die Kriegserklärung erfolgte nach der angeblichen Torpedierung eines brasilianischen Handelsschiffs durch deutsche U-Boote.
Vgl. VDA (Hrsg.): Die Deutschen in aller Welt, Bonn 1990, S.19 (zit.: VDA 1990).
68 Vgl. Oberacker/Ilg, a.a.O. S.298.
Schon 1919 gründeten Deutsche aus São Paulo den „Deutschen Verein für Wissenschaft und Kunst" und signalisierten dadurch den Willen zu einem neuerlichen Aufschwung.
69 Vgl. Bernecker/Fischer, a.a.O. S.205.
Vgl. Oberacker/Ilg, a.a.O. S.236.
70 Vgl. Converse, a.a.O. S.320.
In Chile schlossen sich deutsche Firmen bzw. solche, die von Deutschen oder Deutschstämmigen geführt wurden, in der „Deutschen Handelskammer" zusammen, um gemeinsam den Konsequenzen der „Schwarzen Listen" zu begegnen. Die Listen trugen übrigens auch die Namen chilenischer Firmen, die mit dem Reich oder Deutschen handelten. Offiziell neutral, war Chile ein Beispiel dafür, welche Auswirkungen solche Listen und eine teilweise antideutsche Presse haben konnten. Nach dem Krieg verlor die Handelskammer ihre Schutzfunktion und übernahm eine führende Rolle in der Handelskoordination mit Deutschland.

Vgl. Allgaier, a. a. O. S. 445.

Vgl. Fröschle, a. a. O. S. 775. Hier werden die Geschehnisse in Kolumbien und Venezuela geschildert. In Kolumbien, wie Chile neutral, kam es zu erheblichen Handelseinbußen, während in Venezuela gar die Zahl der Deutschen stark zurückging, was die weitere Entwicklung der Volksgruppe sehr beeinträchtigte.

71 Er war Schweizerdeutscher und erster deutschstämmiger Präsident dieses Binnenlands.

72 Die Niederlage bedeutete beinahe den Genozid Paraguays, da 70 % seiner Bevölkerung zu Tode kam. Es überlebten nur 6.000 Männer, 200.000 Frauen sowie 20.000 Kinder und Greise. Das Land war wirtschaftlich und bevölkerungspolitisch am Ende und erholte sich nur mühsam.

Vgl. Kliewer, a. a. O. S. 19 ff.

Vgl. Schuster, a. a. O. S. 210-261.

73 In Paraguay eintreffende Deutschafrikaner hatten ihre Heimat fast ausschließlich in Deutsch-Ostafrika gehabt. Wenn man aber zugrunde legt, daß nur 22.405 Deutsche in allen afrikanischen Kolonien gelebt hatten, der Anteil Deutsch-Südwests allein bei 14.830 lag und nicht alle 5.336 Deutsche Ostafrikas nach Paraguay kamen, stellt man leicht fest, daß es sich nicht um eine sehr große Zahl gehandelt haben kann. Relativ war die Bedeutung dieser Zuwanderung größer: 1929 wurde von ihnen die Stadt Independencia gegründet.

Vgl. Görtemaker, Manfred: Deutschland im 19. Jahrhundert, Bonn 1987, S. 298.

74 Eigene Karte.

75 Die Kritik und manchmal offene Deutschfeindlichkeit in paraguayischen Medien führte 1916 zur Gründung des „Deutschen Volksbunds für Paraguay" (DVP). Er nahm sich nicht nur den Erhalt und die Pflege der deutschen Sprache, Kultur und Traditionen zum Ziel, sondern wollte bewußt offensiv gegen die Meinungsmache angehen.

76 Vgl. Werner, Harry: Deutsche Schulen im Ausland, Berlin/Bonn 1988, S. 38 ff. Des weiteren wurde der „Verband deutscher Auslandslehrer" ins Leben gerufen. Diese 1927 gegründete Institution stand von Beginn an in Kontakt mit den Deutschen in Südamerika.

77 Vgl. Krier 1986, a. a. O. S. 39 ff.

Vgl. Schuster, a. a. O. S. 258 und S. 382 ff.

Argentinien anektierte 94.000 km² im Bereich des heutigen Misiones, und Brasilien verleibte sich 62.000 km² im Gebiet von Mato Grosso do Sul ein.

78 Rodriguez de Francia (1811–1840), eine Schlüsselfigur im Kampf um die Unabhängigkeit vom Königreich Río de la Plata und von Argentinien, erließ nach der offiziellen Unabhängigkeit vom 14. Mai 1811 diese Vorschriften als direkte Reaktion auf die vorangegangenen Ereignisse. Schuster schildert die Ausgangslage Paraguays und die Beweggründe Francias für die Maßnahmen. Der Präsident erreichte sein Ziel, ein Volk ohne Abstammungsunterschiede zu schaffen – u. a. wegen der späteren Einwanderung – zwar nicht, legte jedoch die Grundlage dafür, daß Paraguay bis auf den heutigen Tag über eine homogene, überwiegend aus Mischlingen bestehende Bevölkerung verfügt. Die Nachfolger, sein Neffe Carlos Antonio Lopez (1840–1862) und dessen Sohn Francisco Solano Lopez (1862–1870), hielten daran fest, bevor die Niederlage im Tripelallianzkrieg zum Umdenken zwang.

Vgl. Schuster, a. a. O. S. 199–210.

79 Eigene Karte.

80 Vgl. Kliewer, a. a. O. S. 170 f.

In der Zwischenkriegszeit intensivierte der Verein seine Zusammenarbeit mit dem Deutschen Krankenhaus, so daß frühzeitig von einer rudimentären Krankenversorgung durch Deutsche in Paraguay gesprochen werden konnte.

81 Vgl. ebenda, S. 171.

Die Gründung fiel in das Jahr 1894.

82 Vgl. Werner, a. a. O. S. 29 f.

83 Vgl. Kliewer, a. a. O. S. 178.

Es hatte schon 1904 einen Versuch der Gesamtkoordinierung, ausgehend von Asunción, gegeben. Der „Deutsche Verein von Paraguay" sollte die verschiedenen Klubs zusammenführen und die Vorstufe einer nationalen Dachorganisation bilden. Der Versuch schlug jedoch fehl.

43

84 Auszüge aus der am 14. Mai 1917 beschlossenen Satzung des DVP, in: Kliewer, a. a. O. S. 179. In Argentinien mit dem „Deutschen Volksbund für Argentinien" und in Chile mit dem „Deutsch-Chilenischen Bund" waren bereits 1916 ähnliche Dachorganisationen entstanden.
85 Auszüge aus der am 14. Mai 1917 beschlossenen Satzung des DVP, in: Kliewer, a. a. O. S. 179.
86 Die Zeit der NS-Diktatur in Deutschland stellt in diesem Zusammenhang eine Ausnahme dar. Die NSDAP war in Südamerika massiv präsent, während die SPD vor allem in Bolivien hervortrat.
Vgl. Mühlen, Patrick von zur: Fluchtziel Lateinamerika, Bonn 1988, S. 231—239.
87 Das Gebiet um Valdivia, den Llanquihue-See und Puerto Montt erscheint an vielen Stellen wie eine Kopie deutscher Gegenden. Häuser im Alpenstil sind z. B. keine Seltenheit. Valdivia wird noch heute öfter der Beinamen „Heidelberg Südamerikas" gegeben, was auf den deutschen Bevölkerungsteil, das Aussehen und den Herkunftsschwerpunkt der ersten Siedler schließen läßt.
Vgl. Converse, a. a. O. S. 307.
Vgl. Längin, Bernd G.: Rein, o Chile, ist dein blauer Himmel, in: Globus, 19. Jg., Nr. 3/1987, S. 12 f. (zit.: Längin 1987).
88 Vgl. Converse, a. a. O. S. 348. 12 der insgesamt 15 Abgeordneten waren Deutsche. Auch im nördlicher gelegenen Valparaíso gab es deutsche Stadträte und Bürgermeister.
89 Vgl. ebenda, S. 348 ff. Im Lauf dieses Konflikts kam es zu Auseinandersetzungen unter Deutschen, so 1894 während des Kommunalwahlkampfs in Osorno.
90 Vgl. Hoffmann, a. a. O. S. 110.
91 Vgl. Oberacker/Ilg, a. a. O. S. 248 f.
Jacob zitiert den Abschiedsbrief Müllers an den Präsidenten: „Man klagt mich als Deutschenfreund an, weil ich der Sohn eines Deutschen bin. Und ich bin es. Aber ich bin Brasilianer und Patriot wie alle Patrioten." Jacob, a. a. O. S. 95.
92 Vgl. Oberacker/Ilg, a. a. O. 298.
93 Als Beispiele:
Vgl. Helbich, a. a. O.
Vgl. Zöller, Hugo, a. a. O.
Vgl. Jungenfeld, Ernesto Freiherr Gedult von: Aus den Urwäldern Paraguays zur Fahne, Berlin/Wien 1916.
Vgl. ders.: Ein deutsches Schicksal im Urwald, Berlin 1933.
Vgl. Quiring, Walter: Rußlanddeutsche suchen eine Heimat, Karlsruhe 1938.
Vgl. Derksen, Heinrich sen.: Vom „Paradies" in die grüne Hölle Paraguays, Asunción 1988.
94 Vgl. Kliewer, a. a. O. S. 139 f.
Auch hier werden die Schwierigkeiten beschrieben, die Neuankömmlinge mit dem ungewohnten Klima hatten. Wechselfieber, eine Art Malaria und Blutruhr forderten in verschiedenen Siedlungen bis in dieses Jahrhundert viele Opfer.
95 Es entstanden so u. a. Sägewerke, Ziegelfabriken und Käsereien, die in kommunaler Selbstverwaltung arbeiteten und für alle Bewohner Vorteile brachten.
96 Kloss, Heinz: Geschichte der landwirtschaftlichen Zusammenschlüsse der Sprachdeutschen in Übersee, Braunschweig 1957, S. 10.
97 Kloss gab die Zahl 400.000 für das Jahr 1961 an. Im ganzen Land lebten rund 800.000 deutschsprachige Landwirte. Das Verhältnis unterstreicht die Bedeutung von Rio Grande do Sul als Siedlungsgebiet der Deutschen noch einmal.
98 Vgl. ebenda, S. 49 ff.
99 1954 existierten 54 Kassen des Vereins. Davon waren 3 vor 1913, 36 in den Jahren 1913 bis 1933, eine von 1934 bis 1945 und 14 von 1946 bis 1954 gegründet worden. Hier werden u. a. die Auswirkungen der NS-Zeit und der „Nationalisierungspolitik" auf das Genossenschaftssystem der Deutschen deutlich.
Vgl. ebenda, S. 56.
100 Vgl. ebenda, S. 57—65.
101 Vgl. ebenda, S. 68 ff. Kloss beschreibt die Situation in diesem Staat eingehend.
102 Dies galt in Rio Grande do Sul für den Volksverein sowie in Paraná für das „Centro Agrícola" und eine Imkervereinigung. Vgl. ebenda, S. 65.

4. Das Auslandsdeutschtum Südamerikas in den Jahren der NS-Diktatur in Deutschland

Nach der Machtübernahme durch die Nationalsozialisten in Deutschland war die Bedeutung des südamerikanischen Auslandsdeutschtums nicht mehr primär auf Wirtschaftsinteressen beschränkt. Vielmehr sollten diese Deutschen nach Vorstellung der NSDAP gezielt als Multiplikatoren einer Weltanschauung und eines politischen Programms in den Staaten Südamerikas auftreten. Nachdem sich die deutschen Auswanderer im 19. Jahrhundert meist nur familiärer Betreuung aus Deutschland sicher sein konnten, die Ausweitung der deutschen Handelsinteressen nach Südamerika bei einem gleichzeitig einsetzenden Bewußtseinswandel in Deuschland zu einer verstärkten Solidarisierung mit dem Überseedeutschtum geführt hatte, nahmen sich die Nationalsozialisten nun der Betreuung intensiv an.

Die NSDAP zielte — aus eigennützigen Motiven — damit auf die Gemütslage von vielen Auslandsdeutschen, die sich meist ihrer alten Heimat verbunden fühlten und den verstärkten Bemühungen grundsätzlich erst einmal positiv gegenüberstanden.
Dies war jedoch bei den Volksdeutschen in erster Linie keine politische, sondern vielmehr eine psychisch-emotionale Entscheidung, so daß die bestehende Kulturdistanz speziell in den ländlichen Siedlungen für die neuen Machthaber Vor- und Nachteile hatte. Zum einen konnten sich die Nationalsozialisten der „deutschen Überzeugung" dort relativ sicher sein, zum anderen brachte aber die räumliche Isolation organisatorische Probleme mit sich. Gleichzeitig standen die religiösen Gruppen jeglichen politisch motivierten Durchdringungsversuchen sehr skeptisch gegenüber.

Die nationalsozialistischen Agitatoren trafen in jener Zeit auf ein Südamerika im Wandel: nach mehr als einhundert Jahren der freizügigen Immigration traten die Staaten des Subkontinents zusehends in eine Phase der Nationalisierung.
Die Brasilianisierung im größten südamerikanischen Staat und der in Argentinien anzutreffende Ethnozentrismus waren nicht als Reaktion auf das massive Auftreten der Nationalsozialisten, sondern als selbständiger Entwicklungsprozeß der Einwanderungsländer zu verstehen.
Dem verstärkten Bemühen um die Auslandsdeutschen in Südamerika durch die neuen Machthaber in Berlin stand somit die forcierte Herausbildung eines

Nationalbewußtseins und die beginnende Abschottung der großen Aufnahmeländer gegenüber.
Der große Einsatz der Nationalsozialisten war demzufolge kontraproduktiv, da er schon mittelfristig die Lage der Auslandsdeutschen wesentlich verschlechterte und wenn nicht als Grund, so doch als beschleunigender Auslöser restriktiver Maßnahmen gegenüber den Volksgruppen gelten muß.

4.1 Die Auslandsdeutschen als Zielgruppe der Nationalsozialisten

Wie in den meisten Bereichen während der Zeit der nationalsozialistischen Herrschaft verstand es Hitler auch auf dem Sektor der Außenpolitik, durch den Aufbau parteieigener Organisationen oder durch die Zergliederung einzelner Operationsgebiete die Herausbildung einer führenden Institution oder Persönlichkeit neben ihm zu verhindern.
Nach Bracher führte dies zur unangreifbaren Machtposition Hitlers, der die von ihm intendierten Kompetenzstreitigkeiten unter Gefolgsleuten zur Festigung seiner Macht nutzte.[103]
Die Außenpolitik der 12 Jahre NS-Diktatur in Deutschland wurde somit nicht nur vom Auswärtigen Amt (AA), das sich seit 1933 der ständigen Konkurrenz anderer Institutionen und einem Rückgang seines Einflusses ausgesetzt sah, betrieben, sondern war Aufgabenfeld gleich mehrerer Organisationen. Die „Dienststelle Ribbentrop", die „Volksdeutsche Mittelstelle" Himmlers und das „Forschungsamt" Görings agierten ebenso wie das „Außenpolitische Amt" der Nationalsozialistischen Deutschen Arbeiterpartei (NSDAP) unter Führung Rosenbergs auf diesem Sektor.
Das AA konnte erst nach der Ernennung Ribbentrops seine Stellung in der Außenpolitik festigen. Durch die Übernahme von Vertretern der aufgelisteten Institutionen verstand es der neue Außenminister, seine Position zu sichern. Dies führte u. a. zu einem erhöhten Einfluß der SS im Ministerium.[104]
Rosenbergs Amt fiel eine aus Sicht der Nationalsozialisten wichtige Aufgabe zu, denn es sollte den Kontakt zu den NS-Organisationen im Ausland stärken und diese bei ihrem Vorgehen unterstützen.[105]
Ohne näher auf die politischen Vorstellungen der Nationalsozialisten in bezug auf die im Ausland lebenden Deutschen eingehen zu können, sei hier in der gebotenen Kürze der ideologische Hintergrund für das NS-Vorgehen aufgezeigt:
Die Überheblichkeit der NS-Verantwortlichen führte zu der grundsätzlichen Überzeugung, das deutsche Volk sei anderen überlegen und müsse demzu-

folge eine besondere Stellung in der Welt einnehmen. Mit ihrer Vorgehensweise suchten sie nicht nur die Heranbildung einer sogenannten „Herrenrasse", sondern auch die Verbreitung ihrer Vorstellungen über die Grenzen des Deutschen Reichs hinaus zu forcieren.[106] Der „völkische Zusammenhalt" sollte keinesfalls auf Deutschland begrenzt bleiben, sondern vielmehr für die Auslandsdeutschen spürbar werden. So fiel den außerhalb des geschlossenen Siedlungs- und Sprachgebiets lebenden Deutschen die aus NS-Sicht wichtige Aufgabe eines Transmissionsriemens zu. Die verstärkte Bindung an das Deutsche Reich und die Betonung ihrer angeblichen Überlegenheit sollten dazu führen, daß die NSDAP sie nach relativ kurzer Zeit als Ideologiemultiplikatoren einsetzen konnte. Um diese Funktion wahrnehmen zu können, bedurfte es einer Organisationsstruktur vor Ort, die die NSDAP durch ihre Auslandsorganisationen (A.O.) zu haben glaubte.[107] Die NS-Führung versuchte mit Gründung der NSDAP-A.O. ihren Anspruch auf Führung der Deutschen in aller Welt zu institutionalisieren.

Innerhalb Europas gestaltete sich die Politik den Auslandsdeutschen gegenüber anders als in der restlichen Welt. Hier war das Ziel die Zusammenführung der Volksdeutschen Osteuropas im besetzten Polen. Sie sollten für eine stetige und endgültige „Germanisierung" dieser Gebiete sorgen. Zu diesem Zweck wurden mehrere Umsiedlungsverträge mit den Staaten Osteuropas abgeschlossen, die dazu führten, daß Hunderttausende Deutsche aus angestammten Siedlungsgebieten vornehmlich in den sogenannten „Warthegau" strömten.[108]

Obwohl es bei verschiedenen Stellen schon Berechnungen und Planungen in bezug auf das Überseedeutschtum gab, ließ sich diese Praxis für Südamerika nicht ohne weiteres anwenden, zumal die Deutschen dort lediglich im mittelbaren Wirkungskreis der Nationalsozialisten lebten.[109] Eine Heimholung wäre auf organisatorische und finanzielle Schwierigkeiten gestoßen, so daß es galt, andere Möglichkeiten für die Nutzung und die Führung der Deutschen dort zu finden. Hier kam nun der jeweiligen NSDAP-A.O. die Aufgabe der Durchdringung, Gleichschaltung und schließlich Leitung der Volksgruppen zu. Diese Taktik des Ideologieexportes und die Arbeit der Auslandsorganisation führten teilweise zu abstrusen Auswüchsen und standen häufig noch in offenem Gegensatz zur Politik anderer staatlicher oder parteieigener Organisationen. Erwähnt sei hier nur die Vorgehensweise in bezug auf die jüdischen Bewohner Deutschlands: dem anfänglichen Ziel offizieller Stellen, diese Menschen aus dem Deutschen Reich zu verdrängen und zur Auswanderung zu bewegen, widersprachen die antisemitischen Aktionen verschiedener NSDAP-A.O. in Südamerika. Während man sich auf der einen Seite der Juden entledigen wollte, versuchte man auf der anderen Seite, in potentiellen Asylstaaten eine antisemitische Stimmung zu schüren, was einer Aufnahme dieser Menschen nicht förderlich sein konnte.[110]

47

Leiter der Zentrale der NSDAP-A.O. in Berlin im Range eines Gauleiters wurde Ernst-Wilhelm Bohle, der selbst Auslandsdeutscher war. Bis Mitte 1934 hatte sich die Zahl der Mitglieder dieser Parteiorganisation von 2.000 auf 10.000 verfünffacht und stieg später weiter an. Bohle intensivierte das NS-Engagement auf diesem Gebiet stetig, was an dem erhöhten Personalbedarf seiner Zentrale deutlich wurde. Die Zahl ihrer Mitarbeiter wuchs von 1933 bis 1935 von 25 auf 170 und erreichte 1937 mit rund 700 ihren Höchststand.[111]

Schon bald nach Erringung der Herrschaft standen sich demzufolge die Machthaber, die Unterdrückten und Flüchtlinge sowie die Auslandsdeutschen in Südamerika gegenüber. Die von Berlin zentral gelenkten NSDAP-A.O. trugen die nationalsozialistische Propaganda in die Volksgruppen und betrieben eine eigene Nebenaußenpolitik. Die deutschen Bevölkerungsteile im Untersuchungsgebiet spielten dabei eine zentrale Rolle, denn zum einen waren sie wegen ihrer Größe von besonderer Bedeutung, und zum anderen bedurfte es bei ihnen eines speziellen Einsatzes, da der überwiegende Teil der Deutschen nicht mehr in Besitz eines deutschen Passes war und somit die Einflußnahme der Nationalsozialisten erschwert wurde. Schließlich handelte es sich bei den Nachkommen der Einwanderer mittlerweile um Bürger fremder Staaten.

Wie dies geschah und zu welchen Konsequenzen dies führte, soll hier exemplarisch für Argentinien geschildert werden. Dort trafen eine aktive Landesgruppe, eine große Zahl von geflüchteten deutschsprachigen Juden und dann später eine größere Anzahl von flüchtigen Nationalsozialisten aufeinander.

4.2 Der Einsatz der NSDAP-Landesgruppen und seine Konsequenzen im Untersuchungsgebiet — Fallbeispiel Argentinien

Auf dem NSDAP-Reichsparteitag in Nürnberg 1934 hielt Gauleiter Bohle eine Grundsatzrede, mit der er die Zielvorstellungen der ihm unterstellten Auslandsorganisation vor der Öffentlichkeit darlegte und die Solidarität für die im Ausland lebenden Deutschen als Teil der Volksgemeinschaft einforderte. Die „Schaffung der nationalsozialistischen Volksgemeinschaft im Auslandsdeutschtum"[112] und damit die Übertragung damaliger deutscher Verhältnisse auf die deutschen Volksgruppen im Ausland sollte primäre Aufgabe der Auslandsorganisation sein. Die Deutschstämmigen sollten sich fortan der Volksgemeinschaft verpflichtet fühlen und für sie „im fremden Land als Exponenten erscheinen".[113] Die NS-Führung versuchte in den folgenden

Jahren diese Vorstellungen konsequent in die Tat umzusetzen: Gleichschaltung und Führung der deutschen Auslandsgemeinschaften, Aufbau und Einsatz von NSDAP-Ortsgruppen und, verbunden mit ideologischer Ausrichtung, verstärkte Geldzuweisungen u. a. an die deutschen Auslandschulen wurden die Tätigkeitsbereiche der NSDAP-A.O.[114]
Bereits vor dem aus Berlin zentral gelenkten Organisationsaufbau war es in verschiedenen Ländern zur Gründung nationalsozialistischer Zusammenschlüsse gekommen. Die Eigeninitiative lokaler Parteimitglieder führte schon vor der Machtergreifung in Deutschland zu Gründungen von NS-Gruppen im Ausland, so 1929 in Paraguay, 1930 in der Schweiz sowie in den USA und 1931 in 17 Ländern, darunter in Brasilien, Chile, Mexiko und Argentinien.[115] Somit hatten die Staaten des Untersuchungsgebiets bereits vor 1933 Parteiorganisationen im Land. Sie traten in den folgenden Jahren vermehrt an die Öffentlichkeit, sorgten dabei für Streitigkeiten innerhalb der deutschen Volksgruppen und waren gleichzeitig für Verstimmungen in den jeweiligen bilateralen Beziehungen verantwortlich.

Die in den Anfangsmonaten des Jahres 1931 gegründeten NS-Gruppen in Argentinien begannen umgehend mit der politischen Arbeit und vertieften mit ihrer heftigen Kritik an der noch existierenden Weimarer Republik die Spaltung der Deutschen in 2 Lager. Der Zwiespalt in der Volksgruppe, auf der einen Seite Monarchisten und Konservative und auf der anderen Seite Republikaner und Demokraten, war seit dem Sturz des Kaisers auch im Ausland unter den Deutschen spürbar. Er drückte sich u. a. im Flaggenstreit und in der Pressearbeit aus.

Die in der Minderheit befindlichen Befürworter der Republik fanden im „Argentinischen Tageblatt" ihr Organ und standen zu den neuen Nationalfarben Schwarz-Rot-Gold. Monarchisten und Konservative, der Republik verständnislos und ablehnend gegenüberstehend, hielten an Schwarz-Weiß-Rot als alleiniger Flagge fest. Sie nutzten die „Deutsche La-Plata Zeitung" für die Verbreitung ihrer Zielsetzungen und kritisierten die Republik.[116]
Die eindeutige Ablehnung des Nationalsozialismus und seines Auftretens in Südamerika durch das „Argentinische Tageblatt" machte die öffentliche Spaltung der Volksgruppe am La Plata deutlich.

Das Traditionsblatt wurde im April 1933 von der deutschen Reichsregierung für Deutschland verboten, nachdem deutsche Firmen, Vereine usw. bereits einen Monat zuvor von der deutschen Gesandtschaft in Buenos Aires zu einem Boykott der Zeitung in Argentinien aufgefordert worden waren.

Zum fünfzigjährigen Jubiläum im April 1939 publizierte die Verlegerfamilie Alemann eine Sonderbeilage, in der prominente Exilierte der Zeitung gratulierten und sich gleichzeitig über ihren Einsatz lobend äußerten. Grußworte von Sigmund Freud, Lion Feuchtwanger, Thomas Mann, Stefan Zweig sowie Heinrich und Klaus Mann dokumentierten, welch hohes Ansehen diese Zeitung in Asylantenkreisen genoß.

Unter dem Titel „Ohne Zögern Front gegen Hitler" erschien in jener Beilage eine Positionsbeschreibung des Blatts und seiner Herausgeber. Dort hieß es u. a.: „Das Argentinische Tageblatt zögerte nicht einen Augenblick, zur Attacke gegen die neuen Herren des Reiches vorzugehen. Seine Voraussagen erfüllen sich fast sämtlich, und während überall im Reich und in der Welt Zeitungen und Menschen vor den deutschen Ereignissen Fassung und Überzeugung verlieren, nimmt in Südamerika eine deutsche Zeitung den Kampf gegen ein System auf, hinter dem die Machtmittel eines großen Landes stehen. Man schreibt nicht nur, man tritt auch in der Kolonie tätig für die Bekämpfung des Regimes ein . . . Jeder Tag bringt einen Schlag des Hitlerismus gegen Deutschland und gegen die Welt. Jeder Tag bringt einen Gegenschlag des Argentinischen Tageblatts, das sich seiner Aufgabe um so bewußter ist, als es damals noch keines der Blättchen der deutschen Opposition im Auslande gab."[117]

Beachtenswert ist, daß sich die Zeitung noch vor der Machtübernahme der Nationalsozialisten in Deutschland eindeutig gegen den „parteipolitisch-antirepublikanischen Rummel"[118] ausgesprochen und damit vor dem Eintreffen der Flüchtlinge und deren Einsatz ein großes, alteingessenes auslandsdeutsches Blatt Stellung bezogen hatte.

Das Engagement der Familie Alemann blieb jedoch nicht nur auf den publizistischen Sektor begrenzt. So sollte mit der neugegründeten Pestalozzi-Schule im Stadtteil Belgrano seit 1934 eine unabhängige Lehranstalt einen Gegenpol zu der mehr und mehr unter nationalsozialistischer Kontrolle stehenden Goethe-Schule darstellen. Diese Vorgehensweise rief in der Leserschaft teils heftige Proteste hervor. Im Archiv der Zeitung finden sich Briefe, die neben der schriftlichen Abbestellung des Tageblatts rüde Beschimpfungen von Lesern aus der ganzen Republik beinhalten; Titulierungen als „Schundblatt" und Vorwürfe, man wolle die „deutsche Sache in den Kot ziehen", finden sich dort häufig.[119]

Trotz der wirtschaftlichen Einbußen, die dieser Entwicklung folgten, blieb das Argentinische Tageblatt seiner Linie treu und bewies damit, daß es auch Alteingessene gab, die sich vom Nationalsozialismus distanzierten. Die Reaktionen auf diese Ausrichtung beweisen jedoch nicht minder, welch große Spannungen innerhalb der Volksgruppe anzutreffen waren.

Die NSDAP erkannte diesen Zwiespalt sofort und begann ihn konsequent für ihre Ziele zu nutzen. Mit Hilfe der NS-Machthaber in Deutschland, der diplomatischen Vertreter in Buenos Aires und der aktiven Parteiorganisationen vor Ort gelang es ihr, nach 1933 große Teile des monarchistisch-konservativen Flügels für sich zu gewinnen. Dies geschah durch die Beeinflussung und Gleichschaltung der Verbände und Vereine, die zudem personell nach und nach von „Parteigenossen" geführt wurden.[120]

Bohle hatte bereits 1933 den Nationalsozialismus zum alleinigen „Wegbereiter des geschlossenen Deutschtums" erhoben und hielt es für die Hauptaufgabe seiner Organisation, „für eine Vertiefung der Kenntnisse unserer Weltanschauung unter den noch Abseitsstehenden zu sorgen".[121] Dieses Postulat auf vollkommene Führung des Auslandsdeutschtums sollte nun auch in Argentinien in die Tat umgesetzt werden. Dabei beschränkten sich die Nationalsozialisten nicht nur auf die Reichsdeutschen, sondern sie bemühten sich durch die gleichgeschalteten Vereine zusehends um die Volksdeutschen, die zahlenmäßig der ersten Gruppe weit überlegen waren. Hierbei kam es in den folgenden Jahren immer wieder zu Konflikten zwischen Auslandsorganisation und AA sowie zwischen der argentinischen Regierung und Berlin.

Gleichzeitig mahnte der deutsche Botschafter in Argentinien, SS-Brigadeführer Edmund Freiherr von Thermann, in verschiedenen Abständen einen zurückhaltenderen Einsatz der Landesgruppe in Berlin an.[122]

Hiermit kommen wir nun zu einer der zentralen Streitfragen zwischen Argentinien und Deutschland bzw. der NSDAP: Bei welchen Teilen der deutschen Volksgruppe Argentiniens handelte es sich um Argentinier und bei welchem um Deutsche? Da sich die Auslandsorganisation einen möglichst breiten Einfluß sichern wollte, hatte sie andere Vorstellungen diesbezüglich als die argentinische Regierung, die darauf bedacht war, durch Assimilierung der Immigrantennachkommen keine nationalen Minderheiten im Land zu fördern. Buenos Aires war durchaus bereit, kulturellen Vereinen ungehinderte Arbeitsmöglichkeiten einzuräumen, konnte aber einer Entfremdung argentinischer Staatsbürger deutscher Abstammung nicht tatenlos zusehen.

Ausgangsproblem waren die unterschiedlichen Rechtsauffassungen in Deutschland und Argentinien: Im Deutschen Reich bildete das „ius sanguinis", d. h. das Abstammungsprinzip, die Rechtsnorm. Danach blieben die Nachkommen der Einwanderer so lange Deutsche, wie ein Elternteil die deutsche Staatsangehörigkeit besaß, auch wenn die Kinder im Ausland geboren worden waren.

Nach argentinischem Recht galt das „ius soli", das Territorialprinzip, was bedeutete, daß alle im Land geborenen Kinder von Einwanderern automatisch zu argentinischen Staatsbürgern wurden.[123] Der Großteil der traditionellen Einwandererstaaten praktizierte dies analog. So sollte verhindert werden, daß nach Generationen noch große Minderheiten mit ausländischen Staatsangehörigkeiten in den Ländern anzutreffen waren.

Konsequenz dieser unterschiedlichen Auffassungen waren Schwierigkeiten bei der Begrenzung der Zuständigkeiten. So kam es des öfteren zu Verstimmungen in Buenos Aires, wenn die Landesgruppe auch die Volksdeutschen in ihre Aktivitäten miteinschloß. Dann erfolgte prompt eine Erklärung aus Berlin, daß man lediglich die Paßdeutschen erreichen wolle und bemüht sei, keine Streitigkeiten wegen des Engagements der NSDAP-A.O. aufkommen zu lassen. Bei mehreren Anlässen wurde Bohle in Berlin in dieser Richtung ermahnt, da man für später die Gefahr sah, daß Argentinien ähnlich harte

51

Maßnahmen wie Brasilien ergreifen und als Schlüsselland für diesen Kontinent dem Deutschen Reich gar feindlich gegenüberstehen könnte.[124]
Die Extreme der Standpunkte wurden durch 2 Aussagen deutlich: Gauleiter Bohle sagte 1936 über die Zielsetzung seiner Organisation: „Die Auslandsorganisation will jeden Deutschen für das Reich erhalten, wo immer er auch in der Welt sein mag, sei er reich oder arm, jung oder alt, in dem Bewußtsein, daß es keine größere Sünde gibt, als freiwillig deutsches Blut aufzugeben."[125]
Auch wenn er immer wieder für die NSDAP-A.O. versicherte, man wolle sich nicht in die inneren Angelegenheiten der Staaten Südamerikas einmischen und auf keinen Fall die Volksdeutschen organisieren, stand er mit seinem Vorgehen im Gegensatz zum AA und teilweise zu eigenen „Parteigenossen". So entwarf Ribbentrop am 12. Juni 1939 anläßlich einer Konferenz im AA eine Rede, in der er u. a. ausführen wollte: „Für den deutschen Enderfolg, an dem kein Zweifel bestehen kann, ist es von wesentlicher Bedeutung, daß die lateinamerikanischen Staaten dem Druck Nordamerikas und Englands nicht nachgeben, also im Ernstfall nicht auf der Seite unserer Gegner stehen. Die Erreichung dieses Ziels ist so wichtig, daß ihm Fragen der Organisation und Führung des Deutschtums — so bedeutungsvoll sie an sich sind — untergeordnet werden müssen. Wenn es um das Schicksal von 80 Millionen Deutschen geht, gehören alle anderen Fragen, zu denen in weit entfernten Ländern auch die Stellung der Reichs- und Volksdeutschen zu rechnen ist, auf den zweiten Platz. Dort, wo die Deutschtumsfragen außenpolitische Probleme geworden sind, müssen sie ausschließlich nach außenpolitischen Erfordernissen geregelt werden. Was außenpolitisch tragbar oder untragbar, gut oder schädlich ist, unterliegt ausschließlich der Beurteilung der Organe der Außenpolitik, im Auslande also der Reichsvertreter, die nur hierfür allein verantwortlich sind."[126]

Konnten frühere Versuche des AA, die Aktivitäten der NS-Organisationen einzuschränken, wegen der großen Resonanz auf die Landesgruppenarbeit in Argentinien und anderswo noch von der NSDAP-A.O. abgewiesen werden, so war ihre Position mittlerweile schwächer geworden. Zum einen waren die Großveranstaltungen in Argentinien, wie etwa der „Tag des deutschen Volkstums", das „Fest der deutschen Jugend", die „Sonnenwendfeier" oder die „Treukundgebung" im Luna Park von Buenos Aires auf heftige Kritik in der argentinischen Presse und Öffentlichkeit gestoßen.[127] Im Rahmen dieser Kritik wurde öfter eine Art Schreckgespenst — speziell nach der Sudetenkrise 1938 — für die lateinamerikanischen Staaten an die Wand gemalt, nämlich die Möglichkeit des Zusammenschlusses deutscher Siedler in mehreren südamerikanischen Staaten, so daß dann angeblich wie im Sudetengebiet ein Anschluß an das Deutsche Reich gefordert werden könnte. Ähnliche Befürchtungen waren in Brasilien um die Jahrhundertwende geäußert worden und hatten dort eine zunehmende Skepsis gegenüber deutscher Neueinwanderung bewirkt.[128]

Zum anderen waren die argentinischen Regierungsstellen des öfteren in Berlin vorstellig geworden und hatten sich über die Art des Auftretens der Landesgruppe beschwert. Da in der Wilhelmstraße auf übergeordnete Probleme in bezug auf diesen wichtigen Staat in Südamerika Rücksicht genommen werden mußte, wurde die NSDAP-A.O. angewiesen, sich zu zügeln.[129] Das AA war gleichzeitig darum bemüht, den früher erlittenen Kompetenzverlust gegenüber der Auslandsorganisation nun wieder wettzumachen.

Der Konflikt verschärfte sich nach den brasilianischen Ereignissen, in deren Verlauf die Politik des „Estado Novo" die Einflußmöglichkeiten Deutschlands dort drastisch verringerte und die Argentinier noch wichtiger für Berlin werden ließ. Erschwerend kam hinzu, daß der Förderer Bohles in der Parteispitze, Rudolf Heß, nach seinem Englandflug als Fürsprecher des Staatssekretärs fehlte und der Protegé nicht mehr auf diesen hochrangigen Rückhalt vertrauen konnte.[130]

Obgleich mit von Thermann ein Parteimitglied an der Spitze der deutschen Reichsvertretung in Buenos Aires stand, unterstützte dieser die Linie Ribbentrops und verlangte für Argentinien die Stärkung der Position des Botschafters gegenüber der Landesgruppe. Im ersten Halbjahr des Jahres 1939 spitzte sich die Lage zu. Die öffentliche Kritik in Argentinien am Auftreten der Auslandsorganisation zwang die Verantwortlichen in Berlin angesichts der gesamtpolitischen Lage zum Handeln. Der NSDAP-A.O. wurde eine Art Selbstbeschränkung auferlegt. So sollte sie sich von Volksdeutschen in ihren und den angeschlossenen Organisationen trennen und nicht mehr so auffällig im Land agieren.[131] Gleichzeitig sollten sich Reichsdeutsche aus Verbänden der Volksgruppe zurückziehen, um Buenos Aires zu signalisieren, daß man eine strikte Trennung der Teile vornehmen wollte.

Die argentinische Regierung hatte zu diesem Zeitpunkt jedoch bereits erste Maßnahmen ergriffen, die die Deutschen im Land betrafen. So wurde die Führung von ausländischen Schulen per Gesetz neu geregelt, was als erster Eingriff gewertet werden mußte.[132] Am 15. Mai 1939 erließ die Regierung das Dekret Nr. 31321, demzufolge es allen ausländischen Vereinigungen untersagt wurde, sich politisch zu engagieren.

Dies traf in erster Linie die NSDAP-Landesgruppe, die nun auf diesen Erlaß zu reagieren hatte. Wenige Wochen später ging es in Argentinien an die Umorganisierung der Parteiarbeit. Die Landesgruppe wurde aufgelöst, sogenannte „Círculos de Beneficencia y de Cultura Alemana" gegründet und die Arbeit auf Reichs- und Volksdeutsche ausgedehnt. Diese Umkehrung der bisherigen Trennungspraxis war darauf zurückzuführen, daß die argentinische Regierung allem Anschein nach die Aufsplitterung „als bewußten Widerstand gegen ihre Assimilierungspolitik betrachtete".[133]

Die Círculos waren nur auf Ortsebene tätig und führten, wenn auch in reduziertem Maße und nur mit großer Vorsicht, die Arbeit der Partei, deren Mitglieder sie ja zum Großteil gewesen waren, fort. Da man aber in Berlin und in

der Botschaft sehr darauf bedacht war, daß es nicht wieder Spannungen mit Buenos Aires gab, blieben diese neuen Organisationen relativ im Hintergrund.
Interessant in diesem Zusammenhang und Beweis für die Sonderrolle Argentiniens aus der Sicht Berlins ist die Tatsache, daß die Partei in anderen Staaten sich nicht umbildete, sondern weiterarbeitete, ohne daß man sich im AA wie im Fall Argentiniens über einen konfliktfreieren Modus vivendi Gedanken machte.

4.3 Südamerika als Zufluchtsort deutscher Juden und politischer Flüchtlinge

Seit der Regierungsübernahme der Nationalsozialisten verließen Tausende von politisch Andersdenkenden und Juden das Deutsche Reich. Beide Gruppen gingen in den ersten Jahren zu einem großen Teil ins europäische Exil, da sie die Nähe zu Deutschland entweder für ihre politische Arbeit nutzen wollten oder einfach auf baldige Rückkehr hofften.

Bei den jüdischen Emigranten nimmt es nicht wunder, daß sowohl Palästina als auch die USA von Beginn an Hauptziele waren. Mit der Aggressionspolitik des Hitler-Reiches entfielen im Lauf der Jahre immer mehr potentielle Asylländer durch Okkupation, so daß sich diese Menschen nach neuen Zufluchtsstätten umsehen mußten. Nun kamen auch zunehmend die südamerikanischen Staaten, die zukünftig eine große Zahl von deutschen Juden aufnehmen sollten, in Betracht.[134]

Nimmt man das für 1941 vorliegende Zahlenmaterial zur Grundlage, so kann man von folgender Verteilung der Emigranten ausgehen:

28,6 %	USA
15,7 %	Palästina
16,3 %	England und deutschbesetztes Westeuropa
20,0 %	Brasilien, Argentinien und Chile
19,4 %	andere Staaten, darunter Bolivien, Uruguay, Paraguay, Kuba, Kolumbien und Ekuador
100,0 %	[135]

Die Bedeutung der zuletzt aufgeführten Länder war jedoch eine andere als die der Hauptaufnahmeländer. Paraguay und Bolivien galten in bezug auf Brasilien und Argentinien genauso als sogenannte „Wartesäle", wie es bei Kuba und der Dominikanischen Republik für die USA der Fall war.[136] So waren Argentinien und Brasilien auch oftmals die Ziele jener Flüchtlinge, die bei übereilter Ausreise aus dem Deutschen Reich die Einwanderungsgenehmigung z. B. für Paraguay erhalten hatten. Sie versuchten in der Folgezeit häufig, auf illegalem Wege nach Argentinien oder Brasilien zu gelangen. Gegen Ende der dreißiger Jahre bahnte sich in den beiden letztgenannten Staaten ein Wandel bei der Einwanderungspolitik an. Argentinien begrenzte den Zuzug offiziell aus wirtschaftlichen und politischen Gründen. Buenos Aires führte an, man könne angesichts hoher Arbeitslosenzahlen nicht noch weitere Zuwanderer aufnehmen, und es befürchtete gleichzeitig große politische Auseinandersetzungen im Land, wenn mehr Flüchtlinge auf politisch Andersdenkende stießen.

Wissenschaftler wie Leonardo Senkman und Carlota Jackisch wiesen jedoch jüngst nach, daß diese Begründungen nur vordergründig zutrafen. Die Berufs- und Sozialstruktur der Flüchtlinge hätte keine Belastung des Arbeitsmarktes bedeutet, und so seien vielmehr „Ethnozentrismus und demographische Überlegungen"[137] sowie „Rassenvorurteile"[138] Hintergründe für die seit 1938 betriebene restriktive Einwanderungspolitik gewesen.[139]

In Brasilien spielten die außenpolitischen und wirtschaftlichen Beziehungen zu den USA einerseits und zum Deutschen Reich andererseits eine wichtige Rolle. Nachdem seit September 1938 durch eine Reorganisation der Einwanderungsbehörden und die Umstellung ihrer Kompetenzen jüdische Immigranten auf zunehmende Schwierigkeiten gestoßen waren, gingen auch für dieses Land die Einwandererzahlen zurück. Die verstärkte Zuwanderung stand der Politik einer systematischen Brasilianisierung und den wichtigen Handelsbeziehungen zum Deutschen Reich im Wege.

Dies wurde auch zur Grundlage für die Behandlung der jüdischen Einwandererwünsche, und so verlangten brasilianische Behörden später im Lauf der Visumsbeantragung z. B. die Vorlage einer Taufbescheinigung, was einem indirekten Hinweis auf die Unerwünschtheit von Juden, egal welcher Nationalität, gleichkam.[140]

Nachdem die wirtschaftlichen und politischen Beziehungen zum Deutschen Reich abgekühlt waren und Brasilien sich mehr an den USA orientierte, ergriff der südamerikanische Staat zwar einschneidende Maßnahmen gegen im Land lebende Minderheiten, die Einreisebeschränkungen gegenüber flüchtenden Juden aus Europa wurden jedoch auch dann nicht mehr zurückgenommen, als das nationalsozialistische Regime ein Verlassen Deutschlands beinahe unmöglich machte, so daß hier ein weiteres Indiz für die Motivationslage der Regierung Vargas sichtbar wurde: der Präsident hatte somit die Ein-

reiserestriktionen nicht wegen seiner Affinität zum Nationalsozialismus, sondern aus grundsätzlichen Überlegungen, die im direkten Zusammenhang mit seiner Nationalisierungspolitik standen, erlassen.
So kann man für diesen Staat von einem Ethnozentrismus und einem ausgeprägten Nationalismus, die um religiöse Komponenten erweitert wurden, sprechen.

Es fällt auf, daß die Staaten mit der größten Zahl an Deutschen und Deutschstämmigen auch die größten Kontingente an jüdischen und politischen Flüchtlingen aus Deutschland aufnahmen. Daß jedoch auch kleinere Gruppen für die Arbeit im Exil durchaus wichtig waren, wird im Fall Mexikos deutlich, wo sich u. a. Anna Seghers aufhielt und politisch aktiv wurde.[141]
Erhebungen über die Gesamtzahl jüdischer und politischer Asylanten, die im Lauf der Jahre bis 1945 nach Lateinamerika gelangten, schwanken in den Gesamtzahlen zwischen 70.000 und 110.000 Personen, wobei ein jüdischer Anteil von 90 % zugrunde gelegt wurde.[142] Trotz der Ungenauigkeit dieser Angaben läßt sich relativ leicht vorstellen, was diese Zuwanderungen in einzelnen Staaten bewirkten:
a) den Import der politischen Auseinandersetzung, deren sich die NS-Machthaber entledigen wollten;
b) die verstärkte Polarisierung und Aufspaltung deutscher Volksgruppen.

Unter letzterem hatten die kleinen Volksgruppen außerhalb des Untersuchungsgebiets besonders zu leiden, da die Zahlenverhältnisse zwischen Auslandsdeutschen und NS-Flüchtlingen schnell ausgeglichen waren. Ein Beispiel dafür war Uruguay: hier lebten zur Zeit der Machtergreifung ca. 6.000 Deutsche. Nun kamen rund genauso viele Flüchtlinge ins Land, was natürlicherweise zu Problemen führte. Die NSDAP-A.O. war auch dort aktiv, die Alteingesessenen hatten in der Regel keine objektiven Informationen aus Deutschland, und die Zuwanderer der dreißiger Jahre traten mit massiver Kritik am Reich auf.
Alles in allem eine höchst kritische Situation für die Volksgruppen, die an diesen Gegensätzen zu zerbrechen drohten. Der Nationalsozialismus hatte somit nicht nur versucht, die Machtstrukturen auf die deutschen Volksgruppen zu übertragen, sondern er war auch direkt für die Existenzgefährdungen der Volksgruppen verantwortlich.

4.4 Die Dreiecksbeziehung zwischen Alteingessenen, Flüchtlingen und Nationalsozialisten

Zwischen den — häufig ins Land beorderten — Nationalsozialisten und den aus Deutschland Geflüchteten drohten die autochthonen Volksgruppen zerrieben zu werden. Die Nationalsozialisten versuchten ein überall präsentes Heimatgefühl der Deutschen zu pervertieren und die Menschen damit für die „Volksgemeinschaft" zu gewinnen. In bestimmten Fällen profitierten sie von den nationalen Überheblichkeitsgefühlen deutscher Auswanderer, die einem monarchistisch-konservativen Deutschland nachtrauerten.

Auf der anderen Seite lehnten große Teile der Volksgruppen die totalitäre Politik der NS-Organisationen aus politischen und auch religiösen Gründen — wie der überwiegende Teil der Mennoniten[143] — ab. Dies bedeutete jedoch nicht automatisch die Unterstützung der ins Land kommenden Flüchtlinge. Speziell zu dem politischen Engagement dieser Menschen fehlte den Alteingessenen oftmals der Zugang, besonders wenn es sich um Kommunisten handelte. Dies lag zum einen an der einseitigen Berichterstattung durch die Nationalsozialisten und zum anderen an den Erfahrungen, die speziell Rußlanddeutsche in der Sowjetunion gemacht hatten. Man konnte also weder von einer generellen Unterstützung der einen noch der anderen Gruppe sprechen. Große Teile zogen es auch vor, sich aus diesem Konflikt herauszuhalten, neutral zu bleiben und sich an keiner politischen Auseinandersetzung zu beteiligen.

Die am Beispiel Argentinien geschilderte Vorgehensweise sicherte den Landesgruppen der NSDAP einen Vorsprung vor den nach und nach ins Land kommenden Flüchtlingen, die sich zu einem Teil auch im Ausland organisierten.[144]

Die Herausgabe von Zeitungen wurde zu einem wichtigen Betätigungsfeld der Asylanten. In Lateinamerika insgesamt entstand so ein Netz von deutschen Presseerzeugnissen, das neben den bereits bestehenden Blättern einige Zeit lang bestehenblieb.

Die Exilpresse spiegelte die Ungeschlossenheit der Hitler-Gegner wider. So wurden beispielsweise Zeitungen mit sozialdemokratischer bzw. sozialistischer, kommunistischer oder bürgerlicher Ausrichtung ins Leben gerufen.[145] Es war leicht nachvollziehbar, daß diese Aufsplitterung den geschlossen auftretenden NS-Organisationen weit weniger Mühe bereitete, als es bei geeintem Vorgehen der Fall gewesen wäre. So konnten — im Gegensatz zur Situation bei der einheimischen Presse — die Nationalsozialisten im Bereich des deutschen Pressewesens in Südamerika relativ erfolgreich arbeiten, da sie hier über die erforderlichen Einflußmöglichkeiten durch Verbandsmitteilungen

u. ä. verfügten. Aufgrund der Unterschiedlichkeit der Flüchtlinge konnte man also folgendes feststellen: die ohnehin meist nur wenig homogenen Volksgruppen wurden um einen neuen Teil erweitert. Die Heterogenität fördernd, traten die Exilanten, meist nur in der Ablehnung Hitlers einig, als drittes Element neben den Autochthonen und den Nationalsozialisten in Südamerika auf. Ihr Kommen verschärfte dementsprechend die ohnehin bestehenden Gegensätze. Anders als die häufig zu beobachtende Zurückhaltung der Alteingessenen zeigten sich die Neuankömmlinge weniger konfliktscheu.

Die Angaben über die Anzahl der NSDAP-Mitglieder in Lateinamerika schwanken genauso wie die Schätzungen der Volksgruppenstärken. Während Katz die Zahl 11.052 aufführt, wurden bei den Nürnberger Prozessen 5.500 Parteimitglieder in ganz Lateinamerika zugrunde gelegt.[146] Ebel hingegen stützt sich bei seinen Erhebungen auf eine Statistik aus dem Jahr 1939, die für Süd- und Zentralamerika 8.005 Parteimitglieder ausweist. Dies machte einen Anteil von 4,2 % an den Reichsdeutschen aus.[147] Diese Angaben umfassen nicht die Mitgliedschaften in gleichgeschalteten Vereinen, sondern lediglich die der Partei als solche. Nimmt man diese Berechnung zur Grundlage, so wiesen die 3 Haupteinwanderungsländer die jeweils größten absoluten Mitgliederzahlen auf, was sich jedoch sofort relativieren läßt, schaut man sich die prozentualen Anteile einmal näher an: Argentinien 2,4 %, Brasilien 3,3 %, Chile 11,1 %.

Nach Haiti (1,3 % = 2 Personen) handelte es sich somit in Argentinien und Brasilien um die kleinsten Gruppen, Chile rangierte an neunter Stelle.[148] Die Prozentsätze waren in den Staaten hoch, die traditionell viele Reichsdeutsche wegen der Handelsbeziehungen oder der zahlreichen Firmenniederlassungen beherbergten, da diese Kontraktdeutschen zu einem großen Teil nur wenige Jahre im Ausland verweilten und in allen Bereichen einen engeren Kontakt nach Deutschland unterhielten. Wie eng diese Bindungen waren, wurde daran deutlich, daß jüdische Angestellte nach 1933 zur Aufgabe ihrer Stellungen in deutschen Unternehmen genötigt wurden, um so den befürchteten wirtschaftlichen Konsequenzen aus dem Wege zu gehen und gleichzeitig politischen Opportunismus zu dokumentieren.[149] Die Kontraktdeutschen wurden so zu einer weiteren Stütze des NS-Apparats in Südamerika, da sie als Repräsentanten solcher Firmen, die mit finanziellen Mitteln die NSDAP auch außerhalb des Reichs förderten, auftraten.[150] Diesen, wenn nicht etablierten, so doch organisatorisch überlegenen Strukturen standen die Flüchtlinge in beinahe allen Staaten gegenüber.

Die jüdischen Asylanten taten sich in den verschiedenen Ländern zusammen und versuchten z. B. mittels Boykottaufrufen gegen deutsche Waren und Transportmittel, ihren Widerstand sichtbar zu machen. So wollten jüdische Ärzte in Argentinien mit einem Rundschreiben erreichen, daß ihre Kollegen keine deutschen Pharmazeutika mehr verschrieben.[151] Alles in allem stellten sie aber keine Beeinträchtigung z. B. des Handelsverkehrs mit dem Deutschen Reich dar. Allerdings wurde auf diese Weise die Opposition gegen die NS-Machthaber dokumentiert. Politische Arbeitsgruppen und Klubs sowie parteiähnliche Organisationen der politischen Flüchtlinge fanden später Ankommende meist bereits vor.[152] Wichtig in diesem Zusammenhang waren die Zielsetzungen solcher politischen Kreise. Sie richteten sich zwar auch an die im Land lebenden Deutschen, denen man die wahren Begebenheiten in Deutschland schildern und sie so vom Informationsmonopol der NS-Organisationen befreien wollte, aber sie hatten ihren eindeutigen Schwerpunkt im Bereich der öffentlichen Darstellung ihrer Ziele gegenüber den Landesbewohnern und den Regierungen. Durch ihre Präsenz und Arbeit wollten sie in den Asylländern deutlich machen, daß es immer noch ein anderes, nicht nationalsozialistisches Deutschland gab. Der Öffentlichkeit sollte so vor Augen geführt werden, daß es die viel beschworene „Volksgemeinschaft" im politischen Sinne der Nationalsozialisten eigentlich nicht gab.

Die immigrierenden Juden agierten zurückhaltender, zogen sich in jüdische Vereine sowie Verbände zurück und gingen daran, sich eine wirtschaftliche Grundlage für ihr zukünftiges Leben in Südamerika zu schaffen.[153] Ihre Perspektive war mithin eine völlig andere als die der politischen Flüchtlinge, die nach dem Ende der NS-Diktatur eine Rückkehr nach Deutschland planten, um dort ihre politischen Vorstellungen in eine neue Ordnung einbringen zu können. Dies war bei den Juden in der Regel nicht der Fall, da sie das Erlittene nicht nur mit Hitler, sondern auch mit Deutschland an sich verbanden. Bei der Bedeutung, die Deutschland einmal für die Juden hatte, kann man aus heutiger Sicht die Auswirkungen der NS-Herrschaft auf diese Menschen oft nur erahnen.

4.5 Die Lage der deutschen Volksgruppen in Paraguay und Brasilien am Ende des Zweiten Weltkrieges

Die Ausgangspositionen, in denen sich die deutschen Volksgruppen Paraguays und Brasiliens im Jahre 1945 befanden, waren sehr unterschiedlich: In Paraguay hatte die älteste NSDAP-Landesgruppe der Welt in den 12 vorangegangenen Jahren großen Einfluß in der deutschen Kolonie erlangt. Durch die Gleichschaltung des DVP war die zahlenmäßig nicht sehr große, aber gut organisierte Partei in der Lage gewesen, das Gros der Deutschen im Land zu erreichen.[154] Die Besetzung zahlreicher Posten innerhalb des deutschen Vereinswesens sicherte diese Position.

Durch ihr Mitteilungsblatt, dem später die „Deutsche Warte — parteiamtliches Organ der Landesgruppe Paraguay der A.O. der NSDAP" folgte, nahmen die Nationalsozialisten lange quasi die Monopolstellung im Pressewesen speziell für die in ländlichen Gegenden ansässigen Deutschen ein. Ein logistischer Vorteil gegenüber der einheimischen, oft wesentlich teureren Presse und der später aufgelegten Exilzeitung „Noticias Alemanas" bestand darin, daß alle Mitglieder des DVP diese unverhüllten Propagandaschriften erhielten.[155]

Der DVP war somit von der Landesgruppe nach seiner Gleichschaltung zur Durchdringung der Volksgruppe instrumentalisiert worden. So kam ihm bis zu seiner Auflösung 1943 eine größere Bedeutung zu als in den Zwischenkriegsjahren, in denen er zu einer Randerscheinung innerhalb der deutschen Volksgruppe geworden war.

Das neutrale Paraguay schritt mit dem Verbot erstmals gegen die NS-Bewegung im Land ein. Daß dies im Vergleich zu Brasilien und Argentinien relativ spät geschah, mag u. a. darauf zurückzuführen sein, daß die Gruppe der geflüchteten deutschsprachigen Juden und die der politischen Asylanten im Land verhältnismäßig gering war.[156] Erschwerend kam hinzu, daß diese beiden Gruppen oftmals keine Bindungen zu Paraguay entwickelten, warteten doch viele lediglich auf die Weiterreise in die Nachbarstaaten.

Schließlich erklärte Paraguay unter dem Druck der Vereinigten Staaten noch im Februar 1945 dem Deutschen Reich den Krieg. Durch eine Verzögerung zwischen Beschluß und Inkrafttreten der Maßnahmen — Sperrung der Bankkonten, Beschlagnahme der Privatvermögen und Neuordnung des deutschen Schulwesens usw. — wurde vielen Deutschen im Land die Möglichkeit gegeben, die Auswirkungen der Gesetze für sich abzumildern: sie konnten die paraguayische Staatsbürgerschaft beantragen und so ihren Besitz dem Zugriff durch den Staat entziehen. Härter hingegen wurden die deutschen Vereine und Institutionen getroffen. Sie entfielen für einige Jahre genauso als gesellschaftliche Stütze wie die deutschen Schulen. Diese vorher deutschen Ausbildungsstätten standen nun unter paraguayischer Leitung.

Die Volksgruppe stand gleich in mehrfacher Hinsicht kurz vor ihrem Ende:

a) ihr war der Unterbau für ein aktives Volksgruppenleben vorerst genommen;
b) zu diesem Zeitpunkt wußte niemand, ob der paraguayische Staat die Situation nicht für einen verschärften Assimilierungsdruck nutzen würde;
c) sie befand sich durch die Geschehnisse in Deutschland, die in ganz Südamerika bekannt wurden, in einer schweren Identitätskrise.

Die Naturalisierung vieler Deutscher in Paraguay konnte als erstes Anzeichen für eine freiwillige Assimilierung gewertet werden, denn es scheint in der Tat damals diesbezügliche Tendenzen gegeben zu haben.

Sollte das Verschwinden einer aktiven deutschen Volksgruppe in Paraguay der Preis für deren Treue zur alten Heimat werden? Auf der anderen Seite stellte sich die Frage, ob nach dem Geschehenen überhaupt noch der Wille nach Volksgruppenarbeit bestand.
Daß sich bereits wenige Jahre nach Kriegsende wieder Vereine usw. für die Belange der Menschen deutscher Herkunft einsetzten, bewies die Entschlossenheit zu einem Neuanfang. Daß dies, wie noch zu sehen sein wird, mit einem veränderten Selbstverständnis geschah, zeigte den u. a. durch die NS-Diktatur bewirkten Wandel.

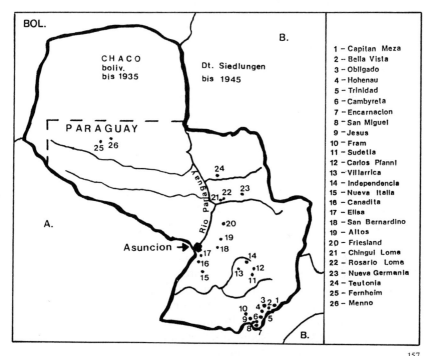

Der drastische Rückgang an Paßdeutschen war jedoch nicht nur auf die Einbürgerung vieler Deutscher in den Anfangsmonaten des Jahres 1945 zurückzuführen, sondern lag auch darin begründet, daß die meisten Nationalsozialisten Paraguay in Richtung Argentinien verließen, wo sich bekanntlich eine größere Gruppe von ihnen befand.[158] Schon bald sollte der Ruf der Paraguaydeutschen wieder durch sie in Mitleidenschaft gezogen werden: flüchtige Parteigrößen aus Deutschland nutzten die liberalen Einwanderungsgesetze, um Unterschlupf zu finden.

In Brasilien lagen bei Kriegsende schon 7 Jahre der Politik des „Estado Novo" hinter den Deutschen, was ihre Lage weit schlechter erscheinen ließ als im benachbarten Paraguay. Die Regierung hatte im Lauf der Jahre nicht nur die deutsche Sprache bei Messen verboten, sondern auch die alleinige Benutzung des Portugiesischen in den Schulen verfügt. Die größte deutsche Volksgruppe in Südamerika traf dies an einem Lebensnerv, da plötzlich rund 1.300 Privatschulen als Ausbildungsorte und Stätten der Begegnung entfielen. Die Schließung und Beschlagnahme dieser Schulen und der ca. 2.000 deutschen Vereine in Brasilien waren jedoch nicht die einzigen Maßnahmen, die gegen Deutsche ergriffen wurden. Die 70 deutschen Zeitungen und Zeitschriften des Landes wurden verboten, deutsche Pressearbeit unter Strafe gestellt.

Wie anhand der Ausführungen über diese Zeit in Argentinien deutlich wird, unterschieden die Verantwortlichen in Buenos Aires sehr genau zwischen Volks- und Reichsdeutschen. In Brasilien war dies nicht der Fall. Hier wurden sämtliche Maßnahmen generell erlassen und durchgeführt. Die provokante und in ihrer Wirkung nicht durchdachte Agitation der Nationalsozialisten im Land half dem Präsidenten bei der Durchsetzung seines Planes, der die Schaffung eines einheitlichen Staatsvolkes ohne Abstammungsunterschiede zum Ziel hatte. Sie lieferten u. a. die Gründe für ein Vorgehen, das ohnehin geplant war: die Schaffung einer neuen brasilianischen Gesellschaft. Beweise für die eigentliche Zusammenhangslosigkeit zwischen NS-Aktionen und der Politik der Nationalisierung waren die Verbote selbst antinationalsozialistisch eingestellter deutscher Zeitungen und die Einbeziehung der eintreffenden Flüchtlinge des NS-Regimes in die Maßnahmen der Regierung.[159]

1942 trat Brasilien schließlich in den Krieg gegen Deutschland ein und entsandte 1944 etwa 5.000 Soldaten in das italienische Kampfgebiet nach Europa.[160]

Die Beschlagnahmung deutschen Eigentums und Vermögens waren eine direkte Folge. Die Deutschen im Land waren nun gleich in zweifacher Hinsicht betroffen, denn neben ihren Institutionen verloren sie auch noch den persönlichen Besitz. Entgegen der Entwicklung in anderen Staaten des Subkontinents sollte es in Brasilien sehr lange dauern, bis man den Deutschen wieder die Möglichkeit der Reorganisation einräumte. Erst 1956 konnte in einem Abkommen zwischen Brasilien und der Bundesrepublik Deutschland die Rückgabe des deutschen Vermögens geklärt werden. Sogar erst 1961, also 16 Jahre nach Kriegsende, wurde Deutsch wieder in den Schulen zugelassen — als Fremdsprache.[161]

Anmerkungen zu Kapitel 4

103 Vgl. Bracher, Karl-Dietrich: Zusammenbruch des Versailler Systems und Zweiter Weltkrieg, in: Propyläen Weltgeschichte, Bd. 9. Hrsg. v. Golo Mann, Berlin/Frankfurt a. M./Wien 1960, S. 403.
Vgl. Döscher, Hans-J.: SS und Auswärtiges Amt im Dritten Reich, Frankfurt a. M./Berlin 1991, S. 170.
104 Vgl. ebenda, u. a. S. 153.
Ribbentrop löste von Neurath als Außenminister im Februar 1938 ab. Aus seiner Dienststelle folgten ihm 28 der insgesamt 74 Referenten in das AA. 20 davon waren Angehörige der SS.
105 Rosenberg war selber im Ausland, in Reval, als Sohn estnisch-lettischer Eltern geboren und kam nach der Revolution über Paris nach München. Er war es, der im Dezember 1939 den norwegischen Faschistenführer Quisling nach Deutschland brachte. Der Norweger riet damals der deutschen Führung zur Besetzung seines Heimatlands und bildete später eine vom deutschen Reichskommissar Terboven abhängige Regierung in Oslo. Seine Bekanntheit verdankte Rosenberg seinem Buch „Der Mythos des zwanzigsten Jahrhunderts", das in Millionenauflage gleich nach Hitlers „Mein Kampf" als Pflichtlektüre im Dritten Reich galt. Es handelt sich um einen der wenigen Versuche, eine nationalsozialistische Ideologie zu erarbeiten, obgleich es von vielen Funktionären der damaligen Zeit als wirr und unverständlich angesehen wurde.
Vgl. Aleff, Eberhard: Mobilmachung, in: Das Dritte Reich. Hrsg. v. Eberhard Aleff, Hannover 1980, S. 65.
Vgl. Wistrich, Robert: Wer war wer im Dritten Reich?, Frankfurt a. M. 1987, S. 294.
Vgl. Broszat, Martin: Der Staat Hitlers, München 1981, S. 274 ff. und S. 429.
Vgl. Rosenberg, Alfred: Der Mythos des zwanzigsten Jahrhunderts, München 1934
Vgl. Döscher, a. a. O. S. 152 f. und S. 160.
106 Diese Zielvorstellungen finden sich bereits in Hitlers „Mein Kampf". Er hatte sich 1925 mit der seiner Meinung nach fundamentalen Bedeutung der „Rassenreinheit" beschäftigt. Er widmete dem konstruierten Zusammenhang zwischen Volk und Rasse ein ganzes Kapitel und meinte, die Überlegenheit des deutschen Volks nachweisen zu können.
Vgl. Hitler, Adolf: Mein Kampf, Bd. 1, München 1933, S. 311–365.
Zur Vertiefung des Themas:
Vgl. Fest, Joachim: Das Gesicht des 3. Reiches, München 1980.
Vgl. Bracher, Karl-Dietrich/Funke, Manfred/Jacobsen, Hans-A. (Hrsg.): Nationalsozialistische Diktatur 1933–1945, Bonn 1986.
107 Am 1. Mai 1931 verfügte Reichsorganisationsleiter Strasser die Gründung der „Auslandsdeutschenabteilung der Reichsleitung der NSDAP" in Hamburg. Leiter wurde Reichtagsabgeordneter Nieland. Mit Wirkung vom 15. März 1933 wurde sie zur „Abteilung für Deutsche im Ausland bei der Obersten Leitung der Parteiorganisation" in München. Zeitweilig sah es nach einer Übernahme der Abteilung durch Rosenbergs Amt aus. Am 17. Februar 1934 erhielt sie, mittlerweile war Bohle Nieland als Leiter gefolgt, den endgültigen Namen „Auslandsorganisation der NSDAP (A.O.)" in Hamburg. Im März 1935 fand sie ihr endgültiges Domizil in Berlin.
Vgl. Ebel, Arnold: Das Dritte Reich und Argentinien, Köln/Wien 1971, S. 205 f.
108 Dies führte nicht nur zur drastischen Verkleinerung deutscher Volksgruppen in Osteuropa, sondern teilweise zum Verschwinden jeglicher deutscher Minderheiten in einigen Regionen, so im Baltikum, in Bessarabien und in der Bukowina. Bis Mitte 1944 kamen auf diese Art ca. 900.000 Volksdeutsche aus allen Teilen Ost- und Mitteleuropas in den „Warthegau".
Vgl. Zipfel, Friedrich: Krieg und Zusammenbruch, in: Das Dritte Reich. Hrsg. v. Eberhard Aleff, Hannover 1980, S. 180.
Hitler sah im „Lebensraum im Osten" eine angeblich schicksalhafte Bedeutung für die Zukunft des Volks. So sagte er im zweiten Band von „Mein Kampf": „Das Recht auf Grund und Boden kann zur Pflicht werden, wenn ohne Bodenerweiterung ein großes Volk dem Untergang geweiht scheint" (S. 741). Die Umsiedlung der Volksdeutschen, er spricht vom

„germanischen Kern" (S. 743), in den „Warthegau" sollte eine Vorstufe für die Ausdehnung nach Osten sein. Ziel war eindeutig die Sowjetunion. „Wir stoppen den ewigen Germanenzug und weisen den Blick nach dem Land im Osten ... Wenn wir aber heute in Europa von neuem Grund und Boden reden, können wir in erster Linie nur an Rußland und die ihm untertanen Randstaaten denken" (S. 742). Er machte dabei deutlich, daß dies nur mit Gewaltanwendung, also Krieg, zu verwirklichen war.
Vgl. Hitler, Adolf: Mein Kampf, Bd. 2, München 1933, S. 739 ff.
Vgl. Müller, Rolf-Dieter: Hitlers Ostkrieg und die deutsche Siedlungspolitik, Frankfurt a. M. 1991, S. 83–114.

109 Vgl. ebenda, S. 88 und S. 121–124.
Müllers Buch beinhaltet Auszüge aus Dokumenten zum Thema Umsiedlung. In der Denkschrift des „Rassenpolitischen Amtes der NSDAP" vom 25. November 1939 finden sich Spekulationen über den Rückwanderungswillen aus südamerikanischen Staaten. Während die Chancen für die Heimholung aus Brasilien, Argentinien und Chile als eher schlecht eingeschätzt wurden, war man der Überzeugung, daß Deutsche aus Uruguay und Paraguay durchaus daran interessiert sein würden. Insgesamt rechnete das Amt mit 150.000 rückwanderungswilligen Überseedeutschen.

110 Ein Bericht der deutschen Gesandtschaft Montevideo an das AA in Berlin zeigt, wie sehr offizielle Vertreter des Deutschen Reichs die Reaktionen auf jüdische Immigration in Südamerika beobachteten. Wie aus der Depesche vom 11. November 1938 ersichtlich, wurden sämtliche jüdischen Aktivitäten registriert, auf ihre Breitenwirkung hin geprüft und nach Berlin gemeldet. Vgl. BA-Koblenz, R 43II/1470b.

111 Bohle wurde 1903 in Bradford/GB geboren und siedelte später mit seinen Eltern nach Kapstadt über. Durch Heß – da 1894 im ägyptischen Alexandria geboren, ebenfalls Auslandsdeutscher – an die Spitze der Auslandsorganisation berufen, leitete er diesen stetig wachsenden Apparat. Von 1937 bis zu seinem Ausscheiden aus dem AA 1941 fungierte er als ein Staatssekretär des Amtes. Nach dem Eintritt in die SS 1936 stieg er bis 1943 zum SS-Obergruppenführer, dem zweithöchsten Rang der SS, auf. Ebel führt die genauen Gliederungen der Berliner Zentrale auf: verschiedene Länderämter hatten je mehrere Regionen zu betreuen. Von den Ämtern war die Nr. 7 für Iberoamerika zuständig.
Vgl. Ebel, a. a. O. S. 206 f.
Vgl. Wistrich, a. a. O. S. 32.
Vgl. Döscher, a. a. O. S. 160–174

112 Gauleiter Bohle auf dem Nürnberger Parteitag 1934, in: Werner, a. a. O. S. 46.
113 ebenda, S. 46.
114 Werner weist in dem Zusammenhang auf die Erhöhung des Schulfonds für Auslandsschulen hin. Nach 4,7 Mill. RM 1939 flossen im Kriegsjahr 1943 12,5 Mill. RM, was den Stellenwert dieser Projekte in Berlin verdeutlicht.
Vgl. ebenda, S. 48.
Im Bundesarchiv befinden sich Schriftwechsel, die die schnelle Einflußnahme der NSDAP auf die Auslandsorganisationen belegen. So zeugt der Briefverkehr zwischen DVP und DAI von der schnell geglückten Gleichschaltung der Organisation im Ausland. Vgl. BA-Koblenz, R 57/181-10

115 Vgl. Ebel, a. a. O. S. 203.
Vgl. Kliewer, a. a. O. S. 187 ff.
Hier wird die Entstehung der Landesgruppe Paraguay beginnend mit dem Aufbau einiger Zellen geschildert.

116 Der Flaggenstreit spielte in jener Zeit eine durchaus wichtige Rolle, dokumentierte doch das Hissen der einen oder anderen Farben eine grundsätzliche politische Überzeugung.
Vgl. Ebel, a. a. O. S. 25 ff.
Das „Argentinische Tageblatt" wurde durch seine Pressearbeit, die eindeutig gegen den Nationalsozialismus gerichtet war, zu einem Ärgernis für die offiziellen Vertreter des Reichs in Buenos Aires. Vertrauliche Berichte der Gesandtschaft nach Berlin, Ausgaben aus den frühen dreißiger Jahren und Material im Archiv des Blatts in Buenos Aires belegen die frühzeitige Ablehnung des NS-Systems durch diese Zeitung.

Vgl. BA-Koblenz, R 43I/102a.
Vgl. „Argentinisches Tageblatt" z.B. vom 30.Juli 1931.
Vgl. Ebel, a.a.O. S.232f. und S.303ff.
117 „Argentinisches Tageblatt" vom 29. April 1939 im Archiv des Verlegers Alemann in Buenos Aires.
118 „Argentinisches Tageblatt" vom 30. Juli 1931. Unter der Überschrift „Etappen-Nationalsozialismus in Argentinien" wird hier ausführlich von einer Veranstaltung der NSDAP-A.O. in Buenos Aires berichtet.
119 Die Briefe wurden vom Herausgeber Dr. Roberto Alemann in Buenos Aires zur Einsicht bereitgestellt.
120 So auch beim Volksbund in Argentinien, der ähnlich wie seine Partnerorganisation in Paraguay von Nationalsozialisten übernommen wurde und dem „Verein für das Deutschtum im Ausland" (VDA) als Landesgruppe beitrat. Der VDA, wie das DAI und der „Bund der Auslandsdeutschen" vom Reich aus gleichgeschaltet, agierte nach dem Willen der Machthaber in Berlin. Mitglieder des Vereins in Südamerika versuchten sich der Führung zu entziehen, konnten aber nicht verhindern, daß der VDA auf Ziele der Partei ausgerichtet wurde. Der Volksbund in Argentinien begrüßte die Neuorganisation und bat um weitere Unterstützung durch die NSDAP-Landesgruppe in Argentinien. Die Einflußnahme der NSDAP auf die Auslandsorganisationen wies für das ganze südliche Amerika Parallelen auf, so daß die zentrale Lenkung aus Berlin schnell Wirkung vor Ort zeigte.
Vgl. Ebel, a.a.O. S.189ff. und S. 215-228.
121 Bohle auf der Sondertagung der Auslandsabteilung am 31. August 1933, in: Ebel, S. 208f. Die Presse spielte hierbei eine zentrale Rolle. Es wurde in einigen Staaten, so in Paraguay mit dem „Mitteilungsblatt" und später der „Deutschen Warte", ein beinahe flächendeckendes Pressenetz gespannt, das neben den Parteimitgliedern auch den Verbandsangehörigen zugestellt wurde. Siehe auch Kapitel 4.5. Diese Organe versuchten, die Beeinflussung und Lenkung der Volksgruppe zu forcieren. Ähnliches galt für Radiopropaganda.
Vgl. BA-Koblenz, NSD 8/30-1937.
Vgl. Schallock, Wolfgang: Lateinamerika und Rundfunkpropaganda der Nazis in Theorie und Praxis, in: Der deutsche Faschismus in Lateinamerika. Hrsg. v. Heinz Saucke, Ost-Berlin 1966,S.159f.
122 Der Botschafter war seit 1933 NSDAP-Mitglied und ein höherer SS-Offizier. Er leitete die Gesandtschaft von 1933 bis 1942 und vertrat häufiger eine andere Auffassung über die Arbeit der Auslandsorganisation als ansässige Parteimitglieder. Auch Himmlers „Volksdeutsche Mittelstelle" führte immer wieder zur Verärgerung unter den diplomatischen Reichsvertretern.
Vgl. Döscher, a.a.O. S.110ff.
123 Ausnahmen waren natürlich die Nachkommen solcher Personen, die im Dienst fremder Staaten standen.
124 Am 10. November 1937 führte Präsident Vargas in Brasilien einen Staatsstreich von oben durch. Er sicherte sich weitgehende Machtbefugnisse und begann die Politik der Nationalisierung, die auch auf die Deutschen im Land starke Auswirkungen hatte. Die NSDAP und ihre Pressearbeit wurden verboten. Gleichzeitig sollte die Assimilierung der vor allem im Süden ansässigen Deutschen beschleunigt werden, da man in ihnen ein gewisses Gefahrenpotential sah. Vereine und Klubs mußten fortan genehmigt werden und durften nur noch kulturell-karitativ tätig sein. Im Rahmen der Erlasse wurden auch Hunderte deutscher Ortsnamen umbenannt. Dies alles wurde im Dekret vom 18. April 1938 festgeschrieben und traf die deutsche Volksgruppe, da die breite Organisationsstruktur schweren Schaden nahm.
Vgl. Oberacker/Ilg, a.a.O. S. 235ff.
Vgl. Ebel, a.a.O. S.274-288.
Vgl. Werner, a.a.O. S.51.
Vgl. Ilg 1982, a.a.O. S. 34.
Vgl. Harms-Baltzer, Käte: Die Nationalisierung der deutschen Einwanderer und ihrer Nachkommen in Brasilien als Problem der deutschbrasilianischen Beziehungen 1930-1938, Berlin 1970.

65

Die Beurteilung der Lage des brasilianischen Deutschtums nach dem Putsch wird aus der Lagebeschreibung des Reichssicherheitshauptamts vom Dezember 1938 ersichtlich. Heydrich rät darin, wegen der anscheinenden Unumkehrbarkeit der politischen Situation, eine Rückholung der Deutschen zu überdenken. Auch dieser Bericht dürfte in seiner Konsequenz die Bedeutung Argentiniens für die deutsche Außenpolitik vergrößert haben. Vgl. BA-Koblenz, R 43II/1470b.

125 Bohle auf dem Nürnberger Parteitag 1936 als Reaktion auf Assimilierungstendenzen in Südamerika, in: Ebel, a. a. O. S. 213.

126 Auszüge aus dem Entwurf der Ribbentrop-Rede für den 12. Juni 1939 vor der Lateinamerika-Konferenz im AA, in: ebenda, S. 419. Während dieser Konferenz, an der mehrere Botschafter und Landesgruppenleiter aus Südamerika teilnahmen, ging es um die Verschlechterung der Lage der Parteiorganisationen und des Deutschtums. Ribbentrop konnte, entgegen seinen Planungen, nicht daran teilnehmen und überließ seinem Staatssekretär von Weizsäcker die Eröffnungsrede. Wesentlich an dem Zitat ist die grundsätzliche Einstellung des Außenministers, der seit seiner Ernennung intensiv an der Kompetenzbündelung und Rückgewinnung vormals verlorener Verantwortlichkeiten für das AA arbeitete. Das schwächte die Position für A.O., die lange versucht hatte, sich dem direkten Einfluß des AA und der Unterordnung unter das Amt zu entziehen. Der ständige Wechsel der Aufgabenverteilung war Ausdruck des schwelenden Konflikts der Institutionen.
Vgl. Broszat, a. a. O. S. 283.

127 Vgl. Volberg, Heinrich: Auslandsdeutschtum und Drittes Reich, Köln/Wien 1981, S. 39 f.
Vgl. Ebel, a. a. O. S. 244 ff., S. 291 ff. und S. 308 f.
Vgl. Deutscher Klub Buenos Aires (Hrsg.), a. a. O. S. 298 f.

128 Vgl. Ebel, a. a. O. S. 292, S. 330, S. 345 und S. 433 f.
Vgl. Bernecker/Fischer, a. a. O. S. 205.
Vgl. Giordano, Ralph: Wenn Hitler den Krieg gewonnen hätte, Hamburg 1989, S. 44–63. Diese Befürchtungen scheinen im nachhinein nicht völlig ins Reich des Utopischen zu gehören. Der Historiker Giordano beschäftigte sich mit den Plänen Hitlers, die er in 3 Stufen einteilt. Nach der Eroberung Europas wollte man sich demnach Afrika und Asien in einem zweiten Schritt zuwenden, bevor Amerika und Südamerika Ziele nationalsozialistischer Expansionspolitik werden sollten. Roosevelt erkannte diese Gefahr, die von Südamerika für die USA ausgehen konnte. So meinte er 1940: „Dann könnten die Nazis andere Völker, die stark vom Nationalsozialismus infiltriert sind, wie zum Beispiel Argentinien, auffordern und wenn nötig zwingen, sich der Wirtschaftsunion anzuschließen... Mit diesem Vorgehen würden die Deutschen... ganz Mittel- und Südamerika unter ihre Kontrolle bringen..."
So Roosevelt auf einer Pressekonferenz 1940, in: Giordano, a. a. O. S. 59.

129 Vgl. Ebel, a. a. O. S. 330 ff. und S. 420 ff.
Bohle wies die Vorschläge für die Neuorganisation der A.O.-Arbeit zurück. Seine Linie, daß „jeder Blutstropfen deutschen Volkstums im Ausland erhalten werden müsse" (Zitat Bohle auf der Lateinamerika-Konferenz im AA am 12. Juni 1939, in: Ebel, a. a. O. S. 420), konnte sich aber wegen der Wichtigkeit der bilateralen Beziehungen zu Argentinien mit seiner möglichen Vorreiterrolle in Südamerika nicht durchsetzen. Dem AA schwebte offenbar eine den italienischen Verbänden ähnelnde Organisationsform für die deutschen vor. Der „Fascio" vereinnahmte die Italiener Südamerikas nämlich nicht so, wie es die NSDAP-A.O. tat.
Vgl. Seiferheld, Alfredo: Nazismo y Fascismo en el Paraguay, Asunción 1985, S. 88 f. (zit.: Seiferheld 1985).

130 Heß flog am 10. Mai 1941 nach Großbritannien und wurde festgenommen.

131 Die auch im Ausland durchgeführte Volksbefragung bezüglich des Anschlusses Österreichs ans Deutsche Reich hatte z. B. großes Aufsehen in Argentinien erregt. Solche Aktionen sollten zukünftig tunlichst vermieden werden.

132 So sollten nur noch argentinische Karten in Schulen benutzt werden und die Klassenräume mit Bildern argentinischer Persönlichkeiten geschmückt sein. Gleichzeitig wurde es Vereinen verboten, Geldspenden aus dem Ausland entgegenzunehmen.
Vgl. Deutscher Klub Buenos Aires (Hrsg.), a. a. O. S. 299.

133 Ebel, a.a.O. S.424.
134 Broszat verweist auf Schätzungen des AA, das bis zum Sommer 1933 bereits rund 50.000 politische Flüchtlinge und jüdische Emigranten gezählt hatte.
Vgl. Broszat, a.a.O. S.274.
Über die Verteilung der jüdischen Emigration aus Deutschland liegen nur Schätzungen vor. Sie zeigen die Bedeutung speziell Argentiniens, Brasiliens und Chiles als Zufluchtsorte in Südamerika. Ein Zahlenvergleich für die verschiedenen Zielländer 1937 und 1941 belegt dies:

1937:		1941:	
Palästina	39.000	USA	100.000
USA	26.000	Palästina	55.000
England	8.000	Argentinien	40.000
Frankreich	7.000	England	32.000
Niederlande	7.000	Besetzte Gebiete Westeuropas u. Südfrankreich	25.000
Italien	6.000	Brasilien	20.000
Belgien	5.000	Chile	10.000

Vgl. Broszat, Martin/Frei, Norbert (Hrsg.): Ploetz: Drittes Reich, Freiburg/Würzburg 1983, S.121
Schätzungen der Gesamtemigration deutscher Juden belaufen sich auf ca. 320.000 bis 350.000 der rund 500.000 Juden des Reichs.
Vgl. Broszat, a.a.O. S.429.
Vgl. Freeden, Herbert: Vom geistigen Widerstand der deutschen Juden, in: Exil und Wiederstand 1933 bis 1945. Hrsg. v. BzfpB, Bonn 1985, S.48.
135 Vgl. Broszat/Frei(Hrsg.), a.a.O. S.121.
136 Besonders Bolivien diente Flüchtlingen, die nach Argentinien wollten, als Zwischenstation. Neue Berechnungen gehen davon aus, daß ca. 3.000 Personen nach einem Aufenthalt dort nach Argentinien gingen. In Paraguay kamen einige hundert Menschen an, von denen ein großer Teil entweder nach Brasilien oder Argentinien weiterreiste. Ähnliche Proportionen dürften für Kuba und die Dominikanische Republik in bezug auf die USA zutreffen. Rund zwei Drittel der deutschsprachigen Juden, die Paraguay erreichten, blieben in Asunción. Weitere größere Gruppen siedelten in Villarica und Independencia.
Vgl. Seiferheld, Alfredo M.: Los Judíos en el Paraguay, Asunción 1981, S.222ff.
137 Senkman, Leonardo: Argentinien und der Holocaust. Die Einwanderungspolitik und die Frage der Flüchtlinge 1933—1945, in: Europäische Juden in Lateinamerika. Hrsg. v. Achim Schrader und Karl H. Rengstorf, St. Ingbert 1989, S.68.
138 Jackisch, Carlota: Die Einwanderungspolitik Argentiniens gegenüber den Juden 1933—1945, in: Europäische Juden in Lateinamerika. Hrsg. v. Achim Schrader und Karl H. Rengstorf, St. Ingbert 1989, S.69.
139 Das Dekret Nr.8.972 vom 28.Juli 1938 regelte die Einwanderung nach Argentinien neu und schränkte die Zuwanderung offiziell aus wirtschaftlichen Gründen ein.
140 Vgl. Trento, Angelo: Die jüdische Immigration nach Brasilien nach Erlaß der Rassengesetze: die Colônia Mussolini, in: Europäische Juden in Lateinamerika. Hrsg. v. Achim Schrader und Karl H. Rengstorf, St. Ingbert 1989, S.106.
141 Vgl. Kießling, Wolfgang: Brücken nach Mexiko, Ost-Berlin 1989.
142 Vgl. Mühlen, a.a.O. S.47f.
Er führt die 3 Erhebungen von Strauss, „El Libro Negro" und „Zehn Jahre Aufbauarbeit" auf. Die Kontingente der 20 Staaten Lateinamerikas weichen zum Teil stark voneinander ab.
Vgl. Röder, Werner: Einleitung, in: Biographisches Handbuch zur deutschen Emigration nach 1933. Hrsg. v. Institut für Zeitgeschichte und von der Jewish Foundation for Jewish Immigration, München/New York/London/Paris 1980, S.XXXI.
Hier wird bei insgesamt 278.500 jüdischen Emigranten der Anteil Mittel- und Südamerikas mit 86.000 Personen angegeben.

143 Kliewer konstatierte in seinem 1941 erschienenen Buch, daß die mennonitischen Siedlungen im Chaco und Ostparaguay „ganz außerhalb des Wirkungskreises der Partei" lagen. Kliewer, a. a. O. S. 188.
144 So in Bolivien, wo SPD und auch KPD Vereine gründeten und politisch tätig wurden. Sie bildeten jedoch keine geschlossene Koalition gegenüber den Nationalsozialisten, da man sich, verstärkt durch den Abschluß des Hitler-Stalin-Pakts, politisch Vorwürfe in bezug auf die Bekämpfung der NS-Diktatur machte. Der Vorkriegskonflikt Deutschlands wurde also exportiert.
Vgl. Mühlen, a. a. O. S. 211—242.
Vgl. Kießling, a. a. O. S. 382 ff.
Er beschreibt die Arbeit der KPD in Mexiko und deren Versuche, mit geflüchteten Juden zusammenzuarbeiten.
Vgl. Seiferheld 1985, a. a. O. S. 70 ff. in bezug auf Paraguay.
Vgl. Jackisch, Carlota: El nazismo y los refugiados alemanes en la Argentina 1933—1945, Buenos Aires 1989.
145 Vgl. Maas, Lieselotte: Deutsche Exilpresse in Lateinamerika, Frankfurt a. M. 1978.
Vgl. Meding, Holger M.: Der Weg, Köln 1988.
Vgl. Bussmeyer, Peter: 50 Jahre Argentinisches Tageblatt, Buenos Aires 1938.
146 Vgl. Oeste de Bopp, Mariana: Die Deutschen in Mexiko, in: Die Deutschen in Lateinamerika. Hrsg. v. Hartmut Fröschle, Tübingen 1979, S. 522.
Vgl. Katz, Friedrich: Grundzüge der Politik des deutschen Imperialismus in Lateinamerika 1898—1941, in: Der deutsche Faschismus in Lateinamerika. Hrsg. v. Heinz Saucke, Ost-Berlin 1966, S. 23.
147 ies bei 193.118 Reichsdeutschen.
Vgl. Ebel, a. a. O. S. 282 f.
Er erwähnt dabei eine Berechnung von Jacobsen, der für 1937 auf 143.640 Reichsdeutsche und 7.602 „Parteigenossen" kam. Dies entspräche einem Anteil von 5,3 %.
148 Vgl. Ebel, a. a. O. S. 283.
Er führt die folgenden Zahlen an und weist auf Unterschiede zu anderen Erhebungen (z. B. zu der von Jacobsen) hin. Die Relationen solcher Zusammenstellungen weichen jedoch nur geringfügig von seinen Zahlen ab. Die hier angefügte Prozentangabe bezieht sich auf das Verhältnis von Reichsdeutschen und registrierten „Parteigenossen".

Land	Volksdeutsche	Reichsdeutsche	„Parteigenossen"	%
Argentinien	200.000	65.000	1.560	2,4
Bolivien	500	1.120	171	15,3
Brasilien	700.000	95.000	3.100	3,3
Chile	30.000	9.000	1.005	11,1
Dom. Rep.	50	100	10	10,0
Ekuador	–	470	61	13,0
Haiti	150	150	2	1,3
Kolumbien	1.000	1.250	312	25,0
Kuba	200	500	35	7,0
Mexiko	14.000	6.500	325	5,0
Paraguay	16.000	4.000	257	6,4
Peru	2.000	2.125	198	9,2
Uruguay	4.000	2.500	177	7,1
Venezuela	1.000	1.500	238	15,9
Zentralamerika	1.770	3.903	554	14,1
insgesamt	970.670	193.118	8.005	4,2

Auch Katz und Oste de Bopp geben zwar abweichende, aber im Verhältnis ähnliche Zahlen an.
Vgl. Katz, a. a. O. S. 23.
Vgl. Oste de Bopp, a. a. O. S. 522.
149 Vgl. Deutscher Klub Buenos Aires (Hrsg.), a. a. O. S. 297.

150 Vgl. Katz, a.a.O. S.23f.
Er nennt für die Unterstützung das Beispiel IG Farben.
Vgl. auch Volberg, a.a.O. S.85.
Er gibt an, daß 7,5 Mill. Pesos im Zeitraum von 1939 bis 1945 auf Konten der deutschen Botschaft Buenos Aires flossen. Diese Gelder stammten von Argentiniendeutschen, die damit die Heimat und die NSDAP unterstützen wollten.
151 Vgl. Ebel, a.a.O. S.358.
Die Schreiben wurden im Interesse der guten Wirtschaftsbeziehungen zum Deutschen Reich von der argentinischen Postverwaltung beschlagnahmt. Auch in Paraguay begannen deutsche Juden, auf nationalsozialistische Aktivitäten zu reagieren.
Vgl. Seiferheld 1985, a.a.O. S.97−102.
Vgl. ders.: Nazismo y Fascismo en el Paraguay, Asunción 1986, S.129ff. (zit.: Seiferheld 1986).
152 Von zur Mühlen gibt für die Länder Lateinamerikas Beispiele: „Das Andere Deutschland" in Argentinien, „Freies Deutschland" in Mexiko, „Vereinigung Freier Deutscher" in Bolivien, „Komitee Deutscher Antifaschisten" in Kuba und „Movimiento Alemán Pro Democracia y Libertad" in Ekuador.
Vgl. Mühlen, a.a.O. S.146, S.174, S.227, S.261 und S.268.
Vgl. Schwinghammer, Georg: Im Exil zur Ohnmacht verurteilt, in: Widerstand und Exil 1933−1945. Hrsg. v. BzfpB, Bonn 1985, S. 239ff.
153 Vgl. Bankier, David: Die Beziehungen zwischen deutschen jüdischen Flüchtlingen und deutschen politischen Flüchtlingen in Südamerika, in: Europäische Juden in Lateinamerika. Hrsg. v. Achim Schrader und Karl H. Rengstorf, St. Ingbert 1989, S.213−225.
154 Der DVP hatte zum Zeitpunkt seiner per Dekret verfügten Auflösung rund 1.600 Mitglieder, was ca. 10% der ansässigen Deutschen entsprach. Die Landesgruppe zählte dagegen nur etwa 250 Mitglieder, so daß der Volksbund durch die Gleichschaltung zu einem wichtigen Multiplikator wurde.
155 Bezüglich „Noticias Alemanas": Vgl. Maas, a.a.O. S.79f.
Exemplare der „Deutschen Warte" finden sich heute nur noch im BA in Koblenz und in Privatbesitz in Paraguay.
156 Von zur Mühlen schätzt die Zahl der Immigranten für Paraguay auf 800 bis 1.000.
Vgl. Mühlen, a.a.O. S.277.
157 Eigene Karte.
158 Die von den US-Geheimdiensten als „ratlines" bezeichneten Fluchtrouten aus dem Deutschen Reich über Italien nach Südamerika wurden u. a. von Organisationen der SS unterhalten. Sie werden in einem späteren Kapitel ausführlicher dargestellt.
159 Vgl. Oberacker/Ilg, a.a.O. S.237f.
160 Die Verluste der Truppe, die im ober- und mittelitalienischen Abschnitt zum Einsatz kam, lagen bei knapp 10%.
Vgl. Mühlen, a.a.O. S.191.
161 Vgl. Oberacker/Ilg, a.a.O. S.299f.

5. Mennoniten in Südamerika — eine Religionsgemeinschaft auf der Wanderschaft

Wie bereits mehrmals hervorgehoben, stellte die religiös motivierte Emigration stets einen bedeutenden Anteil an der Gesamtauswanderung aus Deutschland. Auch in den überseeischen Zielgebieten finden wir heute — im Vergleich zu Katholiken und Protestanten kleine — deutschsprachige Religionsgemeinschaften, die zum Teil vor Jahrhunderten den geschlossenen deutschen Sprach- und Siedlungsraum verlassen haben.

In das Beobachtungsgebiet gelangten größere Gruppen von Mennoniten, die aufgrund ihrer Geschichte und Lebensweise im folgenden einer speziellen Betrachtung unterzogen werden sollen. Der Weg der Mennoniten führte jedoch häufig nicht direkt über den Atlantik in den untersuchten Dreiländerbereich, vielmehr erreichten sie erst über mehrere Zwischenstationen Brasilien und vor allem Paraguay, wo sie heute einen beträchtlichen Prozentsatz der Deutschstämmigen ausmachen.

Dem anschließenden Kapitel sind wegen der Sonderstellung der Mennoniten innerhalb des brasilianischen und paraguayischen Deutschtums 2 Exkurse zum besseren Verständnis vorangestellt. Zum einen können so die Wanderungslinien bis in das Untersuchungsgebiet dargestellt werden, und zum anderen sollen die Erläuterungen der religiösen Grundbegriffe die an späterer Stelle herausgearbeitete, in Teilen einer Abschottung gleichkommende Eigenständigkeit der Gruppe anschaulicher machen.

Die Mennoniten vervollständigen durch ihre Präsenz die Mannigfaltigkeit der Abstammungen und Religionen deutscher Auswanderer im Dreiländerbereich. Seit der frühen Neuzeit wanderten große Gruppen aus dem mitteleuropäischen Raum aus, um erst in Rußland und später in Nord- und Südamerika eine neue Heimat zu finden. Ihre zum Teil kompromißlose Einstellung zu grundsätzlichen Fragen gemeinschaftlichen Lebens in einem Staat, wie etwa beim Militärdienst, ließ sie immer wieder aufbrechen und nach Gebieten Ausschau halten, in denen sie rein nach ihren Vorstellungen leben konnten. Ein bedeutender Teil der in aller Welt zerstreut lebenden Mennoniten gelangte so vor nunmehr über 60 Jahren in den Cono Sur.

Die Selbständigkeit in den Bereichen Verwaltung, Bildung und Wirtschaft wurde in Paraguay — im Gegensatz zu Brasilien — durch staatliche Privilegien seit der Ansiedlung garantiert und in den zurückliegenden Jahrzehnten durch gemeinschaftliche Arbeit erhalten. Dies bewirkte die Herausbildung einer weiteren Untergruppe innerhalb der dortigen deutschen Volksgruppe.

Bis heute treffen wir in Paraguay auf eine in geographischer Konzentration lebende, in ihrer Lebensweise alten Traditionen verhaftete und auf wirtschaftlichem Gebiet sehr erfolgreich arbeitende Minderheit, deren separate Betrachtung für diese Arbeit von großer Bedeutung ist.

EXKURS A: Die Wanderungen der Mennoniten

Eine Untersuchung über die Mennoniten, ganz gleich welcher Art, bedarf immer einer Betrachtung ihres geschichtlichen und religiösen Hintergrunds.

Obgleich hier nicht der Ort für eine eingehende Schilderung der Geschichte und der Glaubensgrundlagen dieser Gruppe ist, soll doch für das Verständnis der Gegenwart ein kurzer Abriß der Vergangenheit erstellt werden.

Die heute in mehreren Untergruppen über die ganze Welt zerstreut lebenden Täufergruppen nahmen alle zu Beginn des 16. Jahrhunderts ihren Anfang. Damals entstanden durch die Arbeit des schweizerischen Reformators und Humanisten Ulrich Zwingli (1484—1531) und des niederländischen Geistlichen Menno Simon (1496—1561) die Grundlagen dieser Glaubensrichtung. Nach letzterem wurden sie schließlich benannt.

Die ablehnende Haltung der meisten Mennoniten gegenüber jeglicher weltlicher Obrigkeit führte schon bald zu Konflikten mit eben dieser in den Ursprungsgebieten. Als Konsequenz des Zerwürfnisses entschieden sich viele zur Auswanderung aus den beiden Entstehungszentren in der Schweiz und den Niederlanden nach Deutschland bzw. in die deutschen Länder.[162] Diese Entwicklung setzte bei den Anhängern Menno Simons noch im 16. Jahrhundert ein. Häufiges Zielgebiet war für sie Preußen, wo sie sich nach ihren Glaubensgrundsätzen niederlassen konnten.

Der schweizerische Strang hatte eher Fürstentümer im Süden des Deutschen Reichs zum Ziel, wo ein großer Teil jedoch nur vorübergehend blieb, um dann im Lauf des 17. und 18. Jahrhunderts nach Nordamerika (Pennsylvanien) weiterzuziehen. Somit war schon frühzeitig für eine Zerstreuung der Mennoniten über den Erdball gesorgt. Daß dies bei den damaligen Voraussetzungen zu unterschiedlichen Weiterentwicklungen der mennonitischen Glaubensideale führte, erscheint heute leicht nachvollziehbar und ist von Belang, wenn man die zahlreichen, daraus entstandenen Untergruppen betrachtet.

Zurück zu den Mennoniten, die im Weichselmündungsgebiet siedelten. Abgesehen von den wirtschaftlichen Nöten verschlechterte sich die Lage der Siedler im Lauf der Jahre dadurch, daß ihnen die Sonderrechte wieder aberkannt wurden.[163] Dies führte zu einer ersten Abwanderungswelle nach Osten, wo die Zarin Katharina II. bereit war, u. a. die Privilegien bezüglich der Wehrpflichtbefreiung sowie der Religions- und Unterrichtsfreiheit zu gewähren.[164] Katharina die Große unternahm diesen Schritt im Rahmen ihres Vorhabens, die oft menschenleeren Gegenden ihres Reiches durch Siedler landwirtschaftlich zu nutzen sowie gleichzeitig als russischen Besitz zu erweitern und zu sichern. Ihrem Aufruf aus dem Jahre 1763 folgten viele tausend Deutsche — unter ihnen seit 1787 rund 8.000 Mennoniten aus Preußen.[165]

Chortitza und Molotschna wurden so z. B. Mennonitenkolonien, die sich wegen des hohen Geburtenüberschusses schnell vergrößerten. Mit der Einführung der allgemeinen Wehrpflicht in Rußland endete jedoch die in bezug auf Glaubensfreiheit sorglose Zeit im zaristischen Reich. Die Mennoniten gingen fortan verschiedene Wege. Während der größere Teil in Rußland blieb, war für 18.000 von ihnen der erwirkte Kompromiß, anstelle von Wehrdienst Krankendienst und Schreibstubendienst zu leisten oder für die Urbarmachung weiterer Ländereien zu sorgen, untragbar. Sie gehörten zur ersten Auswanderergruppe, die es in die nordamerikanischen Prärien zog, so nach Dakota, Manitoba, Nebraska oder Kansas.

Spätestens mit der Revolution des Jahres 1917 wurde die Situation für die verbliebenen Mennoniten noch schwieriger. In der anschließenden Dekade folgten geschätzte 27.000 ihren Glaubensbrüdern nach Amerika, vorzugsweise nach Kanada, und 6.000 nach Deutschland. Ein dritter Emigrationsschub erfolgte während des Zweiten Weltkriegs, als noch mal ca. 34.000 das ehemalige Rußland im Zuge der Umsiedlung 1943 verließen.[166]

Während von den Auswanderern der Zwischenkriegszeit größere Gruppen nur nach Paraguay gingen, dienten nun verschiedene Staaten des amerikanischen Subkontinents einem großen Teil der letzten Welle als Zufluchtsort. Das im Lauf des Ersten Weltkriegs erlassene Verbot der deutschen Sprache als Schulsprache der Mennoniten in Kanada trug zur weiteren Zerstreuung der Gemeinschaft und Auswanderung nach Paraguay bei.[167] So kamen Mitte der zwanziger Jahre erstmals Mennoniten nach Paraguay und suchten im Chaco die ersehnte Freiheit zur uneingeschränkten Glaubensausübung.

Damit wird deutlich, daß den Wanderungen der Mennoniten zu einem erheblichen Teil eine Grundsatzentscheidung vorausgegangen war: das Weichen vor jeglichem Druck einer Obrigkeit hatte Priorität vor einer Unterordnung unter eine solche.

Die in Südamerika eintreffenden Mennoniten verfügten mithin über keine gemeinsame Vergangenheit, sondern brachten verschiedene Erfahrungen aus der Sowjetunion, dem Deutschen Reich, Kanada, den Vereinigten Staaten und Mexiko mit.

Die Wanderungen der Mennoniten bis in die Gegenwart:

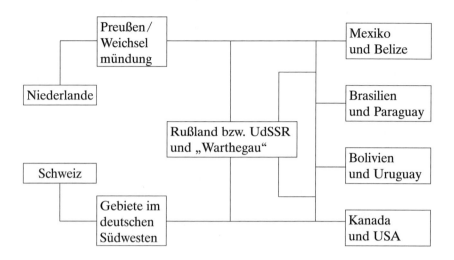

Wie wichtig ihnen selber die unterschiedlich verlaufene Entwicklung war und bis heute ist, bewies das Beibehalten ortsbezogener Namen in der neuen Heimat. Der Name „Bergthaler Mennonitengemeinde" im westlichen Kanada zeugte z. B. von ihrem ersten Niederlassungsort im Chortitzer Raum in Rußland. Sie hielten an dieser Bezeichnung auch fest, als ein Teil nach dem Zweiten Weltkrieg nach Paraguay emigrierte und die Colonia Bergthal gründete.[168] Selbst in der Namensgebung offenbarte sich also das starke Traditionsbewußtsein dieser Menschen.

Die Migrationsbewegungen der vierziger Jahre sollten jedoch nicht die letzten bleiben. Abgesehen von Umsiedlungen innerhalb Amerikas kam es seit Mitte der achtziger Jahre zu zahlreicher werdenden Ausreisen aus der UdSSR.

Die dort verbliebenen Mennoniten — man schätzte ihre Zahl im Jahre 1988 auf mindestens 70.000 bis 80.000 Personen —[169] wurden Teil des Aussiedlerstroms, der sie nach mehr als 200 Jahren wieder nach Deutschland oder zu ihren Glaubensbrüdern in Übersee führte. Eigene Erhebungen in Paraguay und Brasilien haben jedoch ergeben, daß diese neueste Entwicklung nur geringe Auswirkungen in Form von Zuwanderungen auf die südamerikanischen Gemeinden hat.[170]

Anhand der vorliegenden Kurzschilderung wird es für den Außenstehenden offensichtlich, wie schwer es ist, sich in diesem Konglomerat von Menschen verschiedener Abstammung, Glaubens- und Traditionsauslegung sowie unterschiedlicher Vergangenheit zurechtzufinden.

Genau wie die Begriffe Rußland- bzw. Sowjetdeutsche nur als Sammelbezeichnungen dienen können, muß auch bei den Mennoniten eine Spezifizierung vorgenommen werden.[171] Dies soll im folgenden, soweit es für den Untersuchungsgegenstand nötig ist, seinen Niederschlag finden.

EXKURS B: Einige Grundbegriffe des mennonitischen Glaubens

Wie schon erwähnt, halten die Mennoniten an vielen Traditionen und Glaubensgrundsätzen seit Jahrhunderten fest. Sie bilden bis heute die Fundamente ihres gemeinschaftlichen und persönlichen Lebens. Ausgangspunkt für jegliches Handeln war und ist die „Lehre von den Reichen". Auf der einen Seite steht das „Reich dieser Welt" und auf der anderen Seite das „Reich Gottes".

Die Begründer bemängelten vor mehr als 4 Jahrhunderten die zunehmende Verquickung dieser beiden Reiche und forderten eine Rückbesinnung auf das eigentlich wichtige: das „Reich Gottes". In der Konsequenz logisch war der Entschluß zur Schaffung einer eigenen Glaubensrichtung, des Täufertums.

Das „Reich Gottes" sollte nicht erst später oder gar erst nach dem Tode eintreten, sondern gelebte Wirklichkeit sein. Dieses Reich sollte nicht nur Vorrang vor dem weltlichen haben, sondern abgesondert von letzterem, mit neuer Werteordnung versehen, installiert werden.[172]

Es ist leicht vorstellbar, welche Reaktionen dies sowohl auf kirchlicher als auch auf weltlicher Seite der damaligen Zeit hervorrief. „Daß die Verwirklichung der Reich-Gottes-Theologie Leiden und Martyrium nach sich zieht, war vorausgesagt und wurde in Rechnung gezogen. Das Reich dieser Welt muß dem Reich Gottes widersprechen."[173] Das Praktizieren dieser Theologie sorgte in den folgenden Jahrhunderten, eigentlich bis in die Gegenwart, für Spannungen zwischen den Mennoniten und dem jeweiligen Gastland. Als Beispiel sei hier auf das Prinzip der Wehrlosigkeit verwiesen, aus dem sich die Ablehnung jeglichen Waffendienstes ableitete. Allein dieser Grundsatz war vielfach die Ursache für die Emigration aus angestammten Siedlungsgebieten.

Der stete Bezug des Handelns auf Gott und die Absonderung vom weltlichen Reich zogen automatisch die Forderung nach eigenständigen Gemeinden und die Ablehnung jeglicher Eidablegungen gegenüber der weltlichen Macht nach sich. Bindung an die Bibel, Erwachsenentaufe nach empfangenem Unterricht und die selbständige Trägerschaft der Ausbildungsstätten und Sozialeinrichtungen wurden weitere fundamentale Regeln im Leben der Mennoniten.

Die Ausübung dieser Glaubensvorstellungen blieb jedoch nicht auf das einzelne Individuum beschränkt, sondern mußte folgerichtig in einer Gemeinschaft münden. Nur sie konnte den Rahmen für die Realisierung der Theologie bilden. Die sogenannte „neue soziale Ethik", die das „Reich Gottes" beinhaltete, fußte auf dem Bruderschaftsgedanken. Die Bruderschaft, also die Gemeinde, wurde zur Grundlage des mennonitischen Lebens. Sie bot Schutz, Geborgenheit und die Voraussetzung für ein Leben des praktizierten Glaubens. Aus ihren Reihen sollten auch die Amtsdiener direkt gewählt werden.[174]

Diese vollständige Ausrichtung des Lebens auf Gott barg jedoch auch die Gefahr eines Zerwürfnisses untereinander in sich. Die Präferenz des bäuerlichen Lebens führte beispielsweise bei den Amischen am Ende des 19. Jahrhunderts dazu, daß man sich nicht einig wurde, wie sehr u. a. motorgetriebene Fahrzeuge — als Teil des weltlichen Reiches — in der Landwirtschaft eingesetzt werden durften. Konservative Glaubensbrüder, wie die Amischen und die Alt-Kolonie-Gemeinden in Mexiko, lehnten diese Art des Fremdantriebs im beruflichen und privaten Leben ab. Progressive Strömungen waren zu einem Kompromiß bereit, da dieser zur besseren Versorgung der Gemeinde führte.[175] Hier wurde schon deutlich, daß die Glaubensregeln nicht nur Rückhalt, sondern auch Konfliktstoff für die mennonitischen Gemeinden wurden und blieben. Die Abgeschiedenheit der Gruppen auch untereinander und die teils abweichenden Glaubensinterpretationen führten zur Herausbildung unterschiedlicher Gruppierungen des Täufertums und, im Extremfall, zu Abspaltungen.[176] Hatten sich jedoch erst einmal die Standpunkte herauskristallisiert und die miteinander harmonierenden Gemeinden gefunden, blieb der Glaube und die Ethik bis in die Gegenwart die Basis für das Zusammenleben und das Zusammenhalten. Da, wie dargestellt, die Nationalitäten für Mennoniten als weltliche Zuordnungsgröße häufig nicht zählten, sie aber strikt an den überlieferten Traditionen und an der deutschen Sprache festhielten, waren sie vor einer Assimilierung besser geschützt als die sonstigen Emigranten aus deutschen Ländern.

Die Zuordnungskriterien „Abstammung" und „Sprache" lassen sie daher in der Forschung mit einer Sonderrolle unter das Auslandsdeutschtum fallen.

5.1 Die Mennoniten entdecken Paraguay und Brasilien als Siedlungsziele

Die Migrationsbewegungen brachten im Lauf der ersten Hälfte unseres Jahrhunderts mennonitische Gläubige nach Südamerika. Nachdem zuerst Brasilien, Paraguay und auch Argentinien den Großteil angezogen hatten, wanderten nach dem Zweiten Weltkrieg weitere größere Gruppen nach Bolivien und Uruguay.[177] Die einflußreichen und finanzstarken Mennonitengemeinden Nordamerikas waren, z. B. in Form von Krediten und Beratern, erheblich an der Ausweitung mennonitischer Siedlungsgebiete auf dem amerikanischen Subkontinent beteiligt.

Das Verhalten der kanadischen Regierung in Zusammenhang mit der Benutzung der deutschen Sprache als Unterrichtssprache ließ bei einem Teil der dort ansässigen Gläubigen den Wunsch nach Auswanderung aufkommen.[178] Gleichzeitig standen die Mennoniten mittlerweile weltweit in Kontakt, so daß die mißliche Lage der in der Sowjetunion gebliebenen Glaubensbrüder bekannt war.

Die erste Emigrationswelle aus Kanada machte sich 1926/27 in Richtung Paraguay auf den Weg. Der Auswanderung vorausgegangen waren Verhandlungen zwischen Abgesandten der Mennoniten und der paraguayischen Regierung. Diese Gespräche hatten zum einen die Gewährung der nötigen Sonderrechte und zum anderen die Landfrage zum Thema.[179] In diesen Sachfragen einigte man sich recht schnell, da die Wahl der Delegation auf den Chaco gefallen war. Dies war ein beinahe völlig ungenutzter, unerschlossener und abgeschieden gelegener Landesteil im Norden Paraguays.

Man durfte hier von einer zweifachen Interessenkongruenz sprechen, da Paraguay als Folge der Niederlage im Tripelallianzkrieg 1870 noch immer unter akutem Mangel an Bevölkerung litt und den Mennoniten daher gern die nötigen Privilegien erteilte. Weit wichtiger wurde jedoch der geographische Aspekt gewertet: Die Siedlungen sollten den Hoheitsanspruch Paraguays auf den Chaco unterstützen. Die Mennoniten ihrerseits suchten nicht nur das gemeinschaftliche, mit Sonderrechten ausgestattete Leben, sondern die Abgeschiedenheit. Die gottgewollte Herausforderung – so muß es in ihren Augen gewirkt haben – konnte wahrlich kaum drastischer ausfallen. Dennoch wurde der Chaco, trocken und menschenfeindlich, als Ziel ausgewählt.

Das paraguayische Parlament erließ bereits am 26. Juli 1921 das Gesetz Nr. 514, in dem die Privilegien für die Mennoniten festgeschrieben wurden, und machte im Lauf der Debatte deutlich, was es von den neuen Landsleuten erwartete: die Erschließung, Nutzung und gleichzeitige Sicherung dieses Gebiets.[180]

In Kanada installierten die Mennoniten nach der Rückkehr der Delegation ein Auswanderungskomitee zur Betreuung Emigrationswilliger nach Paraguay. Neben der Vorbereitung der Familien auf ihre neue Heimat wurden durch das Fürsorgekomitee in Verhandlungen mit der „Intercontinental Company" die Finanzierung der Überfahrt und des Landerwerbs organisiert.[181]

Rund 6 Jahre nach der Bewilligung von weitgehenden Sonderrechten durch das paraguayische Parlament erreichten einige hundert mennonitische Siedler aus Kanada kommend den südamerikanischen Binnenstaat.[182] Sie gingen sogleich daran, ihr gemeinschaftliches Leben zu organisieren und gründeten im Chaco die Kolonie Menno. Landaufteilung (die Parzellierung erfolgte so, daß eine spätere Expansion der Höfe möglich war) und Aussaat zur Nahrungssicherung wurden primäre Aufgaben, bevor dann nach und nach an den Aufbau einer Gemeindeorganisation gegangen wurde. Während dieser Strukturierungsphase nahm das Gemeindeoberhaupt mit seiner anerkannten Autorität eine zentrale Funktion ein. Seine Befugnisse und Stellung blieben bestehen, so daß er eine Konstante in der Entwicklung darstellte.

3 Jahre später setzte die zweite Welle mennonitischer Zuwanderung nach Paraguay ein. In der Sowjetunion verbliebene Mennoniten hatten sich zu Tausenden nach ersten Erfahrungen mit der neuen kommunistischen Herrschaft zur Aufgabe ihrer Siedlungen entschlossen und waren entweder 1929 über Moskau nach Deutschland gekommen oder im darauffolgenden Jahr über den Amur nach China geflüchtet.[183]

Beide Teile wurden in den Monaten nach ihrer Ausreise vom AA und von deutschen Hilfsorganisationen betreut. Auf diesem Wege wurde für die Flüchtlinge deutlich, daß man sie immer noch als Deutsche anerkannte und aufnahm. Sie fühlten sich mithin recht schnell als Teil des „Volkstums"; ein damals häufig benutzter Begriff, dem in späteren Jahren von den nationalsozialistischen Machthabern eine neue Bedeutung zugewiesen wurde.

Die deutsche Reichsregierung und die mennonitischen Organisationen (hier vorallem das „Mennonite Central Committee", kurz MCC) bemühten sich um eine Lösung des Niederlassungsproblems, was bei der damals angespannten wirtschaftlichen Lage des Reichs nur schwerlich in Deutschland hätte bewerkstelligt werden können. Finanzielle Hilfen in Form von Krediten, Bürgschaften u.ä. ermöglichte schließlich auch dieser Gemeinschaft, nach Paraguay zu gelangen, wo sie unweit der o.g. Kolonie Menno eine zweite mennonitische Niederlassung gründeten: Fernheim.[184]

Innerhalb weniger Jahre war somit ein geschlossener mennonitischer Siedlungsraum entstanden, dem sich nach dem Zweiten Weltkrieg ein dritter Teil anschließen sollte. Auch dabei handelte es sich um Mennoniten aus der UdSSR, wobei sie durch die Umsiedlungsverträge zwischen dem nationalsozialistischen Deutschland und der stalinistischen Sowjetunion zu einem mehrjährigen Zwischenaufenthalt im sogenannten „Warthegau" gezwungen wurden. Auf diese Weise wurden sie, wie viele hunderttausend Auslandsdeutsche Osteuropas, zu einer Art Spielball in der vom Rassenwahn bestimmten Bevölkerungs- und Rassenpolitik der NS-Machthaber. Viele von ihnen wanderten, wiederum mit Hilfe der finanzstarken Glaubensbrüder Nordamerikas, in den ersten Nachkriegsjahren ebenfalls nach Paraguay aus und gründeten die dritte Chacokolonie Neuland. Sie komplettierte das häufig als „Mennonitenstaat" bezeichnete Siedlungsgebiet der Brüdergemeinden im Westen Paraguays.

77

Allerdings beschränkte sich deren Ausbreitung nicht nur auf das beschriebene Gebiet. Im Lauf der Jahrzehnte führten 2 Entwicklungen zur Entstehung weiterer mennonitischer Siedlungen in anderen Teilen Paraguays:
a) Die zweifellos uneingeschränkte Gewährung und Aufrechterhaltung der Sonderrechte durch die verschiedenen paraguayischen Präsidenten zeigte bei heimatsuchenden Glaubensbrüdern Magnetwirkung.
b) Der besonders in den Anfangsjahren harte Überlebenskampf der bestehenden Siedlungen im Chaco ließ einen Teil der Gemeinschaft resignieren und in andere Landesteile ziehen, wo das Klima besser zu ertragen und die landwirtschaftliche Arbeit ertragreicher war.

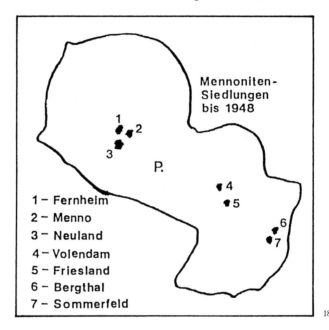

185

Bis 1948 enstanden auf diese Weise insgesamt 7 Siedlungen mit mehreren Dörfern − 3 im Chaco und 4 im Osten Paraguays.[186] Erst Mitte der sechziger Jahre setzte dann wieder ein Zuzug von Mennoniten nach Paraguay ein. Bei diesen bis Mitte der letzten Dekade andauernden Zugängen fallen 2 Dinge auf:
a) Nur noch eine der insgesamt 12 entstandenen Siedlungen erhielt einen deutschen Namen: Reinfeld.[187] Alle anderen tragen spanische.
b) Es handelte sich ausnahmslos um inneramerikanische Migrationen.
   Das heißt, beinahe alle Neuankömmlinge kamen aus den USA, Kanada, Mexiko und Belize. Die Sowjetunion und Deutschland traten als Herkunftsländer nicht mehr in Erscheinung.[188] Bei einigen Kleinsiedlungen nahm sogar die deutsche Sprache nicht mehr die gewohnte Stellung ein.

Die mennonitischen
Siedlungen in
Paraguay heute:

1 = Menno	8 = Reinfeld	15 = Florida
2 = Fernheim	9 = Luz y Esperanza	16 = Nueva Durango
3 = Friesland	10 = Agua Azul	17 = Campo Alto
4 = Neuland	11 = Río Verde	18 = La Montaña
5 = Volendam	12 = Tres Palmas	19 = Manitoba
6 = Sommerfeld	13 = Santa Clara	
7 = Bergthal	14 = Río Corrientes	20 = Asunción[189]

Wie später zu sehen sein wird, lag trotz der flächendeckenden Verteilung mennonitischer Siedlungen der Schwerpunkt bei Größe und Bedeutung auf den bis 1948 gegründeten Kolonien.

Die mennonitische Einwanderung nach Brasilien vollzog sich vorzugsweise im Jahre 1930. Das bereits erwähnte Schicksal der aus der UdSSR nach Deutschland geflüchteten Mennoniten war auch Ausgangspunkt für die Migrationsbewegung Richtung Brasilien, das als größtes Land Südamerikas im Lauf des vergangenen Jahrhunderts die meisten Deutschen aufgenommen hatte.
Über 5.600 Personen gelangten nach ihrer erzwungenen Ausreisegenehmigung von Moskau nach Deutschland.[190] In den Aufnahmelagern Hammerstein, Prenzlau und Moelln angekommen, begannen die deutsche Reichsregierung und die mennonitischen Organisationen mit der Beschaffung zukünf-

tiger Unterbringungsmöglichkeiten für diese Menschen. Der MCC, der später die Bürgschaft für 3 Millionen Reichsmark für die Transportkosten übernahm, trat dabei besonders in den Vordergrund.[191]
Kanada, das zu diesem Zeitpunkt bereits Heimat vieler Mennoniten war, verweigerte die Aufnahme dieser Flüchtlinge. Hierdurch entfiel ein „natürlicher" Zielort, da viele Menschen über Verwandte dort verfügten und dementsprechend gern dorthin weitergewandert wären. Schließlich erklärten sich Paraguay und Brasilien zur Aufnahme bereit. 7 Schiffstransporte gelangten 1930 über Blumenau in das Siedlungsgebiet im Staat Santa Catarina.

Die ersten 3 Einwanderergruppen fanden im Kraueltal, die restlichen auf dem Stolzplateau eine neue Heimat. Die Einwanderung wurde durch eine kleine Zahl von Nachzüglern aus Deutschland und im Jahre 1934 durch einen Transport aus China abgeschlossen. Sie wurden auf die beiden Gebiete aufgeteilt.[193] Ähnlich wie ihre Glaubensbrüder im Nachbarland Paraguay begann nun für die Neuankömmlinge in Santa Catarina die schwierige Phase des Organisations- und Siedlungsaufbaus. Dies alles unter völlig anderen natürlichen und klimatischen Bedingungen als im fernen Rußland. Als Konsequenz daraus kam es schon frühzeitig zu Abwanderungen ganzer Familien, so daß in Brasilien, speziell in den südlichen Bundesstaaten, weitere Mennonitenkolonien mit mehreren Dörfern entstanden.

Parallel dazu setzte eine Landflucht ein. Curitiba, Hauptstadt von Paraná, wurde beispielsweise ein bevorzugtes Ziel von Abwanderern des brasilianischen Ursprungsgebiets um Witmarsum I am Krauel. Auch in São Paulo entstand im Lauf von 30 Jahren eine eigene Gemeinde, nachdem besonders junge weibliche Gemeindemitglieder als Hausmädchen dorthin abgewandert waren. Anläßlich dieser Abwanderungen wurde bereits damals auf die Gefahr für den Zusammenhalt der Gemeinde am Krauel aufmerksam gemacht.[194]

Die Wanderungen der Mennoniten in Brasilien zusammenfassend, kann man feststellen, daß von den Siedlungszentren in Santa Catarina ausgehend eine Zerstreuung über die südlichen Staaten Brasiliens einsetzte. Bei der zahlenmäßigen Schwäche konnte dies logischerweise nicht ohne Auswirkungen auf den Zusammenhalt bleiben. Städtische Gemeinden besaßen in Brasilien einen größeren Stellenwert als dies z. B. im benachbarten Paraguay der Fall war, wo die geschlossenen Landsiedlungen von größerer Bedeutung blieben. Ein weiteres Unterscheidungsmerkmal zu den Mennoniten im südwestlichen Nachbarland war der relativ starke Anteil an portugiesischsprechenden Glaubensbrüdern. Die extra dafür gegründete „Associaçao Evangélica Menonita" (AEM) wurde durch die Missionsarbeit nordamerikanischer Brüder Anfang der fünfziger Jahre ins Leben gerufen.[195] Konsequenz dieser AEM-Arbeit war das stetige Anwachsen der angeschlossenen Gemeinden auf 22. Da der Schwerpunkt dieser Arbeit im Norden Brasiliens anzutreffen war, wurden nun auch dort deren Zentren installiert.

Daraus folgte, im Gegensatz zu Paraguay, daß man beim brasilianischen Mennonitentum nicht von der völligen Dominanz der deutschen Sprache und Abstammung ausgehen durfte. Vielmehr konnte man von einer Art Trennlinie in west-östlicher Richtung ausgehen: südlich dieser Linie in den brasilianischen Südstaaten etablierte sich das Zentrum der deutschsprechenden Mennoniten, nördlich davon fanden sich später die durch Missionsarbeit nordamerikanischer Glaubensbrüder aufgebauten Gemeinden.

Entscheidender Unterschied zu Paraguay blieb jedoch von Beginn an die vergleichsweise kleine Zahl an Mennoniten in Brasilien. Sie ist nicht nur innerhalb der deutschen Volksgruppe des Landes von geringerer Bedeutung, sondern sie nimmt sich auch im direkten absoluten Zahlenvergleich zu den in Paraguay lebenden Mennoniten gering aus. Allerdings setzt sie sich nicht aus so vielen Herkunftsgebieten zusammen, wie man es in dem Nachbarstaat, wo die ethnologische Abstammung gemischter ist, antrifft. Brasilien verfügt somit über eine kleinere, aber homogenere Gruppe von Mennoniten. Die hauptsächlichen Unterschiede in Entwicklung und Zusammensetzung zwischen den Mennoniten in Paraguay und in Brasilien lassen sich wie folgt komprimiert darstellen:

	Brasilien	Paraguay
1.	Die Zuwanderung erfolgte in einem Zeitabschnitt um das Jahr 1930.	Die Zuwanderung erfolgte in drei großen Wellen und weiteren kleinen Schüben.
2.	Rußland als Herkunftsgebiet.	Mehrere Herkunftsgebiete, vor allem Rußland, Kanada und Deutschland.
3.	Relativ und absolut kleine Gruppe.	Bedeutender Anteil an der deutschen Volksgruppe und zahlenmäßig relevant.
4.	Hoher Anteil portugiesisch-sprechender Glaubensbrüder.	Dominanz der deutschen Sprache.
5.	Viele Stadtgemeinden.	Viele Landkolonien.
6.	Ursprungszentren aufgelöst.	Chaco als Zentrum weiterhin von großer Bedeutung.

5.2 Der Aufbau und die Organisation der Mennonitenkolonien — Fallbeispiele Menno und Krauel

Wie bei jeder neuen Niederlassung stand die Parzellierung des erworbenen Landes und der Aufbau von Privat- und Gemeindehäusern am Anfang jeder Koloniegründung. Da man stets finanzielle Belastungen eingegangen war, bedurfte es auch einer schnellen Aussaat, um neben der Versorgung die Kapitalgrundlagen zu sichern. Hier soll eine kurzer Überblick über die Entstehungsjahre für die Kolonie Menno in Paraguay und die Krauelsiedlung in Brasilien exemplarisch für Siedlungsgründungen aufgeführt werden.

a) Die Kolonie Menno

Nach anderthalbjähriger Wartezeit in einem Übergangslager in der Nähe des Hafens von Puerto Casado konnten die 1.744 Mennoniten, welche mit dem ersten Kontingent des Jahres 1927 über die Flüsse Paraná und Paraguay in den Norden Paraguays gelangt waren, in Richtung Chaco weiterziehen. Mitte 1928 waren die Besitzungen unter vielen Menschenopfern erreicht, und so wurden 18 mennonitische Dörfer mit 255 Höfen gegründet.[196] Der Grundstein für die manchmal als „Mennonitenstaat" bezeichneten Kolonien im Chaco war gelegt. Das religiös fundierte Gemeinde- und Gruppenbewußtsein der Menno-Kolonisten äußerte sich u. a. dadurch, daß bei der Aufteilung der Ländereien auf alte Gemeindestrukturen Rücksicht genommen wurde. Gruppen, die sich zusammengehörig fühlten, wurden auch gemeinsam angesiedelt. Im Gegensatz zu anderen deutschen Einwanderern bildeten sich bei den Mennoniten somit sofort Dörfer in den Kolonien. Wenn auch stets genügend Raum zur Erweiterung der Gehöfte eingeplant wurde, zeichnete sich doch schnell der dörfliche Charakter, und zwar in Form der aus Rußland übernommenen Straßendörfer, ab.

Die Kolonisten Mennos standen der Idee eines Zentrums der Kolonie sehr skeptisch gegenüber, da es zur Stadt werden konnte und somit zu einer Zentralisierung führen mußte.[197] Die konsequenterweise daraufhin durchgeführte Verteilung der Gemeindeeinrichtungen über die Dörfer der Kolonie — der Älteste, die Post, die Läden und die Baumwollentkernungsanlage befanden sich z. B. jeweils in anderen Dörfern — führte bald zu organisatorischen Problemen. Trotz erheblicher Kontroversen entschied man sich deshalb schließlich 1937 zum Aufbau des Zentrums Loma Plata[198], das nicht zuletzt auch Standort der wichtigen Gemeinschaftseinrichtungen der Kolonie werden sollte.

In diesem Zusammenhang interessant war die bis in die Gegenwart spürbare Skepsis gegenüber diesem Zentrum. Lebten im Hauptort Fernheims, Filadelfia, im Jahre 1984 53 % der gesamten Koloniebevölkerung, so waren es in Loma Plata lediglich 31 %.[199] Dies erstaunte um so mehr, als die Wechselwirkung, der Lernprozeß und der Erfahrungsaustausch dieser beiden Kolonien untereinander von beiden Seiten hervorgehoben wurde. Dennoch setzte in diesem Punkt eine unterschiedliche Entwicklung ein.

Ähnlich zögerlich setzte sich in Menno das System der Kooperativen durch. War in anderen Kolonien sehr schnell mit dem Aufbau von genossenschaftlichen Strukturen begonnen worden, standen die Menno-Kolonisten dieser Idee eher ablehnend gegenüber. Entscheidender Grund hierfür war die unterschiedliche Finanzlage der Siedler in den Kolonien. Hatten die Bewohner der Kolonie Menno durch den Verkauf ihrer Gehöfte in Kanada oftmals Kapitalreserven anlegen können, waren die Flüchtlinge aus Rußland, also die seit 1930 nach Südamerika gelangenden Glaubensbrüder, finanziell weit weniger abgesichert. Folglich bestand bei ihnen sofort die Notwendigkeit des

gemeinschaftlichen Handelns, während dies in Menno erst Ende der dreißiger Jahre einsetzte.
Nachdem Loma Plata als Koloniezentrum installiert war, begann man in den Folgejahren mit dem Aufbau der genossenschaftlichen Zusammenarbeit. Jahren der Ablehnung gemeinschaftlichen Wirtschaftens folgten nun Jahre, in denen teilweise gemeinsam, teilweise aber auch weiter getrennt gearbeitet wurde.[200] Schließlich gelang es, das gesamte Gemeinwesen mit all den dazugehörenden Zweigen zur Genossenschaft zu erklären und somit den Weg der anderen Mennonitenkolonien Paraguays zu gehen. Hack hebt in seiner Untersuchung die zentrale Bedeutung der Genossenschaften hervor und kommt zu dem Ergebnis, daß deren Aufbau zu einem wichtigen und existenzsichernden Faktor für die Kolonien wurde.[201] Fretz charakterisierte die Kooperative gar als „the most central and important single economic agency in each of the colonies".[202]
Von grundsätzlicher Wichtigkeit war in Menno auch der Erwerb des Landes durch eine Gemeinschaft, was bedeutete, daß kein Verkauf an Außenstehende möglich wurde und die Gemeinschaft in ihrer Abgeschiedenheit abgesichert war. Dieses von Klassen als „persönlich-kommunales Besitzverhältnis"[203] bezeichnete System beinhaltete den Erwerb von Land durch eine Familie und die Übertragung des Besitztitels auf das „Chortitzer Komitee" der Kolonie Menno.[204] Somit mußte die Koloniefführung immer zustimmen, wenn es z. B. um den Verkauf von Grund und Boden ging. Eine Veräußerung sollte fortan prinzipiell nur an Mennoniten erfolgen können.
Noch im Jahr der Ankunft konnten in fast allen Dörfern die Schulen fertiggestellt werden. Sie dienten ebenso als Gotteshäuser, bis man auch dafür eigene Gebäude erstellt hatte. Es wird deutlich, daß unter der weltlichen Leitung des Oberschulzen und der geistlichen Führung des Ältesten umgehend mit der Errichtung der gemeinschaftlichen und gesellschaftlichen Siedlungsstrukturen begonnen wurde. Welche einzelnen Einrichtungen dabei in Angriff genommen wurden, soll Thema eines späteren Kapitels sein.

b) Die Krauelsiedlung
In dieser Mennonitensiedlung im brasilianischen Bundesstaat Santa Catarina ging man noch im Jahr der Ankunft an den Aufbau einer landwirtschaftlichen Genossenschaft. Diese Form war von Rußland bekannt und wurde hier ohne Verzögerungen übernommen. Gleiches galt für die Errichtung der Schulen, von denen es 3 gab. Später, im Jahre 1935, wurde dann noch die Zentralschule in Witmarsum eröffnet. Die Entscheidung, Witmarsum zum Zentrum der Siedlung zu machen, war schnell gefallen und wurde umgehend mit Leben erfüllt: die Kooperative, das Krankenhaus und das Industriewerk wurden dort angesiedelt. Die beiden anderen Dorfanlagen, Waldheim und Gnadental, lagen weiter westlich und beherbergten verschiedene landwirtschaftliche Produktionsstätten wie z. B. eine Ölfabrik zur Stromerzeugung. Insgesamt erstreckte sich dieses Siedlungsgebiet auf einer Länge von 20 km.

Da diese Kolonisten mittellos waren, bestand ein großer Finanzbedarf, der nur durch beträchtliche Hilfe von außen gedeckt werden konnte. Unterstützungen vom MCC in Nordamerika und von holländischen Glaubensbrüdern ermöglichten manche Projekte, die sonst nicht finanzierbar gewesen wären.[205] So war der Siedlung in den Anfangsjahren eine spürbare wirtschaftliche Fortentwicklung geglückt, die sich auch in steigenden Erträgen niederschlug. Gleichzeitig erhöhte sich die Einwohnerzahl von 802 im Jahre 1932 auf 911 im Jahr 1936.[206]

Dennoch: die Kolonie rückte unverkennbar an ihre Grenzen, d. h., gleich mehrere Faktoren bedrohten die Existenz. Es war lediglich eine Frage der Zeit, bis das Siedlungsvorhaben scheitern würde. Hauptgründe dafür waren:

– Viele Bewohner waren in Rußland keine Bauern gewesen und konnten sich nicht an landwirtschaftliche Betätigungsfelder gewöhnen.
– Permanente Abwanderungen, speziell der jüngeren Gemeindemitglieder, führten zur Schwächung der Gemeinschaft.
– Geringe wirtschaftliche Rentabilität wegen Flächenbegrenzung und mangelnder Bodenqualität ließ bald keine größeren Innovationen mehr zu.
– Interne Spannungen, die darauf fußten, daß ein Teil für die Aufgabe der Kolonie, der andere für die Aufrechterhaltung der Siedlung war.

Rund 18 Jahre nach Gründung der Krauelsiedlung kam es schließlich zum Bruch: die Hälfte der Bewohner verließ den Krauel und zog in die Nähe von Bagé in Rio Grande do Sul. In den nachfolgenden Monaten versuchten die Verbliebenen einen Neubeginn am Krauel, der jedoch fehlschlug. Daraufhin entschlossen auch sie sich 1951, Santa Catarina zu verlassen und zogen nach längerer Suche nach Paraná, wo sie eine neue Kolonie gründeten: Witmarsum II.[207]

Die bis dahin relativ geschlossen angesiedelten Mennoniten Brasiliens verteilten sich über das Land und lieferten dadurch selber den Grund für die relative Schwäche der Glaubensgemeinschaft in diesem Land.

5.3 Das Beziehungsgeflecht zwischen den Mennoniten, den anderen deutschen Siedlern und den Einheimischen

Wie angedeutet, spielte das Kriterium der Abgeschiedenheit bei der Auswahl von Siedlungsstätten eine vorrangige Rolle. Daraus folgte, daß es den heimatsuchenden Mennoniten nicht um Integration in bestehende, u. U. auslandsdeutsche, Siedlungsstrukturen, sondern um den Aufbau einer weitgehend abgeschotteten Kolonie ging. Der Wunsch fußte zum einen auf Erfahrungen aus Rußland, respektive der Sowjetunion, wo die Selbstverwaltung von Mennonitensiedlungen seit deren Einwanderung praktiziert worden war, und zum anderen auf Glaubensgrundlagen. Hier war besonders auf die Unwichtigkeit von Staatsbürgerschaften als weltliche Einteilung in den Augen der Mennoniten zu verweisen.

Wie sollte etwa nichtmennonitischen Christen die Praktizierung der „Zwei-Reich-Theologie" nahegebracht werden, ohne den Bestand der Siedlung in gewohnter Form zu gefährden? Konnte eine Gemeinde, die sich diese Theologie zur Grundlage gemacht hatte, nicht wenigstens zum Teil aus Andersgläubigen bestehen?

Da nur Mennoniten dieser Lehre folgten, war es beinahe ausgeschlossen, daß auch andere an diesem Gemeindeleben partizipieren konnten und wollten, es sei denn, sie würden als Zielgruppe einer Missionsarbeit durch die Mennoniten gesehen. Dies trat jedoch erst in späteren Jahrzehnten bei der Aufnahme von Indianern in die Chaco-Kolonien ein.[208]

Der Möglichkeit einer gemischt strukturierten Landsiedlung begegneten die Mennoniten dadurch, daß sie das o. g. „persönlich-kommunale Besitzverhältnis" einführten. Somit war es faktisch nur Mennoniten möglich, dort Land zu erwerben und Bewohner einer solchen Siedlung zu werden. Erschwerend kam hinzu, daß die Mennoniten einer Zuwanderung prinzipiell skeptisch gegenüberstanden, drohte doch dadurch eine Siedlungsgemeinschaft geschwächt zu werden.[209]

Daraus resultierte, daß es in den ersten Jahrzehnten der Anwesenheit deutschstämmiger Mennoniten in Südamerika de facto kaum Beziehungen, geschweige denn ein Beziehungsgeflecht zwischen Mennoniten, deutschen Siedlern und Einheimischen gab. Der Wunsch nach Isolation wurde dabei durch die geographischen und infrastrukturellen Vorgaben noch begünstigt.

In den Anfangsjahren der Siedlungen Paraguays kam es jedoch einmal zu einer quasi erzwungenen, zeitlich begrenzten Integration, als von 1932 bis 1935 der sogenannte Chaco-Krieg zwischen Paraguay und Bolivien herrschte. Die Frontlinie verlief durch mennonitisches Siedlungsgebiet, und die Kolonisten sahen sich somit unfreiwillig großen Militärverbänden in ihrer Region gegenüber. Durch die medizinische Versorgung verletzter Soldaten und das Bereitstellen z. B. dringend benötigter Wasserkontingente für die paraguayische Armee kamen sowohl die im Chaco lebenden Mennoniten als auch die einheimischen Paraguayer erstmals in engeren Kontakt. Die Hilfsbereitschaft der Siedler, die sich an den Kampfhandlungen wegen ihrer Glaubensgrundsätze nicht beteiligen durften, führte später in Militär- und Regierungskreisen zu einem ausgesprochen positiven Urteil über die Neubürger.

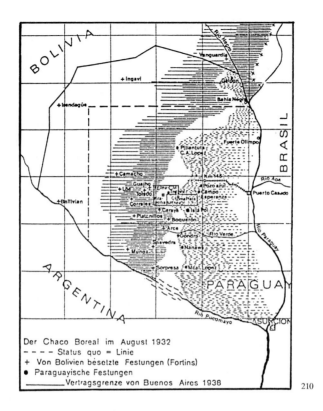

Der Chaco Boreal im August 1932
- - - - Status quo = Linie
+ Von Bolivien besetzte Festungen (Fortins)
• Paraguayische Festungen
———— Vertragsgrenze von Buenos Aires 1938

Weitere Ausnahmen bildeten die Arbeitskontakte mit den Indianern des Chaco, die Verhandlungen mit öffentlichen Stellen über Landzuweisungen und die Geschäftsverbindungen speziell der städtischen Mennoniten mit einheimischen Kunden. Die Öffnung der Kolonien setzte erst später ein und wurde besonders durch den Anschluß des Chaco an das Verkehrsnetz Paraguays forciert.[211]

5.4 Die kulturellen und sozialen Einrichtungen der Siedlungen

In den mennonitischen Kolonien kam den Schulen seit Jahrhunderten eine zentrale Rolle zu. Die Menschen zögerten deshalb auch nicht mit dem Wegzug aus einem Siedlungsgebiet, wenn man ihnen das Recht auf eigene Schulen verwehrte oder streitig machen wollte.

Die Mennoniten entwickelten ein eigenes System, das den Aufbau und den Unterhalt dieser Schulen zum Ziel hatte. Im Gegensatz zu den Vereinsschulen der deutschen Siedler bauten sie Gemeindeschulen auf.[212] Das heißt, sie sahen die Ausbildung ihrer Kinder als gemeinschaftliche Aufgabe an, zu der jeder Bewohner etwas beitragen mußte. Jede Familie, egal, ob mit oder ohne Kinder, hatte zu diesem Zweck einen Obolus zu entrichten. Des weiteren wurde durch Schulgeld für die nötige finanzielle Ausstattung gesorgt.[213]

Neben den Schulen, deren Hauptaufgabe es war, die beibehaltene Kultur, die religiösen Vorstellungen, die übermittelten Traditionen und vor allem die deutsche Sprache zu bewahren, bauten die Kolonien ihre sonstigen gemeinschaftlichen Einrichtungen sehr zügig auf. So installierten sie ein Waisenamt, das beim Tode des Mannes der Witwe und den Waisen zur Seite trat.[214] Diese aus der Sicht der Mennoniten zur Selbstverständlichkeit gewordene Praxis erfüllte sehr wichtige Aufgaben in den Jahren der Koloniegründungen, gab es doch gerade in dieser Zeit viele alleinstehende Frauen, deren Männer während der Reise in den Chaco verstorben waren.[215]

Der Grundsatz der gemeinschaftlichen Hilfe, nach dem niemand von einer Gemeinde allein gelassen werden darf, fand bei einer weiteren Institution ihren Niederschlag, nämlich bei der Feuerversicherung: auf Gegenseitigkeit angelegt, beschränkte sie sich nicht nur auf die Zahlung von Schadensersatz im Fall eines Brandes, sondern sie umfaßte auch Hilfeleistungen durch die anderen Versicherten beim Wiederaufbau nach dem Brand. Die Mitglieder halfen bei der Beseitigung der Schäden, beim Heranschaffen von Ersatzmaterial und schließlich bei den Aufbauarbeiten selbst. So war gewährleistet, daß jedem durch die Versicherung voller Ausgleich zukam.

Über die o. g. wirtschaftlichen Bedürfnisse hinaus deckten die Genossenschaften einen erheblichen Teil des gesellschaftlichen Lebens in den Kolonien ab. Diese Art des genossenschaftlichen Miteinanders, wie das Praktizieren von Bräuchen, Erhalt der Sprache u.v.m., vollzog sich in ähnlich unorganisierter Form wie die überall anzutreffende Nachbarschaftshilfe. Letztere war ebenfalls seit Jahrhunderten unter den Mennoniten üblich und bedurfte keiner weiteren Institutionalisierung.[216]

Mit der Ankunft im Chaco, dem Tod vieler Kolonisten während der Reise und dem Auftreten bisher unbekannter Krankheiten wurde ein weiterer Bereich des gemeinschaftlichen Zusammenwirkens zu einer primären Aufgabe: die Krankenfürsorge. Hatte man sich in Rußland noch mit einer laienhaften Versorgung begnügen können, so wurde dieser Bereich zu einer existentiellen Herausforderung in Südamerika. Die Mitversorgung durch in der Nähe stationierte Militärärzte konnte bei den häufig auftretenden Epidemien und Seuchen nur eine Übergangslösung bleiben. So ging man in den Kolonien daran, Krankenstationen zu bauen und eine Krankenversicherung einzuführen. Widerstände dagegen, beruhend auf der Angst, durch Zuwanderung externer Fachkräfte die Abgeschiedenheit aufzugeben, wurden überwunden und mit dem Aufbau von kolonieeigenen Krankenfürsorgesystemen begonnen.[217]

Die Formen dieser Versicherungen waren durchaus unterschiedlich, so wurde z. B. in Fernheim der anreisende Militärarzt aus einer Gemeinschaftskasse bezahlt, die von jedem Gehöft finanziert wurde. Medikamente waren darin nicht enthalten. Andere Kolonien trugen einen Teil sämtlicher Kosten, während die Familien den Rest übernehmen mußten. Oder es wurden Höchstbeträge als Eigenanteil festgelegt. Alles, was darüber hinaus nötig war, trug die Kasse. Das Defizit wurde später auf die Familien und arbeitenden Gemeindemitglieder umgelegt. Eine weitere Alternative, wie in Fernheim und Volendam geschehen, bestand in einem Anschluß an die staatliche Krankenversicherung Paraguays.[218] Mit der Zeit konnten somit in diesem wichtigen Bereich des Kolonielebens entscheidende Fortschritte erzielt und der Bestand der Siedlungen gesichert werden.

Für die Siedlung am Krauel traf ähnliches zu: ein später eingewanderter Arzt übernahm die Betreuung der Kolonie und konnte bereits kurz darauf den Aufbau einer Krankenstation erwirken. So war die medizinische Versorgung wenigstens notdürftig gesichert. Auch hier konnte ein gemeinschaftliches Krankensystem aufgebaut werden, so daß die Trägerschaft in der Kolonie verblieb.[219]

5.5 Die Mennoniten und das Dritte Reich

Bei der großen Zahl von Büchern, die sich mit den Mennoniten, ihrem Glauben und ihrer Geschichte befassen, fällt sofort ein Umstand auf: das beinahe völlige Fehlen von Literatur für den Zeitraum 1933 bis 1945. Da die Forschung über diese Religionsgemeinschaft fast ausschließlich von Mennoniten betrieben wird, gewinnt diese Tatsache noch an Bedeutung.

Wie in fast allen Bereichen ist es auch hier wegen der großen Unterschiede innerhalb der Gruppen kaum möglich, allgemeingültige Schilderungen anzuführen. Dieses Faktum finden wir bekanntlich bei den deutschen Volksgruppen ebenfalls.

Peter P. Klassen, selber Mennonit, beendete kürzlich diese Art des „literarischen Schweigens und Ignorierens" mit seinem neuesten Werk, das sich mit den Geschehnissen dieser Zeit in der Kolonie Fernheim beschäftigt. Wenige Monate später antwortete Juan Neufeld mit einer eigenen Darstellung darauf, so daß knapp 50 Jahre nach Kriegsende wenigstens 2 Beschreibungen vorliegen. Der lokale Bezug birgt eine Brisanz in sich, da es in dieser Kolonie spürbare Auswirkungen nationalsozialistischer Anknüpfungsversuche gab.[220]

Vor einer näheren Betrachtung der Geschehnisse seien hier die spezifisch mennonitischen Voraussetzungen, die für und gegen die Anfälligkeit dieser Gruppe in bezug auf nationalsozialistisches Gedankengut sprachen, aufgeführt:

Gründe, die für eine Anfälligkeit sprachen	Gründe, die gegen eine Anfälligkeit sprachen
— Die wirtschaftliche Krisensituation der Kolonien: Die Siedler hatten nach Jahren harter Arbeit immer noch kein gesichertes Auskommen. Die natürlichen Gegebenheiten und die finanziellen Belastungen führten oft zu einer negativen Stimmungslage.[221]	— Die Ablehnung von staatlicher Obrigkeit und von Ideologien: Die Lehre der zwei Reiche verbot es diesen Menschen, sich einer weltlichen Macht zu unterstellen, so war die Eidablegung für sie unmöglich. Da eine Ideologie nicht deckungsgleich mit ihrer Lehre sein konnte, war eine solche Sammlung weltlicher Ideen auch abzulehnen.
— Der Antikommunismus: Die Erfahrungen, die die Gläubigen unter der Herrschaft der Kommunisten gemacht hatten, führten zu einer ausgeprägten antikommunistischen Grundhaltung.[222]	— Die Aufrechterhaltung der Privilegien: Mit einem rein deutschen Engagement würde man bewußt die erteilten Sonderrechte gefährden. Für eine Gruppe, die großenteils nicht mehr die deutsche Staatsangehörigkeit besaß und die Rechte als lebensnotwendig ansah, lag Zurückhaltung im ureigensten Interesse.[223]
— Die emotionalen Bindungen zu Deutschland: Deutschland war die Heimat der Vorfahren und hatte trotz großer Probleme nach dem Ersten Weltkrieg bei der Auswanderung nach Südamerika geholfen. Die Opferbereitschaft wurde von den Mennoniten hoch eingeschätzt und stets in Dankbarkeit hervorgehoben.[224]	— Die täuferisch-mennonitischen Traditionen: Ziel der Traditionen war eine selbständige und selbstverwaltete Lebensform in weitgehender Abgeschiedenheit von anderen Einflüssen und Organisationen. Ein Zusammenwirken mit NS-Gruppen hätte jedoch zu einer Öffnung der Kolonien geführt.

Fortsetzung der Auflistung:

Gründe, die für eine Anfälligkeit sprachen	Gründe, die gegen eine Anfälligkeit sprachen
— Das Grundgefühl, dem Deutschtum anzugehören: Der Begriff „Volkszugehörigkeit" spielte in der damaligen Zeit eine wichtige Rolle für die Deutschen — egal ob im In- oder Ausland. Auch den Mennoniten war es wichtig, ihre Zugehörigkeit zum Deutschtum zu bekennen, hatten sie doch über Jahrhunderte hinweg an deutschen Traditionen und vor allem an der deutschen Sprache festgehalten. Aus ihrer grundsätzlichen Einstellung, Teil des Deutschtums außerhalb Deutschlandes zu sein, machten sie daher kein Geheimnis.[225]	— Die Verweltlichung der Kolonien durch Zuzüge anderer: Die aufgestellte Werteordnung, die sich an der Bergpredigt orientieren wollte, wäre durch die Einflüsse rein weltlicher Organisationen und ihnen verbundener Einzelpersonen ins Wanken geraten. Speziell die Bewohner, die noch nicht getauft waren, also noch keine Gemeindemitglieder waren, aber die Stützen der Zukunft darstellten, bildeten ein gefährdetes Anknüpfungspotential der weltlichen Ideen. Es drohte also eine Spaltung.

Für die nationalsozialistische Agitation, die bei den weiter oben beschriebenen Vorhaben mit den Auslandsdeutschen glaubte, in den Mennoniten ein Paradebeispiel für ihre Volkstumspolitik entdeckt zu haben, waren die Voraussetzungen relativ günstig, um auf die jüngere Chaco-Siedlung Fernheim Einfluß zu nehmen. Bei diesem Vorhaben waren weitere Einzelheiten aus Sicht der Nationalsozialisten von entscheidender Bedeutung:

a) Die NSDAP-A.O. verfügte in Paraguay über funktionierende Strukturen, die ihr im Lauf der Zeit in den Bereichen Volksgruppenvertretung und Nachrichtenübermittlung aus Deutschland fast eine Monopolstellung bescherten.[226]

b) Führende Persönlichkeiten der Kolonie Fernheim, an erster Stelle Friedrich Kliewer, waren durch Deutschlandaufenthalte bzw. Kontakte zum Deutschen Reich vom nationalsozialistischen Gedankengut erst angetan und später infiltriert.[227]

c) Die Parteistellen besaßen in Form der gleichgeschalteten Verbände und Vereine in Paraguay und Deutschland sowie in der diplomatischen Vertretung in Asunción Mittel, die Hoffnung großer Teile der Koloniebevölkerung auf Rückkehr ins Reich zu nähren.[228]

d) Die Partei und die Persönlichkeiten in den Kolonien nutzten die Freiräume, die ihnen durch die wohlwollende Haltung der paraguayischen Regierung entstanden, geschickt aus.[229]
e) Die Vertreter der nationalsozialistischen Vorstellungen in der Kolonie bedienten sich einer Schwachstelle des mennonitischen Gemeinwesens, indem sie die Jugend mit attraktiven Angeboten ansprachen und somit Zugang erhielten.[230]

Menno, die Kolonie, die von Einwanderern aus Kanada gegründet worden war, kam als Aktionsfeld nicht in Betracht. Hier waren die Grundvoraussetzungen nicht gegeben, da die Kolonie zwar mühsam, aber stetig eine Verbesserung erreichte und durch konservative Vorstellungen geprägt war, so daß sie weit mehr vor solchen Einflüssen gefeit war als Fernheim. Die täuferisch-mennonitischen Traditionen und die „Zwei-Reich-Lehre" waren in Menno tiefer verwurzelt als in der Nachbarkolonie der Rußlandflüchtlinge. Fernheim erlitt durch die Abwanderung eines Teiles seiner Bevölkerung im Jahre 1937 eine Schwächung, die die Unzufriedenheit der Zurückgebliebenen noch verschärfte.[231]

Die sehr detaillierte Schilderung Klassens eröffnet dem Leser die Komplexität und Vielschichtigkeit der damaligen Auseinandersetzungen in der Kolonie Fernheim. Die Abwanderung des Jahres 1937 war schon ein Höhepunkt der Vorkriegsspannungen dort, die eigentliche Zerreißprobe begann jedoch erst mit dem Jahre 1939. Da kehrte F. Kliewer nach fünfjährigem Deutschlandaufenthalt nach Paraguay zurück und trug den Konflikt als überzeugter Nationalsozialist in die Mennonitengemeinschaft.[232]

Er war in Berlin zu der Überzeugung gelangt, daß der Chaco sich „wirtschaftlich und völkisch nicht mehr lange werde halten können"[233] und daß sich die Fernheimer durch Rückwanderung in die deutsche Volksgemeinschaft eingliedern sollten. Seine Hoffnung, durch die begonnenen Kriegshandlungen des Hitler-Reiches bald auch Siedlungsraum im östlichen Europa zur Verfügung zu haben, trug er ganz offen vor. Dies verfehlte zum einen nicht seine Wirkung bei den Siedlern und eröffnete ihm zum anderen die Chance zur „völkischen Arbeit", so der terminus technicus der damaligen Zeit.[234]

Um die meist ablehnende Haltung der Mennoniten in bezug auf Ideologien wissend, vermied er es in der folgenden Zeit, direkte NSDAP-Agitation zu betreiben. Dies galt für seine Tätigkeiten als Leiter der Zentralschule und als Vorsitzender des „Bundes Deutscher Mennoniten in Paraguay" (BDMP). Er nutzte den Begriff „völkisch", um auch weitergehende Assoziationen bei den Siedlern zu wecken.

Es gründete sich nun der „Deutsch-Mennonitische Jugendbund", der für die jüngeren Koloniebewohner Sportfeste und Tanzveranstaltungen organisierte, was bei dieser Zielgruppe auf ein sehr positives Echo stieß, bestanden doch bis dahin lediglich religiös ausgerichtete Angebote für sie.[235]

1937 schlossen sich die „völkisch-orientierten" Bewohner im BDMP zusammen und traten als Gruppe dem DVP bei. Spätestens durch diesen Schritt, den Beitritt in den gleichgeschalteten, von NSDAP-Mitgliedern geführten Verband, offenbarten sich diese Gemeindemitglieder. Dies führte zu weiteren Spannungen, schließlich bewiesen sie damit, daß sie sich nur als Gäste in Paraguay fühlten und nicht als Landesbewohner.[236]

Parallel einhergehend gewann die Einbürgerungsdiskussion an Schärfe. Der größte Teil der Kolonisten hatte sich nach dem Eintreffen im Chaco nicht naturalisieren lassen, sondern den staatenlosen Status beibehalten. Nun begannen nicht etwa Überlegungen zur Annahme der paraguayischen, sondern der deutschen Staatsbürgerschaft. Aus mennonitischer Sicht berührten solche Vorhaben die Grundfesten der Gemeinschaft, war doch mit der Einbürgerung die Aufgabe der Wehrlosigkeit wegen der in Deutschland herrschenden Wehrpflicht verbunden. Erschwerend kam für die Konservativen hinzu, daß im Fall des Wehrdiensts ein Fahneneid auf den „Führer des Deutschen Reichs und Volkes" abgelegt werden mußte. Der MCC, während all der Jahre auf der Seite der Konservativen, rügte dies in einer seiner zahlreichen Interventionen in Fernheim.[237]

Die Konsequenz dieser neuen Qualität in der Auseinandersetzung war, daß die Spaltung der Gemeinschaft – sie bestand in Fernheim aus 3 Gemeinden[238] – sich derart rapide fortsetzte, daß der „völkische" Teil dazu bereit war, auf diese Grundprinzipien der Mennoniten zu verzichten.

Wie unsicher die Gemeinden darauf reagierten, wird deutlich, wenn man das von Klassen zitierte Protokoll einer Sitzung der „Kommission für Kirchenangelegenheiten" zur Hand nimmt. Hier wird zwar die Wehrlosigkeit als unabdingbar herausgestellt, jedoch auch konzediert, „gegen Personen, die das Prinzip der Wehrlosigkeit fallen lassen, Duldsamkeit zu üben".[239] Hier zeigt sich, daß selbst die religiösen Führer nicht dazu in der Lage waren, den faschistoiden Tendenzen in der Kolonie entschieden entgegenzutreten.

Über Jahre zog sich dieser schwelende Konflikt hin. Mit Kliewers Rückkehr bekam die nazistische Seite eine rhetorisch hervorragende und einsatzfreudige Unterstützung. Er, der u. a. in der Jugendarbeit das Führerprinzip einführte, provozierte offene Auseinandersetzungen zwischen den zerstrittenen Teilen. So führte seine Art der Schulleitung dazu, daß sich einige Eltern zusammentaten und eine eigene Lehranstalt gründeten.[240]

Die latenten Streitigkeiten mündeten im Frühjahr 1944 in eine offene Zerreißprobe für die Kolonie. Diesmal blieb es nicht bei verbalen Disputen, sondern es kam zu Handgreiflichkeiten – ein Novum in der Geschichte mennonitischer Siedlungen.

Auslöser wurde eine Aktualisierung der Statuten von Kooperative und Kolonieverwaltung. Die Konservativen lehnten die darin vorgesehene Machtfülle des Oberschulzen ab, andere standen ihr zumindest skeptisch gegenüber.

Während nun in Asunción nach einer rechtlich einwandfreien Fassung gesucht wurde, gelangte durch die Indiskretion eines Koloniemitglieds eine Kopie dieses noch weitgehend unbekannten Entwurfs nach Fernheim und wurde per Anschlag publik gemacht. Dies wirkte auf allen Seiten wie der sprichwörtliche Tropfen, der das Faß zum Überlaufen brachte. Die Anhänger Kliewers waren über die Art der Geschehnisse derart entsetzt, daß sie die Verantwortlichen zur Rede stellen wollten. Der damalige Oberschulze Legiehn, der als „völkisch-orientiert" auf der Seite Kliewers stand war in Genossenschaftsangelegenheiten in Argentinien und konnte seine von Amts wegen schlichtende Macht nicht einsetzen.

Es wurde auf einer Kolonieversammlung die nochmalige Überarbeitung der Statuten durch eine Revisionskommission beschlossen. Am Ende der Arbeit dieses Gremiums traten der Vorsitzende und die Verwaltung der Kooperative zurück, weil sie keine Vertrauensbasis mehr sahen.[241] Dies ließ die Vorgänge eskalieren, meinten doch die „Völkischen", nun ein Komplott der Konservativen zu erkennen. Sie zogen durch die Siedlung, und es kam zu körperlichen Auseinandersetzungen und Hausbelagerungen. Schließlich gelang es 2 MCC-Ärzten unter Androhung ihrer Abreise – dies hätte verheerende Folgen für das Gesundheitssystem gehabt – einen Waffenstillstand zu erwirken.[242]

2 Tage später kam es auf einer neuerlichen Kolonieversammlung zum Eklat: der Auslöser der Handgreiflichkeiten, der für die rechtswidrige Veröffentlichung der Statuten gesorgt hatte, wurde der Kolonie verwiesen.

Wesentlich energischer setzte sich jedoch die Gemeinschaft mit F. Kliewer auseinander, der öffentlich als der Urheber des Koloniestreits bezichtigt wurde. Die Offenheit der Anklage überraschte sowohl die Versammlung als auch Kliewer selber. Er und der Oberschulze Legiehn traten daraufhin zurück und erklärten sich ihrerseits zum Verlassen der Kolonie bereit. Auch wenn sich der aufgetane Zwiespalt noch später mancherorts zeigte, war mit dieser Zusammenkunft der Bewohner das Ende nationalsozialistischer Einflußnahme auf die mennonitische Kolonie gekommen.[243]

Das relativ harte Durchgreifen der paraguayischen Regierung, die auf Druck der USA und deren Botschaft in Asunción den Krieg erklärte, schreckte die Menschen in Fernheim genauso auf wie die bald gemeldete Kapitulation Hitler-Deutschlands.[244]

Die künstlich genährten Hoffnungen auf Rückkehr nach Deutschland, die für die NS-Machthaber in Deutschland schon seit Jahren kein Thema mehr war, und auf wirtschaftliche Prosperität in der Heimat der Vorfahren wurden somit zerstört. Die Menschen mußten nun konzentriert den Aufbau der Kolonie in die Hand nehmen und hatten sich mit der Lage abzufinden.

Das lange Schweigen über diese Vorgänge – früher verfaßte Berichte über die Geschehnisse wurden unter Verschluß gehalten – mag Zeuge eines sofort einsetzenden Verdrängungsprozesses der Siedler gewesen sein, der erst jetzt eine offene Auseinandersetzung mit der eigenen Geschichte zuließ.

Anmerkungen zu Kapitel 5

162 Vgl. Hack, Hendrik: Die Kolonisation der Mennoniten im paraguayischen Chaco, Amsterdam 1961, S. 14 (zit.: Hack 1961).
Er schildert die Umstände, unter denen die beiden Begründer versuchten, ihre Auffassungen zu verbreiten, und auf welchen Widerstand sie dabei stießen.
163 Vgl. ebenda, S. 16.
Hack erläutert den Hintergrund für die Entscheidung Preußens, den Mennoniten u. a. den Erwerb weiterer Ländereien zu untersagen. Die Rekrutenanzahl war im Preußen dieser Jahre an den Grundbesitz in einem Bezirk gekoppelt, d. h., je mehr Land in diesen Bezirken von Mennoniten besessen wurde, desto weniger Wehrpflichtige entsandte er wegen der Befreiung der Gläubigen vom Militärdienst. Den Verantwortlichen war bewußt, daß das Neuerwerbsverbot für Mennoniten bei deren stark wachsenden Anzahl zu Konsequenzen führen würde.
164 Vgl. Fleischhauer, a. a. O. S. 89—119.
Sie befaßt sich in einem Kapitel eingehend mit der Bedeutung der deutschen Zuwanderung für Rußland, das vor allem im Lauf seiner Süderweiterung auf ausländische Siedler angewiesen war. Dabei kam den Mennoniten eine wichtige Rolle zu.
Vgl. Hildebrandt, Gerhard: Den ersten der Tod, den zweiten die Not, in: Globus, 20. Jg. Nr. 3 1988, S. 3 ff.
165 Vgl. Fleischhauer, a. a. O. S. 113 f.
Gerlach weist nach, daß in den ersten 9 Monaten des Jahres 1788 über 150 Familien mit Richtung Chortitza aus dem Siedlungsgebiet an der Weichselmündung auswanderten, wodurch die Stadt zu einem Zentrum der mennonitischen Besiedlung in Rußland wurde.
Vgl. Gerlach, Horst: Von Westpreußen nach Rußland 1789—1989, in: Westpreußen Jahrbuch, Münster, Nr. 41 1990, S. 103.
Vgl. Hack 1961, a. a. O. S. 16 f.
Vgl. Epp, a. a. O. S. 3 ff.
166 Vgl. Hack 1961, a. a. O. S. 17 ff.
167 Dem Leser mag es auf Anhieb schwerfallen, das Verbot der deutschen Sprache als Auswanderungsgrund zu akzeptieren. Der traditionsbewußte Mennonit verbindet jedoch mit der Sprache bis in die heutige Zeit ein Stück Selbstverständnis und Eigenständigkeit. Die damalige Situation der mennonitischen Gemeinden Kanadas und der daraus erwachsene Entschluß zur neuerlichen Emigration wird von Friesen beschrieben. Die Gewichtung der freien Sprachausübung als Grundvoraussetzung für gemeinschaftliches Leben wird hierbei erläutert.
Vgl. Friesen, Martin W.: Neue Heimat in der Chaco Wildnis, Asunción 1987, S. 15—51 (zit.: Friesen 1987).
Vgl. Wiens, Hans J.: „Daß die Heiden Miterben seien", Filadelfia 1987, S. 25 ff.
168 Vgl. Friesen 1987, a. a. O. S. 52—73.
Vgl. Klassen, Peter P.: Die Mennoniten in Paraguay, Asunción 1988, S. 311 f. (zit.: Klassen 1988).
169 Vgl. Epp, a. a. O. S. 12 f.
170 Vgl. Dietz/Hilkes, a. a. O. S. 3 ff.
Vgl. FAZ vom 21. Juni 1989, 2. April 1990 und 12. September 1990.
Vgl. Rheinische Post vom 22. Februar 1989 und 24. Februar 1989.
Gesprächspartner in Paraguay und Brasilien bestätigten, daß es nur in Paraguay zu 3 Zuzügen aus Osteuropa nach Fernheim gekommen ist. Diese Wanderungsbewegung geht also an Südamerika weitgehend vorbei.
171 In Rußland bzw. in der Sowjetunion fielen die Mennoniten genauso unter diesen Sammelbegriff wie die Baltendeutschen, die Wolhyniendeutschen, die Wolgadeutschen usw. Die

großen Unterschiede zwischen diesen Teilen sind bekannt. Ähnliches gilt im übertragenen Sinne für die Mennoniten, so Altkolonier, Bergthäler usw. Allerdings einte bei ihnen der Glaube stärker als das Deutschtum, also die Nationalität, bei den anderen Rußlanddeutschen für Einheit sorgte.

172 Die Mennoniten verweisen immer darauf, daß diese Werteordnung noch am ehesten aus der Bergpredigt abzuleiten sei.
173 Klassen 1988, a. a. O. S. 349.
174 Bereits 1572 formulierten Mennoniten die „Schleitheimer Konfession", in der Glaubensgrundsätze nach Artikeln geordnet aufgelistet waren. Daneben gab es weitere Dorfrechte. Vgl. Hack 1961, a. a. O. S. 14 f.
175 Es gab auch Streit in anderen Bereichen. Als Extrembeispiel sei hier der Disput über die Zulässigkeit von Klammern und Nadeln an Kleidungsstücken erwähnt.
176 So geschehen u. a. bei den Amischen, die aus schweizerischen Täufern entstanden waren und sich im Lauf des 18.Jahrhunderts in 2 Gruppen spalteten. Die „Old Order Amish" sind noch heute zahlreich in den USA anzutreffen. Sie lehnen fast ausschließlich das KFZ ab. Ihre traditionell konservative Grundeinstellung verbot es auch lange, elektrischen Strom u. ä. zu nutzen.
177 In Uruguay stellen sie heute rund 50 % der Volksgruppe. Die 4.000 Personen haben sich vor allem in der Hauptstadt Montevideo und im Südwesten des Landes niedergelassen.
178 Vgl. Friesen 1987, a. a. O. S. 34—46.
179 Die Sprache und die Unabhängigkeit spielten bei der Entscheidung über die Abwanderung eine wichtige Rolle. Gleiches galt bei der Suche nach einem neuen Gastland. Delegationsbesuche in mehreren Staaten Südamerikas sollten prüfen, ob es nicht nur Versprechungen, sondern auch gute Voraussetzungen für eine gesicherte Zukunft der Glaubensbrüder gab. Paraguay kam erst ins Spiel, nachdem mehrere Staaten nicht den Vorstellungen der in Kanada ansässigen Mennoniten entsprochen hatten. Im Binnenstaat fanden sie dann „gute Aussichten auf einen Freibrief". Friesen 1987, a. a. O. S. 46.
Vgl. Klassen 1988, a. a. O. S. 30 ff.
180 Vgl. Verwaltung der Kolonie Menno (Hrsg.): Mennonitische Kolonisation im paraguayischen Chaco unter dem Gesetz Nr. 514, Loma Plata 1984.
Hier finden sich neben dem Gesetzestext die Beiträge einiger Parlamentarier und Pressestimmen dieser Jahre.
181 Diese Company war eigens zu diesem Zweck auf kanadischer Seite gegründet worden. Sie kaufte den Ausreisewilligen ihr gesamtes Land und einen großen Teil der beweglichen Habe ab. Der Erlös wurde mit dem organisierten Landerwerb im Chaco verrechnet. Die Gesellschaft machte im Verlauf von mehreren Zu- und Abwanderungswellen dieser Jahre erhebliche Gewinne auf Kosten der Mennoniten. So verkaufte die erste Gruppe von Mennoniten in Kanada knapp 44.000 acres (das entspricht mehr als 178 km^2) für 900.000 US-$ und erhielt dafür knapp 138.000 acres (mehr als 558 km^2), die 690.000 US-$ gekostet haben.
Vgl. Klassen 1988, a. a. O. S. 70 f.
182 Klassen beschreibt die Umsiedlung ausgiebig und nennt für das Jahr 1927 insgesamt 1.744 mennonitische Einwanderer, die sich in 277 Familien und 6 Gruppen aufteilten. Sie kamen aus Kanada und erlitten hohe Verluste durch Epidemien in provisorischen Unterkünften. Dort blieben sie, bis im Juni 1928 die Landvermessung im Chaco beendet und ihre neue Heimat beziehbar war.
183 Vgl. Klassen, Peter P.: Die deutsch-völkische Zeit in der Kolonie Fernheim, Chaco, Paraguay 1933—1945, Asunción/Filadelfia 1990, S. 22 f. (zit.: Klassen 1990).
184 Es handelte sich um eine flächen- und personenbezogen kleinere Siedlung als Menno.
185 Eigene Karte.
186 In der Hauptstadt Asunción gab es seit Beginn mennonitischer Einwanderung Glaubensbrüder. Sie werden aber nicht aufgeführt, da dort keine Koloniegründung im erwähnten Sinn erfolgte.
187 Hier handelt es sich, ähnlich wie im Fall Frieslands, um Auswanderer alter Kolonien. Die Begründer Reinfelds kamen aus Bergthal und Sommerfeld. Hier liegt denn auch die Begründung für den deutschen Namen.

188 In den Siedlungen Luz y Esperanza, Agua Azul, Río Corrientes, Florida und La Montaña handelt es sich um englischsprachige Mennoniten aus den USA, die jedoch deutscher Abstammung sind. Wegen ihrer Missionsarbeit erlernen sie die spanische Sprache und nutzen sie auch im täglichen Leben.
Vgl. Ratzlaff, Gerhard: Die deutschen Volksgruppen in Paraguay, in: Deutsches Jahrbuch für Paraguay 1989. Hrsg. v. Gerhard Ratzlaff, Asunción 1989, S. 13 (zit.: Ratzlaff 1989).
189 Verwaltung der Kol. Friesland (Hrsg.): Auf den Spuren der Väter, Filadelfia 1987, S. 240 (zit.:Kol. Friesland)
190 Vgl. Pauls, Peter sen.: Vergiß es nicht, in: Mennoniten in Brasilien. Hrsg. v. Peter Pauls jr., Witmarsum 1980, S. 22f.
Von ihnen waren rund 3.900 Mennoniten, 1.250 Lutheraner, 470 Katholiken sowie Baptisten und Adventisten. Zwischen 8.000 und 10.000 Menschen durften die UdSSR nicht verlassen und wurden entweder in ihre Heimatdörfer geschickt oder gar deportiert. Aus dem Personenkreis speisten sich spätere Emigrantengruppen.
191 Vgl. Pauls, Peter jr.: Das neue Heimatland, in: Mennoniten in Brasilien. Hrsg. v. Peter Pauls jr., Witmarsum 1980, S. 36.
192 Eigene Karte nach Informationen aus verschiedenen Quellen.
Vgl. auch Pauls, Peter jr. (Hrsg.): Mennoniten in Brasilien, Witmarsum 1980, S. 33 (zit.: Pauls Hrsg.).
Hier finden sich Karten der Siedlungen am Krauel und auf dem Stolzplateau.
193 Vgl. Loewen jr., a.a.O. S. 25.
194 Vgl. „Die Brücke", Nr. 6 1933, in: Loewen, Heinrich sen.: Wirtschaftliche Einrichtungen, in: Mennoniten in Brasilien. Hrsg. v. Peter Pauls jr., Witmarsum 1980, S. 51.
195 Vgl. Pauls, Hans Werner: Associaçao Evangélica Menonita, in: Mennoniten in Brasilien. Hrsg. v. Peter Pauls jr., Witmarsum 1980, S. 92.
Die vom „Mennonite Bord of Missions" entsandten Missionare stammten aus Nordamerika und betreuten portugiesischsprechende Gemeinden. Diese schlossen sich 1957 zur AEM zusammen.
196 Die Vermessung der „Corporación Paraguaya" hatte so lange gedauert, daß 335 Personen während der Wartezeit das Land Richtung Kanada wieder verließen.
Die Grenzstadt Puerto Casado am Río Paraguay ist heute durch eine Eisenbahnlinie mit den Mennonitensiedlungen im Chaco verbunden und wird häufig für Reisen und Transporte genutzt. Der erworbene Landbesitz lag inmitten des 5 Millionen Hektar umfassenden Eigentums der Firma Casado, die später auch Flächen an die Kolonisten Fernheims und Neulands verkaufte.
Vgl. Hoyer, a.a.O. S. 115 ff.
Vgl. Klassen 1988, a.a.O. S. 71 ff.
197 Ganz im Gegensatz zu den Fernheimern, die innerhalb eines Jahres ihr Zentrum Filadelfia, dies bedeutet Bruderliebe, aufbauten und den Hauptort mit den wichtigen Einrichtungen für wirtschaftliche und gemeinschaftliche Zwecke versahen.
Vgl. Hack 1961, a.a.O. S. 47 ff.
Vgl. Fretz, Joseph Winfield: Pilgrims in Paraguay, Scottdale 1953, S. 23 ff. (zit.: Fretz 1953).
Zur Entwicklung der anderen Kolonien in diesem Zusammenhang:
Vgl. Hoyer, a.a.O. S. 123 ff.
198 Dieser Name setzte sich erst in den fünfziger Jahren durch. Vorher hieß der Ort Sommerfeld, wodurch der dörfliche Charakter betont werden sollte.
199 Vgl. Klassen 1988, a.a.O. S. 211
200 Es kam z. B. dazu, daß sich Teile der Kolonie zur Errichtung einer eigenen Genossenschaft entschieden, um nicht in einer gesamtkolonialen Kooperative aufzugehen. So geschehen in den Dörfern Bergthal, Waldheim und Laubenheim.
Vgl. ebenda, S. 171.
201 Vgl. Hack 1961, a.a.O. S. 91–138.
202 Fretz 1953, a.a.O. S. 153.
203 Klassen 1988, a.a.O. S. 199.

204 Das Komitee, das die Führung der Kolonie vereinte, war aus dem Fürsorgekomitee hervorgegangen, unter dessen Leitung die Übersiedlung von Kanada nach Paraguay organisiert worden war.
205 So eine Stärkefabrik, die mit Hilfe holländischer Brüder erstellt werden konnte.
206 Vgl. Loewen sen., a.a.O. S. 48 und S. 56.
207 Auch die Siedler des Stolzplateaus gaben auf und zogen in die Nähe Curitibas. Somit wurde nach 20 Jahren das erste Siedlungsgebiet der Mennoniten in Brasilien aufgegeben.
208 Zum Verhältnis der Mennoniten zu den Indianern s. 8.4.
209 Pauls sen. führte das Ende der in Krauel verbliebenen Mennonitengemeinde u. a. auf eintreffende „artfremde Zuwanderer" zurück. Die dadurch zerstörte Geschlossenheit habe das Ende beschleunigt.
Pauls, Peter sen.: Der Krauel, in: Mennoniten in Brasilien. Hrsg. v. Peter Pauls jr., Witmarsum 1980, S. 64.
210 Karte von Peter P. Klassen, in: Deutsches Jahrbuch für Paraguay 1990. Hrsg.v. Gerhard Ratzlaff, Asunción 1990, S. 41.
Vgl. ebenda, S. 30—44 zum Verlauf des Krieges.
211 Die Ruta Trans Chaco wurde etappenweise fertiggestellt. Sie war wetterfest und verband fortan die Kolonien mit der Hauptstadt Asunción.
212 Die Vereinsschulen wurden durch Vereine getragen, die durch Mitgliedsbeiträge, Spenden und durch Erträge aus Eigenproduktion in der Lage waren, Schulen zu unterhalten.
Vgl. Hoyer, a. a. O. S. 75 ff.
213 Hoyer gibt das Verhältnis von Zwangsabgabe und Schulgeld mit etwa einem Drittel zu zwei Drittel am Gesamtbetrag an.
Vgl. ebenda, S. 81.
214 Eine Witwe bestellte sich nach den Regeln dieses Amts, das im übrigen auch die Teilungsordnung verfügte, 2 sogenannte „Gutsmänner", die ihr mit Rat und Tat zur Seite stehen mußten, um die Existenz des Gemeindemitglieds zu sichern.
Vgl. Hack 1961, a.a.O. S. 152 f.
215 Das Amt büßte im Lauf der Zeit viel seiner ursprünglichen Bedeutung ein, da sich die Lebensverhältnisse besserten und sich gleichzeitig günstigere Kreditmöglichkeiten ergaben. Somit war eine Absicherung leichter zu realisieren.
Vgl. Klassen 1988, a.a.O. S. 290.
216 Vgl. Hack 1961, a.a.O. S. 154 f.
Vgl. Klassen 1988, a.a.O. S. 296 f.
Vgl. Fretz 1953, a.a.O. S. 101—119.
217 Im Jahre 1933 erkrankten z. B. 1.490 der 1.916 Kolonisten Fernheims an Malaria. Diese Krankheit war aus Rußland, genau wie die zahlreichen Schlangenbisse, nicht bekannt. Die angeführten Befürchtungen, speziell in Menno, konnten durch solche Fakten aus dem Weg geräumt werden, so daß nach einiger Zeit auch die Kritiker die Neuerung als notwendig ansahen und den „Einbruch der modernen Welt in die geschlossene Kolonie" akzeptierten.
Klassen 1988, a.a.O. S. 292.
Vgl. Fretz 1953, a.a.O. S. 120 ff.
218 Beispiele für verschiedene Arten von Krankenversicherungen:
Vgl. Hack 1961, a.a.O. S. 148 ff.
Vgl. Fretz 1953, a.a.O. S. 120 ff.
Vgl. Klassen 1988, a.a.O. S. 295
219 Vgl. Pauls, Peter jr.: Gesundheitswesen, in: Mennoniten in Brasilien. Hrsg. v. Peter Pauls jr., Witmarsum 1980, S. 161 f.
220 Vgl. Klassen 1990, a.a.O.
Vgl. Neufeld, Juan: Die Affäre Dr. Fritz Kliewer in Fernheim, Asunción 1991.
221 Viele Siedler waren in Rußland Weizenbauern gewesen und konnten sich nur schwer umstellen, was die Stimmung dieser Menschen weiter beeinträchtigte.
222 Vgl. Klassen 1990, a.a.O. S. 27 und S. 48.
Hier wird aus einer Sympathieadresse an die Reichsregierung unter Hitler zitiert, wodurch die Ablehnung des Kommunismus hervortritt. Des weiteren zitiert Klassen aus einem Brief,

der in Deutschland veröffentlicht wurde und aus Fernheim stammte: „Heil Hitler! So rufen auch wir, denn durch ihn hat Gott Deutschland vom Kommunismus gerettet." Lehrer Klassen in einem Brief, der am 18. August 1934 im „Völkischen Beobachter" erschien, in: Klassen 1990, a.a.O. S. 33.

223 Durch indifferente Einstellungen der paraguayischen Regierung gegenüber den Geschehnissen in Fernheim erhielten Personen, die mit dem Nationalsozialismus offen sympathisierten, Freiräume. Die Regierung machte auch in den Folgejahren kein Geheimnis aus ihrer pro-deutschen Einstellung und ließ NS-Organisationen, wenn auch später unter anderem Namen, weiter agieren. „Las organizaciones nazis cambiaron de nombre . . . y continuaron actuando con plena libertad". Zitat Carlos Borche, in: Seiferheld 1986, a.a.O. S. 224.
224 Vgl. Loewen jr., a.a.O. S. 23 ff.
225 Vgl. Klassen 1990, a.a.O. S. 23 ff.
Vgl. Bussmann, a.a.O. S. 101.
Bussmann schildert dieses Phänomen auch für die deutschen Protestanten in Paraguay.
226 Seiferheld beschreibt Propagandaerfolge der NS-Organisationen in Paraguay eingehend. Vgl. Seiferheld 1986, a.a.O. S. 133 ff. und S. 149 ff.
Vgl. Kliewer, a.a.O. S. 118 ff.
227 Vgl. Klassen 1990, a.a.O. S. 29 ff.
Vgl. Neufeld, a.a.O. S. 9.
Neufeld schreibt, Kliewer sei der erste gewesen, der die NS-Vorstellungen offen in der Kolonie vertreten habe.
228 Vgl. Klassen 1990, a.a.O. S. 37 f.
Vgl. Neufeld, a.a.O. S. 12.
Die Verbände u. ä. standen unter NS-Leitung bzw. NS-Einfluß. Die A.O. erhielt diese Verbindungen so lange aufrecht, wie es der Staat zuließ.
Vgl. Seiferheld 1986, a.a.O. S. 51 ff.
229 Vgl. Klassen 1990, a.a.O. S. 25 und S. 125 f.
230 Vgl. ebenda, S. 31 ff. und S. 88 ff.
Seit 1934 erschien eine Beilage zum „Menno-Blatt", die sich an die Jugend der Kolonie richtete. Die „Kämpfende Jugend" geriet dabei im Lauf der Jahre zusehends in das Fahrwasser nationalsozialistischen Gedankenguts.
Vgl. Ausgaben „Kämpfende Jugend" der Jahrgänge 1935 und 1936 im Archiv der „Mennonitischen Forschungsstelle".
231 Im September 1937 verließen 748 Kolonisten Fernheim und zogen nach Osten, wo sie die Tochterkolonie Friesland gründeten. In Fernheim ging daraufhin die Bevölkerungszahl von 2.147 (1937) auf 1.330 (1938) zurück, was einem Rückgang von 38 % entsprach. Neben der schlechten wirtschaftlichen Situation spielte auch die Kooperative eine Rolle bei dem Entschluß. Diejenigen, die für mehr Privathandel eintraten, stellten einen Großteil der Abwanderer, weil sie mit dem gemeinschaftlichen Wirtschaften nicht einverstanden waren.
Vgl. Klassen 1990, a.a.O. S. 105 f.
Vgl. Fretz 1953, a.a.O. S. 28 ff.
Vgl. Kol. Friesland, a.a.O., S. 79 ff.
232 Kliewer hatte mittlerweile seine Promotion zum Dr. phil. abgeschlossen. Diese blieb, trotz ihrer politischen Ausrichtung, wegen der Fakten eine wichtige Sekundärquelle über das Deutschtum in Paraguay.
Vgl. Neufeld, a.a.O. S. 13.
233 Klassen 1990, a.a.O. S. 56.
234 Vgl. ebenda, S. 52 ff.
235 Der Aufbau und die Arbeit des Bundes erinnerten stark an dessen Vorbilder in Deutschland.
Vgl. ebenda, S. 32 ff. und S. 189 ff.
Vgl. Neufeld, a.a.O. S. 10 f.
236 Der BDMP wurde am 20. Februar 1937 gegründet und hatte 208 Mitglieder. Vorsitzender war Lehrer Legiehn.
Vgl. Klassen 1990, a.a.O. S. 39 ff.

237 Die in Akron/Pennsylvania beheimatete MCC-Zentrale war ständig über die Vorgänge in Fernheim unterrichtet und gab Stellungnahmen zu einzelnen Geschehnissen ab. Später entsandte sie einen Vertreter, der für die Konservativen Partei ergriff.
  Vgl. ebenda, S. 40f. und S. 106 ff.
238 Es waren die „Mennonitische Brudergemeinde", die „Mennonitengemeinde" und die „Evangelisch Mennonitische Bruderschaft". Während erstere gespalten war, bezogen die zweite auf der völkischen und die dritte auf der konservativen Seite eindeutig Position in den Auseinandersetzungen.
239 Klassen 1990, a.a.O. S. 40.
240 Vgl. ebenda, S. 58 ff.
241 Die Sitzung fand am 11. März 1944 in „überspannter und gereizter Stimmung" (ebenda, S. 111) statt.
  Vgl. auch Neufeld, a.a.O. S. 16 ff.
242 Eine Abreise wäre bei der schlechten medizinischen Versorgung der Kolonie katastrophal gewesen. Beide Ärzte konnten sich daher gewiß sein, daß das Gros der Siedler hinter ihnen stand.
243 Die einzige mennonitische Siedlung, in der die Einflußnahme der Nationalsozialisten gewisse Erfolge aufzuweisen hatte, ging somit den NS-Aktivisten verloren. Legiehn, auch bei Neufeld als ein klarer Unterstützer Kliewers hervorgehoben, verließ wie Kliewer die Kolonie.
  Vgl. Neufeld, a.a.O. S. 13 f.
244 Vgl. Klassen 1990, a.a.O. S. 125 f.
  Vgl. Seiferheld 1986, a.a.O. S. 203 ff.

6. Der Neubeginn

Nach den einschneidenden Maßnahmen, die von den Regierungen im hier untersuchten Dreiländerbereich gegen Ende des Zweiten Weltkrieges ergriffen wurden, sahen sich die Deutschstämmigen mit 2 weiteren Problemkomplexen konfrontiert:
a) Wie würde sich die im Lauf der vorangegangenen 12 Jahre vollzogene Teilung der Volksgruppen in Hitler-Gegner und Hitler-Anhänger in Zukunft bemerkbar machen?
Räumliche Distanz, große Abstammungsunterschiede, Unterschiedlichkeiten im Glauben und verschiedene Integrationsstadien der deutschstämmigen Bevölkerungsteile traten nach dem Wegfall von Strukturen eines organisierten Volksgruppenlebens jetzt noch stärker hervor. Daraus resultierte für viele eine doppelte Verunsicherung, die sich zum einen auf die Deutschen vor Ort und zum anderen auf die alte Heimat, aus der nun die unfaßbaren Geschehnisse während der Hitler-Diktatur bekannt wurden, bezog.
b) Mit der Kapitulation Deutschlands im Mai 1945 endete für mehr als 4 Jahre die Staatlichkeit auf dem Gebiet des ehemaligen Deutschen Reichs. Deutschland fiel so in einer Zeit der notwendigen Neuorientierung der Deutschstämmigen und der Neuausrichtung zukünftiger Volksgruppenarbeit im Untersuchungsgebiet als Orientierungshilfe und -stütze weg.

In dieser Zeit sahen sich die Deutschen somit einer Situation ausgesetzt, die jener vor den großen Einwanderungswellen sehr ähnelte: vereinzelten privaten und auf Religionsgruppen bezogenen Hilfen stand das – diesmal erzwungene – staatliche Desinteresse Deutschlands gegenüber.

Nachdem sich erstmals die Weimarer Republik verstärkt auf dem Gebiet des Auslandsdeutschtums eingesetzt hatte und die Nationalsozialisten anschließend versucht hatten, die Volksgruppenorganisation für ihre Ziele zu instrumentalisieren (Stichwort: Ideologieexport), folgte nun zwangsweise eine Periode völliger Abstinenz staatlicher Beihilfen seitens Deutschlands.

Das Vakuum auf der Ebene der Volksgruppen wurde damit durch ein Vakuum auf staatlicher deutscher Seite ergänzt.

All dies hatte zur Folge, daß sich das Umfeld der Deutschen im Untersuchungsgebiet erheblich veränderte und sich die Rahmenbedingungen deutlich verschoben. Der Zunahme innerstaatlichen Assimilierungsdrucks stand in den folgenden Jahren nicht einmal ein psychisch-emotionaler Rückhalt aus der alten Heimat gegenüber.

In der ersten Nachkriegsdekade kam es zum letzten Mal zum Zuzug neuer großer Gruppen deutscher Emigranten. Bei dem geschilderten Stimmungsgefüge trafen sie auf deutschsprachige Bevölkerungsteile, die sich im Umbruch befanden und eine existentiell wichtige Orientierungsphase durchlebten.

6.1 Die letzte größere Zuwanderung

Der Krieg in Europa war noch nicht beendet, da wurde für einen großen Teil der Deutschen im In- und Ausland das Verlassen der damaligen Heimat zu einer lebensrettenden Notwendigkeit. Inland wurde plötzlich de facto Ausland: die einer erzwungenen Völkerwanderung gleichkommende Flucht und Vertreibung mehrerer Millionen Deutscher aus den östlich der Oder und Neiße gelegenen Reichsgebieten setzten ein. Ebenso spülte die Flucht aus dem von den Nationalsozialisten künstlich angelegten sogenannten „Lebensraum im Osten", dem „Reichsgau Wartheland", weitere Massen Heimatvertriebener in die west- und mitteldeutschen Länder.[245]

Last, but not least wurde das europäische Auslandsdeutschtum vom Vorrücken der Roten Armee und von der Niederlage des Deutschen Reiches hart getroffen. Vormals zahlenmäßig bedeutende Volksgruppen in Südosteuropa waren in ihrem Bestand bedroht oder verschwanden, wie im Fall Jugoslawiens, von der Landkarte.[246]

Daß die Entwicklung in Europa und speziell in Deutschland nicht ohne Auswirkungen auf das überseeische Deutschtum blieb, lag auf der Hand. Noch heute existente Kolonien in den südamerikanischen Ländern legen offensichtliches Zeugnis der geographischen Abstammung ihrer nach dem Zweiten Weltkrieg eingewanderten Bewohner ab. Die Situation im Nachkriegsdeutschland war für die Flüchtlinge verheerend: Unterkünfte und Verpflegung waren nicht einmal für Ortsansässige in ausreichendem Maße vorhanden, geschweige denn für die eintreffenden Heimatlosen, deren persönliche Probleme noch weit über die alltäglichen Beschwernisse hinausgingen. Schließlich handelte es sich zum einen um Menschen aus dem deutschen Osten, mithin einem alten Teil des Deutschen Reiches, zum anderen um Flüchtlinge aus dem erst 1938 angeschlossenen Sudetenland sowie um Opfer der NS-Umsiedlungspolitik aus dem „Warthegau" und schließlich um Menschen verschiedener deutscher Volksgruppen Osteuropas, die seit Generationen nicht mehr im geschlossenen deutschen Sprach- und Siedlungsraum gelebt hatten. Gerade in den beiden letztgenannten Gruppen entschieden sich viele zur Auswanderung nach Übersee und zum Anschluß an eine andere auslandsdeutsche Volksgruppe bei bewußter Bewahrung eigener Traditionen.

Wie häufig beim Auslandsdeutschtum zu beobachten, hatte im Lauf der Jahre eine ungleiche Entwicklung unter den Deutschen in und außerhalb Deutschlands eingesetzt, so daß gerade Volksdeutschen aus dem Osten die Integration schwerfiel. Bei den katastrophalen wirtschaftlichen Lebensbedingungen im daniederliegenden Deutschland kamen diese persönlichen Erfahrungen noch hinzu. Wenn man sich vor Augen führt, daß der Großteil der Bewohner des „Warthegaus" selber Volksdeutsche waren, so kann man sagen, daß diese Gruppe einen erheblichen Teil der deutschen Nachkriegsemigranten stellte.

Bei dem damals allerorts vorherrschenden Chaos wurde verständlicherweise nur wenig Wert auf die Registrierung von Wanderungsbewegungen gelegt. Die heute vorliegenden Zahlen für die ersten Nachkriegsjahre sind daher häufig Schätzungen bzw. Erhebungen, die sich auf frühere Volkszählungen und Aufstellungen beziehen.[247] Wenn man sich jedoch nur die Zahlen aus dem Jahr 1954 betrachtet, so fällt auf, daß noch 9 Jahre nach Kriegsende rund ein Drittel der Emigranten Vertriebene und Flüchtlinge waren.[248] Viele dieser Menschen kamen erst mit der letzten Vertreibungswelle 1947/48 ins westliche Deutschland und wanderten dann aus. So wird es erklärlich, daß erst 1950 größere Kontingente zu Buche schlugen.

Interessant für den Untersuchungsgegenstand der Arbeit ist dabei der mit 75% sehr hohe Anteil an Amerika-Auswanderern. Schließlich gelangten neben den USA und vor allem Kanada die meisten deutschen Emigranten nach Brasilien und Argentinien.[249] Somit wurde auch für die letzte größere Welle deutscher Einwanderer das Gebiet am La Plata und Paraná zum Ziel. Gleichzeitig bestand, wie schon seit Jahrzehnten, wieder ein direkter Zusammenhang zwischen den Lebensverhältnissen in und um Deutschland und der Auswanderung. Diese Menschen verstärkten nicht nur ein weiteres Mal die Volksgruppen Südamerikas, sondern sie komplettierten deren landsmannschaftliche Zusammensetzung.

Obwohl die Zahlen für die Nachkriegsemigration aus Deutschland nach Südamerika bei weitem nicht an die vergangener Jahrzehnte reichte, konnte man von der letzten Welle deutscher Einwanderer sprechen, da seither die Zahlen deutlich zurückgingen.

Bei aller gebotenen Vorsicht in bezug auf das vorhandene Material ergaben sich Anfang der fünfziger Jahre, unter Hinzuziehung der Flüchtlingszahlen von 1933 bis 1945 und ohne inneramerikanische Wanderungsbewegung, folgende Volksgruppenstärken für die 5 Länder Brasilien (1), Argentinien (2), Paraguay (3), Chile (4) und Uruguay (5):

	Volksgruppe 1933[250]	Flüchtlinge 1933–45[251]	Rückwanderer 2% b.1950[252]	Einwanderer bis 1950[253]	insgesamt 1950
1.	800.000	ca. 25.000	ca. 500	23.500	< 850.000
2.	236.755	ca. 45.000	ca. 900	5.861	> 286.000
3.	< 30.000	ca. 12.000	ca. 240	< 1.000	< 43.000
4.	16.000	ca. 800	ca. 20	14.800	> 31.000
5.	6.000	ca. 7.000	ca. 140	1.200	> 14.000
Sa.	1.088.000	ca. 89.800	ca. 1.800	46.000	≈ 1.225.000

Die hier aufgeführten Zahlen können nur einen ungefähren Eindruck der Entwicklung wiedergeben. Wichtiger als die Genauigkeit ist die Einordnung der aufgeführten Bewegungen.

Nicht Brasilien oder Argentinien hatte seit 1933 den größten relativen Zuwachs zu verzeichnen, sondern Paraguay, das bis 1954 beinahe eine Verdoppelung seiner Volksgruppe erlebte. Das Binnenland konnte wegen seiner geringen Flüchtlingszahl – nur Peru und Venezuela nahmen zwischen 1933 und 1945 in Südamerika weniger deutsche Asylanten auf – kaum durch die Rückwanderung getroffen werden. Entscheidend war jedoch die Anwesenheit der Mennoniten im Land. Die Erfolge bei der Kolonisation und ihre internationalen Verbindungen ermöglichten die rasche Übersiedlung weiterer Glaubensbrüder nach Südamerika. Sie waren die ersten, die den Weg dorthin fanden, und sie stellten für den Zeitraum nach 1945 die stärkste Gruppe. Uruguay und Brasilien profitierten Anfang der fünfziger Jahre ebenfalls von der Zuwanderung der Täufer, während Argentinien eine große Zahl Donauschwaben aufnahm.

Somit wird klar, daß das Gros der deutschen Nachkriegsimmigranten Südamerikas nicht Reichsdeutsche, sondern Volksdeutsche waren. Nicht der deutsche Paß, sondern die deutsche Sprache und die deutschen Traditionen und Bräuche traten als Zuordnungskriterien nun noch eindeutiger in den Vordergrund.

Parallel dazu nahm der Anteil der Paßdeutschen in den Einwanderungsländern stetig dadurch ab, daß viele die Staatsangehörigkeit des jeweiligen südamerikanischen Landes annahmen bzw. durch Geburt erlangten.

Nach der großen Zäsur 1945 spielte die deutsche Staatsangehörigkeit also naturgemäß eine untergeordnete Rolle. Demgegenüber gewann der Begriff Nationalität stark an Bedeutung. Dies hatte, wie zu zeigen sein wird, natürlich Auswirkungen auf die Volksgruppenarbeit.

Als Konsequenz dieser Entwicklung soll im weiteren Verlauf dieser Arbeit der Begriff „DEUTSCH" gleichbedeutend mit „deutschsprachig" bzw. „deutschstämmig" verwendet werden, um der fortan veränderten Situation Rechnung tragen zu können.

Schließlich sei noch auf den relativ geringen Zuwachs im Zeitraum von 1933 bis 1950 im Vergleich zu den davorliegenden Jahren 1917 bis 1933 verwiesen. Dies gilt sowohl im prozentualen wie im absoluten Verhältnis. Während sich die Zahl der Deutschstämmigen in Südamerika vor 1933 weit mehr als verdoppelt hatte, nahm sich der Zuwachs der Jahre 1933 bis 1950 mit rund 11,5 % eher klein aus.[254] Die Auswanderung aus Deutschland hatte bereits genau wie die südamerikanische Einwanderung ihren Zenit überschritten.

6.2 Die versuchte Überwindung einer Spaltung

An dieser Stelle bietet es sich an, kurz die Ausgangslage der Deutschen Südamerikas nach 1945 zu überdenken: In großer geographischer Entfernung von Deutschland lebten mehr oder minder starke Gruppen von Deutschen, die sich zu einem Teil Südamerika als neue Heimat ausgesucht hatten und zu einem anderen Teil die Staaten des Subkontinents als neue Heimat aufsuchen mußten.

Die erste Gruppe setzte sich aus den vielen Einwanderern der bereits aufgezeigten Immigrationsbewegungen, die im Lauf der vorangegangenen 125 Jahre nach Übersee gelangt waren, zusammen.

Der zweite Teil spaltete sich in 2 Untergruppen:

a) Die vor den Nationalsozialisten Geflüchteten, die entweder nicht mehr nach Deutschland zurückkehren wollten — im Fall Südamerikas waren dies fast ausschließlich Juden — oder wegen der restriktiven Rückwanderungsbestimmungen noch nicht zurückkehren konnten, davon waren meist die politischen Flüchtlinge betroffen.

b) Die flüchtigen NS-Verbrecher, die sich rechtzeitig vor einem Zugriff der Alliierten hatten absetzen können oder mit deren Hilfe nach Südamerika gelangten. Sie trafen in den Bestimmungsländern häufig auf ehemalige A.O.-Aktivisten und meinten, sich in Sicherheit wiegen zu können. Ihre Zahl war wesentlich geringer als die der ersten Gruppe.

Wie aus der Auflistung des letzten Kapitels klar ersichtlich, stellten die alteingesessenen Siedler des 19. Jahrhunderts und der Vorkriegszeit die überwiegende Mehrheit der Deutschen.[255] In ihrem Fall konnte man jedoch ebenfalls keineswegs von einem homogenen Block sprechen.

Zu verschieden waren Herkunft, Abstammung und Verbundenheitsgrad mit Deutschland, zu unterschiedlich hatten sie sich während der 12 Jahre der NS-Diktatur in Deutschland in den Ländern Südamerikas verhalten, als daß sie nun geschlossen hätten auftreten können. Dies alles hatte eine Unsicherheit in bezug auf das Selbstverständnis als Deutsche im Ausland und eine sichtbare Störung der volksgruppeninternen Zusammenarbeit zur Folge. Hatten früher Streitigkeiten zu überwindbaren Rissen in den Volksgruppen geführt — wir erinnern uns z. B. der Dispute zwischen Monarchisten und Republikanern nach dem Ersten Weltkrieg —, so war die Situation nach 1945 eine völlig andere. Die Stellung der Politik im Volksgruppenleben war 1933 bis 1945 wesentlich dominanter als in den Jahrzehnten zuvor gewesen. Man bekannte sich zu jener Zeit zu der jeweiligen Einstellung gegenüber dem Nationalsozialismus; ja, man war zum Teil gezwungen, seine Einstellung zu offenbaren, da die Vereine usw. in ihrer Ausrichtung ein solches Bekenntnis provozierten. Politische Meinungen wandelten und beeinflußten die Lebensauffassungen vieler Auslandsdeutscher.

Verstärkt wurde diese Entwicklung durch die Präsenz treuer Gefolgsleute des deutschen Regimes und geflüchteter Opfer des Nationalsozialismus. Sie standen sich in der Nachkriegszeit konträr gegenüber und bildeten somit eine weitere Gefahr für den Fortbestand der Volksgruppen.

In dieser Polarität bewegte sich die Masse der Deutschstämmigen. Diese 2 Pole bargen nicht nur die Gefahr des endgültigen Auseinanderbrechens, sondern verstärkten die Heterogenität der Volksgruppen ein weiteres Mal. Trotz eines jeweils unterschiedlichen Laufs der Dinge in den Ländern war diese Verschiedenheit evident. Sie konnte bis dahin überbrückt oder auch ignoriert werden, nun aber war es zur Spaltung gekommen — der Volksgruppenexodus drohte.

Die Frage von entscheidender Bedeutung lautete nun: Wie konnte man dieser Gefahr begegnen? Sollte man das Verschwinden organisierter Volksgruppenarbeit aufgrund der Geschehnisse 1933 bis 1945 akzeptieren? Sollte der Exodus der Preis für den Irrglauben einiger auslandsdeutscher Gruppen sein? Oder sollte man nach neuen Wegen suchen, die wenigstens ein Minimum an Zusammenhalt sicherstellen würden?

Um letzteres jedoch leisten zu können, bedurfte es eines Wandels im Selbstverständnis der Auslandsdeutschen. Sie konnten sich nicht länger als deutsche Bürger im Ausland fühlen, sondern mußten als Staatsbürger deutscher Abstammung des jeweiligen Landes leben. Durch die Rechtsgrundlagen (Stichwort: ius soli) und die Einbürgerung vieler Reichsdeutscher war mittlerweile der Anteil von Paßdeutschen deutlich zurückgegangen, so daß die äußeren Voraussetzungen für eine solche Entwicklung besser gegeben waren als jemals zuvor.

Nun war auch ein innerer Wandel von Nöten. Nicht die Identifizierung mit der jeweiligen deutschen Staatsform, sondern die Eingliederung in das System des neuen Heimatlandes und dessen Unterstützung mußte an die erste Stelle rücken. Man mußte eigentlich nur den natürlichen Gegebenheiten Rechnung tragen, da die Beziehungen des überwiegenden Teils der Auslandsdeutschen zur alten Heimat regionaler und ideeller Natur waren. Die geographische Abstammung, verbunden mit den daraus gewachsenen Sitten, Gebräuchen und Sprachfärbungen, waren für die Menschen doch wesentlich bedeutsamer als das gerade vorherrschende politische System in Deutschland. Viele hatten Deutschland verlassen, als es ein Deutsches Reich als einheitliches Staatengebilde noch gar nicht gegeben hatte oder es ein Kaiserreich, eine Republik oder eine Diktatur war. Viele waren aus der Schweiz und Österreich sowie südost- und osteuropäischen Siedlungsgebieten gekommen. Warum sollte die Staatsform also der Bezugspunkt sein, wo diese doch keine gemeinsame Grundlage bildete?

Auf der Suche nach einem gemeinsamen Nenner mußte man folglich, wenn man im Interesse der Auslandsdeutschen handeln wollte, auf die deutsche Sprache mit all ihren Färbungen und die verwandten Traditionen stoßen. Wie wichtig dies war, zeigte sich u. a. am Beispiel Brasiliens: Durch die Schließung deutscher Schulen, die in ihren ursprünglichen Formen nie mehr existieren sollten, kam der mündlichen Überlieferung der Sprache eine zentrale Rolle zu. Noch heute ist es daher in Santa Catarina oder Rio Grande do Sul ganz normal, den Hunsrück-Dialekt oder das Deutsch der Donauschwaben zu hören. Sprache als Zuordnungsgröße und Identifikationsmerkmal war seit Beginn der Einwanderung von essentieller Bedeutung, da sie mit der Entwicklung in den jeweiligen Ländern als eine Art Bemessungsgrundlage bestehen blieb; Pässe hingegen waren lediglich von temporärer Natur und Wichtigkeit.

Das oben geschilderte komplizierte Beziehungsgeflecht innerhalb der Volksgruppen macht deutlich, wie schwierig es war, über eine Umorientierung in der Volksgruppenpolitik zu einem Integrationswillen zu finden. Nur so war es möglich, einer drohenden Assimilierung bei der notwendigen vollen Eingliederung in das Leben der südamerikanischen Staaten zu entgehen. Es handelte sich dabei um eine Gratwanderung, zuweilen um ein Vabanquespiel, das zu einem deutlichen Positionswandel der Auslandsdeutschen beitrug.

Was sich in den zwanziger Jahren in Tendenzen schon angekündigt hatte, durch das Aufkommen des Nationalsozialismus mit seiner Überstrapazierung von Begriffen wie „Volkstum" und „Vaterland" jedoch aprupt unterbrochen wurde, kam nun beschleunigt zum Tragen: die Entwicklung zu einem integrierten Teil der Gesellschaften.

6.3 Der Wandel im Selbstverständnis der Deutschen — die Einwandererkirchen vollziehen einen wegweisenden Schritt

Dem schon bald nach Ankunft in Südamerika aufkommenden Wunsch nach christlicher Seelsorge wurde in den Anfangsjahren meist durch die Arbeit einzelner Geistlicher Rechnung getragen. Daß dies nicht zur Betreuung aller Siedler ausreichen konnte, leuchtete bei der Zerstreuung der Gemeinden und der gleichzeitig schlechten Infrastruktur ein.

Die einsetzende Entwicklung, angefangen vom Entstehen deutscher Kirchengemeinden, denen häufig Schulen angeschlossen waren, bis hin zur Institutionalisierung der Einwandererkirchen verlief insofern bei den verschiedenen Religionsgemeinschaften unterschiedlich, als sie jeweils andere Voraussetzungen vorfanden. Während in Südamerika, dem „katholischen Kontinent", die Katholiken auf bestehende Strukturen stießen und, wenn auch fremdsprachlich, somit in den Genuß seelsorgerischer Betreuung kommen konnten, war die Situation für die Protestanten eine völlig andere. In der Kolonialzeit waren beinahe ausschließlich Katholiken nach Südamerika gelangt, Protestanten hingegen kamen erst im 19. Jahrhundert in größerer Zahl. Sie waren bis auf einen Bruchteil alle deutschsprachig.

Konsequenz dieser Ausgangslage war ein verstärktes Bedürfnis auf seiten der Protestanten, sich überregional zu organisieren, während die Katholiken durch das gleichgesinnte Umfeld darin keine dringliche Notwendigkeit sahen. Sie begnügten sich mit Gemeindegründungen, deren Ziele neben den typischen Feldern der Seelsorge auch darin bestanden, gesellschaftliche Aufgaben zu übernehmen. Über die Gemeinschaft zur Gemeinde: so könnte man vielleicht den eingeschlagenen Weg beschreiben.

Erst 1918 wurde der „Reichsverband für das katholische Deutschtum im Ausland" gegründet. Die im Ausland lebenden Katholiken und ihre Seelsorger hatten somit erstmals einen Ansprechpartner mit klarem Aufgabenbereich in Deutschland.[256] 1951 kam es dann zur Eröffnung des „Katholischen Auslandssekretariats" durch die deutsche Bischofskonferenz mit Sitz in Bonn. Mit ihm wurde die weitere Unterstützung der Gemeinden, u. a. finanzielle Hilfen bei Bauprojekten und Entsendung Geistlicher, angestrebt, allerdings nicht die Führung der Gemeinden beabsichtigt.

Im Fall der nun 80 Jahre alten deutschsprachigen katholischen Gemeinde von Buenos Aires wurde z. B. bereits 1929 die enge Anbindung an die Landeskirche in den Statuten betont. Noch heute finden in der gemeindeeigenen St.-Bonifatius-Kirche, die mit Zuschüssen aus Deutschland gebaut wurde und von einem entsandten deutschen Pfarrer geleitet wird, deutsche Gottesdienste statt, deren Gestaltung jedoch den Vorgaben der argentinischen Bischofskonferenz folgen. Dies gilt für die anderen Staaten entsprechend.[257] In mehreren Staaten Südamerikas gelangten deutsche Geistliche in Führungspositionen der katholischen Kirche. Neben Pater Kaiser, der 1963 in Peru Titularbischof wurde, erlangte der Bischof von São Paulo, Kardinal Arns, einen hohen Bekanntheitsgrad über die Grenzen Brasiliens hinaus. Der Franziskaner, der auch „Cardenal Germanico" genannt wird, ist der Nachfahre von eingewanderten Moselanern und gilt als Anhänger der Befreiungstheologie. Sein Einsatz für die Armen in den Elendsvierteln der Millionenstadt brachte ihm gleichzeitig viel Respekt und Kritik ein. Der Papst reagierte 1989 mit der Vierteilung seines Bistums und der Beschneidung von Kompetenzen.

Der Kardinal ist ein enger Weggefährte des ebenfalls deutschstämmigen Pater Boff, der im Frühjahr 1991 den Posten des Chefredakteurs der wichtigsten Kirchenzeitung Brasiliens, der „Revista Vozes", verlor und ebenfalls als Befreiungstheologe gilt. Mit dem ehemaligen Präsidenten der brasilianischen Bischofskonferenz, Kardinal Lorscheider, und den Bischöfen Bohn, Kloppenburg, Kräutler, Heim, Vombömmel und Lammers sind noch weitere Deutschstämmige im höchsten Gremium der katholischen Kirche des Landes vertreten. Sie alle stehen für die Integration und aktive Teilnahme deutschstämmiger Katholiken am kirchlichen Leben in Brasilien.[258]

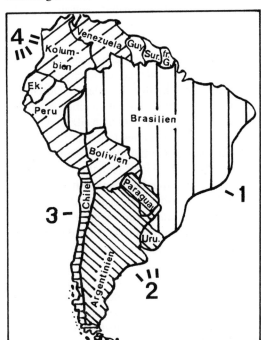

1 = EKLBB
2 = DELPS
3 = ELKC/LKIC
4 = Gebiete mit kleineren Gemeinden, die nicht überregional tätig sind.[259]

Demgegenüber taten sich die Protestanten, die unter den deutschen Einwanderern einen sehr großen Teil ausmachten, mit der Loslösung von Deutschland wesentlich schwerer: „... in den meisten lateinamerikanischen Ländern, die ja in ihrer überwiegenden Mehrheit katholisch geprägt sind, wirkte der evangelische Glaube in seiner Diasporasituation über viele Jahrzehnte hinweg integrationshemmend."[260]
Auch in diesem Teilbereich des Auslandsdeutschtums treffen wir auf eine komplizierte Mannigfaltigkeit, gab es doch z. B. unter den Gläubigen Lutheraner, Unierte und Reformierte. Getreu ihren Eigenarten entwarfen sie schon früh selbständige Organisationsformen, die bis heute separaten Bestand haben und somit Spiegelbilder auslandsdeutscher Verhältnisse darstellen.[261]

Bis zur Jahrhundertwende waren die evangelischen Gemeinden in den Staaten des Untersuchungsgebiets weder organisatorisch miteinander verbunden, noch verfügten sie über genügend Gewicht, sich in Deutschland für ihre Belange einsetzen zu können.[262] Die ersten Schritte aus dieser Notlage heraus wurden seit Ende des letzten Jahrhunderts in Brasilien getan, wo sich insgesamt 4 Synoden bildeten. Es waren dies:
— die „Riograndenser Synode", gegründet 1886 (RGS);
— die „Evangelisch Lutherische Synode von Santa Catarina, Paraná und anderen Staaten Brasiliens", gegründet 1905 (ELS);
— der „Evangelische Gemeindeverband Santa Catarina", gegründet 1911 (EGSC);
— die „Mittelbrasilianische Synode", gegründet 1912 (MBS).
Mit den Gründungen dieser Synoden, deren Namen gleichzeitig die Siedlungsschwerpunkte der Deutschen erkennbar machten, endeten jedoch keineswegs die Probleme der evangelischen Christen Brasiliens. Durch die unterschiedlichen Ausrichtungen kam es in der Folgezeit zu einer Art Konkurrenzkampf unter den Synoden. So war die ELS im Gegensatz zu den eher uniert orientierten anderen Synoden z. B. streng konfessionell lutherisch ausgerichtet. Spaltungen oder Übertritte ganzer Gemeinden zu einer anderen Synode überschatteten genauso die Versuche einer Annäherung wie die unterschiedlichen Auffassungen zu einzelnen theologischen Aufgabenbereichen.[263] Daher ist es nicht überraschend, sondern bezeichnend, daß es bis 1949 dauerte, ehe es zu einem „Bund der Synoden" kam, wobei man die Auswirkungen der brasilianischen „Nationalisierungspolitik" und des Zweiten Weltkrieges wohl ohne weiteres als beschleunigend ansehen kann.

Zeitlich kurz versetzt begannen ebenso die Protestanten Paraguays, Argentiniens, Uruguays und auch Chiles mit ihrer überregionalen Institutionalisierung. Begründet in der damals einsetzenden zentralistischen Entwicklung Argentiniens mit Buenos Aires an seiner Spitze nahm die Hauptstadtgemeinde fortan die führende Rolle bei der Zusammenführung der evangelischen Gläubigen am La Plata und Paraná, also nicht nur in Argentinien, sondern auch in Uruguay und Paraguay, ein.[264]

1899 kam es für diese 3 Länder zur Gründung einer gemeinsamen Synode, die die verschiedenen Ausrichtungen vereinigen wollte, ohne jedoch die darin begründeten Konflikte ausschalten zu können. Sie erhielt den Namen „Deutsche Evangelische La-Plata-Synode" (DELPS).[265]
Prien stellte zur DELPS fest: „Sie wahrte die Spannung zwischen der Selbständigkeit der Gemeinden und dem Gemeinschaftsbewußtsein und setzte sich, dem Brauch der Gemeinden folgend, über die konfessionellen Unterschiede hinweg, indem sie die Einzelbekenntnisse unter dem einigenden Namen evangelisch zusammenfaßte".[266]
Genau wie bei anderen Synoden bestanden enge Kontakte nach Deutschland.[267] Im Fall der DELPS machte sich somit im Lauf der Jahrzehnte ebenso eine Abhängigkeit gegenüber deutschen Stellen bemerkbar wie bei den anderen Einwandererkirchen auch. Pfarrerversorgung und finanzielle Hilfen aus Deutschland ließen ihr nicht viel Spielraum für die Entwicklung zu einer selbständigen Landeskirche. Hier lag einer der zentralen Gründe für die lang anhaltende Isolation der Protestanten sowohl des Beobachtungsgebiets als auch des gesamten Subkontinents.
Zu der Abgrenzung durch die katholische Umgebung — akatholischer Glaube war erst verboten und später weiterhin Fremdkörper — kam die eigene Abkehr von der Gesellschaft, in der man lebte. Diese selbstgewählte innere Isolation sollte helfen, den Glauben zu bewahren. Dies wurde durch die engen Bindungen nach Deutschland noch verstärkt.
Bis in die fünfziger Jahre hinein handelte es sich somit um reine Einwandererkirchen, die ihre Gläubigen, meist mit deren Einverständnis, als ein Stück Deutschland in der Fremde ansahen, anstatt sie ein Teil des Ziellands mit deutscher Abstammung werden zu lassen. Glaube, Selbstverständnis und Organisationstrukturen waren also integrationshemmend bis integrationsfeindlich.
Die Kirchen stellten in der damaligen Zeit keine Ausnahme dar, denn sie differenzierten ebenso wenig zwischen Volksdeutschen, denen Südamerika längst zur Heimat geworden war, und Reichs- sowie Kontraktdeutschen, bei denen eine solche Anbindung an Deutschland und die Schaffung eines eigenständigen Bewußtseins verständlich gewesen wären, wie deutsche Vereine in früheren Jahren.
Die „Evangelisch-Lutherische Kirche in Chile" (ELKC) verhielt sich ähnlich. Diese dritte große Einwandererkirche befand sich in völliger Abhängigkeit von der deutschen Mutterkirche und deren „Kirchlichem Außenamt" in Deutschland.[268]

Für die im Untersuchungsgebiet lebenden deutschen Protestanten spielte wegen dieser Gegebenheiten die Bewahrung des Deutschtums und der deutschen Sprache stets eine wichtige Rolle. War dies für den einen allein schon durch die Abstammung zu begründen, glaubte der andere, Luthers Gedankengut könne nur in deutscher Sprache unverfälscht weitergegeben werden. Die Kirchen trugen durch das Festhalten an deutschen Gottesdiensten zu einer zusätzlichen Isolation, nämlich der sprachlichen, bei. Bis nach dem Zweiten Weltkrieg mußten wegen der Probleme mit dem Spanischen bzw. Portugiesischen die Messen oft in Deutsch gefeiert werden.[269]

Um so härter wurden diese Menschen von den Maßnahmen der einzelnen Regierungen im Lauf und nach dem Ende des Krieges getroffen. Unvorbereitet, an die deutschen Kirchen gewöhnt und sich innerlich noch immer als Gast in der neuen Heimat fühlend, standen sie plötzlich den erzwungenen Veränderungen gegenüber. Der Nationalsozialismus, dem bei dieser Ausgangslage vielfach leicht Einlaß gewährt wurde, stellte in diesem Zusammenhang eine weitere, wichtige Komponente dar. Er hatte die ohnehin stark vorhandenen Bindungen nach Deutschland noch intensiviert und gleichzeitig die Bedeutung des Deutschtums ständig hervorgehoben.[270]

Auch hier lud er große Schuld auf sich, denn er ließ die Menschen noch tiefer in eine Unsicherheit fallen, nachdem es durch die NS-Agitation zu einer verstärkten Polarisierung gekommen war.[271] Erst nach dem Krieg setzte sich die Einsicht durch, daß eine Eingliederung bei einhergehender Verselbständigung von der Mutterkirche notwendig war, um den evangelischen Kirchen Südamerikas eine Zukunftsperspektive zu bieten.

Was Bussmann in bezug auf die Nachkriegsentwicklung der evangelischen Gemeinde im paraguayischen Asunción für Paraguay feststellte, nämlich das stärkere Hervortreten der evangelisch-konfessionellen Komponente, galt ebenso für die evangelischen Kirchen in Argentinien, Brasilien, Uruguay und auch Chile.[272] Durch ihre Isolation zusätzlich verunsichert, begann für die Einwandererkirchen eine Orientierungsphase, die sich mindestens bis zum Ende der fünfziger Jahre erstreckte.

Der Zusammenschluß zum „Bund der Synoden" in Brasilien, aus dem dann 1962 die organisatorisch selbständige „Evangelische Kirche Lutherischen Bekenntnisses in Brasilien" mit Landeskirchenstatus gegenüber der „Evangelischen Kirche in Deutschland" (EKD) wurde, und die zunehmende Nationalisierung der Kirchen in den anderen Haupteinwanderungsländern machten deutlich, daß die Verantwortlichen endgültig zu einer Integration entschlossen waren.

Mit der rechtlichen und strukturellen Trennung von der EKD (in Brasilien 1955, am La Plata 1956 und in Chile 1959) ging die Schaffung eines eigenen, auf die nationalen Gegebenheiten abgestellten Selbstverständnisses einher. Dies wurde mittlerweile in weiteren Verträgen festgeschrieben und modifiziert.[273] Egal ob dies durch nationale Entwicklungen forciert wurde — man schloß sich z. B. im Argentinien der Nachkriegszeit dem Trend zum Nationalismus und Selbstbewußtsein der Argentinier an — oder eher langsam vonstatten ging, war eines allen gemeinsam: die Überwindung der Isolation bei gleichzeitiger, u. a. sprachlicher, Hinwendung zu den Bedürfnissen nationaler Landeskirchen.

Freilich gab es auch in der Folgezeit Streitpunkte innerhalb der Kirchengemeinden. Ob es die Bedeutung der deutschen Sprache oder die Stellung zu politischen Systemen betraf, immer wieder kam es zu Diskussionen oder, wie in Chile, zu Zerwürfnissen. Dennoch blieb die Emanzipation von der alten Heimat, in diesem Fall durch die Mutterkirche vertreten, Konsenz.

Die von Prien sehr eingehend geschilderte „Entghettoisierung" der evangelischen Kirchen hatte nach der Neuorientierung die Auseinandersetzung mit nationalen Themen zur Folge. So bezog die Kirche in Chile nach dem Putsch Pinochets gleich mehrmals Stellung zu den Geschehnissen, und die brasilianischen Protestanten setzten sich intensiv mit den großen Problembereichen Armut und Umwelt auseinander.[274]

Welche Spannungen dabei innerhalb der Kirchen entstehen konnten, wurde in Chile sichtbar: die Betreuung von Inhaftierten während der ersten Pinochet-Jahre stieß bei einem Teil der Gläubigen auf harsche Kritik. Nach den Enteignungen unter Allende sahen sie in der neuen Regierung eine Hoffnung auf baldige wirtschaftliche Gesundung und glaubten, diese sei nun für sie in Gefahr. Der Konflikt innerhalb der ELKC darüber, wie sehr man sich mit diesen politischen Gegebenheiten beschäftigen sollte, eskalierte bis 1975: es kam zum Schisma![275]

Die Abspaltung — bezeichnenderweise wählte man dafür den Namen „Lutherische Kirche in Chile", wodurch auf das Wort „deutsch" auch hier verzichtet wurde — kennzeichnete den Höhepunkt kircheninterner Auseinandersetzungen in der Nachkriegszeit.

Die Kirchen vollzogen also einen sehr wichtigen Schritt mit Blick auf das gesamte Deutschtum Südamerikas. Sie wollten nicht länger eine Art „ausländisches Anhängsel" der EKD oder der deutschen Gesellschaft, sondern Teil Südamerikas sein. Dies war bei allen Schwierigkeiten eine wegweisende Entscheidung, die den Deutschstämmigen dieses Subkontinents eine wichtige Orientierungshilfe sein sollte.

Heute treten die Einwandererkirchen im Beobachtungsgebiet unter ihren spanischen bzw. portugiesischen Namen auf und spielen auf nationaler Ebene eine wichtige Rolle. So engagierten sich z. B. die EKLBB für die betroffenen und sozial schwachen Gruppen im Gebiet um das Großprojekt Itaipú am Río Paraná oder die „Evangelische Kirche am La Plata" für die während der argentinischen Militärregierung Verschwundenen, für die vor der chilenischen Diktatur Geflohenen und die in Paraguay politisch Verfolgten.

Die jeweiligen Landeskirchen sind heute selbständige Mitglieder im „Lutherischen Weltbund", in dem das gesamte Lateinamerika nach der Neuordnung 1992 4 von insgesamt 50 Plätzen einnimmt.[276]

6.4 Die Ideen des Karl von Koseritz — Perspektiven für das Deutschtum im Beobachtungsraum?

Karl von Koseritz (1834—1890) war eine der schillerndsten Persönlichkeiten des südamerikanischen Deutschtums. Er wanderte 1850 von Dessau nach Brasilien aus, wurde dort journalistisch tätig und beschäftigte sich schwerpunktmäßig mit der zu beziehenden Position des Deutschtums in Brasilien. Was die Einwandererkirchen in mühsamen und kleinen Etappen vollzogen, hatte er bereits 100 Jahre zuvor gefordert: die Integration der Deutschen in die brasilianische Gesellschaft.

Nach seinen Vorstellungen sollten dabei deren Eigenarten und vor allem die Sprache keineswegs verlorengehen, sondern in einem Nebeneinander mit dem Portugiesischen und den brasilianischen Gewohnheiten weiterbestehen. Wie wir an den vorausgegangenen Schilderungen erkennen konnten, war Koseritz mit solchen Ideen seiner Umwelt um Jahrzehnte voraus.

Geprägt von der gescheiterten Revolution 1848 in Deutschland, brachte er geradezu bahnbrechende Gedanken in die Diskussion ein. Seine „deutschbrasilianischen Ideen" stellten sich viel später als der einzig gangbare Weg für die deutschen Volksgruppen des Untersuchungsgebietes heraus.

Von zentraler Bedeutung waren dabei nach von Koseritz:

- die Überwindung der unpolitischen Grundhaltung deutscher Siedler und das Engagement auf verschiedenen Ebenen der Gesellschaft;
- die Übertragung der politischen Energie der Revolutionszeit auf das Volksgruppenleben, welches dadurch angekurbelt werden sollte;
- die Ausrichtung dieses Volksgruppenlebens auf die nationalen Verhältnisse, da deutsche Vorstellungen nicht ohne weiteres zu übertragen waren;
- die Gleichberechtigung der Religionen, damit es zu deutschen Masseneinwanderungen kommen konnte und diese Menschen ihren Glauben frei entfalten konnten;
- die Neuverteilung des Bodens bei gleichzeitiger Abschaffung der Sklaverei. Hierdurch sollte Eigeninitiative gefördert und die Einstellung des brasilianischen Umfelds gegenüber körperlicher Arbeit gewandelt werden;
- das Zusammengehen der Neueinwanderer und der Deutschstämmigen, um kulturell ein stärkeres Gewicht zu erlangen. Dies war als Bereicherung der Kultur Brasiliens gedacht;
- die Knüpfung von Handelsbeziehungen zwischen Deutschland und seinen Auswanderern, die so eine Art Vorbild- und Brückenfunktion übernehmen sollten;

- das Einbringen politischer, kultureller, geistiger und wissenschaftlicher Vorstellungen in die neue Heimat, der man sich sofort zugehörig fühlen und die man befruchten sollte;
- das Selbstverständnis als Bürger deutscher Abstammung, ohne sich ethnisch zu isolieren. Gleichzeitig sollte das Augenmerk nicht nur auf das wirtschaftliche Fortkommen gerichtet bleiben;
- die Annahme der Staatsangehörigkeit als Ausdruck und Grundvoraussetzung für den Willen einer Integration und eines Engagements in Südamerika. Erst so erlangten die Deutschen das aktive und passive Wahlrecht.[277]

Wenn man so will, lieferte von Koseritz mit seinen Vorstellungen den theoretischen Unterbau für die Entwicklung des Auslandsdeutschtums der Nachkriegszeit in Südamerika.

Seine Ideen wurden zeitversetzt in den verschiedenen Staaten Stück für Stück realisiert. Daß dies zum Teil zu spät oder mit Reibungsverlusten geschah, zeigte sich im Fall Brasiliens, wo die Grundlagen für seine Ziele nach der „Nationalisierungspolitik" und als Folge des Zweiten Weltkrieges auf ein Minimum reduziert worden waren.

Dennoch, von Koseritz entwarf mit seiner Arbeit Zukunftsperspektiven, die bis in die Gegenwart aktuell blieben und eine Bewahrung der deutschen Sprache und Kultur bei gleichzeitig völliger Integration in die Systeme und Gesellschaften Südamerikas gewährleisten konnten.

6.5 Deutsch-jüdische Gemeinden in Südamerika

Bis zum Verbot jüdischer Auswanderung aus Deutschland und den vom Deutschen Reich besetzten Gebieten im Oktober 1941 gelangten über 100.000 Juden Zentraleuropas nach Lateinamerika, wo sie zum überwiegenden Teil den Cono Sur zum Ziel hatten.[278]

In der ersten Hälfte unseres Jahrhunderts hatte — ausgelöst durch die Wirtschaftskrisen in Europa, die Weltkriege und vor allem durch den Holocaust — eine Schwerpunktverlagerung jüdischer Besiedlung stattgefunden: lebten zu Beginn des 20. Jahrhunderts über 80 % der Juden in Europa, so nahm dieser Anteil bis 1946 auf rund 25 % ab. Der Anteil Amerikas stieg in diesem Zeitraum von 10 % auf über 50 %, und Asien erlebte durch Israel eine Verdreifachung seines Anteils an der jüdischen Weltbevölkerung auf rund 13 %.[279]

Während also die Rolle des alten Kontinents abgenommen hatte, nahm die Bedeutung der Neuen Welt für diese Religion steil zu. Die Auswirkungen die-

ser meist erzwungenen Wanderungsbewegungen waren für das deutschsprachige Judentum gleich in mehrfacher Hinsicht erheblich. Ihr Anteil an der deutschen Gesamtbevölkerung war nie sonderlich groß, ihr Kontingent unter den Flüchtlingen aus Zentraleuropa mit Ziel Südamerika war hingegen sehr bedeutsam.[280]
Durch die punktuelle Verteilung deutschsprachiger Juden in Südamerika entstanden dort zahlreiche Gemeinden, die einen wichtigen Beitrag für die jeweiligen nationalen jüdischen Gemeinschaften leisteten.
Argentinien, mit über 45.000 deutschsprachigen Juden, die bis 1945 ins Land kamen, und weiteren 5.000, die nach Ende des Zweiten Weltkrieges aus anderen Staaten zuwanderten, war und ist in diesem Zusammenhang von besonderer Bedeutung. Sie stellen heute, bei geschätzten 250.000 bis 300.000 Juden im Land, zwischen 16 und 20 % der jüdischen Bevölkerung Argentiniens.[281]
Die kurz nach ihrer Ankunft gegründeten jüdischen Institutionen trugen häufig für lange Zeit deutsche Namen, ehe z. B. der „Hilfsverein deutschsprechender Juden" nach Jahren unter der Bezeichnung „Asociación Filantrópica Israelita" (A.F.I.) firmierte oder aus der „Kultusgemeinde" die „Sociedad Cultural" wurde. Die Wichtigkeit solcher Ansprechpartner, die zu Orientierungshilfen für Tausende wurden und seither fester Bestandteil des Gemeindelebens sind, kann gar nicht deutlich genug hervorgehoben werden.[282]
Die deutschsprachigen Juden gründeten Gemeinden und bauten Synagogen, beispielsweise „Lamroth Hakol" und „Benei Tikva", und sie exportierten gewissermaßen jüdische Strukturen aus den deutschsprachigen Gebieten nach Argentinien. Daß sich dies auch häufig auf die gering ausgeprägten Kontakte mit Juden anderer Nationalitäten bezog, wurde meist akzeptiert.[283]
Bereits hier taten sich erste interessante Parallelen, so überraschend dies auch sein mag, zu den „freiwilligen" deutschsprachigen Einwanderern auf. Im Gegensatz zu den USA, wo zügig eine Assimilierung jüdischer und nichtjüdischer Immigranten einsetzte, versuchten beide Gruppen, einer solchen Vereinnahmung in Argentinien zu widerstehen. Während in den häufig als „melting pot" titulierten Vereinigten Staaten die Neubürger recht schnell freiwillig zu Amerikanern wurden, nutzten die neuen Mitglieder der argentinischen Gesellschaft ihre größere Freiheit dahingehend aus, daß sie stark gruppenbezogen lebten. Die Festlegung auf das eine oder andere Zielland hatte somit für die „freiwilligen" Auswanderer aus Deutschland etwas Grundsätzliches an sich. Die jüdischen Flüchtlinge hatten zwar meist keine Entscheidungsmöglichkeiten, da es nur darum ging, dem Hitler-Regime zu entkommen, sie vollzogen aber nach ihrer Ankunft ähnliche Schritte wie die Erstgenannten.
Deutschsprachige Gottesdienste und deutschsprachige Zeitungen waren zum einen wegen der anfänglichen Sprachschwierigkeiten eine Notwendigkeit und zum anderen Ausdruck eines Bedürfnisses, da viele Flüchtlinge nicht

bereit waren, ihre Verbindungen zum Deutschtum völlig abreißen zu lassen. Dies lag u. a. darin begründet, daß diese Einwanderer einen Großteil ihres Lebens in Deutschland verbracht hatten und dieses Land stets für Juden eine besondere Stellung eingenommen hatte. Nicht wenige wurden erst durch Hitler auf die angeblich so entscheidende Bedeutung ihres Judentums hingewiesen, waren aber für ihn nicht bereit, auf ihr Deutschtum zu verzichten.

„Escúcheme, mis primeros 21 años, los que más influyeron en mi persona, los viví en Alemania. Mis abuelos ya eran alemanes. Hitler puede haber tenido el poder de perseguir y asesinar a los judíos, pero él no puede borrar mi ascendencia alemana y su influencia cultural. Por suerte yo aún estoy vivo y Hitler está muerto."[284]

Was auf den ersten Blick eher wie eine natürliche Rückbesinnung eines alten Menschen erscheinen mag, legt eigentlich einen Großteil des Identitätsproblems deutschsprachiger Juden offen. Für junge Deutsche häufig genauso unverständlich wie für die Nachkommen der Einwanderer, offenbaren diese Menschen heute ein stets virulentes Problem ihrer Generation: das gespaltene Persönlichkeitsbewußtsein.

Nach all den erlebten Grausamkeiten und den Opfern innerhalb der eigenen Familien wäre es nur allzu verständlich gewesen, mit jeglichem Deutschtum zu brechen und sich der Gesellschaft Argentiniens zu assimilieren. Die Kinder vollzogen diesen Schritt auch als eine logische Konsequenz der Erzählungen ihrer Eltern. Ein nicht unerheblicher Teil der Einwanderer war dazu jedoch nicht bereit, zumindest nicht endgültig bereit. Der Titel einer von Alfredo J. Schwarcz durchgeführten aktuellen Untersuchung dieses Phänomens, „Y a pesar de todo", umschreibt die Einstellung vieler deutscher Juden Südamerikas sehr eingehend.

Die Erinnerungen an die Zeiten vor 1933, die Verwurzelung in der deutschen Gesellschaft vor Hitlers Machtergreifung, das beinahe trotzig wirkende Hervorheben des jüdischen Anteils an der deutschen Geschichte und vielleicht auch der, mitunter unbewußte, Wille zu einem späten Sieg über Hitler und seine Vernichtungsvorhaben ließen sie anders entscheiden, als zuerst anzunehmen war. Während diese Generation häufig noch bzw. wieder über die deutsche oder österreichische Staatsangehörigkeit verfügt und daran festhalten will, ist dies bei den Kindern und Enkeln selten der Fall. Hitlers Ziel, Deutschtum und Judentum für immer voneinander zu trennen, konnten sich somit wenigstens die Alten erfolgreich widersetzen. Den Jüngeren hingegen scheint dieser Gedanke in seiner Bedeutung noch nicht bewußt geworden zu sein.[285]

Die Gruppe der deutschsprachigen bzw. deutschstämmigen Juden Südamerikas ist folglich gleich in zweifacher Hinsicht geteilt. Zum einen tut sich in der Einstellung der Älteren gegenüber dem Deutschtum als Kultur- und Sprachbegriff ein Bruch auf. Zum anderen treten große Unterschiede zwischen Jung und Alt in bezug auf das Deutsche und Deutschland an sich hervor.

Die hier für Argentinien aufgezeigten Probleme und Spannungen dürften in den anderen, kleineren Gemeinden etwa in Paraguay (hier stellen die deutschsprachigen Juden einen großen Teil der insgesamt 2.000 Juden), in Chile (1988 lebten allein in Santiago über 2.500 deutschsprachige Juden) und in Uruguay (1989 zählte man dort 2.500 deutschsprachige Juden) ähnlich anzutreffen sein.[286]

In Argentinien wurde, im Gegensatz zu den meisten anderen Staaten Südamerikas, durch solche Untersuchungen wie der von Schwarcz an der Überwindung oder wenigstens Behandlung dieser Problematik gearbeitet. Hier werden Defizite in der Vergangenheitsbewältigung sowohl auf deutscher als auch auf jüdischer Seite evident.

Anmerkungen zu Kapitel 6

245 Vgl. Bundesministerium für Vertriebene, Flüchtlinge und Kriegsgeschädigte: Dokumentation der Vertreibung der Deutschen aus Ost-Mitteleuropa, Bonn 1953.
Vgl. Bohmann, Alfred: Menschen und Grenzen, Bd. 2, Köln 1969
246 Vgl. Oberacker/Ilg, a. a. O. S. 261.
Von den ca. 600.000 Donauschwaben im Jugoslawien des Jahres 1931 lebten am Ende der siebziger Jahre nur noch 25.000 dort. Neben der Bundesrepublik, Österreich und den USA nahmen auch Argentinien und Brasilien diese Vertriebenen auf. In Brasilien gilt Entre Rios als das Zentrum ihrer Siedlungen, während die 30.000 Donauschwaben Argentiniens sich in den nördlichen Bezirken, vor allem Misiones, niederließen.
247 Für die südamerikanischen Staaten sind viele, voneinander abweichende, Daten verfügbar. Das Statistische Bundesamt veröffentlicht für Argentinien und Brasilien separate Zahlen, die jedoch häufig nicht mit den verschiedenen Angaben der Südamerikaner übereinstimmen. Dieses Problem ist seit Beginn der Ein- bzw. Auswanderung zu beobachten. Ein Beispiel dafür sind die Zahlen im „Oficina de Migraciones", der offiziellen Registratur des La-Plata-Staats im Hafen von Buenos Aires, für die Jahre der NS-Diktatur. Bei eigener Durchsicht zeigte sich, daß die stets angegebenen 45.000 deutschsprachigen jüdischen Flüchtlinge dieser Jahre nicht völlig erfaßt wurden.
248 Vgl. Beijer, G. (Hrsg.): The German Exodus, The Hague 1962, S. 92.
Aus einer hier aufgeführten Statistik geht hervor, daß diese Gruppe seit ihrer Aufnahme in die Erhebungen 1953 zwischen 26 % und 31 % der Auswanderer stellte. In späteren Jahren war gar ein Anstieg zu verzeichnen.
249 1956 veröffentlichte Zahlen geben für ganz Amerika 42.082 Auswanderer an: für Kanada 24.922, für die USA 16.050, für Brasilien 875 und für Argentinien 235. Die beiden letztgenannten nahmen damit mehr Menschen auf als das gesamte Afrika (1.077) oder Europa (696). Der Anteil der Vertriebenen lag dort bei 38—40 %, während er bei den USA unter 30 % ausmachte. Es sei hier darauf hingewiesen, daß das Bundesamt auch in diesem Fall andere Größen anführt.
250 Die hier aufgeführten Zahlen stimmen mit denen in Kapitel 3.1. genannten überein. Ihre Nachweise finden sich dort.
251 Vgl. Maas, a. a. O. S. 13.
Vgl. Mühlen, a. a. O. S. 47.
Diese Angaben fußen auf Erhebungen der großen jüdischen Hilfsorganisationen. Interessant dabei ist, daß knapp 90.000 der rund 101.500 Flüchtlinge, die nach Lateinamerika gelangten, in diesen 5 Staaten verweilten. Diese Quote von beinahe 90 % entsprach der der „normalen" Einwanderung bis 1933.
Vgl. Deutscher Klub Buenos Aires (Hrsg.), a. a. O. S. 302.

252 Vgl. Mühlen, a.a.O. S. 283 ff. und S. 286 ff.
Die Alliierten hatten für 1945 und 1946 eine totale Einreisesperre erlassen, so daß quasi niemand nach Deutschland zurückkehren konnte. 1947 gelangten einige wenige, später mehrere, Exildeutsche in ihre Heimat zurück. Lediglich KP-Funktionäre wurden durch die UdSSR im Osten Deutschlands aufgenommen, die Gründe dafür lagen auf der Hand. Die Zahl der Remigranten wird auf 1—2 %, ab 1950 auf höchstens 2—4 % der Flüchtlingszahlen in den Ländern Südamerikas geschätzt. Bei politisch motivierten Asylanten lag der Prozentsatz höher. Die angegebene Zahl ist somit eine Aufrundung des oben genannten Prozentsatzes, damit die schleppende Rückwanderung mitberechnet werden kann. Wanderungen innerhalb des Kontinents sind unberücksichtigt.

253 Für Chile waren keine genauen Zahlen verfügbar. Da jedoch Einwanderungsbewegungen erst nach 1950 wieder einsetzten, kann man einige hundert veranschlagen. Für Brasilien gibt das Statistische Bundesamt für den Zeitraum 1946 bis 1950 23.500 Personen an. Ebel hingegen verweist auf brasilianische Berechnungen, die für 1944 bis 1949 auf 51.183 kommen. Hier werden bei längerem Erfassungszeitraum vermutlich auch inneramerikanische Wanderungen erfaßt, daher greifen wir in diesem Fall auf das deutsche Material zurück. Argentiniens Einwanderung wird zentral in Buenos Aires registriert. Dort finden sich detaillierte Angaben. Für Paraguay (die Zahlen gelten bis 1954) und Uruguay muß mit einer Addition der einzelnen Einwanderungswellen Vorlieb genommen werden.
Vgl. Ebel, a.a.O. S. 83.
Vgl. Deutscher Klub Buenos Aires (Hrsg.), a.a.O. S. 306.
Vgl. Bussmann, a.a.O. S. 7.
Vgl. Fröschle/Hoyer, a.a.O. S. 746.
Vgl. Krier, Hubert: Die Deutschen in Paraguay, in: Die Deutschen in Lateinamerika. Hrsg. v. Hartmut Fröschle, Tübingen 1979, S. 695 (zit.: Krier 1979).

254 Der Zuwachs bis 1933 lag bei ca. 134 %, was in absoluten Zahlen einer Steigerung von 468.600 auf 1.098.205 Personen entsprach. Die 5 aufgeführten Staaten galten weiter als Hauptziele, während die Bedeutung der restlichen Südamerikas zurückging.

255 Uruguay stellt hier eine Ausnahme dar, weil sich die relativ kleine Volksgruppe für eine gewisse Zeit mehr als verdoppelte.

256 Vgl. Gemeinde deutschsprachiger Katholiken Buenos Aires (Hrsg.): 75 Jahre Gemeinde, Buenos Aires 1986, S. 25 ff. Leiter des Reichsverbands war u.a. der spätere Kardinal von Galen.

257 Die katholischen Pfarrgemeinden unterstehen den jeweiligen Landesbischofskonferenzen, auch wenn die Pfarrer aus Deutschland entsandt wurden. Zur Zeit sind aus Deutschland kommende Pfarrer an mehr als 170 Orten auf allen Kontinenten in deutschsprachigen Gemeinden tätig. In Südamerika sind es nach Angaben des Katholischen Auslandssekretariats insgesamt 55.

Davon in: Venezuela, Uruguay und Peru je 1;
Ekuador und Bolivien je 2;
Kolumbien 3;
Chile 6;
Paraguay 7;
Brasilien und Argentinien je 16.

Vgl. Katholisches Auslandssekretariat der Deutschen Bischofskonferenz: Seelsorge für deutschsprachige Katholiken im Ausland, Tourismus und Verkehr, Bonn 1990, S. 4 f.

258 Vgl. Adveniat (Hrsg.): Gewalt nimmt erschreckende Ausmaße an, in: Weltkirche, 11. Jg., Nr. 8 1991, S. 262 f.
Vgl. Petersen/Fröschle, a.a.O. S. 741.
Vgl. FAZ vom 22. April 1991, 15. Mai 1991, 14. September 1991, 12. Oktober 1991.

259 Eigene Karte nach Informationen aus mehreren Büchern.
Vgl. Prien, a.a.O. S. 753—794.
Vgl. Oberacker/Ilg, a.a.O. S. 243 f.
Vgl. Kirchliches Außenamt (Hrsg.): Deutschsprachige evangelische Gemeinden in Lateinamerika, Hannover 1985, S. 15 ff., S. 48.

260 Born, Joachim/Dickgießer, Sylvia: Deutschsprachige Minderheiten, Mannheim 1989, S. 70.
261 In bezug auf die deutschen und rußlanddeutschen Protestanten stellt Prien fest, daß „die Unterschiede auf beiden Seiten erheblich waren, so daß man keineswegs von einer einheitlichen Tradition auf religiösem und völkisch-kulturellem Gebiet sprechen kann." Prien, a. a. O. S. 775.
262 Es gab seit 1850 einen Oberkirchenrat der „Evangelischen Kirche der altpreußischen Union", der später von der Deutschen Evangelischen Kirche übernommen wurde. Er war Ansprechpartner der einzelnen Gemeinden Südamerikas und hatte somit auf eine Vielzahl separater Wünsche, Anregungen und Beschwerden zu reagieren, was bei der Masse negative Folgen für die Effizienz hatte. Erst seit 1924, das sogenannte Diasporagesetz war erlassen, konnten die Synoden an die deutsche Stelle herantreten, was die Situation der Auslandsgemeinden verbesserte. Vgl. Prien, a. a. O. S. 778.
263 So spaltete sich die Gemeinde Curitibas, während die ganze Gemeinde von Espirito Santo z. B. von der MBS zur ELS übertrat. Die ELS widersetzte sich u. a. der vom Kirchenausschuß in Deutschland entworfenen Diasporapflege. Wie scharf die Auseinandersetzungen zuweilen waren, macht die Apostrophierung der Unierten als „Unionsteufel" deutlich. ebenda, S. 761.
264 Schon früher hatte diese Gemeinde durch das Intervenieren bei deutschen Stellen und durch großes Engagement in Südamerika auf sich aufmerksam gemacht. Etliche Gemeinden wurden mit ihrer Hilfe aufgebaut und ein reisendes Pfarramt zur Betreuung der ländlichen Gebiete eingesetzt. Ihr Gotteshaus steht im Zentrum von Buenos Aires, Esmeralda 160, und die Messen werden heute in Spanisch gehalten.
Vgl. ebenda, S. 776 f.
Vgl. Bussmann, a. a. O. S. 40 f. und S. 55.
265 Hier seien einige dieser Konfliktpunkte genannt: die unterschiedliche Entwicklung der Stadt- und Landgemeinden, die Glaubensausrichtung der Reichs- und Volksdeutschen und die Bedeutung der Pflege des Deutschtums als Gemeindeaufgabe.
Vgl. Prien, a. a. O. S. 775.
Vgl. Bussmann, a. a. O. S. 16 f.
266 Prien, a. a. O. S. 777.
267 Eine Ausnahme stellte dabei die „Deutsche evangelisch-lutherische Synode von Missouri, Ohio und anderen Staaten" (MS) dar. Sie hatte ihre Arbeit auf Südamerika ausgedehnt und verfolgte das Prinzip der „Inneren Mission", d. h. die Werbung von Mitgliedern war, im Gegensatz zu den anderen Einwandererkirchen, erlaubt. Ihre strikt lutherische Ausprägung ließ sie in Konkurrenz zu den anderen Synoden treten. Wegen des zahlreichen einheimischen Pastorennachwuchses, der Kontakte in die USA und der Trennung von Evangelium und Deutschtum ergab ihr die Überbrückung der geschilderten Probleme, z. B. in Brasilien, leichter als anderen Synoden. In Argentinien tritt sie als IELA, in Brasilien als MS sowie in Paraguay, Chile und Uruguay unter der Bezeichnung IELU auf und vergrößerte ihre Mitgliederzahlen deutlich. Der von ihr dabei eingeschlagene Weg des Konfessionalismus stand im Gegensatz zu den Auffassungen der anderen Synoden.
Vgl. Oberacker/Ilg, a. a. O. S. 244.
Vgl. Bussmann, a. a. O. S. 61 f. und S. 80 f.
Vgl. Prien, a. a. O. S. 767—774
268 Das Außenamt bestimmte u. a. die Leiter der Synode nach Vorschlägen aus Chile.
Vgl. ebenda, S. 786.
Vgl. Bussmann, a. a. O. S. 103 f.
269 1938 mußten im Bereich der MS noch 85 % der Predigten in Deutsch gehalten werden, weil die meisten Gläubigen des Portugiesischen nicht mächtig waren. Andererseits hielten die Kirchen ebenso an der Benutzung der Sprache fest. Auch nach dem Krieg — obwohl dort umgekehrte Sprachprobleme auftraten, da die junge Generation, als Konsequenz der Nationalisierungsbeschlüsse von 1938, oftmals nicht mehr genügend Deutsch sprach — wurden deutsche Gottesdienste gehalten. Noch heute wird vielerorts auch das Deutsche benutzt, jedoch nicht als alleinige Gottesdienstsprache.

Vgl. Prien, a. a. O. S. 770 und S. 778.
Vgl. Vogt, Herbert W.: Im Dienst der Mitmenschen, in: Globus, 14. Jg., Nr. 4 1982, S. 19.
270 Auch auf kirchlichem Sektor bestanden enge Kontakte zur nationalsozialistischen Bewegung. So überrascht es nicht, daß z. B. der NSDAP-Landesgruppenleiter in Paraguay an Sitzungen des Gemeindevorstands Asunción teilnahm, oder daß schon 1935 rund 75 % aller RGS-Pastoren Mitglieder der NS-Pfarrerschaft waren. Bussmann schildert die Zeit der Zusammenarbeit in Paraguay ausführlich und stellt u. a. fest: „..., daß die Mehrheit der Deutschen in Asunción und auch die Mehrheit in der Kirchengemeinde Sympathisanten des Nationalsozialismus waren". Bussmann, a. a. O. S. 99.
Vgl. auch ebenda, S. 96—109.
Vgl. auch Prien, a. a. O. S. 763.
271 Zahlreiche MS-Pastoren, wegen der Kontakte in die USA für die Nationalsozialisten später suspekt, wurden z. B. in Brasilien als amerikanische Agenten diffamiert.
Vgl. ebenda, S. 769.
Auch in Paraguay war eine solche Abgrenzung klar erkennbar. Der stellvertretende DELPS-Vorsitzende, Schüler, stellte schon 1920 fest: „... Missourier dürfen, trotz ihrer deutschsprachigen Versorgung, nicht in Betracht kommen: ihre Intoleranz ... und Panamerikanisierungsbestrebungen können sich ... (nicht, d. Verf.) mit unserem national gerichteten Deutschtum vertragen, so gern sie auch unsere Gemeinden sich einverleiben möchten." Schüler in einem Bericht an den Oberkirchenrat in Deutschland vom 12. September 1920, in: Bussmann, a. a. O. S. 62 f.
Nach dieser frühzeitigen Abgrenzung kann man sich die Auswirkungen der NS-Agitation leicht ausmalen.
272 Vgl. ebenda, S. 130.
273 Seit mehr als einem Vierteljahrhundert treten die Einwandererkirchen inzwischen unter ihren spanischen Namen auf: die EKLBB heißt heute „Igreja Evangélica de Confissao Luterana no Brasil", die DELPS „Iglesia Evangélica del Río de la Plata" und die ELKC „Iglesia Luterana de Chile". Ihre Selbständigkeit von der alten Mutterkirche und die Arbeitsteilung mit der EKD wurden in Verträgen festgeschrieben.
Vgl. Prien, a. a. O. S. 765 und S. 780 f.
Vgl. Deutscher Klub Buenos Aires (Hrsg.), a. a. O. S. 316.
Vgl. EKD (Hrsg.): Amtsblatt, Heft 1 1979.
Vgl. ders. (Hrsg.): Amtsblatt, Heft 5 1981.
Vgl. ders. (Hrsg.): Amtsblatt, Heft 11 1984.
274 Die EKLBB publizierte eine Solidaritätserklärung mit den unterdrückten Chilenen. Dies war ein weiterer Beweis für das neue Selbstbewußtsein und das neue Selbstverständnis. Nur die MS beschränkte sich weiter auf kirchliche Arbeit, da sie, der „Zweireichelehre" folgend, meinte, daß Kirche nicht Politik machen sollte. Dies führte nicht selten zu harscher Kritik an der MS, da sie so ungewollt zu einer Stütze des jeweiligen Status quo wurde.
Vgl. Prien, a. a. O. S. 774.
275 Vgl. ebenda, S. 788 ff.
Vgl. Dietrich, Breno: Eine Einwandererkirche entdeckt ihre gesellschaftliche Aufgabe, in: Blick in die Welt, Hrsg. v. Missionskolleg der ev.-luth. Kirche Bayern, o. A., Nr. II+II, 1985, S. 1 ff.
276 Vgl. Kohlhepp, Gerd: Itaipú, Braunschweig/Wiesbaden 1987, S. 57 (zit.: Kohlhepp 1987).
Vgl. FAZ vom 6. Februar 1990 und 8. Februar 1990.
Vgl. Schwittay, Karl: Evangelische Kirche am La Plata, Berlin 1985, S. 11 f.
Vgl. Kirchliches Außenamt (Hrsg.), a. a. O. S. 10 ff. und S. 48.
In Brasilien sind ca. 80 % der Pastoren Brasilianer. Am La Plata sind weniger als 50 % der Pastoren Argentinier, Paraguayer oder Uruguayer. In Chile jedoch gibt es nur noch 5 aus Deutschland entsandte Pastoren in der dortigen evangelischen Kirche.
277 Diese Auflistung folgt den Ausführungen verschiedener Bücher.
Vgl. Oberacker/Ilg, a. a. O. S. 244 ff.
Vgl. Jacob, a. a. O. S. 96 ff.

Vgl. Kleine, Theo: Die Deutschbrasilianer, in: Wege und Wandlungen. Hrsg. v. Peter Nasarski, Berlin/Bonn 1983, S. 144 ff. (zit.: Kleine 1983).
Ein nach Brasilien emigrierter ehemaliger Minister der Weimarer Republik, Koch-Weser, nahm in den fünfziger Jahren die Argumente von Koseritz' auf, als er sagte: „Ein zu jäher Sprung von der deutschen in die brasilianische Denkart läßt den Deutschstämmigen meistens seine bisherige Kulturstufe verlieren, um auf einer tieferen Stufe der brasilianischen Kulturwelt wieder neu zu beginnen. Je länger er wirklich zweisprachig bleibt die Tradition der Vorfahren bewahrt, um so höher wird auch die brasilianische Kulturstufe sein, auf die es ihm überzugehen gelingt; und um so mehr europäische Werte kann er mit sich nehmen und für Brasilien fruchtbar werden lassen." Minister a. D. Koch-Weser, in: Oberacker/ Ilg, a. a. O. S. 278.
278 Brasilien, Chile, Argentinien, Uruguay und Paraguay nahmen nach Berechnungen der „Asociación Filantrópica Israelita" (A.F.I.), dem früheren „Hilfsverein deutschsprechender Juden", über 90 % der in Südamerika ankommenden Juden auf.
Vgl. Schwarcz, Alfredo J.: Y a pesar de todo . . . , Buenos Aires 1991, S. 51.
279 Vgl. ebenda, S. 50.
280 Seit der Reichsgründung 1871 hatte der Anteil der Juden an der deutschen Bevölkerung stetig abgenommen. Die verbliebenen ca. 503.000 Juden stellten lediglich 0.76 % der Einwohnerzahl.
Die Zahlen im Überblick: 1871: 383.000 = 1,05 %
1880: 437.000 = 1,09 %
1890: 465.000 = 1,05 %
1900: 497.000 = 0,98 %
1910: 539.000 = 0,92 %
1925: 568.000 = 0,90 %
1933: 503.000 = 0,76 %
Die Flucht ins Ausland verlief erst schleppend und dann sehr schnell, so daß bis 1937 erst 105.000, jedoch bis 1939 schon 360.000 deutschsprechende Juden den damaligen deutschen Herrschaftsbereich verlassen hatten.
Vgl. Schmid, Hans-Dieter/Schneider, Gerhard/Sommer, Wilhelm (Hrsg.): Juden unterm Hakenkreuz, Bd. 1, Düsseldorf 1983, S. 38 und S. 119.
Vgl. Barkai, Avraham: Vom Boykott zur „Entjudung", Frankfurt a. M. 1988, S. 65 und S. 113.
281 Vgl. FAZ-Magazin vom 14. Dezember 1990; zur Situation in Brasilien:
Vgl. Lesser, J.: Einige vorläufige Kommentare zur historischen Entwicklung und zu den regionalen Unterschieden der zeitgenössischen brasilianisch-jüdischen Gemeinden: S. Paulo und Porto Alegre, in: Europäische Juden in Lateinamerika. Hrsg. v. Achim Schrader und Karl H. Rengstorf, St. Ingbert, S. 361—377.
282 Die Flüchtlinge dieser Jahre verwiesen beim eigenen Nachforschungen immer wieder auf die Wichtigkeit des Hilfsvereins und der Kultusgemeinde. Neben den vielen organisatorischen Hilfen bei Sprachkursen usw. boten sie auch Schutz. So konnten sie in Härtefällen eine Aufenthaltsgenehmigung für Juden erwirken, die eigentlich nur über ein Transitvisum z. B. nach Bolivien verfügten. Dies war speziell für die Jüngeren, die häufig ihren Familien entrissen waren, eine wichtige Hilfe, um in eine Gemeinschaft aufgenommen zu werden.
283 Man könnte dabei von einer Art „Konfliktexport" sprechen, da das problematische Verhältnis zwischen den Westjuden und den Ostjuden durchaus auch in Argentinien zu beobachten war. Auf dem Schulsektor orientierten sich die Juden Buenos Aires' am bestehenden deutschen Schulsystem der Stadt, indem sie für die Pestalozzi-Schule optierten. Von NS-Gegnern als Antwort auf die Unterwanderung der Goethe-Schule gegründet, galt sie den deutschsprachigen Juden noch lange nach dem Krieg als die antifaschistische Bildungsanstalt, während die Goethe-Schule für jüdische Kinder weiter quasi ein Tabu darstellte.
Vgl. Deutscher Klub Buenos Aires (Hrsg.), a. a. O. S. 311.
Vgl. Werner, a. a. O. S. 51 f.
Vgl. Merkx, Joep/Quarles Jack T.: „Ich hab' noch einen Koffer in Berlin"; Deutsch-jüdische Einwanderer der ersten Generation in Argentinien, in: Europäische Juden in Lateinamerika. Hrsg. v. Achim Schrader und Karl H. Rengstorf, St. Ingbert 1989, S. 174 f.

284 Ein deutsch-jüdischer Einwanderer während der Untersuchung von Schwarcz, in: Schwarcz, a. a. O. S. 43.
Er sagt: „Hören Sie, die ersten 21 Jahre meines Lebens, die mich am meisten beeinflußt haben, verbrachte ich in Deutschland. Meine Großeltern waren bereits Deutsche. Hitler konnte zwar die Macht erlangen, die Juden zu verfolgen und zu ermorden, aber er konnte meine deutsche Abstammung und deren kulturelle Einflüsse nicht ausradieren. Zum Glück lebe ich noch, und Hitler ist tot."

285 Der Autor der zitierten wichtigen Untersuchung gehört zur Kindergeneration und stammt aus einer Familie, die aus Wien und Berlin nach Südamerika gelangte. Sämtliche Gesprächspartner seiner Altersstufe konnten bei Interviews keine Antwort auf die Frage geben, ob die Ablehnung des Deutschen bzw. die starke Verunsicherung im Umgang damit, nicht einem späten Triumph Hitlers, der ja seinerseits die Verbindung Judentum und Deutschtum für immer zerstören wollte, gleichkäme. Hier zeigt sich, daß Erzählungen und Erfahrungen der Eltern auf die Kinder übergegangen sind und zur anhaltenden Verunsicherung geführt haben.

286 Vgl. Born/Dickgießer, a. a. O. S. 70, S. 153 und S. 243 f.

7. Die Nachkriegsentwicklung der deutschen Volksgruppen in Paraguay und Brasilien

Der Zweite Weltkrieg bedeutete für die deutschen Volksgruppen des Untersuchungsgebiets einen tiefen Einschnitt, wobei sich die Intensität dieser Zäsur von Land zu Land unterschiedlich darstellte. Während die Deutschstämmigen Paraguays und Argentiniens temporär begrenzt Restriktionen ausgesetzt waren, hatten sich die Prämissen für die Brasiliendeutschen grundlegend geändert. Die Gründe für die relativ schnelle Wiederaufnahme volksgruppenspezifischer Arbeit in den beiden erstgenannten Staaten im Gegensatz zu Brasilien lagen zum einen in der unterschiedlichen Zusammensetzung der Gruppen und zum anderen in den divergenten politischen Rahmenbedingungen begründet.

Wie dargestellt, waren Argentinien und Paraguay später als Brasilien zu verstärkten Immigrationszielen deutscher Auswanderer geworden, wodurch die dortigen Volksgruppen über eine aktuellere und engere psychisch-emotionale Verbindung zu Deutschland verfügten. Als Konsequenz daraus vergrößerte sich im benachbarten Brasilien jener Jahre der Abstand zum europäischen Ursprungsland schneller als in Argentinien und Paraguay. In diesen beiden Staaten war demzufolge noch eine größere Distanz sprachlicher und kultureller Natur gegenüber der Umwelt gegeben als im Nachbarstaat, wo das natürliche Hineinwachsen in die umgebende Gesellschaft weiter vorangeschritten war.

Diese Enkulturation großer Teile des Brasiliendeutschtums wurde seit Ende der dreißiger Jahre durch gezielte Maßnahmen seitens des Staates, die zusätzlich die Wiederaufnahme vormaliger Aktivitäten unterbanden, forciert, während sich die Deutschstämmigen nach den Zwangsunterbrechungen zuerst in Paraguay und später auch in Argentinien wieder der Volksgruppenarbeit zuwenden konnten. Ein Hauptgrund für diese voneinander abweichenden Entwicklungen innerhalb des Beobachtungsgebiets ist in den unterschiedlichen politischen Rahmenbedingungen in Brasilien, Argentinien und Paraguay zu erkennen.

Die Regierung Paraguays dokumentierte ihre positive Grundeinstellung gegenüber den Deutschen dadurch, daß sie 1952 diplomatische Beziehungen zur Bundesrepublik Deutschland aufnahm und den deutschen Vereinen im Lande 7 Jahre nach Kriegsende eine Reorganisation ermöglichte.

Im Argentinien Perons verzögerte sich dies u. a. wegen der ausgeprägten antideutschen Stimmung nach 1945, die auch auf den vorherrschenden Nationalismus am La Plata zurückzuführen war. Der Wiederaufnahme diplomatischer Beziehungen zwischen Bonn und Buenos Aires 1950 folgte zwar ein Jahr später die offizielle Beendigung des Kriegszustandes zwischen beiden Ländern, dies bedeutete jedoch nicht die gleichzeitige Wiederherstellung der ehedem freizügigen Vorgaben für eine Volksgruppenarbeit der Deutschen. Die im Lauf der fünfziger Jahre wieder- und neugegründeten Vereine und Organisationen — von besonderer Bedeutung war hier der „Verband der deutsch-argentinischen Vereinigungen" — erlangten erst im Jahre 1965 völlige Rechtssicherheit und die Rückgabe des früher als „Feindeigentum" beschlagnahmten Besitzes.

In Brasilien schien die deutsche Volksgruppe jeglicher Zukunftsperspektiven beraubt, denn trotz der Normalisierung der zwischenstaatlichen Beziehungen — die deutsche Botschaft wurde 1951 wiedereröffnet — und der Regelung über beschlagnahmtes Eigentum im Jahre 1956 blieb der Assimilationsdruck auf die Deutschen und das Verbot des Deutschen als Schul- und Unterrichtssprache bestehen. Auf diese Weise wurde mehreren Generationen von Brasiliendeutschen der Zugang zur Sprache ihrer Vorfahren verwehrt und die Wiederherstellung alter Arbeitsstrukturen der Volksgruppe erfolgreich verhindert.

Den sich sukzessive gründenden deutschen Vereinigungen war trotz der vorherrschenden unterschiedlichen Bedingungen eines gemeinsam: der Wille zur Reorganisation der Volksgruppen bei gleichzeitigem Wandel des Selbstverständnisses. Zukünftig wollten sie sich ganz in die Gesellschaften integrieren, ohne dabei jedoch das Bewußtsein für ihre Abstammung völlig zu verlieren.

7.1 Aufbau und Normalisierung des deutschen Vereinswesens in Paraguay

Nachdem in den Jahren 1933 bis 1945 eine relativ kleine Gruppe von Deutschen nach Paraguay gelangt war, setzte recht bald nach Ende des Kriegs eine größere Zuwanderung ein. Zeitlich vorgezogen und im Vergleich zu anderen Staaten vom Ausmaß bedeutender, verdoppelte sich diese Volksgruppe in kurzer Zeit beinahe.

Nach 5 schweren Jahren, die durch Beschlagnahme deutschen Eigentums, Verstaatlichung der Schulen, Auflösung der Vereine und tiefer Verunsicherung der Deutschstämmigen durch die Geschehnisse im ehemals nationalsozialistischen Deutschland gekennzeichnet waren, stellte sich 1950 auch staatlicherseits ein Wandel ein, der 1952 mit der Aufnahme von diplomatischen Beziehungen zwischen Paraguay und der Bundesrepublik Deutschland seine offizielle Entsprechung fand.

In den fünfziger Jahren erlebte das Land jedoch nicht nur die Wiederbegründung vieler deutscher Schulen und die Wiederbelebung alter deutscher Klubs, sondern auch das Erstehen neuer Vereinigungen. Allen gemeinsam war eine modifizierte Ausrichtung, die von einem verstärkten Integrationswillen zeugte. Wie bereits am Beispiel der Einwandererkirchen aufgezeigt, zogen die Verantwortlichen auch für den weltlichen Sektor des Volksgruppenlebens damit die Konsequenzen aus den vorausgegangenen Jahren, die wie eine Art Schocktherapie gewirkt hatten.[287]

Durch die verstärkte Benutzung der spanischen Sprache und die Öffnung der Schulen für nicht Deutschstämmige konnten nach und nach sowohl eine sprachliche als auch eine soziale Integration Platz greifen. Hervorstechendes Beispiel für das Wiedererstehen des deutschen Schulwesens war das „Colegio Goethe" als große deutsche Schule im Land. 1950 wiedereröffnet, ging die Schulleitung sehr rasch an den Ausbau zu einer Lehranstalt, die vom Kindergarten bis zum nationalen Abitur und später dem „Deutschen Sprachdiplom II" führte. Dieses Diplom, es weist ausreichende Sprachkenntnisse für ein Studium an deutschen Hochschulen nach, eröffnete somit auch einheimischen, nicht deutschstämmigen Absolventen die Möglichkeit der universitären Ausbildung in Deutschland.[288]

Welch eine Bedeutung diese Schule noch heute besitzt, wird an der Schülerzahl recht deutlich: 1988 besuchten über 1.250 Kinder die Schule, womit sie nach der mennonitischen Zentralschule in Loma Plata mit Abstand die größte deutsche Schule im Land war. Sie konnte sich durchaus mit den Schulen des wesentlich bevölkerungsreicheren Argentinien messen lassen.[289]

Eine Einrichtung, die im Zuge dieser Neuorientierung entstand, war das „Instituto Cultural Paraguayo-Alemán" (ICPA). Nachdem es 1958 in Asunción gegründet worden war, setzte es sich zum Ziel, in partnerschaftlicher Zusammenarbeit ein besseres Verständnis untereinander auf den Gebieten Sprache und Kultur zu schaffen. Man versuchte die geschichtlich gewachsenen Verbindungen, von Ulrich Schmiedel über die Jesuiten bis hin zu mehreren deutschen Wissenschaftlern, als Anknüpfungspunkte für die Kulturarbeit der Gegenwart und Zukunft zu nutzen. Eine große Bibliothek mit deutsch- und spanischsprachigen Büchern ermöglicht seither Einheimischen und Zugewanderten die Vertiefung in die verschiedenen Schnittpunkte ihrer Geschichte. Austausch, Verbreitung und Verknüpfung kultureller Eigenarten sollten eine neue Form des Zusammenlebens begründen.

Ein weiterer Arbeitsschwerpunkt fand sich auf wissenschaftlichem Gebiet. Konferenzen und Seminare von Wissenschaftlern beider Länder, organisiert vom ICPA, förderten das Verständnis auf diesem Sektor, so daß es im Lauf der Jahre zu vielerei Kontakten über den Atlantik kommen konnte. Das ICPA wurde somit ein interessantes Beispiel für eine Institution mit neuer Ausrichtung, die auf der einen Seite deutsche Identität bewahren wollte und auf der anderen Seite die Eingliederung in die Gesellschaft Paraguays bei Einbringen deutscher Kulturelemente förderte. Das Institut ist dementsprechend den Vorstellungen von Koseritz', der ja gerade dieses Einbringen in die Gesellschaften Südamerikas gefordert hatte, um eine Identifikation und Integration der deutschen Einwanderer zu beschleunigen, gefolgt.[290]

Zusammenfassend kann man sagen, daß das deutsche Vereinswesen nach einigen Jahren der Unterbrechung wieder Fuß fassen konnte. Es knüpfte an alte Strukturen an, reagierte jedoch, egal ob es sich um Wieder- oder Neugründungen handelte, auf die veränderte Ausgangssituation. Daß den Deutschen von seiten des Staats die Möglichkeit zu einem so breitgefächerten Neubeginn geboten wurde, durfte nicht als Selbstverständlichkeit angesehen werden, wie es im Fall Brasiliens deutlich wurde.

7.2 Versuch einer Wiederbelebung des zerschlagenen Volksgruppenlebens in Brasilien

Im größten südamerikanischen Staat stand die deutsche Volksgruppe vor wesentlich größeren und komplizierteren Problemen als im spanischsprachigen Teil Südamerikas. Bereits vor Kriegsende hatte die vom Präsidenten Vargas eingeleitete „Nationalisierungspolitik" einen tiefen Einschnitt für das organisierte Auslandsdeutschtum bedeutet. Das Auftreten der Nationalsozialisten und der Weltkrieg erschwerten die Situation zwar erheblich, waren aber nicht der einzige Auslöser für den Existenzkampf dieser größten Volksgruppe. Das Konzept, das brasilianische Volk ohne Rücksichtnahme auf Abstammung o. ä. zu assimilieren, war die eigentliche Ursache für die Notlage der Deutschstämmigen seit den vierziger Jahren.
Vargas, der seit 1930 regiert und sich durch einen Staatsstreich Ende 1937 seine Machtposition für weitere 8 Jahre sicherte, forcierte die „Brasilianisierung" aller Bereiche des Staates und traf neben den Deutschen somit auch die anderen eingewanderten Minderheiten im Land.[291] Dies bewies, daß die NS-

Agitation ein willkommener Vorwand für die rigorosen Pläne war. Durch ein Bündel von Maßnahmen, das den ausländischen Einfluß stoppen und die Herausbildung eines einheitlichen brasilianischen Volkes bewirken sollte, kam es zu einer künstlichen Beschleunigung der ohnehin schon häufig zu beobachtenden Assimilierung der Deutschstämmigen.

Vargas war dabei allerdings nicht der Erfinder einer solchen Bevölkerungspolitik. Bereits 1813/14 hatte der paraguayische Diktator Francia den Spaniern verboten, untereinander zu heiraten. Sie sollten Indianer oder Mestizen ehelichen, um so möglichst schnell ein paraguayisches Volk zu schaffen.[292] Auch wenn dies vor dem Hintergrund der Kolonialzeit gesehen werden mußte, entsprach die Zielrichtung in etwa der von Vargas 125 Jahre später in Brasilien.

Da die Dekrete nicht nur als Reaktion auf das Auftreten der Nationalsozialisten im Land und auf den Zweiten Weltkrieg erlassen worden waren, konnten die Deutschstämmigen nach 1945 auch nicht mit der Rücknahme der Gesetze rechnen. In anderen Staaten des Subkontinents wurde die Arbeit entweder „nur" behindert oder konnte nach einigen Jahren neukonzipiert wiederaufgenommen werden. In Brasilien war dies nicht der Fall. Das Ziel, volkstümliche Unterschiede im Land zu beseitigen, blieb bestehen. Das per Dekret vom 18. April 1938 verkündete Verbot ausländischer Klubs, Parteien oder Gesellschaften blieb ebenso bestehen wie die später verfügte Einführung des Portugiesischen als obligatorische Unterrichtssprache.

Die mit dem Kriegseintritt einhergehende Beschlagnahme deutschen Eigentums traf die Volksgruppe zusätzlich sehr hart. Deutsche Gottesdienste und deutschsprachige Publikationen waren fortan verboten, so daß den Deutschstämmigen die Grundlage für ihr Volksgruppenleben endgültig entrissen wurde.[293]

Während sich die Synoden der deutschen Einwandererkirchen zu einer Landeskirche entwickelten, nahm man den deutschen Organisationen auf diese Weise die Möglichkeit, eine Neuorientierung vorzunehmen und dies durch Strukturen sichtbar zu machen.

Erst mit der Aufnahme diplomatischer Beziehungen zwischen der Bundesrepublik und Brasilien 1956 konnte ein Modus für das beschlagnahmte Vermögen gefunden werden.[294] Es dauerte 5 weitere Jahre, ehe in einem Schulgesetz das Deutsche wenigstens als Fremdsprache wieder zugelassen wurde. Über 20 Jahre, mehrere Schülergenerationen also, trat die Schule demnach nicht als wesentlicher Stabilisationsfaktor deutschen Volksgruppenlebens auf.

Daß viele Brasiliendeutschen heute, wenn überhaupt, nur noch den mündlich überlieferten deutschen Dialekt ihrer Vorfahren sprechen, des Schriftdeutschen jedoch nicht mehr mächtig sind, liegt in dieser Ausschaltung der ehedem 1.300 deutschen Schulen Brasiliens begründet.

Konnte man bei den spanischsprachigen Ländern von einer empfindlichen Schwächung der Position des Auslandsdeutschtums sprechen, traf man hier beinahe auf die Auslöschung einer seiner Volksgruppen im ursprünglichen Sinne.

Durch die Zuwanderung einiger tausend Donauschwaben, sie gingen vornehmlich nach Entre Rios in Paraná, und deutschstämmiger Mennoniten, sie siedelten in Paraná und Rio Grande do Sul, erlebte das Deutschtum während der fünfziger Jahre seine letzte bedeutsame Vergrößerung.[295] Mit Beginn der sechziger Jahre gewannen wirtschaftliche Aspekte in den bilateralen Beziehungen zwischen der Bundesrepublik Deutschland und Brasilien zunehmend an Bedeutung, so daß es zu einem spürbaren Anstieg der Zuwanderung von Kontrakt- und Investitionsdeutschen kam, während der Anteil der originären Siedler stark zurückging. Mit dieser Entwicklung erlangten die städtischen Zentren São Paulo und Rio de Janeiro eine wichtige Stellung auch für das Brasiliendeutschtum, da dort Gruppen der „neuen" deutschen Einwanderer entstanden und sich organisierten.

All dies konnte jedoch nicht über die Tatsache hinwegtäuschen, daß den Deutschstämmigen die natürliche Weiterentwicklung zu einem integrierten Teil der brasilianischen Gesellschaft verwehrt wurde. Vielmehr blieben die Auswirkungen der nunmehr über 50 Jahre zurückliegenden Gesetze sowohl in quantitativer als auch qualitativer Hinsicht evident: Brasilien war für die Deutschen nicht mehr die uneingeschränkte Nummer 1 unter den Einwanderungsländern Südamerikas, und die deutschstämmigen Brasilianer verfügten seither nicht mehr über das notwendige Instrumentarium einer lebensfähigen Volksgruppe.

7.3 Neuerliche Belastungsproben durch flüchtige Nationalsozialisten

Nach dem Ende des Zweiten Weltkrieges und dem Zusammenbruch des Deutschen Reiches war für viele Nationalsozialisten der Verbleib in Europa zu riskant. Vor allem Personen, die den NS-Organisationen angehört hatten und für den Massenmord an den Juden sowie osteuropäischen Völkern verantwortlich waren, suchten im wahrsten Sinne des Wortes das Weite. Natürlich gelang es den Alliierten und dann der deutschen Justiz, eines Teils der Verbrecher habhaft zu werden, andere entgingen jedoch dank geheimer Abmachungen mit den Siegermächten und dank eines findigen Fluchtsystems dem Zugriff der Strafverfolger.[296]

Dieser hochsensible Themenbereich spielte bei bundesdeutschen Betrachtungen über die Deutschstämmigen stets eine wichtige Rolle. Es nahm nicht wunder, daß das Auftreten deutscher Kriegsverbrecher in Südamerika zu einem Aufschrei in den Presseorganen der Bundesrepublik, aber auch der DDR und besonders Israels führte. Überraschend für einen objektiven Beobachter mußte aber die damit einhergehende Verunglimpfung und suggerierte Pauschalisierung des gesamten Deutschtums anmuten. Vielen Journalisten waren die Deutschstämmigen in den einzelnen Ländern seit den Geschehnissen 1933 bis 1945 suspekt. Nun glaubte man den Beweis erbringen zu können, daß es sich bei den Deutschen wirklich um die sogenannte „Fünfte Kolonie" der NSDAP handelte. Oft nach dem Motto „pars pro toto" verfahrend, generalisierte man nach dem Auftreten der NS-Verbrecher, ohne freilich über die großen Gruppen von NS-Verfolgten in Südamerika zu sprechen. Schaute man sich z. B. die Volksgruppe in Uruguay, die nach 1945 beinahe zu gleichen Teilen aus Flüchtlingen der Hitler-Diktatur und Autochthonen bestand, an, so war eine solche Vorgehensweise nicht nur unfair, sondern grob fahrlässig.[297]

Auf diese Art stellten die Nationalsozialisten, diesmal selber auf der Flucht, die Deutschstämmigen wieder vor eine Belastungsprobe. Nachdem deutsche Volksgruppen am Ende der NS-Politik einem Exodus nur knapp entgangen waren, sahen sie sich plötzlich einer neuerlichen Gefahr ausgesetzt. Schließlich mußte damit gerechnet werden, daß durch das Auftreten dieser Männer den südamerikanischen Regierungen ein willkommener Anlaß geboten würde, den zögerlichen Neuanfängen deutscher Volksgruppenarbeit ein Ende zu bereiten. Was zu einem Trauma für Politiker hätte werden können, wurde somit zu einem Trauma für die Deutschen dieser Länder. Ob all dies die Motivationslage der deutschen Journalisten beeinflußte, blieb unbekannt.

Aus heutiger Sicht scheint es verwunderlich, daß die Flüchtigen Unterschlupf fanden, ohne großes Aufsehen auf deutscher und staatlicher Seite zu erregen. Wenn man sich z. B. das Nachkriegs-Argentinien Peróns mit dessen mehr oder minder offener Sympathie für den Nationalsozialismus betrachtete und gleichzeitig die Verunsicherung der Deutschstämmigen bedachte, so war dieses Phänomen durchaus nicht so unfaßbar. Hinzu kam, daß die Flüchtigen vermutlich nicht mit leeren Händen in Südamerika eintrafen.

Der bis in diese Tage anhaltenden Verdrängung der argentinischen Verwicklungen in das Fluchtgeschehen ehemaliger NS-Parteigrößen durch die argentinische Öffentlichkeit wird in nächster Zeit endgültig ein Ende bereitet werden: nach der im Februar 1992 erfolgten Freigabe der bis dahin geheimgehaltenen Dossiers über deutsche Nationalsozialisten, die nach dem Krieg in Argentinien verweilten, hoffen Wissenschaftler und jüdische Organisationen mehr Licht in dieses dunkele Kapitel der argentinischen Geschichte bringen zu können. So wäre abschließend zu klären, ob sich z. B. Martin Bormann, Leiter der ehemaligen Reichskanzlei, in Argentinien aufgehalten hat oder nicht. Gleichzeitig lassen sich der Hintergrund und die Motivation für die offenkundig freizügige Gewährung von Aufenthaltsgenehmigungen durch die Administration Peróns untersuchen. Die dem Nationalarchiv zugewiesenen Akten werden für eine intensive Diskussion über die Rolle Argentiniens im allgemeinen und des damaligen Präsidenten im speziellen während dieser Jahre sorgen.[298]

Während das Gros der Deutschen wohl nicht mit dieser Art von Zuwanderung rechnete, gab es auch solche, die der Fluchtbewegung positiv gegenüberstanden und den Ankommenden halfen, Fuß zu fassen. Es darf also trotz der oben aufgelisteten Überlegungen keinen Zweifel daran geben, daß es einer beträchtlichen Zahl von Kriegsverbrechern und Verbrechern gegen die Menschlichkeit gelang, sich nach Südamerika abzusetzen.
Der dabei entstandene Schaden für die Volksgruppen lag, wie angedeutet, auf der Hand. Wieviele es genau waren, vermag aus naheliegenden Gründen niemand zu sagen.

Es grenzt schon an eine Groteske, stellt man sich die Situation dieser Jahre einmal vor: während Asylanten der Jahre 1933 bis 1945 den Kontinent wieder verließen, suchten Nationalsozialisten sich einer Bestrafung für jene Taten, die u. a. zu der Flucht der jetzt Heimkehrenden geführt hatten, zu entziehen. Dabei gelangten sie in Staaten, die noch große Gruppen von NS-Geschädigten, so etwa deutsche Juden, beherbergten. Währenddessen wurden in der Presse erste Pauschalurteile lanciert.

Daß all dies geschehen konnte, war genau so unfaßbar wie die Art und Weise, mit der die Flucht der Nationalsozialisten durchgeführt wurde. Wie gelangten diese Mörder und „Schreibtischtäter" über 10.000 km von Europa nach Südamerika? Das in Wien arbeitende „Jüdische Dokumentationszentrum", das mit dem Namen Simon Wiesenthal untrennbar verbunden ist, widmet einen Großteil seiner Arbeit genau dieser Frage, um potentielle Schlupfwinkel ausfindig machen zu können.
Wiesenthal — Überlebender verschiedener Konzentrationslager und seit 1947 unentwegt mit dieser Thematik befaßt — schilderte in mehreren Veröffentlichungen die Vorgehensweise während der Flucht und deren Organisationsstrukturen.[299] Eines der dabei auftauchenden Schlüsselworte lautete „ODESSA", was für „Organisation der ehemaligen SS-Angehörigen" stand. Obgleich hier nicht der Platz zur Verfügung steht, die mit dem Verschwinden zusammenhängenden Fakten ausführlich darzustellen, soll doch wegen der Wichtigkeit dieses Bereichs wenigstens ein kurzer Einblick in die „Fluchttechnik" der ODESSA gegeben werden: Kurz nach der Niederlage des Dritten Reiches begann man mit der Einrichtung mehrerer Fluchtlinien, die von Deutschland bis Italien reichten. Die von Wiesenthal als Hauptroute ausgemachte Strecke Bremen-Bari erhielt dabei z. B. den Namen „B-B-Achse".[300]

Mit Hilfe von Geldmitteln, die noch während des Kriegs beiseite geschafft worden waren und deren Herkunft auf der Hand lag, wurden die flüchtigen NS-Verbrecher entweder mit einer neuen Identität oder mit Visa für südamerikanische sowie arabische Staaten ausgestattet.[301]
Eine wichtige Rolle spielten nach Wiesenthal dabei katholische Priester, die Verstecke zur Verfügung stellten und, wie etwa Bischof Hudal in Rom, über den Vatikan Visa für Südamerika besorgten.[302] Häufiges Zielland wurde Argentinien, das unter Perón ebenso ungefährlich war wie die Flucht als solche. Nach dem Sturz dieses Präsidenten und der Verunsicherung unter den Flüchtigen wegen der Entführung Eichmanns zog ein Teil dieser Männer in andere Staaten weiter, so daß sich mit der Zeit in mehreren südamerikanischen Ländern NS-Verbrecher aufhielten. Nachgewiesen wurden u. a. die Aufenthalte von:

— Adolf Eichmann
(SS-Obersturmbannführer und Leiter des „Judenreferats/ Reichssicherheitshauptamt").
Er leitete die sogenannte „Endlösung der Judenfrage", konnte nach dem Krieg aus US-Gefangenschaft fliehen und 1950 mit Hilfe eines vatikanischen Passes nach Südamerika entkommen.
Er lebte in einem Vorort von Buenos Aires und arbeitete in einem Wasserwerk unter dem falschem Namen Ricardo Klement. Er hatte seine Familie aus Österreich nachkommen lassen, als er im Mai 1960 vom israelischen Geheimdienst entführt und ein Jahr später in Tel Aviv zum Tod verurteilt wurde.[303]

— Josef Mengele
(SS-Arzt im KZ Auschwitz).
Er, der wohl als Inbegriff der Grausamkeit der NS-Diktatur und Judenverfolgung galt, lebte nach dem Krieg bis 1950 unbehelligt in Günzburg. Aufgeschreckt durch Augenzeugenberichte, die ihn belasteten, floh er über Italien und Spanien 1951 nach Buenos Aires und lebte dort als Friedrich Edler von Breitenbach. 1954 und 1959 lehnte Argentinien die Auslieferungsanträge der Bundesrepublik mit der Begründung ab, man kenne diesen Mann nicht. Mengele setzte sich daraufhin nach Paraguay ab, wo er innerhalb einer Woche per Regierungsdekret Nr. 809 im September 1959 die paraguayische Staatsbürgerschaft unter dem Namen Jose Mengele verliehen bekam. Nun ging er zurück nach Argentinien, wo er in Bariloche unter vielen Deutschstämmigen lebte. Der Fall Eichmann brachte plötzlich auch Bewegung in den Fall Mengele. Argentinien wollte zeigen, daß man Verbrecher freiwillig ausliefere und es keiner Entführung, mit Rufschädigung des Landes, bedurfte. So erließ man im Juni 1960 überraschend Haftbefehl gegen „Jose Mengele", der sich jedoch bereits nach Paraguay abgesetzt hatte. Er fühlte sich offenbar sehr sicher,

denn er ließ sich von einer Reise nach Deutschland zum Begräbnis seines Vaters nicht abhalten.
Er lebte völlig frei in Asunción und mußte die Auslieferungsanträge der Bundesrepublik in den Jahren 1962 bis 1964 nicht fürchten, da er von höchster Stelle geschützt wurde und sich auch dank der paraguayischen Staatsangehörigkeit in Sicherheit wiegen konnte. Stroessner entschied sich nach größer werdendem Druck aus Deutschland, ihn in einer Sperrzone im Distrikt Paraná, wo Mengele fortan unter Bewachung sicher lebte, unterzubringen. Nachdem er in Buenos Aires als Arzt praktiziert hatte und gleichzeitig wohl mit der Mengele-Tochterfirma „Fadro-Farm S.A." in Kontakt stand, blieb er laut Wiesenthal dort völlig isoliert.
Die für lange Zeit letzten Informationen stammten aus dem Jahr 1985. Damals wurde in Brasilien bekannt, daß Mengele unter dem Namen Wolfgang Gerhard am 7. 2.1979 bei einem Badeunfall ertrunken sei.
Der Autopsiebericht eines internationalen Ärzteteams bestätigte den Tod „mit an Sicherheit grenzender Wahrscheinlichkeit". Er wurde in Embu/Staat São Paulo beerdigt. Obwohl neben Wiesenthal viele Experten Zweifel an dieser Feststellung hegten, konnte im April 1992 mittels einer genetischen Untersuchung endgültig geklärt werden, daß es sich bei dem Toten um Mengele handelt.[304]

— Walter Rauff
(SS-Obersturmbannführer und Erfinder der mobilen Gaskammern).
Er entkam dem Gefangenenlager Rimini mit Hilfe Hudals und blieb bis 1949 in Italien, wo er andere Flüchtige mit Papieren des Vatikans und des Roten Kreuzes versorgte. Dann ging er selber nach Südamerika, lebte erst in Ekuador und dann in Chile, wo er mit Klaus Barbie, dem SS-Massenmörder von Lyon, in Kontakt stand.
Der 1963 gestellte Auslieferungsantrag der Bundesrepublik wurde abgelehnt, und Rauff konnte seine Firma weiterführen, bevor er in den siebziger Jahren z. Z. der Allende-Regierung in Bedrängnis geriet. Deren Sturz führte wieder zum Stillstand. 1983/84 unternahm Wiesenthal erneut Schritte, um Rauffs habhaft zu werden: Kontakte zum deutschen Bundeskanzler Kohl und zum amerikanischen Präsidenten Reagan brachten die Sache in Gang, so daß Pinochet bereit schien, Rauff auszuliefern. Der SS-Mann starb allerdings im Mai 1984, 2 Tage bevor das neue deutsche Auslieferungsgesuch in Santiago eintraf.[305]

— Josef Schwammberger
(SS-Oberscharführer und Lagerkommandant).
Er floh aus französischer Gefangenschaft und gelangte mit Hilfe der ODESSA nach Argentinien, wo er 1948 untertauchte. Er arbeitete in einer

petrochemischen Fabrik in La Plata, bekam 1965 die argentinische Staatsangehörigkeit verliehen und behielt bis 1978 seinen richtigen Namen.
All dies wußte die deutsche Justiz, aber den Aufenthaltsort Schwammbergers kannte sie nicht. Seit 1980 war auch dieser bekannt. Es dauerte bis zum November 1987, ehe der Massenmörder in Huerta Grande, im Nordwesten des Landes, festgenommen und im Mai 1990 an die Bundesrepublik ausgeliefert wurde. Das Verfahren gegen ihn wurde 1991 in Stuttgart aufgenommen und endete im Mai 1992 mit einer Verurteilung zu lebenslänglicher Haft.[306]

— Gustav Wagner
(SS-Oberscharführer und u. a. Stellv. Kommandant des KZ Sobibor).
Er war für den Tod mehrerer tausend Juden verantwortlich, hatte sich nach dem Krieg aus amerikanischer Gefangenschaft befreien können und gelangte mit Hilfe der ODESSA und des Vatikans über Syrien nach Brasilien.
Hier lebte er seit 1950 außerhalb São Paulos und wurde 1978 identifiziert und verhaftet. Er blieb in brasilianischem Gewahrsam, da Auslieferungsanträge seines Heimatlandes Österreich sowie Polens, Israels und der Bundesrepublik abgelehnt worden waren.
Am 3. Oktober 1980 beging er dort Selbstmord.[307]

Die 5 aufgeführten Beispiele sind insofern nicht repräsentativ, als daß diese Männer alle zumindest aufgespürt werden konnten. Die Mehrzahl der auf einige tausend geschätzten flüchtigen Nationalsozialisten lebten und leben unerkannt als naturalisierte Bürger der südamerikanischen Staaten.

Auch wenn das Zahlenverhältnis zwischen den Deutschstämmigen und diesen Flüchtigen deutlich machte, daß es sich bei letztgenannten nur um einen geringen Prozentsatz der Deutschen handeln konnte, so nahm das Auslandsdeutschtum vor allem im Beobachtungsgebiet erheblichen Schaden durch das Auftreten dieser Männer. Sie erlangten unrühmliche Publizität und warfen ein schlechtes Licht auf die Menschen, die unbelastet ein Leben als Bürger der südamerikanischen Länder führen wollten.
Kritisch anmerken muß man hier, daß es nicht zu einer derartigen Rufschädigung hätte kommen müssen. Die Deutschen hätten z. B. mehr Druck auf die nationalen oder aber bundesdeutschen Stellen ausüben können oder den Weg über die Presse wählen sollen, um so die Verfolgung ihnen bekannter Nationalsozialisten zu erwirken.[308]
Ebenso problematisch wie wenig hilfreich scheinen Versuche der Bagatellisierung solcher Zusammenhänge zu sein. Wenn z. B. Krier, ehemaliger deutscher Botschafter in Asunción und nun Honorarkonsul Paraguays für Bayern und Baden-Württemberg, in seinem 1986 erschienenen Buch die Fälle Mengele und Rauff anhand ihres jeweiligen Presseechos in Deutschland vergleicht und nur deshalb als für Paraguay ungerecht empfindet, so ist dies eine

Betrachtung, die dem Sachverhalt nicht adäquat erscheint. Sie ändert nämlich nichts an der Tatsache, daß einer der schlimmsten Massenmörder der Hitler-Diktatur unter besonderer Protektion in Paraguay leben konnte.[309] Der Autor scheint bei seinen Überlegungen die Einmaligkeit der NS-Verbrechen — dies würde sein Argument, man hätte einen paraguayischen Staatsangehörigen nicht ausliefern können, mehr als entkräften — und gleichzeitig die Einmaligkeit der Vergehen Mengeles nicht genügend zu berücksichtigen.

Es bleibt festzuhalten, daß dieser Komplex emotional sehr betroffen machte und immer noch macht sowie Unverständnis für das Handeln verschiedener südamerikanischer Regierungen und einiger Teile der deutschen Volksgruppen hervorruft.

7.4 Die deutschstämmigen Präsidenten Stroessner und Geisel als Exponenten politischer Partizipation?

Wie erwähnt, hatten deutsche Einwanderer seit ihrem Eintreffen in der neuen Heimat Gemeinschaftsaufgaben übernommen, so auch in der Politik, wo sich das Engagement vorerst auf kommunale Ebenen beschränkte.[310]
Was sich bereits in der Zwischenkriegszeit angedeutet hatte, setzte sich nach 1945 in verstärktem Maße fort: die Deutschstämmigen in ganz Lateinamerika beteiligten sich am überregionalen politischen Geschehen und übernahmen zusehends auch politische Verantwortung in herausragenden Positionen. Politische Partizipation wurde Teil des fortschreitenden ethnischen Übergangs der ehemals deutschen Minderheit zu Landesbewohnern deutscher Abstammung.
Als erstes trat die häufig als „Kindergeneration" bezeichnete Gruppe auf. Dies waren die direkten Nachfahren der Einwanderer. Sie verfügten somit über einen lebendigen Bezug zu Deutschland, das ihre Eltern schließlich noch selber erlebt hatten. Sie bekleideten z. B. hohe öffentliche Ämter in Ministerien oder, wie im Fall der beiden o. g. Präsidenten, gelangten an die Staatsspitze einzelner Länder. Stroessner und Geisel gehörten zu den deutschstämmigen Politikern des Untersuchungsgebiets, die, Anfang des Jahrhunderts geboren, nach 1945 an Einfluß gewannen und Führungspositionen übernahmen.
Alfredo Stroessner wurde 1912 in Encarnación als Sohn eines aus Hof stammenden Bierbrauers und einer Indianerin geboren. Er durchlief die Offizierslaufbahn und wurde 1953 Oberbefehlshaber der paraguayischen Streitkräfte.

Nur ein Jahr später gelangte er nach einem Militärputsch an die Macht, die er beinahe 35 Jahre nicht mehr aus der Hand geben sollte.[311] Die Machtübernahme der Militärs mit Stroessner an der Spitze setzte den Unruhen in diesem südamerikanischen Binnenstaat, deren Höhepunkt ein Bürgerkrieg im Jahre 1947 gewesen war, ein Ende. Mit Hilfe der Colorado-Partei, der noch heute ein Drittel der Paraguayer angehören, und der Armee führte er ein strenges Regime, bis er 1989 von seinem Stellvertreter Rodriguez entmachtet wurde. In der Armee standen ihm bis zuletzt deutschstämmige Offiziere – Knopfelmacher, Schreiber und Glebsch etwa – zur Seite, die rigoros gegen eventuelle Unruhestifter vorgingen.[312]

Stroessner, er lebt seit 1989 auf seiner Farm in der Nähe von Itumbiara im brasilianischen Bundesstaat Goiás[313], erlangte im eigenen Land durchaus hohes Ansehen. Dies ist u. a. auch darauf zurückzuführen, daß Stroessners über dreißig Jahre währende Regierungszeit – ohne hier die Regierungsart zu kommentieren – dem Land die lang ersehnte Ruhe brachte. Das Gros der Bevölkerung war für den Frieden und die Sicherheit im Land offensichtlich dankbar. Noch heute hört man häufig in Gesprächen positive Beurteilungen seiner Person. Eine Konsequenz seiner Führung war für jeden Landesbewohner spürbar und unterschied das Land von manch anderem südamerikanischen Staat: selbst zu später Stunde konnte man in Asunción ohne Angst auf die Straße, was für andere Hauptstädte nicht zutraf. Gerade in diese Richtung gingen dann auch Befürchtungen vieler Landesbewohner, für die Demokratie und Freiheit vorerst nur Fremdworte zu sein schienen, nach dem Putsch. Dies überraschte allerdings nicht, da 80 % der Paraguayer nur das Stroessner-Regime kennenlernten. Die Opposition, die zuletzt nur noch mit der „biologischen Lösung des Problems"[314] gerechnet hatte, war dementsprechend klein. Entweder überwacht und unterdrückt oder ins Ausland geflüchtet, konnte sie erst 1989 an die Reorganisation ihrer Arbeit gehen.

Ernesto Geisel wurde 1908 in Bento Goncalves im brasilianischen Rio Grande do Sul als fünftes Kind eines Einwandererehepaares geboren.
3 der 4 Brüder gingen zum Militär und gelangten später in wichtige Positionen: Henrique wurde 4-Sterne-General, Arlando war längere Zeit Heeresminister, und Ernesto war am Umsturz 1964 beteiligt und wurde anschließend zum Chef des Militärkabinetts ernannt. Lediglich Bernardo, der älteste Bruder des späteren Präsidenten, ging als Chemieprofessor einem zivilen Beruf nach.
Nach 3 Jahren wechselte Ernesto Geisel zum Obersten Militärgerichtshof, dessen Vorsitzender er wurde, bevor er dann von 1974 bis 1979 als Staatspräsident Brasiliens fungierte.[315]
Als Präsident des fünftgrößten Landes der Welt nahm er öfter die Gelegenheit wahr, deutsche Siedlungen speziell im Süden aufzusuchen. So stattete er 1976 und 1977 den Ortschaften der Donauschwaben in Entre Rios, Paraná,

und den Mennonitendörfern um Witmarsum anläßlich deren 25-Jahr-Jubiläen Besuche ab.[316]
Als erster Protestant in diesem Amt und fließend Deutsch sprechend, konnte er sich dabei der Unterstützung der Deutschstämmigen im Land sicher sein. Gemäß der brasilianischen Verfassung, die nur einmalige Amtsperioden zuließ, zog sich Geisel 1979 zurück und lebt seitdem im Ruhestand.

Nach diesen Beispielen möchte man geneigt sein zu glauben, daß das Militär und die Militärregierungen zu Hauptbetätigungsfeldern der Deutschstämmigen wurden.[317] Das Militär war seit Jahrzehnten einer der Bereiche Südamerikas, in denen sich viele Deutsche, sei es aus den Staaten des Subkontinents kommend oder direkt aus Deutschland entsandt, engagierten. Es hatte also Tradition, in den Armeen zu dienen, zumal diese häufig gute Ausbildungs- und Aufstiegschancen boten.

Auch für Bolivien und Chile ließen sich in diesem Zusammenhang Beispiele finden. So war der ehemalige bolivianische Präsident Banzer ebenso deutschstämmig wie die beiden Generäle Matthei und Stange aus der ehemaligen chilenischen Junta unter Pinochet.[318] Diese 3 gehörten jedoch nicht mehr der gleichen Generation wie Stroessner und Geisel an, da sie in der Zwischenkriegszeit geboren wurden und bis heute öffentliche Ämter bekleiden. Daß sich zu der erstgenannten Gruppe Männer wie Allende-Gossens und Frei-Montalva gesellten, machte die ersten Tendenzen einer Öffnung auch hier deutlich.[319]

Die heute in vielen lateinamerikanischen Landes- oder Regionalregierungen anzutreffenden Deutschstämmigen gehören beinahe durchgehend der sogenannten „Enkelgeneration" an und haben ihre Aufnahmen in Parteien verschiedener Ausrichtung gefunden, so daß keineswegs mehr von einer Monopolstellung des Militärs die Rede sein kann.

Deutschstämmige Politiker in hohen Regierungsfunktionen waren in neuester Zeit u. a. in folgenden südamerikanischen Staaten anzutreffen:
— in Brasilien, wo Jose Goldenberg das Wissenschafts- und Technologieressort im Kabinett Collor und dann das Umweltministerium führte. Durch ein Revirement bei der Zentralbank gelangte dort mit Franciso Gros 1991 ein Deutschstämmiger an die Spitze der brasilianischen Notenbank.
— in Chile, wo Innenminister Enrique Krauss der Regierung unter Aylwin genauso angehörte wie Präsidialamtsminister Edgardo Boeninger.
— in Bolivien, wo Oskar Eid zum Innenminister unter dem Präsidenten Paz Zamora wurde.
— in Paraguay, dessen derzeitiger Ministerpräsident Frutos Vaesken bereits Außenminister unter dem Präsidenten Rodriguez war.
— in Argentinien, wo Gouverneur Reutemann die im Süden des Landes gelegene Provinz Santa Cruz regiert.

In den zurückliegenden Jahren waren u. a. mit Jose Lutzenberger, bis März 1992 Umweltminister in Brasilien, Hernan Büchi, ehemaliger Finanzminister in Chile, und Monica de Greiff, ehemalige Justizministerin in Kolumbien, sowie Roberto Alemann, ehemaliger Wirtschaftsminister in Argentinien, weitere deutschstämmige Politiker sowohl innerhalb als auch außerhalb des Beobachtungsgebiets als Minister tätig.[320]

Auch in den mittelamerikanischen Staaten Nicaragua und Costa Rica, die nie über eine sehr große deutsche Volksgruppe verfügten, stehen die Außenminister Enrique Dreyfus und Bernd Niehaus für die breitgefächerte politische Partizipation der Deutschstämmigen in den neunziger Jahren. Berücksichtigt man nun noch die Rolle des ehemaligen „comandante" Navarro Wolff, der in Kolumbien die linksnationalistische Guerillabewegung M-19 bis zur Aufgabe seines bewaffneten Kampfes im März 1990 führte, so finden sich im gesamten politischen Spektrum des Kontinents Deutschstämmige.[321] Wichtige Beraterfunktionen, wie sie Dauster in Brasilien oder Seifert und Thuemen in Paraguay haben, vervollständigen das vielschichtige Engagement.[322]

Es bleibt festzustellen, daß nach einer langen Zeit der großen Zurückhaltung erst nach dem Zweiten Weltkrieg ein Umdenkungsprozeß in Gang kam, der dazu führte, daß wir derzeit den bisher größten Einsatz deutschstämmiger Politiker in Südamerika zu verzeichnen haben. Ob sich der Trend hin zur politischen Partizipation in Zukunft noch weiter verstärken wird, bleibt abzuwarten. Anzunehmen ist jedoch, daß beim Auftreten nachfolgender Generationen deutschstämmiger Politikerinnen und Politiker der Bezug zum Deutschtum wesentlicher schwächer ausgebildet sein dürfte als dies zur Zeit durchaus noch der Fall ist.

7.5 Gibt es eine Zukunft für die deutschsprachigen Zeitungen im Untersuchungsgebiet?

Werfen wir hier zuerst einen Blick auf die Gesamtentwicklung der deutschsprachigen Printmedien in Südamerika: beinahe parallel zu der rückläufigen Entwicklung bei den deutschen Auslandsschulen (s.10.4) war auch auf dem Zeitungssektor eine deutliche Ausdünnung während der letzten Jahrzehnte zu beobachten. Nach mehr als 1.600 Presseerzeugnissen vor rund 60 Jahren hatte sich diese Zahl bis Anfang der achtziger Jahre bereits auf rund 300 reduziert.[323]

Verständlicherweise beeinflußten die beiden Weltkriege diesen Prozeß erheblich, da sie, wie in vielen Teilbereichen des Auslandsdeutschtums, einen drastischen Einschnitt darstellten. Auch die „Nationalisierungspoltik" Brasiliens seit 1938 und die damals erlassenen Verbote für deutsche Publikationen ließen einen großen Teil dieses Bereichs unwiederbringlich verlorengehen.[324] Unabhängig von diesen äußeren Einflüssen haben sich die Volksgruppen dahingehend weiterentwickelt, daß sie sich jeweils nicht mehr als „sociedad cerrada", also als geschlossene Gesellschaft in einem Gastland, sondern als aktiver Teil der jeweiligen Landesbevölkerung fühlen. Bestanden für frühere Generationen noch direkte Kontakte oder wenigstens durch die Eltern und Großeltern mehrere Bezugspunkte zu Deutschland, so ist dies heute bei den Autochthonen kaum mehr der Fall.

Damit einhergehend änderte sich das Bedürfnis nach deutschen Presseerzeugnissen. War es früher, u. a. wegen der Sprachbarrieren, beinahe ein Muß, eine deutsche Zeitung zu lesen, fällt dies heute bei dem hohen Grad der Integration der Auslandsdeutschen in Südamerika weg. In den Haushalten deutschstämmiger Argentinier, Brasilianer usw. werden die Landesmedien gelesen und bestenfalls eine deutsche Zeitung als Ergänzung gekauft. Die Umkehrung der sprachlichen Begrenztheit hat hier zur Folge, daß die Leserschaft immer kleiner wird.

Aufgrund der modernen Verkehrsverbindungen sind bundesdeutsche Zeitungen heute zumindest in den großen Städten relativ druckfrisch zu erstehen, so daß den in Südamerika erstellten Zeitungen in städtischen Gebieten noch eine weitere — wenn auch erheblich teurere — Konkurrenz neben der landessprachlichen Presse erwachsen ist. Als Folge daraus kommt der Leserschaft in der Provinz heute eine zentrale Rolle zu, da diese in der Regel den Leserstamm deutschsprachiger Zeitungen bildet.

Insofern spiegelt das Verschwinden vieler Zeitungen eine Entwicklung des Deutschtums im südlichen Teil Amerikas wieder. Eine Auflistung der deutschsprachigen Zeitungen und Zeitschriften aus dem Jahre 1982 im Vergleich zu den aktuellsten Zahlen aus dem Jahre 1984 gibt für den gesamten Subkontinent folgende Stückzahlen an:

Land	1982	1984
Argentinien	13	12
Brasilien	12	11
Paraguay	3	6
Peru	3	2
Chile	3	3
Venezuela	3	2
Kolumbien	1	1
Uruguay	1	3
Ekuador	0	0
Bolivien	0	0
Guayanas	0	0

[325]

In diesem Zusammenhang ist es wichtig, daran zu erinnern, daß nicht alle hier erfaßten Zeitungen und Zeitschriften nach europäischem Standard beurteilt werden dürfen. Häufig handelt es sich z. B. um Kirchenzeitungen, da die Gemeinden als einzige deutsche Institution noch die Möglichkeiten haben, ihre Mitglieder in Deutsch zu unterrichten, wie dies etwa in Venezuela und Kolumbien der Fall ist.

Naturgemäß versorgen sich die Leser in der Tagespresse des jeweiligen Landes mit aktuellen Nachrichten, so daß die deutschen Zeitungen andere Gebiete abdecken müssen, wollen sie existieren. Diese landsmannschaftliche Orientierung bietet bis heute eine Art Nische, in der Zeitungen deutscher Sprache bestehen können.

Nach dieser allgemeinen Einführung werden im weiteren die im Untersuchungsgebiet erscheinenden deutschsprachigen Zeitungen, die rund zwei Drittel der Gesamtpublikationen ausmachen, näher vorgestellt. In diesem Dreiländerbereich finden wir heute folgende Wochenzeitungen vor:

a)	„Brasil-Post"	verlegt in São Paulo/Brasilien
b)	„Deutsche Zeitung"	verlegt in São Paulo/Brasilien
c)	„Neues für Alle"	verlegt in Asunción/Paraguay
d)	„Argentinisches Tageblatt"	verlegt in Buenos Aires/Argentinien [326]

Die 1930 gegründete „Brasil-Post" erscheint genau wie die „Deutsche Zeitung" in São Paulo, allerdings hat sie einen größeren Verbreitungsraum, da sie vornehmlich im brasilianischen Hinterland gelesen wird, während die „Deutsche Zeitung" sich speziell an die in São Paulo und Rio de Janeiro lebenden Kontraktdeutschen wendet.[327]

Die derzeitige Auflage der „Brasil-Post" von 9.000 Exemplaren erreicht nach Berechnungen der Redaktion rund 100.000 Leser, da die Zeitungen in Familien- und Freundeskreisen weitergereicht werden. 80 % der Leser sind Nachkommen der Einwanderer, während sich der Rest auf Kontraktdeutsche und andere Interessierte verteilt. Rund die Hälfte der Bezieher wohnt in den Staaten Rio Grande do Sul, Santa Catarina und Paraná und profitiert von dem zeitungseigenen Deutschkurs, der den Kontakt zur Sprache auch in entlegenen Landesteilen ermöglicht.

Die „Brasil-Post" — in Landsiedlungen oft als „Familienzeitung" tituliert — informiert ihre Leser nicht nur über die Weltereignisse, sondern verstärkt auch über innenpolitische Geschehnisse und hebt sich somit von der „Deutschen Zeitung" ab, deren Inhalte sich mehr an den bundesdeutschen Vorkommnissen orientieren.

Neben der Unterhaltung nimmt das pädagogische Element eine zentrale Stellung bei der „Brasil-Post" ein. Die deutsche Sprache soll den jüngeren Gene-

rationen von Brasiliendeutschen nähergebracht werden und so erhalten bleiben. Um diesen Leserkreis noch besser ansprechen zu können, wurde im April 1992 das Layout des Blatts modern umgestaltet.
Da der Bezug bundesdeutscher Zeitungen via Luftpost speziell für die in der Provinz ansässigen autochthonen Deutschen in der Regel zu kostspielig und kompliziert ist, werden der Zeitung und ihrem Konzept gute Zukunftschancen eingeräumt.

Die nur im Abonnement beziehbare Wochenzeitung „Neues für Alle" erscheint in Asunción und beschäftigt sich neben den Geschehnissen in Paraguay mit der internationalen Politik und der Entwicklung in Deutschland. Der frühere Präsident Stroessner nahm in der für europäische Verhältnisse kleinformatigen Zeitung bis zu seinem Sturz 1989 stets großen Raum ein. Detaillierte Reiseberichte und Schilderungen seiner Empfänge u. ä. in Asunción wurden so regelmäßig gedruckt.[328]
Neben dieser schwerpunktmäßigen Berichterstattung über die innenpolitische Situation des Binnenlandes nahm das Blatt jedoch auch Stellung zu Vorkommnissen in Deutschland. Bei Kommentaren etwa in bezug auf angeblich einseitige Reportagen über Paraguay in bundesdeutschen Medien bezog „Neues für Alle" deutlich Position und forderte mehr Verständnis für die Lage und die Gangart des Staates.[329] Das in rund 11.000 Exemplaren aufgelegte Blatt finanziert sich über Anzeigen meist deutscher Firmen und deutschstämmiger Paraguayer.
Hier unterscheidet es sich im übrigen deutlich vom vierzehntäglich erscheinenden „Menno-Blatt", das in einer Auflage von 3.000 Exemplaren erscheint. Diese „Zeitschrift für Gemeinde und Kolonie", so der Untertitel dieses mennonitischen Blatts, weist eine stark religiöse Ausrichtung auf. Es beschäftigt sich vornehmlich mit Glaubensfragen, mit der historischen Entwicklung des mennonitischen Glaubens sowie der Siedlungsgeschichte der Gemeinschaft in Paraguay.[330]

Auf das „Argentinische Tageblatt" muß hier ein weiteres Mal besonders hingewiesen werden, da es sich um die älteste deutsche Zeitung Südamerikas handelt und es als auflagenstärkstes Presseorgan des Subkontinents in deutscher Sprache auch Uruguay auf der gegenüberliegenden Seite des La Plata mitversorgt.[331]
Die von den Argentiniern kurz „Tageblatt" genannte Zeitung ging im April 1889 aus dem deutschsprachigen „Wochenblatt" hervor und erschien bis zum September 1981 täglich im Alemann-Verlag in Buenos Aires. Die schrumpfende Leserzahl zwang damals zur Umstellung auf wöchentliches Erscheinen. Nach nunmehr über 105 Jahren kann das Blatt mit ca. 20.000 Käufern rechnen, wobei auch hier der Herausgeber, der ehemalige argentinische Wirtschaftsminister Dr. Roberto Alemann, stets darauf hinweist, daß jedes Exem-

141

plar von 4 bis 5 Lesern konsumiert wird. Der Verbreitungsgrad wäre somit mit 100.000 bei insgesamt 300.000 Deutschsprachigen im Land erheblich.[332] Der Aufbau dieser Zeitung, die sich als liberales Blatt versteht, entspricht dem in Europa üblichen Standard. Die diversen Rubriken berücksichtigen politische, wirtschaftliche und sportliche Ereignisse aus aller Welt. Die Berichterstattung über Argentinien, somit der innenpolitische Teil, nimmt dabei den überwiegenden Platz ein, so daß hier der Anspruch des „Tageblatts", eine deutschsprachige argentinische Zeitung zu sein, seine Berechtigung findet.

Die aufmerksame Verfolgung und zum Teil kritische Kommentierung der politischen Vorgänge im Land lassen heute, wie früher, nicht den Eindruck entstehen, das „Argentinische Tageblatt" sei ein Sprachrohr irgendeiner Institution oder Organisation.

Zusätzlich werden dem Leser dort bundesdeutsche Geschehnisse nähergebracht, die in Ergänzung zu den Ankündigungen der verschiedenen deutschen Vereinigungen und Kirchengemeinden sowie den gemischtsprachigen Annoncen von der großen Verbreitung des Wochenblatts zeugen.[333]

Die Bedeutung des Verlags Alemann geht über den Zeitungssektor hinaus und erstreckt sich auf Buchpublikationen in deutscher Sprache. So brachte der „Deutsche Klub von Buenos Aires" den mehrfach aufgelegten Band „Deutsche in Argentinien" dort heraus. Etliche andere Bücher, die sich zur Aufgabe gemacht haben, Argentinien dem deutschsprachigen Leser näherzubringen[334], zeugen von der wichtigen Funktion und der gleichzeitig bedeutenden Position dieses Hauses. Somit gilt nicht nur das „Argentinische Tageblatt", sondern der Verlag Alemann als Paradebeispiel eines langen und erfolgreichen Engagements auf dem Gebiet deutschsprachiger Publikationen im Untersuchungsraum. Seine Standhaftigkeit, die ihm speziell in den Jahren 1933 bis 1945 viele Drohungen und Beschimpfungen einbrachte, wird heute weit über die Grenzen des Landes hinaus gewürdigt.[335]

Des weiteren sei hier auch eine interessante gemischtsprachige Zeitschrift der jüdischen Gemeinde von Buenos Aires vorgestellt. Das monatlich erscheinende „Semanario Israelita" wird in Spanisch und Deutsch nebeneinander herausgegeben und belegt damit nicht nur den immer noch großen Anteil deutschsprachiger Gemeindemitglieder in Buenos Aires, vielmehr stellt es auch einen Versuch der Heranführung der jüngeren jüdischen Generation, die oft deutschstämmig, jedoch nicht deutschsprachig ist, an die deutsche Sprache dar. Das u. a. in der Bibliothek des „Goethe-Instituts" ausliegende Blatt berichtet schwerpunktmäßig über Ereignisse in Buenos Aires und Argentinien sowie aus Israel. Es dient in Teilen z. B. auch der von deutschen Immigranten gegründeten Gemeinde „Benei Tikva" als Ankündigungsforum. 1940 gegründet, erscheint das Wochenblatt derzeit mit einer Auflage von 3.000 Exemplaren.[336]

Als Ergänzung – und die Palette der großen deutschsprachigen Zeitungen im Cono Sur komplettierend – soll hier abschließend kurz der „Condor" erwähnt werden. Diese Wochenzeitung, gegen Ende der dreißiger Jahre aus dem Zusammenschluß mehrerer deutschsprachiger Zeitungen entstanden, ist das einzige landesweit in Deutsch erscheinende Blatt Chiles. Es wird vom „Deutsch-Chilenischen Bund" herausgegeben und definiert sich als „Träger und Vertreter der Tradition und Arbeit" dieses Verbandes.[337]

Der „Condor" möchte Forum der Deutschsprechenden in Chile sein und dient daher konsequenterweise den verschiedenen Vereinen als Ankündigungsorgan. Nach neueren Berechnungen erreicht er dabei jedoch nur Teile der Volksgruppe. Seine Auflage ist, wie im übrigen auch bei der „Deutschen Zeitung" in Brasilien, unbekannt.[338]

Leider muß in den folgenden Jahren mit einer weiteren Ausdünnung des deutschsprachigen Zeitungsangebots gerechnet werden, da die wirtschaftlichen Grundlagen für solche Projekte immer schwächer werden. Obwohl die Zeitungen nach neuen Lesergruppen Ausschau halten und ihre Konzepte so umstellen wollen, daß die Blätter z. B. auch in Europa größeren Absatz finden, um so eine Sensibilität für das Auslandsdeutschtum und die Länder des Untersuchungsgebiets zu wecken, wird es für sie ohne Unterstützung schwer sein, sich zu behaupten. Daher sollte man sich vielleicht schon jetzt über etwaige öffentliche Hilfen seitens Bonns – es könnten u. a. die Agenturkosten übernommen werden – Gedanken machen. Wie gesehen, sind diese Zeitungen wichtige Bausteine im Bemühen um den Erhalt und die Verbreitung der deutschen Sprache. Da sie auch in den entlegenen Gebieten Südamerikas, in denen u.U. keine Schulangebote bestehen, verfügbar sind, böten sie sich als ideale Ergänzung in diesem Zusammenhang an.

Der Vollständigkeit halber sei hier noch darauf hingewiesen, daß in einigen südamerikanischen Staaten deutschsprachige Radioprogramme angeboten werden, so in Venezuela (täglich eine Stunde), in Uruguay (täglich eine Stunde), in Peru (einmal in der Woche), in Paraguay (26 % des täglichen 14-Stunden-Programms von „La voz del Chaco Paraguayo") und in Chile (täglich bei verschiedenen Sendern).

Anmerkungen zu Kapitel 7

287 Bussmann schildert dies für die evangelische Gemeinde Asunción als Teil der DELPS mit den ehedem angeschlossenen Vereinen.
Vgl. Bussmann, a. a. O. S. 115 ff.
Die Nachkriegsentwicklung des Sportklubs in Asunción zeigte in vielen Kleinigkeiten die neue Einstellung der deutschen Vereine. So mußte dort z. B. jedes Mitglied fließend Deutsch und Spanisch sprechen können.
Vgl. Sekretariat „Deutscher Turn- und Sportverein": Der deutsche Sportklub in Asunción, in: Deutsches Jahrbuch für Paraguay 1989. Hrsg. v. Gerhard Ratzlaff, Asunción 1989, S. 73 f.

288 Die Schulen sind Thema des Kapitels 10.4.
289 Vgl. Bundesverwaltungsamt (BVA, Hrsg.): Auslandsschulverzeichnis 1989, Köln 1989, S. 24, S. 36 f. und S. 127 f. (zit.: BVA 1989 a).
Im „Colegio Goethe" wurden 1989 194 Kinder im Kindergarten und in der Volksschule sowie 1.063 Schüler in den 12 Jahrgangsstufen gezählt. Die Zahlen für die 4 geförderten Schulen Argentiniens lauten:

Schule	Kindergarten	Schüler
Goethe-Schule	247	1.440
Pestalozzi-Schule	178	541
Deutsche Schule Villa Ballester	297	1.687
Hölters-Schule Villa Ballester	228	1.655

290 Vgl. Heinichen, Luis: Instituto Cultural Paraguayo-Aleman, in: Deutsches Jahrbuch für Paraguay 1988. Hrsg. v. Gerhard Ratzlaff, Asunción 1988, S. 78 ff.
291 Italiener, Japaner, Polen, Ukrainer u. v. a. m. waren mit mehr oder minder großen Volksgruppen in Brasilien vertreten und wurden von den Maßnahmen ebenso getroffen wie die Deutschen. Vgl. Oberacker/Ilg, a. a. O. S. 236.
Vgl. Mühlen, a. a. O. S. 187 ff.
Vgl. Der Spiegel vom 25. November 1991 bzgl. der Lage der Japaner.
292 Vgl. Schuster, a. a. O. S. 200 ff.
293 Vgl. Ebel, a. a. O. S. 272—288
Vgl. Born/Dickgießer, a. a. O. S. 55 ff.
Vgl. Jacob, a. a. O. S. 108 f.
294 Im Februar 1992 erhielt die Deutsche Bank durch ein Dekret des brasilianischen Präsidenten die Betriebslizenz für 5 seit dem Zweiten Weltkrieg enteigneten Filialen zurück. Hier zeigt sich, daß die 1956 getroffenen Vereinbarungen nicht alle Eigentumsfragen zur beidseitigen Zufriedenheit regelten.
Vgl. FAZ vom 25. Februar 1992
295 Vgl. Oberacker/Ilg, a. a. O. S. 257—271
296 Vgl. Klee, Ernst: Persilscheine und falsche Pässe, Frankfurt a. M. 1991, S. 30 f.
Vgl. Bussmann, a. a. O. S. 6 f.
Vgl. Wiesenthal, Simon: Recht, nicht Rache, Frankfurt a. M./Berlin 1990, S. 59 ff. und S. 81 ff.
Er gibt z. B. den Fall Stroncickij an, der von den Amerikanern mit einer neuen Identität ausgestattet wurde und nun in Nordamerika lebt. Wiesenthal beklagt auch, daß die vielen Kriegsverbrechern nach dem Krieg gelang, vom CIA oder CIC übernommen zu werden und als Informanten für diesen Geheimdienst zu arbeiten. Klaus Barbie war einer der SS-Männer, die sich so vor einer Strafe retten konnten. Er lebte später als Klaus Altmann in Chile bzw. Bolivien und stand in Verdacht, mit dem dortigen Geheimdienst zusammenzuarbeiten. 1983 verhaftet, wurde er nach Frankreich, wo er als der „Schlächter von Lyon" für seine Brutalität berüchtigt war, ausgeliefert und zu lebenslanger Haft wegen Verbrechen gegen die Menschlichkeit verurteilt. Barbie starb am 25. September 1991 an Blutkrebs in Lyon und konnte wegen der Weigerung der bolivianischen Behörden nicht in Cochabamba beigesetzt werden.
Vgl. Der Spiegel vom 20. Mai 1991
Vgl. FAZ vom 27. September 1991 und 28. September 1991
297 Vgl. Krier 1979, a. a. O. S. 666 f.
Auch ein Blick auf in vorangegangenen Kapiteln aufgeführte Zahlen belegt, daß diese Gruppe nur einen Bruchteil an der Gesamtzahl ausmachte.
298 Vgl. FAZ vom 3. Februar 1992.
Vgl. Israel Nachrichten vom 12. März 1992.
299 Vgl. Wiesenthal, a. a. O. S. 72—83.
300 Vgl. ebenda, S. 72 f und S. 80 f.
Neben der ODESSA gab es noch weitere NS-Untergrundbewegungen, die nach dem Krieg Flüchtigen halfen. So etwa „die Spinne" und „das Sechsgestirn".
Vgl. ebenda, S. 99.

301 Vgl. ebenda, S. 102 und S. 113 ff.
    Als arabischen Zufluchtsort nennt er vor allem Damaskus.
302 Vgl. ebenda, S. 79 ff. und S. 86 f.
    Vgl. Klee, a. a. O. S. 32 ff.
    Der österreichische Bischof war nicht nur an solchen Paß- und Visaangelegenheiten, sondern auch an Freilassungen aus Kriegsgefangenenlagern beteiligt. Fall Rauff wird noch beschrieben.
    Vgl. auch: Spitzy, Reinhard: So entkamen wir den Alliierten, München/Berlin 1989.
303 Vgl. Wistrich, a. a. O. S. 76 ff.
    Vgl. Wiesenthal, a. a. O. S. 92—109
    Vgl. Giefer, Rena/Giefer, Thomas: Die Rattenlinie, Frankfurt a. M., S. 62 ff.
304 Vgl. ebenda, S. 140—153.
    Die nochmalige Prüfung wurde nach einer Meldung der paraguayischen Zeitung „ABC Color", wonach Mengele erst 1986 in Paraguay gestorben sei, vorgenommen. Das Ergebnis bestätigte die Version des Badeunfalls 1979 in Brasilien.
    Vgl. Die Welt vom 1. März 1992.
    Vgl. FAZ vom 9. April 1992.
305 Vgl. ebenda, S. 82—91.
    Vgl. Klee, a. a. O. S. 25 f. und S. 148 f.
306 Vgl. Die Welt vom 1. September 1989 und 4. Mai 1990.
    Vgl. Giefer/Giefer, a. a. O. S. 12 ff.
    Vgl. FAZ vom 27. Juni 1991, 6. Juli 1991, 18. Juli 1991, 20. Juli 1991, 27. Juli 1991, 12. September 1991, 14. September 1991, 20. September 1991, 23. September 1991, 7. November 1991, 23. November 1991, 2. Januar 1992, 14. April 1992, 19. Mai 1992.
307 Vgl. Wistrich, a. a. O. S. 367 f.
    Vgl. Wiesenthal, a. a. O. S. 120—128.
    Vgl. Klee, a. a. O. S. 25 und S. 38.
    Vgl. N. N.: Die längste Diktatur Lateinamerikas, in: Lateinamerika-Nachrichten, 7. Jg., Nr. 73 1979, S. 68.
308 So lebte Mengele jahrelang in Asunción ohne sonderliche Vorsichtsmaßnahmen. Gerüchte, wonach Mengele lange bei deutschsprachigen Mennoniten Unterschlupf gefunden habe, waren nicht dahingehend verifizierbar, ob sie den Tatsachen entsprachen oder Beschuldigungen waren, die die Presse aufgrund früherer Tolerierungen auch durch Deutschstämmige veröffentlichte.
    Vgl. N. N.: Nazis in Paraguay, in: Lateinamerika-Nachrichten, 11. Jg., Nr. 118/119, S. 82.
309 Vgl. Krier 1986, S. 51 ff.
310 Wie erwähnt, war dies u. a. im chilenischen Puerto Montt verstärkt zu beobachten.
311 In den vorangegangenen 85 Jahren hatte Paraguay 44 Präsidenten und war politisch instabil. Stroessner führte das Land von Beginn mit eiserner Hand. Er duldete keine Opposition, weshalb auch über 800.000 Paraguayer ins Exil gingen, und sicherte sich vermutlich auch durch die Verteilung der Gewinne aus der florierenden Schmuggelwirtschaft nach unten ab.
312 Vgl. FAZ-Magazin vom 30. November 1990.
    Es kursierten Gerüchte, daß Stroessner seinen ältesten Sohn Gustavo zu seinem Nachfolger machen wollte. Das soll einer der Auslöser für die Absetzung des dienstältesten Diktators der Welt durch Rodriguez gewesen sein. Pikanterweise sind die beiden Militärs verschwägert, da Sohn Hugo Stroessner mit Marta Rodriguez verheiratet ist. Sie sind beide zweimalige Großväter derselben Kinder. Der neue Präsident gilt als einer der reichsten Männer des Landes, besitzt ein Schloß in Asunción, das — obwohl wesentlich kleiner — durch den Baustil stark an das in Versailles erinnert, und steht wie sein Vorgänger in Verdacht, vom Schmuggel zu profitieren.
    Vgl. Die Welt vom 4. Februar 1989.
313 Stroessner besitzt des weiteren Ländereien in Chile, Südafrika und den USA, wodurch es nach seiner Absetzung zu Spekulationen über seinen Zufluchtsort kam.
    Vgl. Rheinische Post vom 4. Februar 1989 und 7. Februar 1989.
    Vgl. Die Welt vom 6. Februar 1989.

314 Der paraguayische Politiker Domingo Laino, Präsidentschaftskandidat bei den Wahlen 1989, während eines Zeitungsinterviews, in: Die Welt vom 4. Februar 1989.
315 Vgl. Ilg 1982, a. a. O. S. 47 f.
316 Vgl. ebenda, S. 118 f.
Vgl. Kleine 1983, a. a. O. S. 184.
317 Vgl. Wolff/Fröschle, a. a. O. S. 159.
Vgl. Converse, a. a. O. S. 337 ff.
In einigen Staaten wurde Deutsch gar Offizierssprache.
318 Vgl. Längin 1987, a. a. O. S. 9.
Vgl. FAZ vom 4. August 1989, 5. August 1989 und 25. Juni 1991.
319 Eduardo Frei-Montalva war 6 Jahre Staatspräsident von Chile. Seine Familie stammte aus dem österreichischen Feldkrich im Vorarlberg. Sein Nachfolger, Salvador Allende-Gossens, dessen Vorfahren mütterlicherseits deutschstämmig waren, wurde beim Putsch Pinochets 1973 ermordet.
Vgl. Weller, Uwe: Der große Augenblick in der Zeitgeschichte, Bayreuth 1976, S. 293 ff.
320 Vgl. Der Spiegel vom 15. Juli 1991.
Vgl. Die Welt vom 11. Juli 1989, 23. September 1989, 6. Februar 1990, 6. März 1990, 15. März 1990, 05. April 1990.
Vgl. FAZ vom 5. August 1989, 12. März 1990, 31. Januar 1991, 7. Februar 1991, 11. Februar 1991, 20. Februar 1991, 4. Mai 1991, 13. Mai 1991, 10. September 1991, 23. März 1992, 1. April 1992.
321 Vgl. FAZ vom 12. Februar 1991.
322 Vgl. FAZ vom 29. April 1989, 4. Januar 1990 und 13. Mai 1991.
323 Vgl. Tischler, Paul: Die deutsche Presse in Übersee, in: Wege und Wandlungen. Hrsg. v. Peter Nasarski, Berlin/Bonn 1983, S. 541.
324 Vgl. Oberacker/Ilg, a. a. O. S. 237 f.
325 Vgl. Tischler, a. a. O. S. 542.
Die Zahlen verstehen sich ohne hektographierte, unregelmäßig erscheinende Schulzeitungen und Mitteilungsblätter von kleineren Kirchengemeinden und Vereinen. Bei Nachforschungen im VDA-Archiv, das über die meisten im Ausland erscheinenden Zeitungen Aufschluß gibt, bestätigten sich die damaligen Angaben für das Untersuchungsgebiet.
326 Als Ergänzung: in Ekuador, Bolivien und Uruguay gibt es keine eigenen deutschsprachigen Publikationen. In Kolumbien und Venezuela bestehen je 2 Mitteilungsblätter der christlichen Kirchengemeinden in einer Auflage von einigen hundert. In Peru erscheinen der „Lima-Kurier" und die „Union Austria Nachrichten". In Brasilien lassen sich ca. 20 weitere religiöse und wirtschaftliche Blättchen aufzählen. Sie sind regional oder gruppenspezifisch begrenzt und erscheinen mit kleiner Auflage.
Vgl. Born/Dickgießer, a. a. O. S. 53, S. 59, S. 85, S. 135, S. 159, S. 244 und S. 263.
327 Vgl. Dormien, Ursula: Chefredakteurin und „Mädchen für alles", in: Globus, 23. Jg., Nr. 4 1991, S. 12 f.
Vgl. Kleine 1983, a. a. O. S. 191 ff.
328 Vgl. u. a. „Neues für Alle" vom 26. März 1988 und 18. Juni 1988.
329 Vgl. „Neues für Alle" vom 21. Mai 1988.
330 Vgl. Born/Dickgießer, a. a. O. S. 154.
Vgl. Klassen 1988, a. a. O. S. 284.
Vgl. Klassen, Peter P.: Das Menno-Blatt – eine Zeitschrift aus dem Urwald, in: Deutsches Jahrbuch für Paraguay 1989. Hrsg. v. Gerhard Ratzlaff, Asunción 1989, S. 58 f. (zit.: Klassen 1989).
Vgl. „Menno-Blatt" u. a. vom 16. März 1988 und 16. Juni 1988.
331 Seit 14 Jahren ist das Tageblatt ohne Konkurrenz, da die „Freie Presse", die aus der „La-Plata-Zeitung" hervorgegangen war, Ende der siebziger Jahre ihr Erscheinen einstellte.
332 Angaben des Herausgebers Alemann während mehrerer Interviews.
333 Vgl. „Argentinisches Tageblatt" vom 11. Juni 1988, 3. November 1990, 2. März 1991, 4. Januar 1992 usw.
334 Vgl. u. a. Herzfeld, Hans: Verhaltensformen der Argentinier, Buenos Aires 1984.

335 Vgl. Die Welt vom 6. Mai 1989.
Vgl. Ebel, a. a. O. S. 232 ff.
Vgl. Bussmeyer, a. a. O.
Vgl. Gregor-Dellin, Martin (Hrsg.): Der Hitler-Putsch, Nördlingen 1987.
Zu den Geschehnissen 1933—1945: Vgl. 4.2 u. 7.5.
336 Das Semanario finanziert sich u. a. durch Werbung und erscheint mit einem großen religiösen Teil. Es war 1940 als „Jüdische Wochenschau" von 2 jüdischen Immigranten begründet worden.
Vgl. Schwarcz, a. a. O. S. 276.
Vgl. Semanario Israelita vom November 1990, Dezember 1990, Februar 1991 und März 1991.
337 Schwarz, Jörg: Condor — verbunden mit Land und Lesern, in: Globus, 24. Jg., Nr. 1 1992, S. 16.
338 Vgl. Born/Dickgießer, a. a. O. S. 72.
Auch im VDA-Archiv waren darüber keine Angaben verfügbar.
Vgl. Schwarz, a. a. O., S. 16.

8. Die Mennonitenkolonien in Paraguay und Brasilien heute

Bei dem zahlenmäßig bedeutenden Anteil der Mennoniten an den deutschen Volksgruppen in Paraguay und Brasilien stellt sich die Frage, wie sich die unterschiedlichen Rahmenbedingungen der Nachkriegszeit in den beiden genannten Staaten auf die weitere Entwicklung dieser ländlichen Gemeinschaftssiedlungen auswirkten. Die Aufrechterhaltung der Privilegien und die relativ schnell einsetzende Normalisierung in Paraguay brachten den dort lebenden Mennoniten einen Vorsprung vor ihren Glaubensbrüdern im benachbarten Brasilien ein. Dies hatte u. a. folgende Ursachen:

a) Organisationsgrad und -dichte waren in den mennonitischen Siedlungen Paraguays besser ausgebildet als in denen Brasiliens;
b) in den paraguayischen Kolonien behielten die Frühgründungen im Chaco ihre starke Position, während die in Brasilien lebende Gemeinschaft ihre Siedlungszentren verlor und durch die einsetzende Aufsplitterung in Stadt- und Landgemeinden eine Schwächung erfuhr;
c) die gewollte geographische Isolation in einem lange Zeit unzureichend angebundenen Landesteil hatte für die Chaco-Siedlungen die Folge, daß neue Bewirtschaftungsmethoden zur Existenzsicherung entwickelt werden mußten, wollte man das Kolonisationsvorhaben nicht scheitern lassen. Trotz spürbarer Abwanderungen in andere Landesteile war der Großteil der Mennoniten im Chaco verblieben und bereit, den Kampf wider die natürlichen Bedingungen aufzunehmen und den Versuch der Anpassung des landwirtschaftlichen Anbaus an die Gegebenheiten zu unternehmen. In den brasilianischen Ursprungskolonien am Krauel und auf dem Stolzplateau war hingegen der Wunsch nach Praktizierung der aus Rußland und Kanada bekannten Anbaumethoden so groß, daß man sich zu einem Umzug entschloß;
d) die Mennoniten in Paraguay erfuhren bis in die achtziger Jahre eine spürbare Stärkung durch den Zuzug von überwiegend deutschsprachigen Glaubensbrüdern aus anderen Staaten. Diese siedelten sich entweder in bestehenden ländlichen Kolonien oder in deren unmittelbarer Nähe an. In Brasilien hingegen setzte sich die Dezentralisierung fort, und es entstanden so viele kleine Siedlungen, während nur Witmarsum II als großes ländliches Siedlungszentrum erhalten blieb und überregionale Bedeutung erreichte;
e) die deutsche Sprache in den paraguayischen Mennonitenkolonien konnte ihre dominante Stellung behaupten. Durch den wirtschaftlichen Erfolg

waren die Siedlungen in der Lage, etwa Schulen und Medien zu erhalten bzw. zu installieren, um so den weiteren primären Gebrauch des Deutschen zu gewährleisten. Hier kam ihnen die Konzentration der Glaubensbrüder in knapp zwanzig Siedlungen zugute, da so die Sprachpraxis gesichert war. In Brasilien aber stieg der Anteil der nicht deutschsprachigen Mennoniten kontinuierlich an, so daß bei der Verteilung der dort lebenden Mennoniten ein Bedeutungsverlust der deutschen Sprache einsetzte. Witmarsum II mit seiner den paraguayischen Siedlungen ähnlichen ländlichen Struktur stellte auch hier eine Ausnahme dar, blieb doch wenigstens dort das Deutsche alltägliche Umgangssprache.

Diese Aspekte hatten voneinander abweichende Entwicklungen des mennonitischen Siedlungswesens im Untersuchungsgebiet zur Folge und bewirkten, daß sich unterschiedliche Positionen der Mennoniten innerhalb der jeweiligen deutschen Volksgruppe herausbildeten. Der unter einem Signifikanzverlust leidenden Glaubensgemeinschaft auf brasilianischer Seite steht seither eine gewichtige und einflußreiche Gruppe von Mennonitenkolonien auf paraguayischer Seite gegenüber.

8.1 Der Chaco, Ostparaguay und Südbrasilien im Zahlenvergleich

Wie aus zurückliegenden Kapiteln bekannt, lag der ursprüngliche Schwerpunkt der mennonitischen Besiedlung im Norden Paraguays – im Chaco Boreal. Die dort entstandenen Kolonien waren seit Bestehen Ziel und Ausgangspunkt von Wanderungen, gleichzeitig konnten sie sich als Zentren des mennonitischen Lebens herausbilden. Sowohl in Glaubensfragen als auch mit Blick auf das Erziehungswesen bilden sie bis heute das Kernstück des mennonitischen Siedlungswesens in Südamerika. Das Ansehen des räumlich geschlossenen Territoriums mit seinen Einrichtungen im Chaco reicht weit über die Grenzen des Landes hinaus.[339] Der Einfluß des Gebiets erstreckt sich u. a. auch in die Kolonien Ostparaguays, die nicht selten als Tochtersiedlungen von Chaco-Abwanderern gegründet worden waren.

Die folgende Auflistung enthält die auf paraguayischem Gebiet anzutreffenden deutschsprachigen Mennonitenkolonien. Neben dem jeweiligen Gründungsjahr und dem vorherigen Aufenthaltsort wird ein weiteres Kriterium aufgeführt: die Weltanschauung.

Die Unterscheidung in „traditionell" und „fortschrittlich" bezieht sich auf die verschiedenen Interpretationen mennonitischer Glaubensgrundsätze. Die Auslegungen orientieren sich bei den traditionell ausgerichteten Mennoniten noch heute strikt an überlieferten Regeln, während die fortschrittlich eingestellten Mennoniten einer Modifizierung der Normen im Laufe der Jahre zustimmten, ohne freilich dabei gegen eigentliche Prinzipien zu verstoßen. Die aufgeführte Einteilung wurde in Paraguay entworfen und hier von Ratzlaff übernommen.[340]

Region/Name	Gründung	Kommend aus	Weltanschauung
Chaco:			
Menno	1927	Kanada	fortschrittlich
Fernheim	1930	Sowjetunion	fortschrittlich
Neuland	1947	Sowjetunion	fortschrittlich
Ostparaguay:			
Friesland	1937	Sowjetunion	fortschrittlich
Volendam	1947	Sowjetunion	fortschrittlich
Bergthal	1948	Kanada	traditionell
Sommerfeld	1948	Kanada	traditionell
Reinfeld	1966	Kanada	traditionell
Río Verde	1969	Mexiko	traditionell
Tres Palmas	1970	Kanada/Sowjetunion	fortschrittlich
Santa Clara	1972	Mexiko	traditionell
Nueva Durango	1978	Mexiko	traditionell
Campo Alto	1980	Belize	traditionell
Manitoba	1983	Mexiko	traditionell
Asunción	o. Jahr	Kanada/Sowjetunion	fortschrittlich

Des weiteren gibt es 5 Mennonitenkolonien, deren Bewohner zwar deutschstämmig, jedoch nicht mehr deutschsprachig sind. Sie sind amerikanische Mennoniten, deren Ziel die Mission durch Kolonisation ist. Zu diesem Zwecke mußten sie sowohl in den USA als auch nun in Paraguay die Landessprachen annehmen. Es sind dies:

Region/Name	Gründung	Kommend aus	Weltanschauung
Ostparaguay:			
Luz y Esperanza	1967	USA	traditionell
Agua Azul	1969	USA	traditionell
Río Corrientes	1975	USA	traditionell
Florida	1976	USA	traditionell
La Montaña	1982	USA	traditionell

Bei einer Betrachtung der Bevölkerungszahlen und deren Entwicklung im Laufe der vergangenen 65 Jahre wird die schon erwähnte Zentralstellung der Chaco-Kolonien untermauert:

Jahr	Menno	Fernheim	Neuland
1927	1.743	----	---
1931	1.420	1.481	---
1940	2.020	1.512	---
1947	2.822	2.088	786
1950	3.313	2.339	2.404
1955	4.126	2.491	2.331
1960	4.756	2.550	1.669
1965	5.140	2.628	1.437
1970	5.406	2.734	1.321
1976	6.152	2.612	977
1985	6.558	3.053	1.274
1987	6.652	3.242	1.330
1989	7.000	3.300	1.300
1990	7.087	3.315	1.410
1991	7.289	3.300	1.442
1992	7.455	3.370	1.460

[342]

Aus der Tabelle wird die relativ konstante Entwicklung der Zahlen für Menno erkennbar, während jene für Fernheim und Neuland doch größeren Schwankungen unterlegen sind.

Hierbei sei an die Abwanderungen aus den beiden letztgenannten erinnert, die dann in Ostparaguay zu der Koloniegründung Friesland durch aus Fernheim Kommende sowie zur Rückwanderung nach Kanada und Deutschland, aus Neuland einsetzend, führten.

Die Gesamtzahlen der 3 aufgelisteten Kolonien ergaben 1987 einen Anteil von 49,45 % an der Summe aller Mennoniten Paraguays. Er verringerte sich somit innerhalb von 3 Jahren um rund 2 %. 1990 ergab sich ein Anteil von 47,73 %, was wiederum einen Rückgang bedeutete, bevor dieser 1992 wieder auf 48,86 % anstieg. In absoluten Zahlen ausgedrückt, lebten 1987 11.220, 1990 11.812, 1991 12.031 und 1992 12.285 Menschen in den Chaco-Kolonien.

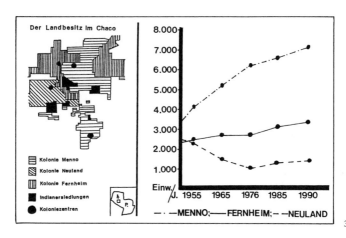

In den östlichen Landesteilen stoßen wir auf 17 weitere Mennonitenkolonien, von denen 12 deutschsprachig und 5 englisch- bzw. spanischsprachig sind. Die Einwohnerzahlen der Siedlungen für die Jahre 1984, 1987, 1990 und, soweit verfügbar, 1991 sowie 1992 ergeben folgendes Bild:

Kolonie / Jahr	1984	1987	1990	1991	1992
Friesland	690	725	721	725	731
Volendam	706	690	700	723	731
Bergthal	1.436	1.494	1.585	1.641	1.688
Sommerfeld	1.693	1.862	2.094	2.183	2.298
Reinfeld	75	122	191		119
Río Verde	2.212	2.486	2.584	2.675	2.774
Tres Palmas	300	220	250	200	103
Santa Clara	163	133	210		127
Nueva Durango	1.745	2.050	2.535	2.715	2.906
Campo Alto	72	125	165		73
Manitoba	187	285	426		493
Asunción	600	625	720	780	815
Luz y Esperanza	80	107	152		100
Agua Azul	140	172	190		148
Río Corrientes	152	177	143		114
Florida	51	100	117		119
La Montaña	35	100	154		157
Ostparaguay insgesamt	10.337	11.473	12.937		12.858
davon deutschsprachig	9.879	10.817	12.181		12.220
davon nicht deutschspr.	458	656	756		638

Durch diese Tabelle wird die unterschiedliche Größe der Mennonitensiedlungen sichtbar: während besonders die englisch- bzw. spanischsprachigen Siedlungen mit einem Anteil an der Gesamtzahl von 1984 2,2 %, 1987 2,9 %, 1990 3,1 % und 1992 2,5 % sehr klein blieben, wiesen die anderen Siedlungen dieser Region relativ hohe Bevölkerungszahlen auf.

In diesem Zusammenhang gibt eine andere Aufschlüsselung der Zahlen, nämlich die nach der Weltanschauung der Mennonitensiedlungen, einen weiteren interessanten Einblick.

Unabhängig von der geographischen Lage ergeben sich 2 Gruppen:

---

a) die fortschrittlich eingestellten Kolonien mit

1984 zusammen 13.226 Einwohnern (= 62,2 % aller Mennoniten)
1987 zusammen 13.484 Einwohnern (= 59,4 % aller Mennoniten)
1990 zusammen 14.203 Einwohnern (= 57,4 % aller Mennoniten)
1992 zusammen 14.665 Einwohnern (= 58,3 % aller Mennoniten)

---

b) die traditionell eingestellten, deutsch- und nicht deutschsprachigen, Kolonien mit

1984 zusammen 8.041 Einwohnern (= 37,8 % aller Mennoniten)
1987 zusammen 9.213 Einwohnern (= 40,6 % aller Mennoniten)
1990 zusammen 10.546 Einwohnern (= 42,6 % aller Mennoniten)
1992 zusammen 10.478 Einwohnern (= 41,7 % aller Mennoniten)

Hier hatte im Laufe der letzten Jahre eine Akzentverschiebung zugunsten der Traditionellen eingesetzt, wobei die fortschrittlichen Koloniegemeinschaften stets eindeutig die Mehrheit stellten. Die neuesten Zahlen zeugen jedoch von der Umkehrung dieses Trends. Mit Ausnahme der Bewohner Mennos, die aus Kanada kamen, wird die eher fortschrittliche Ausrichtung der aus der Sowjetunion abstammenden Mennoniten und die eher traditionelle Einstellung der aus Kanada und Mexiko eingewanderten Glaubensbrüder noch einmal deutlich.

Legt man für alle Deutschsprechenden Paraguays 1992 die Zahl 125.000 zugrunde, so stellen die Mennoniten rund 20 % davon.[346]

Anders sah die Situation der Mennoniten in Brasilien aus. Auch hier fand ausgegehend von 2 Siedlungszentren, nämlich am Krauel und auf dem Stolzplateau, eine Verteilung über mehrere Regionen statt, allerdings ging damit eine eindeutige Schwächung der Ursprungskolonien einher. Dies stand in krassem Gegensatz zu der Entwicklung in Paraguay. Erschwerend kam hinzu, daß der nichtdeutsche Anteil am brasilianischen Mennonitentum stetig stieg und aufgrund der geringeren Gesamtzahl einen größeren Stellenwert einnahm, als es im südöstlichen Nachbarland der Fall war. Die Faktoren Gruppenstärke, Siedlungsdichte und Abstammung weisen für Brasilien auf eine, mit Blick auf das Deutschtum, schwächere Stellung und geringere Bedeutung hin, als es für Paraguay zutrifft.

Werfen wir zuerst einen Blick auf die innerbrasilianischen Wanderungen der Mennoniten, die zu verschiedenen Koloniegründungen und zur Zerstreuung der Glaubensgemeinschaft beitrugen:

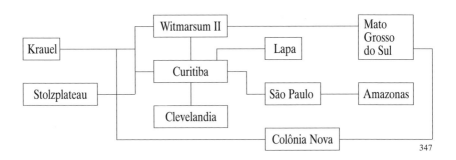

347

Die Ursprungskolonien mit ihren Dörfern am Krauel wurden in den Jahren 1949/1951 und auf dem Stolzplateau in den Jahren 1934/36 bereits aufgegeben, und die Bewohner zogen beinahe geschlossen in die neuen Siedlungen. Sie lagen zum einen in der Gegend um Blumenau (Santa Catarina) sowie Curitiba (Paraná) und zum anderen um Bagé (Santa Catarina). Hauptgründe für diesen Fortzug waren die wirtschaftlichen Schwierigkeiten, die schlechte Bodenqualität und der Wunsch nach traditionellen Bewirtschaftungsmethoden. Dies ließ die Siedler von den hochgelegenen Sierragebieten in aus Rußland gewohnte Ebenen ziehen.[348]

Große Bedeutung für die deutschsprachigen Mennoniten Brasiliens erlangten dabei Witmarsum II, 70 km von Curitiba entfernt gelegen, und Colônia Nova im Süden des Bundesstaats Rio Grande do Sul. Sie standen in den folgenden Jahrzehnten auch Pate bei der Entstehung neuer Siedlungen etwa in Mato Grosso do Sul oder Goiás und bildeten sich zu Hauptorten der mennonitischen Siedlerkolonien im Lande heraus.

Eindeutiger Schwerpunkt der verschiedenen Mennonitenkonferenzen, die die Gesamtheit der Mennoniten Brasiliens repräsentieren, ist Curitiba, wo 3 der 5 Konferenzvorstände beheimatet sind. Heute finden wir, neben 3 „Mennoniten Gemeinden", folgende deutschsprachige Gemeinden, die der „Mennonitischen Brüdergemeinde" in Brasilien angehören, vor:

Name	Gründung	Bundesstaat	
Boqueirao	1936	PR	bei Curitiba
Colônia Nova	1950	RGdS	bei Bagé
Vila Guaíra	1951	PR	bei Curitiba
Ribeirao Pinheiro	1953	S.C.	bei Blumenau
São Paulo	1954	S.P.	
Xaxim	1954	PR	bei Curitiba
Blumenau	1957	S.C.	
Witmarsum II	1958	PR	bei Curitiba
Witmarsum I	1966	S.C.	bei Blumenau
Encano do Norte	1968	S.C.	bei Blumenau
Joinville	1969	S.C.	zwischen Curitiba u. Blumenau
Aurora	1973	S.C.	bei Blumenau
Massaranduba	1975	S.C.	bei Blumenau
Rio do Sul	1975	S.C.	bei Blumenau
Lapa	1978	PR	bei Curitiba
Rio Bonito	1980	S.C.	zwischen Blumenau u. Curitiba
Concordia	1984	Bahia	[349]

Die angegebenen Jahreszahlen kennzeichnen die offiziellen Gemeindegründungen, wobei immer bereits Jahre zuvor mennonitische Arbeit registriert werden konnte. Eine Vorlaufzeit von 4 bis 8 Jahren war für die Mennonitengemeinden durchaus üblich. Viele Gemeinden verfügten des weiteren über Missionsorte, die sie in ihrem Umkreis betreuten.

Da keine genauen Einwohnerzahlen für die zusammen 21 deutschsprachigen Gemeinden vorliegen, ermöglicht einem nur das „Mennonite World Handbook" zumindest den Vergleich der Zahlen Brasiliens mit denen Paraguays. In 2 der insgesamt 5 existierenden Konferenzen Brasiliens wird noch mehrheitlich Deutsch gesprochen. Es sind dies die „Associaçao das Igrejas Menonitas do Brasil" und die „Associaçao das Igrejas Irmaos Menonitas do Brasil" mit zusammen knapp 3.000 Gemeindemitgliedern, was der Zahl der Getauften gleichzusetzen ist. Um die Anzahl der Bewohner berechnen zu können, muß man diese Zahl erfahrungsgemäß mit ca. 3 multiplizieren, so daß wir mit rund 9.000 Mennoniten deutscher Sprache in Brasilien eine wesentlich niedrigere Zahl erhalten, als dies im kleinen Nachbarland Paraguay – hier werden 7.947 Mitglieder in den insgesamt 6 mehrheitlich deutschsprachigen Mennonitenkonferenzen angegeben – der Fall ist.

Die Zahl der portugiesischsprechenden Mennoniten, die in mehr als 50 Gemeinden organisiert sind, wird dagegen mit über 3.200 Mitgliedern angegeben, so daß sich in Brasilien die Mehrheit dieser Gruppe bereits in der Landessprache verständigt, was wiederum im Gegensatz zu der Situation in Paraguay steht. Die Zahl der portugiesischsprachigen Gemeindemitglieder wuchs somit alleine in 3 Jahren ausgehend von 2.400 um 25 %, während die deutschsprachigen Gemeinden einen Rückgang von über 13 % der ehedem 3.452 Mitglieder verzeichnen mußten. Dies folgt im übrigen einem inzwischen weltweit zu beobachtenden Trend, da Deutsch als die Ursprungssprache der Mennoniten nicht mehr die zentrale Bedeutung früherer Jahrzehnte innehat.[350]

Als Fazit bleibt festzuhalten, daß Paraguay mehr Mennoniten, die zum überwiegenden Teil deutschsprachig sind, zur Heimat wurde, als das bei seinem großen Nachbarn der Fall war. In Brasilien lebt nicht nur in ihrer Gesamtzahl eine kleinere Gruppe von Mennoniten, sondern dort ist auch der deutsche Anteil bei weitem nicht so bedeutend. Diese Fakten untermauern die Sonderstellung der in Paraguay lebenden Mennoniten in bezug auf Anzahl, Sprache und Einfluß ein weiteres Mal.

8.2 Die Mennonitensiedlungen als Wirtschaftsfaktoren

Die Fähigkeiten der Mennoniten auf dem Wirtschaftssektor gehören ohne Zweifel zu den meist beachteten Leistungen dieser Einwanderer in Südamerika. Ob im trocken-heißen Chaco oder in den tropisch-feuchten Urwaldgebieten Ostparaguays und Südbrasiliens, die Mennoniten errichteten im Laufe der Jahrzehnte Siedlungen, deren wirtschaftliche Leistungsfähigkeit beeindruckte. Nach Jahren der Entbehrungen in der Aufbauphase gelangten sie somit zu einer Prosperität, die man angesichts der klimatischen und geographischen Voraussetzungen eigentlich nicht für möglich gehalten hatte. Neben dem religiös fundierten Durchhaltewillen dieser Menschen spielte ein zweiter Faktor dabei eine wichtige Rolle: die gemeinschaftliche Arbeit. Sie war ebenfalls stark glaubensbedingt und fand in den Gründungen von Kooperativen ihren institutionalisierten Niederschlag. Obwohl der genossenschaftliche Zusammenschluß häufig innerhalb der Kolonien umstritten war, setzte er sich durch und stand zukünftig als typische wirtschaftliche Organisationsstruktur der Mennonitenkolonien fest.[351]
Stellvertretend für all die Kooperativen, die wir in Paraguay und Brasilien vorfinden, seien hier die der Chaco-Kolonien und die Witmarsums II genannt. An Hand ihrer Entwicklung läßt sich der wirtschaftliche Aufstieg der Mennonitensiedlungen leicht ablesen. Im Falle der Chaco-Kolonien wurde der Zusammenschluß in 3 Kooperativen von mehreren, zeitlich ver-

setzt einsetzenden, äußeren Einflüssen begünstigt und führte bis in die Gegenwart zu einer forcierten Expandierung der Bewirtschaftung auf mehreren Sektoren. Standen die ersten Jahrzehnte ganz im Zeichen des Aufbaus und der Versorgung der Koloniebewohner — Kohlhepp bezeichnet diese Zeit als Subsistenzstadium — so brachten die letzten 3 Jahrzehnte eine teilweise rasante Entwicklung mit sich. Bedingt durch die Fertigstellung der Ruta Trans Chaco, die das Wirtschaftszentrum Asunción und die Kolonien im Chaco Boreal fortan verbanden, eröffneten sich völlig neue Perspektiven für die Glaubensbrüder.[352] Es setzte ein Strukturwandel auf landwirtschaftlichem Gebiet ein, der die Vorteile der Kooperativen deutlich machte, ihre Existenz sicherte und sie zu einer meist florierenden Wirtschaftsform werden ließ. Dieser Wandel „der Mennonitensiedlungen von einer semisubsistenten Phase an der Peripherie des Marktsystems zu einer betonten Marktorientierung"[353] bewirkte eine Umorientierung in bezug auf die Wirtschaftskontakte. Zukünftig spann man Fäden nach Asunción oder gar ins Ausland, um Geschäfte machen zu können.

Der Anteil der Baumwolle, eines der wenigen Erzeugnisse, die sich bei den vorherrschenden klimatischen Bedingungen als resistent erwiesen, fiel rapide ab, während die Bedeutung der Rinderzucht sowie der Milch- und Fleischproduktion stetig anstieg. Auf diesem Gebiet errangen die Mennoniten große Erfolge und wurden zum Vorbild für andere Zusammenschlüsse, etwa für den in Obligado, wo Deutschstämmige die „Colonias Unidas" gründeten.

Sichtbar wurde dies an der Entwicklung der Anteile von Anbauflächen einerseits und der der (Kunst-)Weiden andererseits an der Landnutzung. In Fernheim z. B. stellte sich diese Verschiebung binnen 15 Jahren ein: 1960 wurden noch 77,3 % der Anbaufläche für Baumwolle, Erdnüsse, Sorghum usw. genutzt, während lediglich 22,7 % für Viehhaltung und Viehzucht zur Verfügung standen. Bereits 1976 hatte sich das Verhältnis mehr als umgekehrt: nur noch 18,8 % Anbauflächen standen 81,2 % Weideland gegenüber.

Wo lagen nun die Gründe für diese Umkehrung der Anteile? Die geringen Niederschläge im trocken-heißen Chaco hatten naturgemäß Auswirkungen auf den Bewirtschaftungserfolg der vornehmlich in der Landwirtschaft tätigen Mennoniten. Durch den Einsatz des sogenannten Dry-farming-Systems — dabei wird durch das Einschieben von Schwarzbrache in die Fruchtfolge die Aufnahme von Niederschlägen erleichtert und die Verdunstung verringert — konnte zwar die Nutzung der Ackerbauflächen verbessert werden, aber die Rentabilität dieser Methode ließ bei den relativ kleinen Flächen der einzelnen Kolonisten weiterhin zu wünschen übrig.

Die Anbaufläche der Chaco-Siedlungen vergrößerte sich somit zwar, konnte aber mit der rasanten Entwicklung der Weidefläche nicht mithalten. Hier war es nämlich Mitte der fünfziger Jahre zu einer einschneidenden Weiterentwicklung gekommen: bei Versuchen, eine resistente Grasart für den lehmigen Buschboden im Chaco zu finden, stieß man auf die hervorragenden Eigenschaften des aus Texas eingeführten Büffelgrases. Das gegen Trockenheit und Frost widerstandsfähige Gras wurde auf den gerodeten Flächen gepflanzt und erwies sich auch bei intensiver Viehwirtschaft als geeignet. Die fortan als Kunstweiden bezeichneten Büffelgrasflächen expandierten in den folgenden Jahrzehnten derart, daß sie heute die dominante Stellung innerhalb des Bewirtschaftungssystems der Mennoniten einnehmen.[354]

Durch die Einführung der Kunstweide fanden die Siedler ein gesichertes Einkommen und verlagerten ihren Einsatz immer mehr auf die Viehzucht. Machten Rinder, Käse und Milch früher bei den Bruttoeinnahmen für die 3 Kolonien nur knapp über 15 % aus, so vervielfachten sich ihre Anteile binnen zweier Dekaden auf 57 % und stiegen weiter an.

Die Veränderungen werden auch in anderen Bereichen sichtbar:

Entwicklung der Viehwirtschaft in den Chaco-Kolonien:

	Menno	Fernheim	Neuland	insges.
Kunstweiden/ha				
1966	4.000	3.495	?	
1970	14.755	7.200	?	
1976	51.013	26.515	16.123	93.651
1985	?	80.063	32.983	
1990	211.620	117.285	57.924	386.829
Rinderbestand/ Stk.				
1967	35.479	16.495	13.013	64.987
1970	41.400	17.654	13.543	72.597
1976	100.192	41.959	26.415	168.566
1985	?	79.964	36.381	
1990	188.675	110.458	50.896	350.029
Viehverkauf/Stk.				
1985	?	1.545	493	
1990	35.607	10.999	3.610	50.216
Milchprodukte/ 1.000 l				
1967	1.294	693	383	2.370
1970	2.130	595	224	2.949
1976	7.118	1.173	110	8.401
1985	18.193	6.214	1.463	25.870
1990	30.475	12.301	3.268	46.044

Anbauflächen und Ernteerträge in den Chaco-Kolonien:

		Menno ha	t	Fernheim ha	t	Neuland ha	t	insgesamt ha	t
Baumw.	'70	1.692	1.658	405	278	342	255	2.439	2.191
	'76	2.654	815	638	472	307	330	3.599	1.617
	'85	5.565	5.900	1.060	2.300	157	1.900	6.782	10.100
	'90	6.573	4.600	958	750	167	790	7.698	6.140
Erdnuß	'70	1.864	684	2.542	1.413	817	426	5.223	2.523
	'76	2.132	1.219	3.371	3.664	857	846	6.360	5.729
	'85	6.744	9.300	8.351	13.850	5.720	7.700	20.815	30.850
	'90	4.777	6.200	5.804	5.760	5.989	4.100	16.570	16.060
Rizinus	'70	620	485	500	200	483	185	1.603	870
	'76	740	168	392	217	409	250	1.541	635
	'85	2.687	600	2.509	2.000	1.654	900	6.850	3.500
	'90	777	100	1.457	1.000	2.000	800	4.234	1.900
Sorghum	'70	3.394	1.950	1.938	1.746	1.021	1.219	6.353	4.915
	'76	1.649	2.352	912	1.368	549	455	3.110	4.175
	'85	1.012	2.000	1.191	1.100	295	200	2.498	3.300
	'90	5.480	5.000	4.424	2.990	1.844	1.700	11.748	9.690

[355]

Diese Entwicklung zeigt, daß die Mennoniten auf wirtschaftlichem Gebiet von der Erschließung des Chaco profitierten. Dieser Profit wurde erst dadurch möglich, daß die Kolonien und ihre Kooperativen die Zeichen der Zeit erkannten und sich auf die neuen Rahmenbedingungen einstellten. Eigene Transport-, Lager-, Veredelungs- und Produktionskapazitäten ermöglichten schnell die Ausnutzung der gebotenen Chancen. Die gemeinsame Zentrale der Kooperativen in Asunción organisierte die Koordination der Geschäftskontakte, und die Dependancen regelten Abnahme und Verkauf der Waren.[356] Die Mennoniten Paraguays reagierten so auf die neuen Möglichkeiten mit dem Aufbau einer eigenen wirtschaftlichen Infrastruktur.

Parallel dazu bildeten sich mit Loma Plata (Menno), Filadelfia (Fernheim) und Neu-Halbstadt (Neuland) Koloniezentren heraus. Dort befanden sich nicht nur viele Wirtschaftsbetriebe, sondern auch Dienstleistungseinrichtungen wie Hotels, Banken usw. Wie professionell man dort vorging, signalisierte der Aufbau des Reiseunternehmens „Menno Tours", das auf einem völlig neuen Sektor seit den siebziger Jahren in Fernheim aktiv wurde.[357]

Ein weiterer Effekt der wirtschaftlichen Konsolidierung war die Beibehaltung und der Ausbau des Schulwesens. Neben der Sicherung der medizinischen Versorgung dürfte das eine der Leistungen gewesen sein, die den Erhalt der

Siedlungen in ihrer Eigenart sicherstellte. Zu den weiterführenden Zentralschulen gesellte sich eine Landwirtschaftsschule, der, in Anbetracht der wirtschaftlichen Ausrichtung der Kolonien, dabei eine zentrale Rolle zukam.

So wie der Käse, die Milch und das Vieh aus den Mennonitenkolonien Paraguays für die Wirtschaftsmacht dieser Gruppe stehen, so bedeutend ist der Anteil der von Mennoniten organisierten Produktion im brasilianischen Paraná zu nennen.

In Paraná — einem der mittelgroßen brasilianischen Staaten mit über 8 Millionen Einwohnern im Süden des Landes gelegen — besteht eines der mennonitischen Zentren dieses größten südamerikanischen Staates: Witmarsum II.

Diese Kolonie, deren Name sich vom Geburtsort Mennos in den Niederlanden ableitet, steht für die Nachfolge der aufgegebenen Krauelsiedlung, in der Witmarsum I Siedlungszentrum gewesen war. Die Siedler übernahmen sofort nach ihrer Ankunft in Paraná das Genossenschaftssystem für die Kolonie. Die „Cooperativa Mista Agro-Pecuária Witmarsum Ltda" (CMAPW) wurde im Oktober 1952 gegründet und konnte auf die Strukturen ihrer Vorgängerin aufbauen, da beinahe alle Siedler geschlossen in das Gebiet gezogen und somit an diese Wirtschaftsform, die auch am Krauel praktiziert wurde, gewöhnt waren. Wegen der mangelhaften Bodenqualität entschloß man sich für den Aufbau einer extensiven Milchwirtschaft, weil man im 70 km entfernten Curitiba einen guten Absatzmarkt erkannte.

Innerhalb von 25 Jahren errichteten die Mennoniten 3 Molkereien und konnten seitdem eine Pasteurisierungsanlage und eine vollautomatische Verpakkungsstraße als Eigentum der Kooperative hinzufügen.[358] Die 80.000 Liter Frischmilch, die einer Tagesleistung der Witmarsumer heute entsprechen, können somit auch direkt verarbeitet und durch die eigenen Transportkapazitäten zu den Abnehmern befördert werden.

Neben der Milch bilden Vieh und Geflügel 2 weitere Standbeine der Siedlung. Zuchtwettbewerbe, wie die von der CMAPW organisierte „Expowit" für Rinder, und vollautomatische Verarbeitung der mehreren zehntausend Masthähncheneinheiten dokumentieren den hohen Grad an Professionalität genauso wie die vollcomputerisierte Führung der Kooperative. Sie verfügt über ein Zentrum, in dessen Räumen neben dem eigenen Supermarkt auch Banken u. ä. vorzufinden sind.

Nach dem Anschluß an das Stromnetz im Jahre 1960 konnten mit dem Aufbau eines Telefon- und eines Wasserversorgungsnetzes weitere Schritte für den Ausbau zu einer modernen Kolonie unternommen werden. Eigene Zuchtstierprogramme, Ausstellungen auf der Landwirtschaftsmesse in Curitiba, ein Team von Tierärzten und Besamungstechnikern sowie der Beginn neuer Siedlungsprojekte im Umland zeigen, wie erfolgreich in Witmarsum gewirtschaftet wird.[359]

Die Wirtschaftsleistungen in einigen Teilbereichen der Kolonie Witmarsum im Vergleich zum Bundesstaat Paraná und zu Brasilien im Wirtschaftsjahr 1989/90:

Produkt	in	Witmarsum		Paraná		Brasilien	
		in 1.000	Kuh p.A.	in 1.000	Kuh p.A.	in 1.000	Kuh p.A.
Milch	l	22.032	4.270	1.194.000	1.085	13.300.000	731
Hähnchen	t	4.869	---	355	---	2.356	---
			kg/ha		kg/ha		kg/ha
Soja	t	8.200	2.485	3.448	1.750	14.552	1.512
Mais	t	11.481	3.480	4.856	2.050	23.877	1.771
Weizen	t	3.380	1.907	2.091	1.700	3.543	1.651
Gerste	t	1.775	1.739	51	2.500	209	2.126

360

Bei 426 Mitgliedern und 28 Millionen US-Dollar Umsatz im Jahre 1990 stellte die CMAPW die Existenz der Mennonitenkolonie sicher.[361]

Bei den häufigen Besuchen von brasilianischen Politikern in der Kolonie – neben dem ehemaligen Staatspräsidenten Geisel kamen mittlerweile sehr viele Staatsgouverneure nach Witmarsum II – präsentierte die Siedlung neben diesen landwirtschaftlichen Errungenschaften eine große Anzahl von Keinunternehmen, die in den Dörfern der Kolonie ihr Auskommen fanden.

Hier sei nochmal an die weitreichende Bedeutung der wirtschaftlichen Prosperität einer Kooperative erinnert, da auch im gesellschaftlichen Bereich vieles erst durch sie möglich wurde. Das am 5. April 1991 neu eingeweihte Krankenhaus konnte z. B. zu einem großen Teil nur durch die Unterstützung der CMAPW entstehen. Ähnliches gilt für die Schulen, das Museum und die Benefizeinrichtungen wie die „Associaçao Menonita De Assistência Social" (AMAS) und die „Associaçao Menonita Beneficente" (AMB).
Die 1988 gegründete AMB arbeitet so z. B. auf den folgenden, vielfältigen Gebieten:

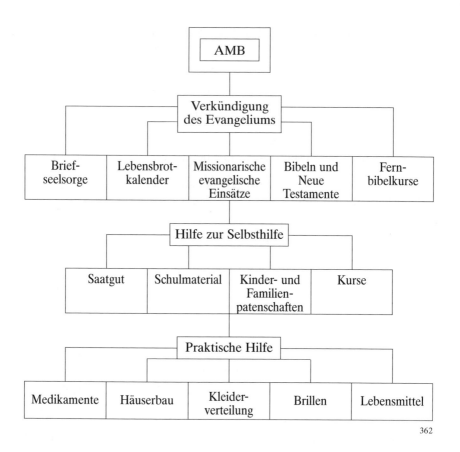

Die ohnehin beeindruckende Bilanz wird in ihrer Wirkung noch verstärkt, wenn man sich zum einen die geringe Einwohnerzahl der Kolonie vor Augen führt und zum anderen den landesüblichen Standard solcher Einrichtungen bedenkt. Mit seinen etwa 1.100 mennonitischen Bewohnern nimmt Witmarsum II zwar im direkten Zahlenvergleich zu den paraguayischen Kolonien lediglich einen Mittelplatz ein, aber an seiner zentralen landesbezogenen Bedeutung kann dennoch kein Zweifel bestehen.

In beiden Fällen, also im Chaco und in Paraná, haben sich die Mennoniten viele Marktpositionen erarbeitet und gesichert. Sie verfügen über gesunde wirtschaftliche Grundlagen, die den Fortbestand der Siedlungen mit all ihren Einrichtungen gewährleisten. Daß sie mittlerweile in einigen Marktsegmenten führend oder gar dominierend sind, verdeutlicht den Tatendrang und die Willenskraft dieser Menschen. Gleichzeitig scheint dadurch, mit Blick auf die Zukunft, bei dieser Gruppe keine vollständige Assimilierung anzustehen.

8.3 Das mennonitische Schulsystem heute

Eng verknüpft mit dem wirtschaftlichen Auskommen der Kolonien und traditionell von großer Bedeutung für die Mennoniten in der ganzen Welt war der Aufbau eines breitgefächerten Schulwesens in den Siedlungen.

In Paraguay sicherte das bereits erwähnte Gesetz Nr. 514 den Mennoniten ein eigenes Schulsystem zu. Allein in den Chaco-Kolonien der Mennoniten Paraguays bestehen momentan 17 Primar- und 3 Sekundarschulen. Erstere sind Volksschulen gleichzusetzen und führen bis in die sechste Klasse, während die Sekundarschulen von der siebten bis zur zwölften Klasse den Schülern als weiterführende Schulform zugänglich sind.

Aufgrund der unterschiedlichen Größe der einzelnen Kolonien können auch Mischformen dieses Schulsystems entstehen. So verfügt Friesland im Osten des Landes über eine Schule mit den Klassen 1 bis 9, Volendam über eine Lehranstalt mit den Klassen 1 bis 10 und Asunción über das „Colegio Alemán Concordia" mit den Klassen 1 bis 12.[363]

Daneben bestehen über das Land verstreut Schulen, die nicht dem Typus einer Kolonieschule entsprechen, sondern an bestimmten Orten eingerichtet werden und eine bestimmte Zielgruppe ansprechen. Als Beispiel sei hier die Schule in Coronel Toledo, wo eine mennonitische Missionsschule mit 6 Klassen für die Kinder der deutschbrasilianischen Einwanderer dieser Umgebung existiert, genannt.

Das Schulsystem der Mennoniten stellt noch heute den Erhalt und die Pflege der deutschen Sprache sicher und gewährleistet daneben eine schulische Erziehung aller jungen Koloniebewohner. Rund 3.000 deutschsprachige Kinder besuchen derzeit die über 90 Schulen der Mennoniten in Paraguay. Hier liegt der Grund dafür, daß man innerhalb dieser Gruppe das Beherrschen der deutschen Sprache voraussetzen darf, während dies bei anderen Teilen des südamerikanischen Deutschtums zusehends nicht mehr der Fall ist.[364] Die Eigenständigkeit des Systems bewahrte sie bis heute vor dem Verlust der Ursprungssprache und hebt die paraguayischen Mennoniten damit von dem restlichen Mennonitentum ab, da dort die Bedeutung der deutschen Sprache rückläufig ist. Dies kann als ein Vorteil der selbstgewählten Isolation dieser Menschen gewertet werden, zeigt sich doch auch bei den andersgläubigen Deutschstämmigen ein verstärkter Trend zum Verlust der Sprache durch Assimilation. Daß dies vor allem bei Stadtdeutschen anzutreffen ist, verwundert nicht, da dort der Zusammenhalt naturgemäß lockerer ist als auf dem Land.

Hier bewahrheitet sich die These, wonach kulturelle Integration die Tendenz zur Assimilation in sich trägt. Auf die Mennoniten angewandt und mit Blick auf ihre betont religiös geführten Siedlungen, warnte Hack schon 1961 vor den Gefahren einer Lockerung der Koloniebande, da somit das Ende der Gemeinschaften in Sicht käme.[365]

Bei allen Neuerungen, denen sich die Mennoniten im Laufe der Jahrzehnte nicht verschließen konnten — so wurden etwa in Fernheim Dorfschulen wegen geringer Schülerzahlen zentralisiert[366] — gelang es auf diesem Gebiet, das Bewährte zu erhalten. Viele alte und neue Projekte, wie z. B. das „Menno-Blatt" und die Radiostation „ZP-30", könnten nicht mehr in der heutigen Form bestehen, wäre nicht die deutsche Sprache durch das vielgliedrige Schulsystem so weit verbreitet.[367]

Die durch Schulvereine, Schulgelder und Zuschüsse der Genossenschaften und Verwaltung finanzierten Schulen wurden im Laufe der Jahre einer Umstrukturierung unterzogen. Ihr Ziel war es, die Schulkinder nicht nur bilingual, sondern auch gemäß paraguayischen Anforderungen zu erziehen. Den Absolventen steht nun z. B. die Universität in Asunción offen.

Ebenso wurde das Lehrerseminar in Filadelfia/Fernheim den staatlichen Vorgaben angepaßt. Seit 1940 sorgen die mennonitischen Kolonien mit der Ausbildung von Lehrkräften für die Sicherung des eigenen pädagogischen Nachwuchses. Die Wichtigkeit dieser Lehrerausbildung als eine Konsequenz der gesetzlich garantierten Schulautonomie zeigt sich immer deutlicher, denn nur so kann auch noch heute der Unterricht ohne größere finanzielle Belastungen durch Bestellung auswärtiger Lehrer aus den USA oder Deutschland aufrechterhalten werden. Ein Nebeneffekt dieses Lehrerseminars ist die gewisse Unabhängigkeit von den Mennonitenverbänden Nordamerikas in Schulfragen, da die in Paraguay lebenden Mennoniten mit dieser wichtigen Einrichtung ihre Selbständigkeit dokumentierten und eine Stärkung ihrer Position in Südamerika erreichen konnten.

In den siebziger Jahren vollzogen die Mennoniten mehrere Reformen, die die Anerkennung des Lehrerseminars, das heute unter dem Namen „Instituto de Formación Docente" firmiert, durch den Staat zur Folge hatte. Der „Allgemeinen Schulbehörde" unterstellt, können seine Absolventen mit der Allgemeingültigkeit ihrer Ausbildung rechnen und später die staatlichen Examina für paraguayische Schulen anstreben.[368] Dadurch haben sich die Rahmenbedingungen für die Lehrerausbildung erheblich verbessert, bedenkt man, daß die Pädagogen bei finanzieller Unterstützung aus der Bundesrepublik Deutschland ein breitgefächertes Angebot an Fortbildungsmaßnahmen vorfinden und in Siedler- und Nationalschulen eingesetzt werden können. Des weiteren stellt diese Ausrichtung der Anstalt eine Art Transmissionsfunktion des Schulwesens sicher, da die Lehrer bilingual und bikulturell ausgebildet werden, mit den Zuständen im Deutschland von heute vertraut sind und durch Praktika auch mit dem indianischen Bevölkerungsteil des Landes in Kontakt kommen. All dies gewährleistet bei der Weitergabe an die Schüler eine bessere Vorbereitung der nachwachsenden Generationen auf die politischen und sozialen Gegebenheiten in Paraguay.[369]

Neben den Schulen und dem Lehrerseminar sei hier noch auf die in Loma Plata bestehende Landwirtschaftsschule hingewiesen. Sie bildet in dreijährigen Kursen Landwirte aus und sichert auf diesem, für die Existenz der Kolonien wichtigen, Sektor den Nachwuchs.

Gleiches ist uns von Witmarsum II im brasilianischen Paraná bereits bekannt. Neben dieser Landwirtschaftsschule bestehen dort Schulen, die ebenfalls den staatlichen Ansprüchen für einen späteren Universitätsbesuch entsprechen. In dieser Siedlung begannen die Siedler knapp ein Jahr nach dem Eintreffen mit dem Unterricht in Behelfsräumen. Der Einweihung eines Schulhauses 1959 folgten 2 groß angelegte Erweiterungen, so daß seit 1984 die Betreuung der Kinder vom Kindergarten bis zum Oberstufenabschluß in einem Gebäude sichergestellt ist. Genau wie dieser Schulkomplex wurde auch die heute rund 10.000 Bände umfassende Schulbibliothek unter großem Einsatz der CMAPW aufgebaut. Ähnliches gilt für die staatlich anerkannte Musikschule „Ludwig van Beethoven" in Witmarsum und für die über die AMAS mitfinanzierte Berufsschule in der Kreisstadt Palmeira, die eine fachliche Ausbildung auch nichtmennonitischer Siedler anstrebt.[370]

Ein wichtiger Unterschied zu der Situation der Mennoniten in Paraguay besteht für den brasilianischen Bereich darin, daß dort keinerlei Sonderrechte für die mennonitischen Siedler erlassen wurden. So gibt es u. a. keine Wehrdienstbefreiung und keine Schulautonomie wie im südwestlichen Nachbarland. Der Unterricht in den mennonitischen Schulen Brasiliens wird seit Wiederzulassung in den fünfziger Jahren auf portugiesisch erteilt. Dem Deutschen kam jedoch eine wichtige Rolle als Fremdsprache zu, so daß der Schaden für die deutsche Sprache nicht so extrem war wie bei den sonstigen deutschbrasilianischen Siedlern, die durch das Verbot ihrer Schulen oftmals der Grundlage zur Beherrschung dieser Sprache beraubt wurden. Neben diesen Kolonieschulen in den Mennonitensiedlungen existieren viele kleinere Missionsschulen, die für jedermann offenstehen und als Teil der Missionsarbeit von Mennoniten getragen und geleitet werden.[371]

Daß Paraguay in diesem Zusammenhang wiederum dem großen Nachbarn im Nordosten etwas voraus hat, wird bei einem Blick in das Auslandsschulverzeichnis des Bundesverwaltungsamts (BVA) deutlich: während 2 von 3 unterstützten Schulen Paraguays Mennonitenschulen sind, findet sich unter den 4 aufgeführten brasilianischen Schulen nicht eine mennonitische. Hier kommt die Bedeutung, die dem paraguayischen Mennonitentum auch aus Bonn zugemessen wird, noch einmal nachhaltig zur Geltung. Gleichzeitig belegt dies den wichtigen Anteil der Mennoniten am Deutschtum Paraguays und seine vergleichsweise starke Positon im Land, während die Mennoniten Brasiliens eine eher untergeordnete Rolle in diesem Bereich spielen.

8.4 Mennoniten und Indianer in Paraguay — ein Verhältnis mit Modellcharakter?

Lange bevor die Europäer den amerikanischen Kontinent erreichten, lebten die indianischen Ureinwohner über den ganzen Kontinent verstreut, so auch auf dem Gebiet des heutigen Paraguay. Dort kamen sie schnell in Kontakt mit den „neuen Herren", die in den zukünftigen Jahrhunderten zusehends in ihre angestammten Siedlungsgebiete vorstießen und ihre Lebensformen beeinflußten.

Bereits die Jesuiten suchten vor nunmehr über 350 Jahren in ihren Reduktionen mit Indianern Verbindung. Nach der Jesuitenausweisung und dem Zusammenbruch der Reduktionen zogen sich die temporär seßhaft gewordenen Indianer in die Urwälder zurück und offenbarten den großen Schwachpunkt im jesuitischen Konzept: die nicht erfolgte Heranführung an eigenständiges Arbeiten z. B. auf landwirtschaftlichem Gebiet.[372] Die Ureinwohner waren damals vielmehr Befehlsempfänger, die mithalfen, die Reduktionen zu erfolgreichen Siedlungen zu machen, ohne gestalterisch tätig werden zu können.

Zwangsläufig kommen diese Geschehnisse wieder in Erinnerung, wenn man im heutigen Paraguay auf das Vorurteil stößt, Indianer könnten nur angewiesene Arbeiten erledigen, sie könnten jedoch keine Eigeninitiative entwickeln. Ganz abgesehen davon, daß viele Ureinwohner im Privaten längst Gegenteiliges bewiesen haben, bleibt festzustellen, daß Vorurteile meist nur so lange aufrechterhalten werden können, wie man den Gegenbeweis verhindert. Da jedoch Landeigentum in Südamerika im allgemeinen und in Paraguay im speziellen ein großes Problem darstellt, wird dieser Gruppe von Landesbewohnern dies nicht ermöglicht. Sie sind häufig zur Untätigkeit verurteilt oder sehen sich gezwungen, den Lebensunterhalt als letztes Glied einer Kette bei illegalen Geschäften zu verdienen.[373]

Im Gebiet der Chaco-Kolonien Menno, Fernheim und Neuland waren seit eh und je verschiedene Indianervölker beheimatet, vor allem Chulupís, Lenguas und Ayoreos.

Die Mennoniten fanden allerdings keinen geschlossenen indianischen Bevölkerungsteil vor, vielmehr waren diese Stämme untereinander zerstritten, sie bekämpften sich. Viele Aufzeichnungen und Artikel des „Menno-Blatts" belegen des weiteren, welche Gefahren von den Indianern für die Mennoniten ausgingen, da sie an der Schnittstelle mehrerer Stämme Land erworben hatten.[374] Konnte mit den Chulupís und den Lenguas bereits in den dreißiger Jahren Kontakt aufgenommen werden, so dauerte dies mit den Ayoreos bis in die sechziger Jahre, da sie unberechenbarer und gewalttätiger waren.

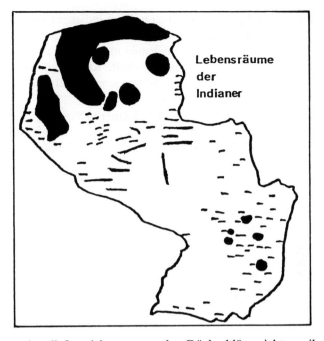
375

Die Mennoniten ließen sich trotz mancher Rückschläge nicht von ihrem Missionswerk abbringen und richteten bald Missionsstationen für die Indianer ein. Die stetig wachsende Zahl der Ureinwohner in den nach und nach eingerichteten Missionscamps ließ nicht nur die Zahl der Taufen dieser neuen Glaubensbrüder ansteigen, sondern sie machte die Notwendigkeit weiterer Koordinierungsarbeit deutlich.[376] So kam es 1968 zur Gründung der „Indianer-Beratungs-Behörde" (IBB), die aus der „Indianersiedlungsbehörde" hervorgegangen war.[377] Sie nannte sich offiziell seit 1977 „Asociación de los Servicios de Cooperación Indígena-Mennonita" und bezog seit ihrer Gründung die Indianer in den Entscheidungsprozeß ein. Die rasch ansteigenden indianischen Bevölkerungszahlen hatten schon 1975 zur Folge, daß die Mennoniten des Chaco in die Minderheit gerieten. Die Indianerprojekte hatten eine solche Anziehungskraft entwickelt, daß über 5.300 Indianer in den landwirtschaftlichen Siedlungen im Umfeld der Kolonien und knapp 4.500 in den 3 extra geschaffenen Arbeitersiedlungen der Kolonien wohnten.[378] Die IBB erarbeitete eine Vielzahl von Konzepten, die zum einen die Missionierung der Indianer und zum anderen deren Ausbildung auf landwirtschaftlichem Sektor zum Ziel hatten. Schließlich spielte das Arbeitskräftepotential eine wichtige Rolle. Die 1983 gegründete Landwirtschaftsschule bildete in den Folgejahren mehrere Jahrgänge erfolgreich aus, so daß auf der IBB-Jahresversammlung 1986 festgestellt wurde: „Wir sehen in dieser Schule einen sehr wichtigen Faktor zur Förderung der Landwirtschaft der Indianer und danken Gott für das tüchtige Personal, das wir dort haben."[379]

Einen weiteren Schwerpunkt der Arbeit mit den Indianern stellte die Erziehung zur Selbständigkeit dar. Haushaltsschule, Radiosendungen in den verschiedenen Stammessprachen, Frauenausbildung mit Blick auf die neue Stellung der Indianerinnen in der Gemeinschaft, Krankenpflegerkurse und Indianerschulen mit staatlicher Anerkennung seien hier als Elemente dieses Aufgabenbereichs genannt.[380]

Mittlerweile werden die Gemeinden der Indianer in Eigenregie geleitet. Sie verfügen quasi über eine eigene soziale Organisation: angefangen bei den rund 60 Indianergemeinden, die in eigenen Mennonitenkonferenzen zusammengeschlossen sind, bis hin zum „Jefe de distrito", der als Bezirkspräsident in exponierter Stellung Leitungsfunktionen übernommen hat, gestalten Indianer das Zusammenleben entscheidend mit.

All dies macht deutlich, daß die Mennoniten nicht die Fehler der Jesuiten machen, sondern die Indianer auf freiwilliger Basis zu selbständigen Landesbewohnern ausbilden, die für ihr Auskommen sorgen können. „Das Endziel dieses Unternehmens ist die angesiedelte Indianerfamilie, die erfolgreich und produktiv wirtschaftet, die für die physischen Bedürfnisse der Kinder Sorge trägt, deren Glieder bessere Bürger des Landes werden und die in einer christlichen Gemeinschaft lebt."[381]

Bei der Attraktivität der Kolonien und dem steten Zuwachs an indianischer Bevölkerung tritt jedoch in nächster Zeit ein bereits heute evidentes Problem noch stärker in den Vordergrund: die Landknappheit. Da die meisten Ländereien in der Nachbarschaft bereits, u. a. von Investitionsdeutschen, gekauft wurden, wird eine Expansion und damit die Versorgung mit Land für die Bewohner immer komplizierter. Hier wird momentan über Lösungsansätze nachgedacht, da dieser Bereich droht, zu einem existenziellen Problem zu werden.[382]

Festzuhalten bleibt, daß die Mennoniten, trotz spürbarer Distanz zu ihren indianischen Nachbarn, sich der Ureinwohner angenommen haben und sie in einem erheblichen Maße in die Gesellschaft integriert haben. Da dies bei freier Selbstbestimmung der Indianer erfolgt, kann man hier von einem ermutigenden Beispiel für eine Zusammenarbeit zwischen Weißen und Ureinwohnern sprechen. Dennoch dürfte in der Zukunft noch viel zu tun bleiben. Dies wird allein durch die wachsende zahlenmäßige Überlegenheit der Indianer vonnöten sein.

Anmerkungen zu Kapitel 8

339 Inzwischen sind die 3 Kolonien Menno, Fernheim und Neuland auf die dreifache Größe des Bundeslandes Saarland angewachsen.
340 Vgl. Ratzlaff 1989, a.a.O. S.13
341 Vgl. Klassen 1988, a.a.O. S.153.
  Vgl. Kol. Friesland, a.a.O. S.240.
  Vgl. Ratzlaff 1989, a.a.O. S.12f.
  Vgl. ders.: Die deutschsprachigen Siedlungen in Paraguay, in: Deutsches Jahrbuch für Paraguay 1988. Hrsg. v. Gerhard Ratzlaff, Asunción 1988, S.21ff.
342 Vgl. Fretz 1953, a.a.O. S.20f. und S.28f. Angaben 1927–1947.
  Vgl. Kohlhepp, Gerd: Strukturwandel und Beharrungsvermögen der Mennoniten im paraguayischen Chaco, in: Lateinamerika-Studien, Nr.14 1984, S.261 (zit.: Kohlhepp 1984b) Angaben 1950–1970.
  Vgl. ders.: Bevölkerungs- und wirtschaftsgeographische Entwicklungstendenzen in mennonitischen Siedlungsgebieten des Chaco Boreal in Paraguay, in: Tübinger Studien, o.A., Nr.80 1980, S.378 (zit.: Kohlhepp 1980) Angaben 1976.
  Vgl. Klassen 1988, a.a.O. S.185 Angaben 1985.
  Vgl. Kol. Friesland, a.a.O. S.240 Angaben 1987.
  Vgl. Längin, Bernd G.: Grünes Licht für die grüne Hölle, in: Globus, 21.Jg., Nr.2 1989, S.7 u. S.10f. (zit.: Längin 1989) Angaben 1989. Freundlicherweise wurden die Angaben für 1990 bis 1992 bei eigenen Nachforschungen von G. Ratzlaff zur Verfügung gestellt.
343 Eigene Karte.
344 Vgl. Kol. Friesland, a.a.O. S.240.
  Freundlicherweise wurden die Angaben für 1990 bis 1992 bei eigenen Nachforschungen von G. Ratzlaff zur Verfügung gestellt.
345 Wir folgen hier der erwähnten Einteilung Ratzlaffs.
346 Nur noch in Mexiko, Uruguay und Kanada stellen die Mennoniten einen derart großen Anteil am Überseedeutschtum. In Mexiko dominieren sie mit rund 80 % die Volksgruppe, während sie in Uruguay ca. die Hälfte und in Kanada immerhin rd. 10 % stellen.
  Vgl. Born/Dickgießer, a.a.O. S.122ff. und S.137.
  Vgl. Fretz 1953, a.a.O. S.187.
  Vgl. Hagin, Matthias: Werderplatt in Uruguay?, in: Globus, 17.Jg., Nr.1 1985, S.23f.
347 Vgl. Pauls Hrsg., a.a.O. S.135.
348 Vgl. Koop, David: Die Siedlung Stolzplateau, in: Mennoniten in Brasilien. Hrsg. v. Peter Pauls jr., Witmarsum 1980, S.72f.
  Vgl. Oberacker/Ilg, a.a.O. S.267ff.
  Vgl. Janzen, Hary: Mennoniten Brüdergemeinden in Colônia Nova, in: Gemeinde unter dem Kreuz des Südens. Hrsg. v. Südamerikanische Konferenz der Mennonitischen Brüdergemeinden, Curitiba 1980, S.10f.
  Vgl. Ratzloff, Peter P.: Die Mennonitische Brüdergemeinde von Witmarsum, Paraná, Brasilien, in: Gemeinde unter dem Kreuz des Südens. Hrsg. v. Südamerikanische Konferenz der Mennonitischen Brüdergemeinden, Curitiba 1980, S.64ff.
349 Abkürzungen dieser Tabelle laut Abkürzungsverzeichnis.
  Vgl. Pauls Hrsg., a.a.O. S.94–226.
  Vgl. Südamerik. Konferenz der Mennonitischen Brüdergemeinden (Hrsg.): Gemeinde unter dem Kreuz des Südens, Curitiba 1980, S.10–98.
  Vgl. Associaçao Menonita Beneficente (Hrsg.): Brasilien für Jesus, Witmarsum 1990, S.3. Witmarsum I, der Hauptort der Krauelsiedlung, blieb deshalb bestehen, weil 1 Familie nicht fortzog und es 35 Jahre nach der Erstgründung in diesem Gebiet zur neuen Gemeindegründung kam. So trat der Krauel für Mennoniten wieder in Erscheinung. Guarituba, nahe Curitiba, wurde als offiziell gegründete Gemeinde nach 16 Jahren wieder aufgelöst, ähnliches galt für Clevelandia, das nach 7 Jahren aufgegeben wurde.
350 1 der insgesamt 3 portugiesischsprachigen Konferenzen ist in Curitiba beheimatet, während die beiden anderen den Missionslinien gefolgt sind und in Campinas (São Paulo) und Rio

Verde (Goiás) ihren Sitz haben. Inzwischen rangiert bei den Mennoniten der ganzen Welt sowohl das Englische als auch das Spanische vor dem Deutschen.
Vgl. AMB, a.a.O. S.3.
Vgl. Mennonite World Conference (Hrsg.): Mennonite World Handbook, Carol Stream 1990, S.322 und S.361ff.
Der Exekutivsekretär des AMB bestätigte bei eigenen Nachforschungen, daß die deutsche Sprache in den brasilianischen Landsiedlungen weiterhin dominant sei, allerdings in Städten zusehends verlorenginge.

351 Klassen und Hack stellen fest, daß diese Art des Zusammenschlusses nicht originär mennonitisch zu nennen sei, obwohl in Paraguay u. a. wegen der vielen Kooperativen der Eindruck entstehen könne. Früher sei dies weder in Kanada noch in Rußland üblich gewesen. Es handele sich eher um eine Weiterentwicklung und Ausdehnung des alten Scharwerks, das gemeinschaftliche Arbeit ursprünglich als Frondienst beschriebe. Die wirtschaftliche Notwendigkeit habe erst die Form des gemeinschaftlichen Wirtschaftens gegen die starken Widerstände quasi erzwungen.
Vgl. Klassen 1988, a.a.O. S.167 und S.227.
Vgl. Hack 1961, a.a.O. S.101.

352 Vgl. Kohlhepp 1984b, a.a.O. S.261.
Die früher einwöchige Transportzeit über Land nach Asunción verkürzte sich durch die Asphaltierung auf wenige Stunden.

353 ebenda, S.270.

354 Vgl. Klassen 1988, a.a.O. S.176ff.
Vgl. Kohlhepp 1980, a.a.O. S.389ff.

355 Vgl. ebenda, S.386 und S.390 (bzgl. der Daten 1966–1976)
Das „Comité Social Económico Mennonita" in Asunción stellte die Daten dankenswerterweise auf Anfrage zur Verfügung.

356 Vgl. Längin 1989, a.a.O. S.6ff.

357 Vgl. Kohlhepp 1984b, a.a.O. S.266.

358 Vgl. Cooperativa Mista Agro-Pecuária Witmarsum (Hrsg.): Witmarsum em Quarto Decades 1951–1991, Witmarsum 1991, S.35ff.
Diese Verpackungsfabrik war die erste ihrer Art in Paraná und erlangte mit der in Tüten abgepackten Milch große Bekanntheit.

359 Bei den Kolonisationsprojekten handelt es sich um Primavera (1981) und Fazenda Sinuelo (1991). Primavera umfaßt 494 ha mit 10 Gehöften und 285 ha Erweiterungsland. Das neue Projekt hat eine Größe von 609 ha mit 9 Gehöften und soll in Zukunft ebenfalls erweitert werden. Des weiteren wurden ca. 2.000 ha im Umfeld Witmarsums gemietet, so daß die Bewirtschaftungsfläche der Kolonie vergrößert werden konnte. Witmarsum leitet daneben noch ein Kolonisationsvorhaben im Staat Bahia mit 24.000 ha.
Vgl. CMAPW, a.a.O. S.28ff und S.105ff.
Es wurden die Angaben der Cooperativa nach eigenen Nachforschungen eingearbeitet.

360 Angaben der Cooperativa in Witmarsum auf Anfrage.

361 Vgl. CMAPW, a.a.O. S.28f.

362 Vgl. AMB, a.a.O. S.4.
Vgl. CMAPW, a.a.O. S.132ff.
Vgl. Pauls, Alfred: AMAS – ein mennonitisches Hilfswerk, in: Mennoniten in Brasilien. Hrsg. v. Peter Pauls jr., Witmarsum 1980, S.212ff.

363 Angaben des Schulfachberaters der deutschen Botschaft in Asunción, Claus Hartwig.
Vgl. Dyck, Rüdiger: Colegio Alemán Concordia, in: Deutsches Jahrbuch für Paraguay 1988. Hrsg. v. Gerhard Ratzlaff, Asunción 1988, S.66f.

364 Gleichzeitig spielt besonders für die ältere Generation das „Menno-Platt", welches seine Ursprünge im ostniederdeutschen Raum (Weichsel) hat, eine wichtige Rolle. Es wird in Gedichten u.ä. gepflegt und auch noch im täglichen Leben angewendet.
Vgl. Klassen 1988, a.a.O. S.242ff.
Vgl. Werner, a.a.O. S.176.

Vgl. Thiessen, Jack: Dietsche Jasch, in: Jahrbuch für ostdeutsche Volkskunde, o. A., Bd. 27 1984, S. 326 ff.

365 „Religious disintegration or secularisation is the beginning of community disintegration." Hack 1961, a. a. O. S. 20.

366 Vgl. Wiens Peter: 60 Jahre Kolonie Fernheim im Chaco, in: Deutsches Jahrbuch für Paraguay 1990. Hrsg. v. Gerhard Ratzlaff, Asunción 1990, S. 28 f.

367 Seit November 1930 erscheint in Filadelfia das „Menno-Blatt", das den religiösen Vorstellungen der Chaco-Siedler Rechnung trägt. Nach 503 Lesern im Jahre 1932 stieg die Abonnentenzahl stetig an, erreichte Anfang der achtziger Jahre 2.700 Leser und konnte 1989 mit 3.000 veranschlagt werden. Diese Zahl ist bis heute konstant geblieben. Zwei Drittel der Bezieher leben in Paraguay, während 1.000 Leser im Ausland wohnen.
Vgl. Klassen 1988, a. a. O. S. 284 f.
Vgl. Klassen 1989, a. a. O. S. 58 f.
Die Radiostation ZP-30 „La Voz del Chaco Paraguayo" bringt über 14 Stunden pro Tag ein Programm in mehreren Sprachen: 60 % in Spanisch, 26 % in Deutsch, 9 % in Lengua und Chulupí, 3 % in Guaraní und je 1 % in Ayoreo und Englisch. Diese Aufteilung spiegelt die multikulturelle Zusammensetzung der Chaco-Bevölkerung wider. Der Sender erfreut sich auch deshalb großer Beliebtheit, weil das Radio bei den mangelhaften Verbindungen vor Ort zu einem Hauptkommunikationsmittel geworden ist.
Vgl. Duerksen, Marvin: Radio mission in the multicultural Gran Chaco, in: Mennonite World Handbook 1990. Hrsg. v. Mennonite World Conference, Carol Stream 1990, S. 223 ff.

368 Vgl. Werner, a. a. O. S. 176.
Das Lehrerseminar wird von der Bundesrepublik finanziell und personell unterstützt.
Vgl. Warkentin, Jakob: Das bilinguale Lehrerseminar in Filadelfia, in: Deutsches Jahrbuch für Paraguay 1988. Hrsg. v. Gerhard Ratzlaff, Asunción 1988, S. 69 f.
Vgl. Everts, Ulf: Überblick über die Schulsituation, Bella Vista 1987, S. 56.
Die Ausbildungskosten für eine Lehrperson der Primarschule lagen bereits 1987 bei über 2.000 DM p.a.

369 Vgl. Klassen 1988, a. a. O. S. 274 ff.

370 Vgl. CMAPW, a. a. O. S. 56 ff.

371 Vgl. Janzen, a. a. O. S. 26 f.

372 Vgl. Prien, a. a. O. S. 262 ff.

373 Hier sei z. B. an die illegale Jagd auf Kaimane im Pantanal Brasiliens durch paraguayische Indianer des nördlichsten Zipfel des Landes, bei Bahia Negra, erinnert. Nur die Jagd der Tiere, die mit großen Gefahren verbunden ist, und die Häutung erledigen die Indianer, der Rest liegt in Händen Weißer.

374 Vgl. Hein, David (Hrsg.): Die Ayoreos — unsere Nachbarn, Filadelfia 1988, S. 11 f. und S. 84 ff.
Hein beschreibt die Stammesfehden und auch die Angriffe auf Siedler an Hand einer Auswahl von Artikeln des „Menno-Blatts".

375 Vgl. Klassen, Peter P.: Immer kreisen die Geier, Filadelfia 1986, S. 123.

376 Vgl. Längin 1989, a. a. O. S. 12.
Man schätzt, daß bereits rund 3.000 bis 4.000 Indianer den mennonitischen Glauben angenommen haben.

377 Die IBB untersteht genau wie der „Landwirtschaftliche Beratungsdienst", die Radiostation „ZP-30", das Schülerheim in Asunción und die „Allgemeine Schulbehörde" usw. dem Oberschulzenrat. Dieser repräsentiert den Zusammenschluß der Mennonitenkolonien Paraguays.
Vgl. Klassen 1988, a. a. O. S. 193.
Der Missionsbund „Licht den Indianern" reicht in seinen Ursprüngen in Fernheim bis 1932 zurück. Die Mennoniten begannen also sofort mit der Missionierung der Ureinwohner.
Vgl. Wiens, Hans J., a. a. O. S. 7.

171

378 Wiens macht in seinem Buch immer wieder Zahlenangaben über das Anwachsen der indianischen Bevölkerung. Danach ergeben sich:
1942	200	Chulupís (1946: 400—500)
1943	635	Lenguas
1960	1.300	Chulupís
	2.650	Lenguas
1961	2.000	Chulupís
	3.100	Lenguas
1967	5.829	Indianer verschiedener Stämme
1975	9.800	Indianer verschiedener Stämme
1989	13.500	Indianer verschiedener Stämme

Bedenkt man, daß 1981 26.000 Indianer im Chaco gezählt wurden, so wird deutlich, daß ein großer Teil davon in den mennonitischen Siedlungen gelebt hat.
Vgl. ebenda, S.11, S.32, S.64, S.83, S.88, S.144 und S.184.
Vgl. Stahl, Wilmar: Interethnic cooperation in the Chaco, in: Mennonite World Handbook 1990. Hrsg. v. Mennonite World Conference, Carol Stream 1990, S.233.
Vgl. Friesen, Martin W.: Vieles ist getan — noch vieles ist zu tun, in: Globus, 21 Jg., Nr.2 1989, S.29.
379 Der Leiter der Exekutive, E. Giesbrecht, am 25. Februar 1986, in: Wiens, Hans J., a.a.O. S.191.
380 Vgl. ebenda, S.114ff. und S.173ff.
Eine Untersuchung von Hack stellte 1976 fest, daß trotz dieses Engagements stets eine Distanz zwischen den Gruppen bestehen blieb. Mischehen z.B. konnten beinahe ausgeschlossen werden. Es scheint, als wäre der religiöse Antrieb Grundlage für die geschilderte Arbeit, durch die man sich jedoch nicht privat näherkommen will.
Vgl. Hack, Hendrik: Indianer und Mennoniten im paraguayischen Chaco, Amsterdam 1976, S.98—124
381 Wiens, Hans J., a.a.O. S.85.
382 Komplizierend kommt hinzu, daß eine nicht kleine Anzahl von mennonitischen Siedlern durch die Nachbarschaft zu den Investitionsdeutschen, die sich meist nicht durchgehend in Paraguay aufhalten, eine neue Einnahmequelle gefunden haben. Sie sind begehrte Verwalter oder Bewirtschafter der großen Ländereien.

9. Das paraguayisch-brasilianisch-argentinische Grenzgebiet als neuer Siedlungsraum

Nachdem wir uns in den vorangegangenen Kapiteln mit den traditionellen Zielländern und Siedlungsgebieten deutscher Einwanderer in den Staaten um den Río Paraná beschäftigt haben, soll nun das Augenmerk auf eine seit rund 2 Jahrzehnten in den Mittelpunkt des Kolonisationsgeschehens tretende Region gelenkt werden: das paraguayisch-brasilianisch-argentinische Grenzgebiet.

Wir treffen in dieser Region auf eine in ihrem Ausmaß bisher beispiellose Einwanderung von Brasiliendeutschen. Sie stellen einen erheblichen Teil der meist aus Paraná eintreffenden Immigranten Brasiliens. Erstmals verstärkt hier eine so große Gruppe von Zuwanderern eine deutsche Volksgruppe in Südamerika quasi „kontinentintern".

Sicherlich, es hat schon in früheren Jahrzehnten Migrationsbewegungen deutschstämmiger Brasilianer nach Paraguay oder auch nach Argentinien und Uruguay gegeben, aber in ihren Zahlen waren sie mit dieser Entwicklung nicht zu vergleichen. Hohenau z. B., im Departamento Itapúa gelegen, gilt als die älteste Kolonie der Brasiliendeutschen in Paraguay. Weitere sollten ihr folgen.[383] Ebenfalls zu Beginn dieses Jahrhunderts gelangten so viele Brasiliendeutsche ins nordargentinische Misiones, daß sie kurze Zeit später einen großen Anteil an der deutschstämmigen Bevölkerung dort stellten.[384] Ähnliches wurde in Uruguay registriert, wo Nelke bereits 1920 von spürbarer Zuwanderung deutschstämmiger Brasilianer berichtet.[385]

Diese Wanderungen sind bis heute nicht zum Erliegen gekommen. So ist es z. B. keine Ausnahme, gerade in touristischen Zentren Misiones" und an der uruguayischen Atlantikküste auf deutschstämmige Brasilianer, die durch die Arbeitssuche dorthin gelangten, zu treffen. Alle Migrationsbewegungen nahmen sich jedoch im Vergleich zu der massiven Einwanderung der Brasiliendeutschen in die am Paraná gelegenen östlichen Departamentos Paraguays geradezu klein aus.

In diesem Zusammenhang ebenfalls neu war die Tatsache, daß sich ein so großer Teil der deutschstämmigen Bevölkerung Südbrasiliens an einer Emigration aus Brasilien beteiligte. Die Binnenwanderungen innerhalb der brasilianischen Südstaaten war und ist hingegen häufig zu beobachten, ja man neigt dazu, darin ein Merkmal der deutschen Volksgruppe in Brasilien zu erkennen.[386] Noch nie hatte sich jedoch der deutschstämmige Bevölkerungsanteil eines südamerikanischen Staates an einer solchen Massenauswanderung beteiligt. Das in Südamerika auftretende Phänomen der Auswanderung in

Nachbarstaaten war bis dahin nur mit geringer Beteiligung der dort lebenden Deutschen zu beobachten gewesen.[387] Hier, im paraguayisch-brasilianisch-argentinischen Grenzgebiet, war dies anders: Brasiliendeutsche stellten einen erheblichen Teil der anhaltend starken Auswanderung nach Paraguay.

9.1 Gründe und Voraussetzungen für eine Ansiedlung im östlichen Paraguay

Die geographische Verteilung der paraguayischen Bevölkerung ist seit dem Bestehen des Staates unausgeglichen. Während der Gran Chaco, westlich des Río Paraguay, mit rund drei Fünfteln der Gesamtfläche nur rund 3 % der Bevölkerung beheimatet, wohnen 75 % im Gebiet um Asunción und der Rest in Ostparaguay. Im Landesdurchschnitt leben 10 Paraguayer auf 1 km², im Departamento Asunción sind es aber über 4.000 je km gegenüber statistisch gesehen nicht einmal 0,5 Einwohnern je km im Gran Chaco. Asunción weist damit einen so hohen Dichtewert wie München auf.[388]

Der größte Teil der östlichen Fläche, d. h. Ostparaguay ohne Asunción, Central, Cordillera und Guairá, weist eine Bevölkerungsdichte von 5—30 Einwohnern pro km² auf. Dies gilt auch für die hier betroffenen Departamentos Concepción, Amambay, Canendiyú und Alto Paraná, die allesamt an der Grenze zu Brasilien liegen.

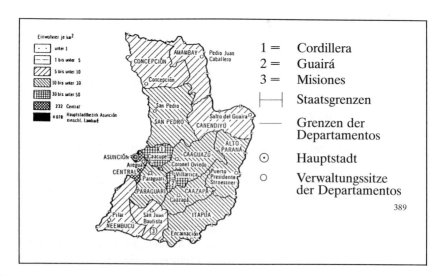

[389]

Werfen wir kurz einen Blick zurück: die deutsche Einwanderung nach Paraguay vollzog sich, mit Ausnahme der Mennoniten des Chaco Boreal, ausschließlich in den Osten des Landes. Von zentraler Bedeutung waren hierbei die südlichen und zentralen Gebiete des östlichen Landesteils, während die an die brasilianischen Staaten Mato Grosso do Sul und Paraná grenzenden Bezirke weitgehend unberücksichtigt blieben. Warum? Die Hauptgründe für diese damalige Orientierung lagen auf der Hand:

– das östliche Grenzgebiet war beinahe völlig von tropischem Regenwald überzogen, wobei sich westlich der heutigen Grenzstadt Ciudad del Este ein großes Sumpfgebiet zwischen den Flüssen Río Acaray und Río Monday befand.

– während in Asunción und von dort aus in östlicher Richtung langsam ein Minimum an Infrastruktur vorgefunden wurde, war das paraguayische Grenzgebiet zu Brasilien unerschlossen.

– östlich des Río Paraná auf brasilianischer Seite war die Situation vergleichbar, denn auch dort wohnten wenige Menschen, der Regenwald war beinahe unpassierbar und eine Infrastruktur existierte kaum. Anders sah die Situation im Süden an der Grenze zu Argentinien aus, da in Misiones bereits viele Siedlungen und somit grenzübergreifende Verbindungen bestanden. Als Folge daraus wählten neue Siedler diese bereits belebten Gegenden für eine Niederlassung aus.

Dies waren für damalige Verhältnisse denkbar ungünstige Voraussetzungen für eine erfolgversprechende Kolonisation im Gebiet von Alto Paraná und Paraná. Bedenkt man aus heutiger Sicht die vielen Unwägbarkeiten bei einer Existenzgründung in Paraguay, so erscheint die Meidung dieses paraguayisch-brasilianischen Grenzgebiets durch deutsche Einwanderer, die ohnehin mit den klimatischen und geographischen Bedingungen ausreichende Probleme hatten, durchaus verständlich.

Mit der zunehmenden Erschließung des Landesteils und seiner voranschreitenden Anbindung an die Infrastruktur änderten sich im Laufe der Jahrzehnte die Rahmenbedingungen erheblich. Mit Puerto Presidente Stroessner, dem heutigen Ciudad del Este, entstand am Ufer des Río Paraná ein urbanes Zentrum, das in der Folgezeit eine Kolonisationsentwicklung mit westlicher Ausrichtung forcierte und im brasilianischen Foz do Iguaçú sein Pendant fand.

Wie kam es dazu? Hier lassen sich zwei, zeitlich teilweise parallel verlaufene, Entwicklungen als Ursachen nennen:

a) Die geographischen und wirtschaftlichen Rahmenbedingungen in den weitgehend unerschlossenen Ostbezirken Paraguays verbesserten sich für die eintreffenden brasilianischen Landwirte deutlich.

Für viele Klein- und Mittelbauern stellten diese Gebiete die einzige Ausweichmöglichkeit mit ähnlicher Bodenqualität wie in Brasilien dar. Im brasi-

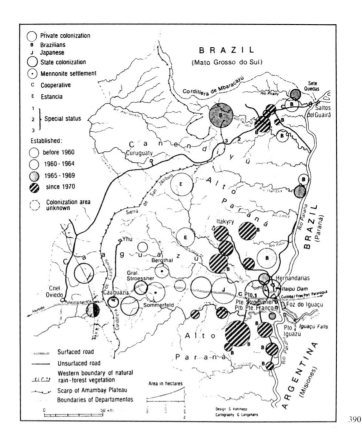

lianischen Paraná waren sie der Konkurrenz der Latifundienbesitzer und der Kolonisationsgesellschaften nicht mehr gewachsen, zumal das Preisniveau wesentlich höher als in Paraguay war. Kohlhepp beschreibt diesen Prozeß der steten Abwanderung in die paraguayischen Grenzregionen eingehend. Bei der gebotenen Kürze soll hier dieser Vorgang aufgezeigt werden:

Zu Beginn der fünfziger Jahre zog eine große Zahl deutschstämmiger Kolonisten u. a. aus dem Gebiet des Alto Uruguai in Rio Grande do Sul nach Paraná. Häufig war Bodenerschöpfung und Erbteilung der Grund für das Verlassen des alten Siedlungsraums. Der westliche Teil Paranas trat somit erstmals in den Mittelpunkt deutschen Siedlungsengagements. Bis dahin hatte sich die deutsche Kolonisation auf den südöstlichen Landesteil konzentriert.[391]

Günstige Landpreise und die Begleitung durch brasilianische Kolonisationsgesellschaften boten gute Voraussetzungen für ein erfolgreiches Wirtschaften. Zeitgleich strömten aus nördlicher Richtung arbeitssuchende Landarbeiter aus den Kaffeeanbaugebieten São Paulo und Nord-Paraná in das Gebiet.

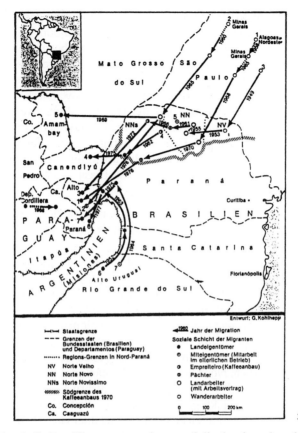

Ausgelöst durch die Bevölkerungszunahme und die damit verbundene Wertsteigerung des Grund und Bodens — inzwischen waren die Rodung des subtropischen Regenwalds fortgeschritten und Straßen sowie Siedlungen angelegt — stieg das Interesse sowohl auf staatlicher Seite als auch bei Großbetrieben für das westliche Paraná. Die extensive Weizen- und Sojaproduktion, die nur von Mittel- und Großbetrieben rentabel geleistet werden konnte, und die oft ungelösten Eigentumsfragen führten zu einem Verdrängungsprozeß der Kleinbetriebe.[393] Da Waldland von ähnlicher Beschaffenheit nur noch westlich des Río Paraná verfügbar war, konnte man von einer logischen Konsequenz der Geschehnisse sprechen, als viele Kolonisten nach Paraguay abwanderten. Die weitgehend unerschlossenen Ostbezirke Paraguays waren bei gewohnten klimatischen und geographischen Bedingungen auch deshalb zusehends attraktiver geworden, weil der Preis nur ein Achtel bis ein Sechstel des brasilianischen Niveaus ausmachte.[394] Diese bis heute nicht abgeschlossene Wanderungsbewegung brachte Zehntausende neuer Siedler in das Grenzgebiet auf paraguayischer Seite. Ein erheblicher Teil von ihnen war und ist deutschstämmig.

b) Der Bau des hydroelektrischen Staudamms Itaipú am Paraná-Fluß durch Brasilien und Paraguay bewirkte einen Bevölkerungsboom im Umland. Dieses Großprojekt wenige Kilometer von den weltbekannten natürlichen Iguazú-Wasserfällen entwickelte binnen weniger Jahre eine solche Sogwirkung, daß neben den direkt am Bau Beschäftigten viele weitere Menschen in das Gebiet gelockt wurden.[395] Konsequenz dieser Zuwanderung war die Ausdehnung der Siedlungsflächen und die Herausbildung zweier städtischer Zentren: Foz do Iguaçú auf brasilianischer Seite und Puerto Presidente Stroessner, heutiges Ciudad del Este, auf paraguayischer Seite. Gleichzeitig wurde stetig an der Verbesserung der Infrastruktur zur Anbindung an die paraguayische Hauptstadt im Westen und die brasilianische Atlantikküste im Osten gearbeitet.[396]

All dies förderte den verstärkten Einfluß brasilianischer Einwanderer und Firmen auf das östliche Paraguay, zumal die finanziellen Möglichkeiten der brasilianischen Siedler und Kolonisationsgesellschaften die der paraguayischen deutlich übertrafen.[397] Die Städte Puerto Presidente Stroessner und Foz do Iguaçú wuchsen im Laufe dieser Entwicklungen sehr stark. Die Bevölkerungszahlen stiegen so rapide, daß aus kleinen Fischersiedlungen vergangener Jahrzehnte inzwischen Großstädte wurden.[398] Auf paraguayischem Gebiet setzte nun eine verstärkte Kolonisierung ein. Speziell auf landwirtschaftlichem Sektor war hierbei eine Vielzahl deutschstämmiger Siedler beteiligt. Aber auch in den beiden genannten Städten wurde ihre Anwesenheit deutlich. Noch heute entdeckt man nach der Überquerung der „Puente de la Amistad" — diese „Freundschaftsbrücke" wurde ebenfalls im Rahmen des Itaipú-Projekts gebaut — auf beiden Seiten des Río Paraná schon bei einem Blick auf die zahlreichen Reklameschilder viele Namen, die auf die deutsche Abstammung der Geschäftsinhaber hinweisen.

9.2 Brasiliendeutsche lassen sich nieder

Mit der geschilderten Entwicklung auf brasilianischer Seite begann eine bis heute anhaltende, meist unkontrollierte, Einwanderung in den Osten Paraguays. Nachdem diese Grenzgebiete Jahrzehnte beinahe unberührt geblieben waren, entstand durch das Großprojekt Itaipú und die Zuwanderung ein erhöhter Bedarf an Infrastruktur jeder Art. Die traditionellen Kolonisationsbereiche im Südosten erfuhren durch die neuen Migrationsbewegungen weit weniger Zuwachs als z. B. die mittleren Gegenden des Departamentos Alto Paraná. Ausgehend von der Ruta Nacional einerseits und der natürlichen Grenze des Río Paraná andererseits, dehnten sich die Siedlungsräume seit Anfang der siebziger Jahre erheblich aus.

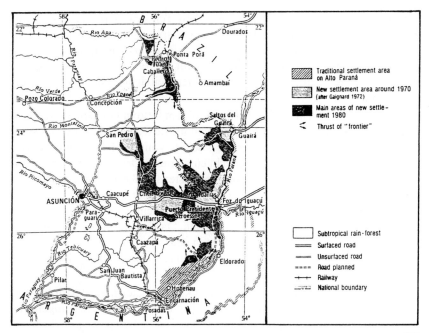

In den weiter nördlich gelegenen Gebieten um Salto del Guáira und Pedro Juan Caballero entstanden ebenfalls neue Siedlungsschwerpunkte, so daß die Stoßrichtungen einer Art Zangenbewegung gleichkamen. In erster Linie waren also die Departamentos Amambay, Canendiyú, Caaguazú, San Pedro, Itapúa und vor allem Alto Paraná von dieser neuesten Entwicklung betroffen. Bei den Nachforschungen über das genaue Ausmaß dieser brasilianischen Zuwanderung stößt man sehr schnell auf große Probleme:

a) In den meisten Fällen findet keinerlei Registrierung bei der Grenzüberschreitung statt. Das Überqueren der Freundschaftsbrücke zwischen Foz und Ciudad del Este wird z. B. nur selten durch Kontrollen, geschweige denn durch Einwanderungsformalitäten, behindert. So treffen seit Jahren ungezählte Immigranten in Paraguay ein, ohne als solche erfaßt zu werden.

b) In Paraguays Osten gleicht die Niederlassung häufig einer Landnahme solcher Stellen, die als geeignet erscheinen und frei sind. Die Siedlungsstrukturen sind keineswegs so wie bei den kennengelernten Kolonien früherer deutschsprachiger Einwanderer. Vielmehr geht es darum, Fuß zu fassen und für den Lebensunterhalt zu sorgen. Eine Siedlung im Sinne von Ortschaft, wie wir es von Itapúa oder dem Chaco gewohnt sind, entsteht, wenn überhaupt, erst später. Aufgrund des starken Zuwachses, der ständigen Fluktuation und der oft unkontrollierten Ansiedlung ist die Beschaffung genauer Zahlen faktisch unmöglich, da diese sich täglich ändern.

Eigene Nachforschungen für den südlichen Teil des Departamentos Alto Paraná ergaben, daß viele Siedlungen deutschsprachiger Brasilianer z. B. im Umfeld der Städte San Cristobal und Santa Rita entstanden sind. Orte wie Tuparenda, was so viel wie „Land Gottes" auf Guaraní bedeutet, oder Cantinaque weisen dann auch einen beträchtlichen Teil deutschstämmiger Bevölkerung auf.

Ein großes, wenn nicht gar unlösbares Problem besteht vor Ort allerdings in dem beinahe völligen Fehlen von Deutschunterricht an den Schulen der Siedlungen. In Tuparenda wird an derzeit 4 Schulen mit rund 150 Schülern, von denen 30 % deutschstämmig sind, nicht eine Stunde Deutsch gegeben, und in San Cristobal werden erst seit kurzem wenigstens 3 Wochenstunden Deutsch auf der Sekundarschule erteilt. Da die Kinder nicht in geschlossenen und strukturierten Kolonien wohnen, sind die Möglichkeiten für das Erlernen oder das Erhalten der Sprache nicht gegeben. Da die Elterngeneration bereits in Brasilien vom Deutschunterricht wegen der Erlasse von 1938 abgeschnitten war, ist für das Gebiet mit einem weiteren Rückgang innerhalb der nächsten Zukunft zu rechnen.

Die seelsorgerische Betreuung der Katholiken im Bereich San Cristobal und Tuparanda obliegt dem Jesuitenpater Gruber, der, den Voraussetzungen entsprechend, meist Kastilianisch sprechen muß. Das Beherrschen und der tägliche Gebrauch der deutschen Sprache lassen unter diesen Umständen verständlicherweise stetig nach, so daß man höchstens noch einem deutschen Dialekt, vornehmlich dem des Hunsrücks, Zukunftschancen einräumen kann.

Ein beträchtlicher Teil der Einwanderer verweilt nur einige Jahre im gleichen Gebiet, um dann entweder nach Brasilien zurückzukehren oder innerhalb Paraguays weiterzuziehen. Ein Beispiel für eine solche Wanderung in Paraguay ist aus Moseldorf, Departamento San Pedro, bekannt. Hier war nach einem erfolgreichen Kolonieaufbau unter der Ägide von Pater Gruber eine deutsche Siedlung mit Schule und Kirche usw. entstanden. Den Kolonisten war die Möglichkeit gegeben, neben der Sicherung des Lebensunterhalts für den Erhalt der deutschen Sprache zu arbeiten. Nach dem Umzug von Pater Gruber nach San Cristobal verschlechterten sich die wirtschaftlichen und sozialen Rahmenbedingungen derart, daß viele Menschen den Ort Richtung Süden und Osten verließen. Zum einen hatte die Arbeit des Paters keine ebenso engagierte Weiterführung gefunden, und zum anderen waren die Expansionsmöglichkeiten der Siedlung durch den Landkauf vor allem von Investitionsdeutschen erschöpft.

Diese Beispiele verdeutlichen, daß eine Struktur für das Praktizieren des Deutschtums weitgehend fehlt und die weitere Existenz deutschsprachiger Gruppen häufig von Einzelpersonen abhängt. Aufgrund der starken Verunsicherung, die unter den deutschstämmigen Brasilianern zu beobachten ist, und der Abhängigkeit von wenigen Aktiven, die Sachverstand und Elan zu glei-

chen Teilen vorweisen können, droht in vielen Gegenden des östlichen Paraguay der endgültige Verlust der deutschen Kultur.
Die Probleme des Brasiliendeutschtums wurden somit durch die Einwanderung nach Paraguay exportiert. Da meist nur wenige Paraguaydeutsche unter den Brasilianern leben, hat dieses Faktum bis dato noch keine Wirkung auf das ursprüngliche Paraguaydeutschtum gezeigt. Wegen der verstärkten Eingliederungsbemühungen offizieller Stellen im gesamten Grenzgebiet muß jedoch für die Zukunft mit Auswirkungen auch auf diesen in unmittelbarer Nähe befindlichen Kreis der Auslandsdeutschen gerechnet werden. Was dies bei der Konzentration deutschstämmiger Paraguayer im paraguayisch-brasilianisch-argentinischen Grenzbereich für die gesamte Volksgruppe bedeuten würde, kann man sich leicht ausmalen.[400]

c) Es liegen keine neuen Zahlen aus Volkszählungen vor. Die Schätzungen in der einschlägigen Literatur und Presse weichen deshalb erheblich voneinander ab.[401]

Um dennoch eine Vorstellung speziell des Anteils der Deutschstämmigen an der Zuwanderung zu erlangen, bleibt somit nur ein Blick auf die Bevölkerungszusammensetzung der südbrasilianischen Herkunftsgebiete sowie deren Projektion auf die östlichen Bezirke Paraguays.
Aus den Statistiken des Deutschen Reichs wissen wir nicht nur, daß Brasilien allein bis zum Jahr 1917 147.170 deutsche Einwanderer aufnahm, sondern wir erfahren dort auch von der Konzentration der deutschen Einwanderungsbewegungen auf die 3 „estados meridionales" Paraná, Santa Catarina und Rio Grande do Sul.[402] In den letzten beiden Dekaden wurden diese Staaten Ausgangspunkte für die bereits erwähnten Binnenwanderungen vieler Deutschstämmiger, die mittlerweile u. a. bis nach Mato Grosso und in die Randgebiete des Amazonas um Rondônia vorgedrungen sind.[403]
Kohlhepp hat in zahlreichen Arbeiten die Entwicklungen im Süden Brasiliens und in Paraguay untersucht und kam bereits für das Jahr 1983 auf 360.000 Brasilianer in den 3 Departamentos Alto Paraná, Canendiyú und Amambay.[404] Die Zeitung „Folha de São Paulo" berichtet in verschiedenen Ausgaben der Jahre 1979 bis 1981 von erst 200.000 und später 400.000 Brasilianern, die in Paraguays Osten gesiedelt hätten. Gleiche Angaben finden sich in der „Deutschen Zeitung".[405] Überall treten als Herkunftsgebiete die Bundesstaaten Rio Grande do Sul, Santa Catarina und Paraná auf.
Wie bereits ausgeführt, setzte sich die vorherige Einwanderung nach Paraná jedoch zu einem großen Teil aus luso-brasilianischen Landarbeitern u. a. aus São Paulo zusammen, so daß nicht alle Brasilianer Paraguays aus den Hauptsiedlungsgebieten der Deutschen stammten. Stichpunktartige Erhebungen Kohlhepps in bezug auf die Herkunft der brasilianischen Siedler in Gebieten des paraguayischen Alto Paranás ergaben, daß rund je ein Drittel aus Rio

Grande do Sul und Santa Catarina, aus São Paulo und Minas Gerais sowie aus Paraná und dem Nordosten Brasiliens stammte.[406]

Um nun bei der oben beschriebenen Ausgangslage eine Schätzung vornehmen zu können, müssen wir noch 2 Annahmen voranstellen:
a) Kohlhepp wies für das Gebiet um den Río Monday, das, südlich der Ruta Nacional gelegen, als ein Siedlungsschwerpunkt gilt, einen Anteil von 90 % brasilianischer Bevölkerung nach. Zwei Drittel davon waren deutschstämmig.[407] Unterstellen wir nun den gleichen Anteil nur für die aus Rio Grande do Sul und Santa Catarina stammenden Siedler, so hieße das, 22 % aller brasilianischen Einwanderer wären deutscher Abstammung:

Rechnung:
Rio Grande do Sul (18 %)   +   Santa Catarina (15 %) = 33 % − Anteil dieser Staaten an der gesamten brasilianischen Einwanderung nach Paraguay
Rio Grande do Sul   +   Santa Catarina = 65 % − Anteil der Deutschstämmigen aus diesen Bundesstaaten
⩾ = 22 % − Anteil der Deutschstämmigen an der Gesamteinwanderung

Bei dieser Rechnung wurde noch nicht berücksichtigt, daß gerade unter den jüngeren deutschstämmigen Siedlern eine gewisse Anzahl aus Paraná, der Zwischenstation der Väter, stammt und nicht mehr über Rio Grande do Sul und Santa Catarina erfaßt werden kann.[408]
Um auch einer etwaigen Überbewertung des Anteils aus diesen Staaten vorzubeugen, sollen für die letztgenannte Gruppe nur weitere 3 % zugrunde gelegt werden, so daß nach dieser vorsichtigen Schätzung rund 25 % der brasilianischen Siedler deutschstämmig wären.

b) Für den Anfang der achtziger Jahre konnte eine Gesamtzahl von rund 400.000 brasilianischen Einwanderern in den östlichen Departamentos Paraguays veranschlagt werden.[409]
Da durch die weitgehende Fertigstellung Itaipús und die Aufsiedlung zahlreicher Gebiete in Ostparaguay die Zuwachsraten früherer Jahre in bezug auf die Einwanderung nicht mehr veranschlagt werden können, soll hier die

Gesamtzahl der heute in Paraguay ansässigen Brasilianer auf 450.000 bis 500.000 hochgerechnet werden. Diese Zahl trägt der auch bei eigenen Nachforschungen angetroffenen Verlangsamung der Immigration und der teilweise einsetzenden Remigration brasilianischer Siedler Rechnung.[410]

Diesen beiden Annahmen folgend, kann heute die Zahl der deutschstämmigen Brasilianer in Paraguay mit 112.500 bis 125.000 veranschlagt werden. Daß eine solch massive Einwanderung nicht ohne Auswirkungen auf das soziokulturelle Gefüge des Grenzgebiets bleiben kann, liegt auf der Hand. In weiten Teilen hat, neben der portugiesischen Sprache, der brasilianische Lebensstil die Oberhand gewonnen. Der Anteil der Immigranten an der Gesamtbevölkerung lag in dieser Region schon 1983 bei rund zwei Dritteln. Daraus folgt, daß die Paraguayer in weiten Teilen des eigenen Landes zur Minorität geworden sind. In entlegenen Teilen Alto Paranás z. B. liegt der Anteil nach eigenen Untersuchungen noch um einiges höher.[411]
Somit haben die Opfer der Verdrängung aus dem brasilianischen Staat Paraná ihre Rolle abgelegt und sind ihrerseits heute durch ihre bessere Ausrüstung und ihre u. a. dadurch bedingte, stärkere wirtschaftliche Position selber Teil und Träger einer Ausgrenzungsmaschinerie zuungunsten der Paraguayer geworden.
Der soziale Sprengstoff dieser Entwicklung wurde unter Stroessner aus übergeordneten Überlegungen — das gute Verhältnis zu Brasilien, das sich z. B. in Itaipú manifestierte, sollte keinesfalls gestört werden — unterdrückt. Berichte aus neuester Zeit zeigen jedoch, daß nun verstärkt auf eine Assimilierung seitens der paraguayischen Behörden hingewirkt wird, um der völligen Entfremdung dieses Landesteils Einhalt zu gebieten.[412]

9.3 Die neuen Kolonien in Paraguays Osten — Fallbeispiel Casilla Dos

Die Namen Hernandarias, Santa Rosa del Monday, Raul Pena, Naranjal, Naranjito, Katueté, Coronel Toledo u.a. stehen für die Siedlungsaktivitäten Brasiliendeutscher in den vergangenen 25 Jahren. Das Neusiedlungszentrum Moseldorf, 1978 im Departamento San Pedro gegründet, stellt mit seinem deutschen Namen eine Ausnahme dar, denn deutsche Ortsbezeichnungen sind bei den neuen Siedlungen, ganz im Gegensatz zu denen der autochthonen Paraguaydeutschen, eine Seltenheit.

Um einen Eindruck von der Niederlassung und dem Fortkommen deutschstämmiger Brasilianer im Osten Paraguays zu bekommen, soll hier exemplarisch die Entwicklung einer kleinen Kolonie im Grenzgebiet bis in die Gegenwart aufgezeigt werden. Sie liegt im östlichen Teil Caaguazús und heißt „Sociedad Civil Casilla Dos".[413] Rund 60 km nördlich der Ruta Nacional 2 – diese Asphaltstraße führt von der Hauptstadt Asunción im Westen in das 330 km entfernte Ciudad del Este an der östlichen Landesgrenze quer durch Paraguay – gelegen, wurde diese Siedlung vornehmlich deutschsprachiger Siedler offiziell im Jahr 1977 gegründet.

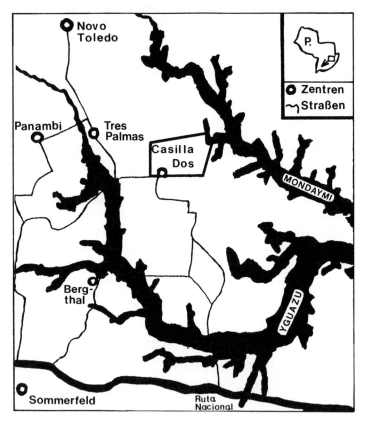

[414]

Maßgebliche Unterstützung erhielten die deutschstämmigen Kolonisten von dem bundesdeutschen Ehepaar von Brandenstein, das im gleichen Jahr nach Paraguay auswanderte und zwischen dem Río Yguazú und dem Río Mondaymi siedelte. In räumlicher Nähe zu der Mennonitenkolonie Tres Palmas entstand binnen weniger Jahre ein Siedlungsschwerpunkt deutschstämmiger Brasilianer, wobei Casilla Dos durch die ständige Zuwanderung zu den größeren Ansiedlungen zählt.[415]

Nach der Ankunft im Urwald ging es in den ersten Jahren primär darum, für Unterkünfte und Anbauflächen zu sorgen. Als Schwerpunkte der ackerbaulichen Landnutzung setzten sich Soja, Mais, Bohnen, Reis und Baumwolle nach der Rodung durch. Die ersten erfolgreichen Ernten ließen jedoch 4 Jahre auf sich warten, weil entweder Dürreperioden oder starke Regenfälle die Anpflanzungen weitgehend vernichteten. Da die Siedler auf die Einkünfte aus der Landwirtschaft angewiesen waren, warfen diese Mißernten die Kolonie in ihrer Entwicklung zurück, und so standen nicht genügend Finanzmittel für einen Ausbau der Siedlung zur Verfügung. Um das Fortkommen Casilla Dos' durch seine Abhängigkeit von den landwirtschaftlichen Erträgen nicht noch mehr zu verzögern, entschloß man sich zu einer verstärkten Kooperation mit der deutschsprachigen Mennonitenkolonie Tres Palmas und gleichzeitig zu einer Kontaktaufnahme mit staatlichen und privaten Organisationen in der Bundesrepublik Deutschland zwecks Bitte um Hilfestellungen.

Die Mennonitenkolonie war besonders in den ersten Jahren von großer Bedeutung für Casilla Dos, da die medizinische Grundversorgung nur dort gewährleistet war, während die aus Brasilien stammenden Siedler, den Gefahren des Urwalds ausgesetzt, über keinerlei medizinische Einrichtungen verfügten.[416] Die Behandlung von Schlangenbissen usw. und die Geburtshilfe wurden von dem kleinen Krankenhaus im 9 Kilometer entfernten Tres Palmas übernommen.

Wie wichtig den deutschstämmigen Siedlern der Erhalt der deutschen Sprache war, wurde daran deutlich, daß bereits im ersten Jahr mit dem Unterricht in einer eigenen Schule begonnen werden konnte. Die Schüler, die anfangs von nicht qualifiziertem Personal unterrichtet werden mußten, wurden in einem einfachen Holzhaus untergebracht und erhielten von Beginn an Unterricht in verschiedenen Fächern.[417]

Dies konnte allerdings nur ein Provisorium sein, da sich zum einen die Siedlung in Abhängigkeit zu Tres Palmas begab und zum anderen die finanziellen Möglichkeiten für solch kostspielige Kooperationen stark begrenzt waren. Erschwerend kam hinzu, daß in der Regenzeit die Zufahrtswege in die Nachbarkolonie unpassierbar wurden, so daß die Siedlung auf sich gestellt blieb. Hier kamen der Gemeinschaft das Engagement und die Kenntnisse des Ehepaars von Brandenstein zugute. Seit ihrer Ankunft 1977 hatten sich die Eheleute für den Aufbau der Kolonie starkgemacht. Nach der offiziellen Registrierung in Asunción wurde Scott Helmut Freiherr von Brandenstein 1986 zum Präsidenten der Kolonie gewählt und bemühte sich bei verschiedenen Stellen in der Bundesrepublik um Hilfe.[418] Sein Wissen über deutsche Institutionen und Stiftungen war für die Entwicklung Casilla Dos' von unschätzbarem Wert. Es gelang ihm neben dem „Institut für Auslandsbeziehungen" in Stuttgart und der deutschen Botschaft u. a. zum „Verein für das Deutschtum im Ausland" (VDA) und der Alfons-Goppel-Stiftung Kontakt aufzunehmen, die Situation zu schildern und Hilfszusagen zu bekommen. Von Bran-

denstein steht somit als ein weiteres Beispiel dafür, was engagierte Einzelpersonen alles bewirken können und wie sehr letztlich die deutschstämmigen Siedler von solchen Aktiven abhängen.
In den Folgejahren erreichten Casilla Dos deutsche Lehrmittel, zusätzliche Schuleinrichtungen und Gelder für den Bau einer eigenen Krankenstation. Die von Brandensteins konnten 1987 im Rahmen einer Fragebogenaktion des VDA nicht nur die verbesserte Ausstattung der kleinen Primarschule mit 85 Schülern melden, sondern auch auf eine Bibliothek und das beinahe fertiggestellte Krankenhaus verweisen. Der VDA hatte sich beim Aufbau der Schule eingesetzt, das BVA nahm diese in seine Förderung auf, und die Alfons-Goppel-Stiftung übernahm 75 % der Baukosten für das Krankenhaus.[419] Der Schulfachberater der deutschen Botschaft, Claus Hartwig, besuchte die Kolonie im Rahmen seiner dienstlichen Rundreisen ebenso wie der Vertreter der Goppel-Stiftung. Beide konnten sich von dem Fortschritt in der Kolonie überzeugen und sagten weitere Unterstützung zu.
Die Schule Casilla Dos' erhielt 1991/92, nach Jahren der Förderung, keine Finanzmittel durch das BVA. Die deutsche Botschaft, die in den Vergabeprozeß durch ihren Schulfachberater eingebunden ist, hofft, daß die Kolonie sehr bald wieder die Kriterien, die sich an der Schülerzahl und den erteilten Stunden Deutsch orientieren, erfüllt und in die Förderung aufgenommen werden kann.
Eigene Nachforschungen lassen jedoch befürchten, daß die Wiederaufnahme in den Förderkreis des BVA nicht sehr schnell erfolgen wird, da Anfang der neunziger Jahre aufgrund der schlechten wirtschaftlichen und personellen Situation kein offizieller Deutschunterricht in Casilla Dos erfolgen konnte. Die Leiterin der kleinen Sekundarschule verbrachte das Jahr 1992 nach Vermittlung durch den VDA zur Fortbildung in Deutschland und konnte somit nicht in der Kolonie zur Verfügung stehen. Da ohnehin in letzter Zeit nur Privatstunden Deutsch erteilt wurden, stehen den inzwischen 580 Schülern an den 10 Schulen keine Möglichkeiten für einen geregelten Unterricht in der Sprache der Vorfahren zur Verfügung. Die Reorganisation wird dementsprechend eine gewisse Zeit in Anspruch nehmen.
Der frühzeitige Beginn des Schulbetriebs und das u. a. mit Krankenstation und Kooperative gut ausgestattete Gemeinwesen haben zur Folge, daß sich die Kolonie in einer vergleichsweise guten Ausgangsposition für die nächsten Jahre befindet. Rund 70 % der Bewohner, 4 Fünftel im Alter unter 40 Jahre, sprechen noch gut Deutsch, wobei damit wieder der weitergegebene Dialekt gemeint ist.
4 bundesdeutsche Familien tragen erheblich dazu bei, daß sich der manchmal etwas antiquierte Wortschatz der neueren Entwicklung anpaßt und die Sprache in der Kolonie lebendig bleibt. Einen guten Dienst tun dabei auch die verfügbaren Zeitschriften „Scala" und „Globus", die, neben Sendungen der „Deutschen Welle", weitere Nachrichten aus dem Deutschland von heute in

die Siedlung tragen. Die Seelsorge in Casilla Dos erfolgt durch reisende Geistliche. 50 % der Bewohner sind römisch-katholischen Bekenntnisses, 30 % evangelisch, und die restlichen 20 % stellen in erster Linie Pfingstler, Baptisten und Sieben-Tage-Baptisten. Durch die Gottesdienste und die Betreuung durch Priester wird nochmals das Zusammengehörigkeitsgefühl gestärkt und, wenigstens in Teilen, die deutsche Sprache gefördert.

Mit all diesen Voraussetzungen ist es Casilla Dos gelungen, eine Kolonie mit Zukunftsperspektive zu werden. Neben den sozialen Kontakten untereinander benötigen die Siedler jedoch sehr schnell Deutschunterricht, um einen Unterbau für die nächsten Jahrzehnte zu sichern.[420]

Am Beispiel Casilla Dos' erkennen wir die rasante Entwicklung, die die Siedlungen im Grenzgebiet während der letzten 15 bis 20 Jahre genommen haben. Die beschriebene Etablierung wurde im Fall dieser Kolonie von außen gefördert. Leider ist dies nur selten der Fall, da viele Siedler nicht über die Hintergrundinformationen wie die von Brandensteins verfügen. Das Bemühen der Botschaft, die Schulen durch Zusammenschluß und intensive Beratung in den Genuß von Fördermitteln aus Bonn gelangen zu lassen, gleicht dieses Wissensdefizit nicht völlig aus.

Durch das beinahe völlig brasilianische Umfeld bleiben die Kolonisten meist unter ihresgleichen. Kontakte zur eingesessenen deutschen Volksgruppe in Paraguay bestehen nicht automatisch.[421] Häufig ist jedoch eine räumlich benachbarte Ansiedlung zu Mennonitensiedlungen zu beobachten, um Kontakt zu Deutschsprechenden des Landes aufnehmen zu können. Dies trifft z. B. auf Moseldorf in San Pedro zu, wo im Umkreis von 70 km die Kolonien Río Verde, Manitoba und Santa Clara zu finden sind. Die Brasiliendeutschen kennen also keine Kontaktscheu gegenüber dieser Glaubensgruppe, sondern suchen sogar ihre Nähe.

Wegen der Aufsiedlung großer Teile des Gebiets und wegen des verstärkten wirtschaftlichen Drucks durch die Mechanisierung und das Auftreten von Großbetrieben wird sich die Zahl der Siedler nicht mehr so erhöhen wie in vergangenen Jahren. Vielmehr sind die ersten Anzeichen erkennbar, daß sich im Osten Paraguays das wiederholt, was wir im Paraná der sechziger und siebziger Jahre erlebt haben und was zur Verdrängung vieler tausend Kleinbauern führte. Falls die Vereinnahmung großer Gebiete durch Konzerne, aber auch einzelne Großinvestoren, weitergeht, wird binnen weniger Jahre eine erneute Umsiedlungswelle einsetzen und man wird nach neuen Flächen Ausschau halten. Ziel dieser Wanderungen dürfte dann Amazonien sein, da nur noch dort freies Land relativ einfach verfügbar ist. Was dies für Ostparaguay und den Regenwald im Amazonas bedeuten würde, ist leicht vorstellbar und sollte zu Reaktionen auf nationaler und internationaler Ebene führen, da man auf dem wichtigen Politikfeld „Schutz der Regenwälder" nicht an den Symptomen, sondern an den Ursachen ansetzen muß.

Dennoch, eine große Zahl von deutschstämmigen Brasilianern wird in Paraguay verbleiben und die dortige Volksgruppe um ein weiteres Element bereichern. Die Heterogenität nimmt also ein weiteres Mal zu. Ob es das letzte Mal ist, bleibt abzuwarten. Dies führt zu einer bereits jetzt bestehenden groben Dreiteilung des Deutschtums in Paraguay: Mennoniten, Paraguaydeutsche und Brasiliendeutsche, wobei sich alle, wie aufgezeigt, noch in verschiedene Untergruppen teilen.

9.4 Die Kolonisation und ihre Auswirkungen auf Natur und Umwelt dieser Region

Der Umweltschutz hat in der öffentlichen Diskussion im Lauf der letzten Jahre deutlich an Gewicht gewonnen. So überrascht es nicht, daß etwa der Regenwald und seine Zerstörung verstärkt ins Bewußtsein der Europäer gerückt sind. Trotz der Komplexität des Gegenstandes soll hier auf die Auswirkungen der massiven, u. a. von Deutschstämmigen vorgenommenen, Besiedlung auf die Umwelt und die Natur kurz eingegangen werden.
Vorausgeschickt sei jedoch, daß sich die Lage aus dem fernen Europa gesehen oft gänzlich anders darstellt als vor Ort in Südamerika. Was sich für uns Europäer, inzwischen mehr oder minder umweltbewußt, wie purer Raubbau an der Natur ausnimmt, stellt in den betroffenen Ländern oft nichts anderes als die Schaffung lebensnotwendiger Anbauflächen dar. Dies bezieht sich in erster Linie auf die vielen Klein- und Mittelbauern, deren Bestand unmöglich wäre, richteten sie in noch freien Gegenden keine weiteren Anbauflächen ein. Die großen, multinationalen Gesellschaften, die nur am Vertrieb interessiert sind und die kleineren Betriebe verdrängen, sind nachweislich für den größten Teil der irreversiblen Schäden verantwortlich.[422] Daß das Abholzen zum Großteil nur wegen der Nachfrage nach exotischen Hölzern, Fleisch und anderen landwirtschaftlichen Produkten aus den Industrienationen geschieht, sollte uns von pauschalen Verurteilungen der in Südamerika arbeitenden Siedler Abstand nehmen lassen.

Kehren wir nun in die Grenzregion zurück: erste und augenfälligste Konsequenz der Niederlassungen im östlichen Paraguay war und ist die starke Waldvernichtung. Neben dem hohen Holzanteil am gesamten Energieverbrauch Paraguays, er liegt bei über 60 %, trägt das Vordringen landwirtschaftlicher Betriebe in Regionen subtropischen Regenwalds maßgeblich zu dessen Reduzierung bei.

Die Landwirtschafts- und Ernährungsorganisation der Vereinten Nationen (FAO) ordnete den Osten des Landes bereits im Jahr 1981 in die Rubrik „Gebiete mit voraussichtlicher Mangelsituation" im Bereich Brennholzressourcen ein. Für das Jahr 2000 wurde, bei anhaltendem Verbrauch, eine Brennstoffknappheit in diesem vormals weitgehend von Regenwald bedecktem Gebiet prognostiziert.[423]

Der Waldbestand in den Departamentos Amambay, Canendiyú, Caaguazú und Alto Paraná, der 1945 noch 75 % der Fläche einnahm und bis 1976 auf rund 51 % zurückging, hat mittlerweile die 20 %-Grenze unterschritten.[424]

Der Rückgang beim Waldbestand hat den Zusammenbruch des Ökosystems Tropenwald zur Folge. Abnahme der Artenvielfalt, verkürzte Brache, weniger Niederschlag, schnellere Verdunstung des Niederschlags durch erhöhte direkte Sonneneinstrahlung auf den Boden und verstärkte Bodenerosionen sind damit in den Gebieten des östlichen Paraguay genauso zu finden wie auf der brasilianischen Seite des Río Paraná.[425]

In der hier behandelten Region kommt eine weitere Komponente hinzu: das Großprojekt Itaipú. Die ökologischen Schäden, u. a. auf klimatischem, hydrologischem und geologischem Gebiet, die durch eine solche Flußstauung entstehen werden oder bereits entstanden sind, verschärfen die Probleme dieser Region erheblich. Dies trifft für Itaipú, wo das Verhältnis zwischen der Staufläche zur Energieproduktion in einem noch relativ guten Verhältnis steht, genauso zu wie für die anderen im Bau befindlichen Wasserkraftwerke an Paraguays Grenzfluß Paraná, so z. B. in Yacyreta, wo ein Werk in Zusammenarbeit mit Argentinien entsteht, durch das das paraguayisch-brasilianisch-argentinische Grenzgebiet weiter belastet wird.[426]

So wird deutlich, daß die Siedler in einem Kreislauf verfangen sind, aus dem sie ohne fremde Hilfe nicht ausbrechen können. Als Opfer eines wirtschaftlichen Verdrängungsprozesses im brasilianischen Süden und Südosten kamen sie in das Grenzgebiet, hier wiederum grenzten sie große Teile der paraguayischen Bevölkerung aus, um inzwischen vor ähnlichen Schwierigkeiten zu stehen wie seinerzeit in Paraná (Stichwort: multinationales Agrobusiness). Solange die Kleinbetriebe, die im Gegensatz zu den großen Konzernen oft nur Subsistenzwirtschaft betreiben, als eine Art Vorhut der Großbetriebe angesehen werden müssen, ist es nur eine Frage der Zeit, bis sie nach neuen Siedlungsmöglichkeiten Ausschau halten und weiterziehen. Dies kommt einer Problemverlagerung in geographischer Hinsicht gleich.

Erste Gruppen stoßen heute bis in das Amazonasbecken vor, um geeignete Flächen zu finden. Sollte das Potential in Paraguay, einem Land, das ja bekanntlich selber unter extremer Landknappheit leidet, erschöpft sein, werden die Großbetriebe erneut nachziehen und von der Vorarbeit der Siedler profitieren.

Um dieser ständigen Verlagerung des Zerstörungspotentials entgegentreten zu können, müssen Paraguay und Brasilien an die Verwirklichung der teil-

189

weise bereits angekündigten Landreformen gehen.[427] „Zur absoluten Landknappheit durch den Bevölkerungsdruck kommt noch eine relative Landknappheit durch ungerechte Landverteilung. In Lateinamerika besitzen 5% der Bevölkerung 4 Fünftel aller landwirtschaftlichen Flächen".[428]

Nachdem inzwischen in mehreren Industrienationen die Dringlichkeit dieses Themas erkannt worden ist, wäre zu wünschen, daß sie diese soziale Komponente als ebenso wichtig einstufen und in ihre Handlungsempfehlungen miteinfließen lassen, wie sie dies für den umweltpolitischen Aspekt bereits getan haben. Ihre direkte Verknüpfung und Bedingtheit muß erkannt werden. Ohne die Berücksichtigung des dargestellten Kreislaufs und seiner Aufbrechung werden die meisten Maßnahmen ohne den gewünschten Erfolg bleiben, da heute noch intakte Regionen bald der Besiedlung und damit der Rodung anheimfallen werden, weil landsuchende Siedler immer weiter in die noch unberührten Waldgebiete vordringen müssen — gefolgt von den Großbetrieben...

Anmerkungen zu Kapitel 9

383 Vgl. Kliewer, a. a. O. S. 51 ff. und S. 103.
Vgl. Quelle, Otto: Die Siedlungsgebiete der Deutschen in Südamerika, in: Ibero-Amerikanisches Archiv, 7.Jg., Heft 2 1933/34, S. 197.
Vgl. Krüger, Joachim: Hohenau, in: Deutsches Jahrbuch für Paraguay 1989. Hrsg. v. Gerhard Ratzlaff, Asunción 1989, S. 15 ff.
Weitere frühe Gründungen von Deutschbrasilianern in Paraguay waren Obligado (1912) und Bella Vista (1917).
384 Für die dreißiger Jahre schätzte man den Anteil der Deutschen an der Bevölkerung von Misiones auf 20%. Ein beträchtlicher Teil davon war deutschbrasilianisch.
Vgl. Hoyer, a. a. O. S. 7 und S. 14.
Vgl. Sutin, Stewart E.: The Impact of Nazism on the Germans of Argentina, Austin 1975, S. 152 ff.
Vgl. Quelle, a. a. O. S. 196.
385 Vgl. Fröschle/Hoyer, a. a. O. S. 746.
Vgl. Nelke, Wilhelm: Das Deutschtum in Uruguay, Stuttgart 1921, S. 134—206.
386 Vgl. Oberacker/Ilg, a. a. O. S. 217 ff. und S. 221.
Vgl. Kleine 1983, a. a. O. S. 160 ff.
387 In Chile und Uruguay kam es in geringerem Ausmaß zu Auswanderungen von Deutschen. In Chile war das nach Alliendes Wahl der Fall, während in Uruguay in den Nachkriegsjahren ehemalige Einwanderer den Staat verließen. Das „Comité Intergubernamental para las Migraciones" hat in der Untersuchung „las migraciones internacionales en el cono sur" die starken Auswanderungsbewegungen südamerikanischer Völker nachgewiesen. Dort stellte sich heraus, daß Misiones neben zahlreichen Brasilianern auch viele Paraguayer aufgenommen hat. Buenos Aires, Misiones und Formosa bilden in Argentinien die hauptsächlichen Zielgebiete dieser Zuwanderung. Die Zahl der im Ausland lebenden Paraguayer macht über 15% an der paraguayischen Bevölkerung aus.
Vgl. Comité Intergubernamental para las Migraciones (Hrsg.): Proyecto de Migración Hemisferica, Georgetown/Buenos Aires 1985, S. 32 ff., S. 61 f. und S. 64.

388 Vgl. Statistisches Bundesamt (Hrsg.): Länderbericht Paraguay 1986, Stuttgart/Mainz 1986, S. 19.
Vgl. ders.(Hrsg.): Länderbericht Paraguay 1989, Stuttgart 1989, S. 19f.(zit.: Bundesamt 1989).
389 ebenda, S. 8.
390 Kohlhepp 1987, a.a.O. S. 51.
391 Vgl. Pilatti Balhana, Altiva/Westphalen, Cecilia : O censo dos Alemaes do Paraná em 1917, in: Jahrbuch für Geschichte von Staat, Wirtschaft und Gesellschaft in Lateinamerika. Hrsg. v. Richard Konetzke und Hermann Kellenbenz, Köln, Bd.13. 1976, S. 406f.
Sie weisen diese Siedlungsschwerpunkte als traditionell aus.
392 Kohlhepp, Gerd: Die brasilianische Auswanderung nach Ost-Paraguay, in: Staden-Jahrbuch. Hrsg. v. Flavio R. Kothe, São Paulo, Nr. 32 1984, S. 33 (zit.: Kohlhepp 1984c).
Vgl. ebenda, S. 35f.
Vgl. Kohlhepp 1987, a.a.O. S. 432f.
Hier werden die beiden eintreffenden Wanderungsströme von luso-brasilianischen Landarbeitern und meist deutsch- und italienischstämmigen Siedlern geschildert.
393 Der Status der Siedler war häufig durch ungesicherte Landtitel ungeklärt. Waren sie nun Landbesitzer oder Landpächter einer Kolonisationsgesellschaft? Der Druck auf die kleinen Betriebe stieg, während bei den Groß- und Mittelunternehmen die Mechanisierung fortschritt. So kam zu der Statusunsicherheit die wirtschaftliche Notlage, die meist zur Abwanderung führte. Diese Kleinbetriebe in wirtschaftlicher Not erlagen schnell den verlockenden Kaufgeboten der brasilianischen Privatinteressenten oder der Kolonisationsgesellschaften. Neben der Auswanderung nach Paraguay gab es eine Umsiedlungsbewegung nach Rondônia im Randgebiet des Amazonas. Dort stellten sie bis zu 40 % der Zuwanderer.
Vgl. Kohlhepp 1987, a.a.O. S. 42, S. 48f. und S. 62ff.
Vgl. ders.: Amazonien, Köln 1986, S. 51 (zit.: Kohlhepp 1986).
Vgl. ders.: Neue Formen des Kolonialismus im Verhältnis der Entwicklungsländer untereinander?, in: Zeitschrift für Kulturaustausch, 34.Jg., Nr. 4 1984, S. 352f. (zit.: Kohlhepp 1984a).
394 Vgl. Kohlhepp 1984c, a.a.O. S. 36.
Vgl. Kohlhepp 1987, a.a.O. S. 52.
Er geht auf die landschaftliche Zugehörigkeit des ostparaguayischen Amambay-Plateaus zum brasilianischen Trapp-Plateau ein. Die Siedler trafen also auf gleichartige natürliche Voraussetzungen wie in Paraná.
395 Vgl. ebenda, S. 72ff.
Die Zahl der Beschäftigten erreichte im Jahr 1978 mit über 31.000 ihren Höhepunkt. Die Anzahl der direkt und indirekt durch das Projekt angezogenen Menschen wird auf mehr als 60.000 geschätzt. Sowohl in Foz als auch im heutigen Ciudad del Este wurden große Bebauungsgebiete erschlossen und mit Wohnhäusern versehen. Diese Gebiete liegen an den Peripherien der ursprünglichen Siedlungsräume.
396 Paraguay erhielt im brasilianischen Paranaguá einen Freihafen und somit direkten Zugang zum Meer. Fortan waren damit das Zentrum Asunción und der Atlantik auch über brasilianisches Territorium verbunden.
397 Vgl. Kohlhepp 1984a, a.a.O. S. 353.
Vgl. Kohlhepp 1987, a.a.O. S. 49.
Vgl. N. N.: Paraguay – Aus der Anzeigenwelt, in: Lateinamerika-Nachrichten, 8. Jg., Nr. 88 1980, S. 29f.
Vgl. N. N.: Paraguay – Deutsche Landkäufe in Paraguay, in: Lateinamerika-Nachrichten, 9. Jg., Nr. 101 1982, S. 18.
Der Verkauf erfolgte u. a. an Investitionsdeutsche. Staatliche Stellen in Paraguay hatten großes Interesse an ausländischen Käufern, da die Einkünfte dadurch gesteigert werden konnten. Profite flossen den Kolonisationsgesellschaften oder den Gefolgsleuten des Stroessner-Regimes zu.

398 Auch wenn in der Literatur und in öffentlichen Verlautbarungen nur lückenhafte und teils verschiedene Zahlenangaben zu finden sind, verdeutlicht die nachfolgende Tabelle die rasante Entwicklung der beiden Grenzstädte:

Jahr	P. P. Stroessner	Foz do Iguaçú
1974	5.280	39.106
1976	8.940	o. A.
1979	23.270	140.000
1982	48.500	145.000
1983	98.591	o. A.
1984	110.000	o. A.

Vgl. Kohlhepp 1987, a. a. O. S. 74.
Vgl. Bundesamt 1989, a. a. O. S. 21.
Vgl. Ministerio de Industria y Comercio, Gabinete Técnico (Hrsg.): Rep. Paraguay, Asunción 1986, S. 70.
399 Kohlhepp 1987, a. a. O. S. 50.
400 Die Nachforschungen erfolgten mittels Interviews und der Verschickung von Fragebögen in verschiedene Siedlungen deutsch-brasilianischer Siedler im östlichen Paraguay.
401 Auswirkungen neuer Volkszählungen in Brasilien und Paraguay werden hier u. U. neue Rückschlüsse ermöglichen.
402 Vgl. Kellenbenz, Hermann/Schneider, Jürgen: La emigración alemana a América Latina desde 1821 hasta 1930, in: Jahrbuch für Geschichte von Staat, Wirtschaft und Gesellschaft Lateinamerikas. Hrsg. v. Richard Konetzke und Hermann Kellenbenz, Köln, Bd.13 1976, S. 394 und S. 398.
Sie weisen auf die Zahlen aus den „Vierteljahresheften zur Statistik des Deutschen Reichs" hin. Die aufgeführten Zahlen belegen die starke Konzentration der Besiedlung auf die südlichen Bundesstaaten. Eine Umrechnung ergibt z. B. einen Anteil von 91,68 % an der Gesamtimmigration der Jahre 1888 bis 1914.
403 Vgl. Kohlhepp 1986, a. a. O. S. 50 ff.
Vgl. Nuscheler, Franz: Lern- und Arbeitsbuch Entwicklungspolitik, Bonn 1991, S. 194.
Vgl. Enquete-Kommission des Deutschen Bundestags (Hrsg.): Bericht zum Thema Schutz der tropischen Wälder, Bonn 1990, S. 151 f. (zit.: Enquete-Kommission).
404 Vgl. Kohlhepp 1987, a. a. O. S. 49.
Vgl. Kohlhepp 1984c, a. a. O. S. 32.
405 Vgl. Folha de Sao Paulo vom 22. April 1979.
Vgl. Deutsche Zeitung vom 18. Oktober 1986.
406 Vgl. Kohlhepp 1984c, a. a. O. S. 34.
Diese Untersuchungen fanden in der Colonia Estigarribia/Río Itabo im nördlichen Teil des Alto Paraná und im Siedlungsgebiet am Río Monday im südlichen Teil des Departamentos statt. Dort lag der Anteil der brasilianischen Einwohner an der Gesamtbevölkerung bei 94 %.
407 Vgl. Kohlhepp 1984c, a. a. O. S. 51.
408 Vgl. ebenda, S. 35.
409 Kohlhepps Zahlenangaben bezogen sich auf 3 Departamentos, so daß, bei einer Weiterfassung des geographischen Begriffs „Grenzgebiet", eine Übertragung der Zahl auf die weiter oben genannten Bezirke durchaus realistisch erscheint. Sie wird in weiterer Literatur und in der brasilianischen Presse ebenfalls veranschlagt und kann die eventuell eingetretenen Abgänge durch Rückwanderung usw. auffangen.
410 Aufgrund der Aufsiedlung vieler Bereiche des Grenzgebiets kam es seit Mitte der achtziger Jahre zur Verlangsamung der Zuwanderung und auch zu Rückwanderungen. Dennoch kamen weiterhin viele Brasilianer in den Osten des Landes. Um dem Rechnung zu tragen, wird die Zunahme bewußt niedrig angesetzt.
411 In einigen Gebieten Alto Paranás, so um San Cristobal und um den Río Mondaymi, tendiert der Anteil z. B. gegen drei Viertel.
412 Nach eigenen Beobachtungen und aufgrund verschiedener Berichte aus dem Grenzgebiet ist ein gewisser Assimilationsdruck durch paraguayische Behörden spürbar, um einer völ-

ligen Entnationalisierung dieses Bereichs entgegenzuwirken. Fehler vergangener Jahre, in denen man den freien Zuzug und die freie Ausbreitung erlaubte, sollen wohl so binnen kurzer Zeit revidiert werden. Der bereits von Kohlhepp beschriebene Trend, wonach z. B. die Aufforderung zur Annahme der paraguayischen Staatsangehörigkeit zu beobachten war, hat sich mittlerweile also verstärkt.
Vgl. Kohlhepp 1987, a.a.O. S. 28ff., S. 52f. und S. 66f.
Vgl. Kohlhepp 1984c, a.a.O. S. 38 und S. 49f.
Hier werden die Position Paraguays im Spannungsfeld der großen Nachbarn Brasilien und Argentinien beschrieben. Seit den sechziger Jahren ist die vormalige Dominanz des Verhältnisses zu Argentinien durch die Anbindung an Brasilien stark zurückgedrängt worden.
Vgl. N. N.: Paraguay, in: Lateinamerika-Nachrichten, 6.Jg., Nr. 69 1979, S. 33f.
Vgl. N. N.: Paraguay — Besuch aus dem Paradies, in: Lateinamerika-Nachrichten, 12.Jg., Nr. 137 1985, S. 6ff.
Vgl. Herzog, Roman: Landlose Menschen und menschenloses Land, in: Lateinamerika-Nachrichten, 17.Jg., Nr. 187 1989, S. 57ff.
Hier werden die in diesem Zusammenhang wichtigen Aspekte der Landknappheit geschildert. Die paraguayische Regierung hat bis dato jedoch keine Notwendigkeit gesehen, an der bestehenden Verteilungsungleichheit etwas zu ändern.
413 Der Name Casilla Dos kommt von den 2 Häuschen, die in diesem Gebiet nach der Überlieferung den Jesuiten als Zwischenstation im Urwald gedient haben sollen.
414 Eigene Karte nach Informationen aus Casilla Dos und aus Unterlagen im Archiv des VDA.
415 Vgl. Finke, Theodor: Leben und Arbeit deutschsprachiger Siedler in Südbrasilien und Paraguay, Bremen 1989, S. 217ff.
Finke beschreibt die verschiedenen Siedlungsgebiete um die Flüsse Yguazú, Acaray und Mondaymi (nicht mit dem Río Iguazú und dem Río Monday zu verwechseln). Seine Schilderungen werden durch die im VDA-Archiv befindlichen Briefe und Berichte derer von Brandenstein, die die Entstehung und Entwicklung ihrer Siedlung aufzeigen, bestätigt.
416 Die von Brandensteins — sie stammen aus mecklenburgischem Adel und siedelten von Ekuador nach Paraguay — beklagten die spärlichen Erträge und die somit knappen Finanzmittel für den Ausbau der Kolonie in den Berichten. Ihr persönlicher Einsatz auf medizinischem und schulischem Sektor spielt bis heute eine wichtige Rolle, da viele Probleme bestehen blieben.
417 Der Aufbau eines geregelten Schulbetriebs stand sofort auf der Wunschliste der Kolonie. Ausgehend von einem Provisorium wurde mit Hilfe des VDA und des BVA mit der Zeit eine kleine Schule aufgebaut, die für die Erziehung der Kinder sorgte. Als dieser Schritt getan war, versuchte man alles, das Potential, das der Kolonie durch die Ausbildung entstanden war, für die Siedlung zu nutzen. „Muster für uns sind die Mennonitenkolonien" schrieb Frau von Brandenstein noch 1987 in einem Brief an den VDA nach Deutschland.
418 Die Kontaktaufnahme zu deutschen Institutionen zeigte positive Wirkung, so wurde von der „Evangelischen Zentralstelle für Entwicklungshilfe" ein Zuschuß für den Schulneubau in Höhe von 180.000 DM überwiesen, und die Goppel-Stiftung erhöhte die Zuweisung für das Krankenhaus noch einmal deutlich. Die „Gesellschaft für Technische Zusammenarbeit", ein staatlicher Träger bundesdeutscher Entwicklungszusammenarbeit, übernahm dabei den Transport des Inventars.
Vgl. Schriftverkehr im VDA-Archiv.
Vgl. auch Finke, a.a.O. S. 235.
419 Aus einem Bericht des Herrn von Brandenstein an den VDA vom 29. August 1987 geht hervor, daß der Eigenanteil 25 % von den Baukosten den Siedlern große Schwierigkeiten bereitete. Die Goppel-Stiftung bewilligte weitere 25.000 DM für den Bau.
Vgl. Bericht des Herrn von Brandenstein an den VDA vom 29. August 1987 im VDA-Archiv.
Vgl. Finke, a.a.O. S. 235f.
420 Ergebnisse eigener Nachforschungen in Form von Interviews und Fragebogenverschickungen in Paraguay.
421 Vgl. Schön, Anke: Alltag in Casilla Dos, in: Globus, 23.Jg., Nr. 1 1991, S. 18.

422 Vgl. Enquete-Kommission, a.a.O. S.143−158 und S.165ff.
Im Jahr 1986 etwa kauften die EG-Staaten 20% der weltweiten Importe von tropischem Rundholz, Schnittholz, Furnieren und Sperrholz. Mehr als 60% gelangten nach Asien und in die USA. 1987 blieb der Anteil Südamerikas als Herkunftsregion von Holz und Holzerzeugnissen beim Import in die Bundesrepublik mit 3% gegenüber 2% 1970 beinahe konstant. In absoluten Zahlen ausgedrückt, nahm die Menge jedoch um 74,2% zu.
Vgl. Nuscheler, a.a.O. S.192ff.
423 Eine Aussage der „map of the fuelwood situation in the developing countries" der UN-Organisation aus dem Jahr 1981, in: Enquete-Kommission, a.a.O. S.183.
424 Vgl. Kohlhepp 1987, a.a.O. S.41.
Vgl. Kohlhepp 1984c, a.a.O. S.43ff.
Vgl. Enquete-Komission, a.a.O. S.153.
425 Vgl. ebenda, S.300.
Vgl. Kohlhepp 1987, a.a.O. S.89.
Vgl. Nuscheler, a.a.O. S.194.
In etwas mehr als 50 Jahren hat der Anteil des Waldbestands an der Gesamtfläche in Paraná von 85% auf unter 7% abgenommen.
426 Vgl. Enquete-Kommission, a.a.O. S.191.
Vgl. Kohlhepp 1987, a.a.O. S.78−93.
Hier kritisiert Kohlhepp u. a. die geringen Aufwendungen für Langzeituntersuchungen im Umfeld Itaipús. „... far greater recources should have been made available." ebenda, S.81.
427 Vgl. Herzog, a.a.O. S.57.
In Paraguay ist das Verhältnis von Landfläche zu Landbesitzern extrem: 80% der landwirtschaftlich nutzbaren Fläche befinden sich in den Händen von 1% der Produzenten.
428 Zitat von Lester R. Brown in seinem „World Watch Institute Report 1988/89", in: Enquete-Kommission (Hrsg.), a.a.O. S.145.

10. Die aktuelle Lage der deutschen Volksgruppen im deutsch-südamerikanischen Beziehungsgeflecht

In den vorangegangenen Kapiteln wurden die Entwicklungslinien der deutschen Volksgruppen im Untersuchungsgebiet eingehend aufgezeigt. Dabei wurde das Augenmerk besonders auf die Situation in den Siedlungsländern und die Vorgehensweise ihrer Regierungen gerichtet, da sie die Rahmenbedingungen für die Existenz deutscher Volksgruppen festlegten. Im folgenden sollen nun zum einen die Position der Bundesrepublik gegenüber dem Auslandsdeutschtum in Südamerika und zum anderen die Rolle der Volksgruppen in den Beziehungen Deutschlands zum amerikanischen Subkontinent näher betrachtet werden.

Als Rechtsnachfolgerin des Deutschen Reichs kam der Bundesrepublik nach ihrer Gründung u. a. auch die Betreuung der außerhalb des geschlossenen deutschen Siedlungs- und Sprachraums lebenden Deutschstämmigen zu. Daß sie sich dabei von ihrem Vorgänger deutlich abzuheben suchte, wird hier am auslandsdeutschen Schulwesen, dem Hauptbetätigungsfeld staatlichen Engagements gegenüber den Auslandsdeutschen, verdeutlicht.

Bonn betrachtete diese Bevölkerungsteile — im Gegensatz zu den Machthabern des Dritten Reichs — nicht primär als Deutsche, sondern als eingegliederte Südamerikaner deutscher Abstammung. Nach der Zäsur 1945 und der häufig antideutschen Stimmung im Ausland beabsichtigte die Bundesrepublik deshalb sehr schnell, den Volksgruppen eine Mittlerfunktion zwischen dem demokratischen Deutschland und Südamerika zukommen zu lassen. Ohne direkten Einfluß auf die Führung der Volksgruppen nehmen zu wollen, standen dabei integrationsfördernde Maßnahmen deutlich im Vordergrund. So sollte etwaigem Mißtrauen seitens der südamerikanischen Regierungen vorgebeugt und Sympathiewerbung betrieben werden. Der Überstrapazierung des Abstammungsunterschieds vergangener Jahre folgte also die Unterstützung von weiteren Integrationsbestrebungen.

Für die junge Bundesrepublik stellten die Kontakte zu den Auslandsdeutschen eine zwar nicht auf den ersten Blick erkennbare, aber in der Realität wichtige Bewährungsprobe und Chance im Bereich der deutsch-südamerikanischen Beziehungen dar: Bonn konnte durch sein Verhalten verlorengegangenes Vertrauen zurückgewinnen, sich von der Politik der massiven Einflußnahme unter den Nationalsozialisten abheben und gleichzeitig sein Interesse an der Region und deren Bewohnern, unabhängig welcher Abstammung, dokumentieren.

Es war daher stringent, daß z. B. die Öffnung der Schulen für nicht deutschstämmige Schüler erfolgte, denn so konnte es neben der Betreuung der Auslandsdeutschen auch zu einer Kontaktaufnahme mit den anderssprachigen Landesbewohnern kommen.

Mit der zunehmenden Konsolidierung der deutschen Demokratie machte sich ein Bedeutungsverlust der deutschen Volksgruppen innerhalb des Beziehungsgeflechts zwischen Deutschland und Südamerika bemerkbar. Als Teil der auswärtigen Kulturpolitik nimmt das auslandsdeutsche Schulwesen bis heute zwar weiterhin eine zentrale Stellung im Rahmen der gesamten Außenpolitik ein, dies täuscht jedoch nicht darüber hinweg, daß aufgrund der verstärkten Transnationalisierung der Beziehungen den Deutschstämmigen darüber hinaus keine besondere Rolle seitens Bonns zugedacht wird.

Während die mit den Auslandsdeutschen verbundenen Potentiale als „Brükken zwischen den Kontinenten" von privaten Vereinigungen und in Teilen von der deutschen Wirtschaft erkannt wurden, blieben die Verbindungen durch die offizielle Politik — abgesehen von einigen Besuchen deutscher Kanzler und Minister bei den verschiedenen Volksgruppen — weitgehend auf den Schulsektor begrenzt.

Die Bundesrepublik überließ nichtstaatlichen Organisationen zum überwiegenden Teil das Feld. Ähnliche Selbstbeschränkungen lassen sich auch für die deutsch-südamerikanischen Beziehungen im allgemeinen ausmachen.

10.1 Der Primat der transnationalen Beziehungen zwischen Deutschland und Südamerika

Die Beziehungen zwischen der Bundesrepublik Deutschland und den Staaten Südamerikas werden gemeinhin als traditionell freundschaftlich, eng und belastungsfrei dargestellt. Die historische Grundlage für das störungsfreie Verhältnis bildet die sogenannte „positive Kolonisation", d. h. die zahlreiche Einwanderung deutscher Siedler bei gleichzeitigem Fehlen einer kolonialen Vergangenheit.

Damit steht die Bundesrepublik z. B. im Gegensatz zu Großbritannien und Frankreich, die auf dem amerikanischen Subkontinent sowohl Kolonien unterhielten bzw. unterhalten, als auch bis in die jüngste Zeit machtpolitischen Einfluß, z. B. im Zusammenhang mit dem Falkland-/Malvinas-Konflikt 1982, auf die Region ausübten.[429]

Kennzeichnend für die Beziehungen ist das eindeutige Übergewicht der nichtstaatlichen Träger, der sogenannten „Nongovernmental Organizations" (NGOs), aus Wirtschaft und Gesellschaft gegenüber dem Staat auf deutscher Seite geblieben. Das Beziehungsgeflecht hat also seinen Schwerpunkt auf transnationaler und subgouvernamentaler Ebene.
Diese Gewichtung hat u. a. folgende Gründe:
a) Seit der Präsenz großer Volksgruppen in Südamerika gab es vielseitige Kontakte auf wissenschaftlichen, schulischen und wirtschaftlichen Gebieten. Deutsche Organisationen und Unternehmen knüpften nach 1945 an diese gewachsenen Verbindungen an und sicherten sich somit einen Vorsprung gegenüber dem Staat, dessen außenpolitische Primärziele jener Jahre, wie Westintegration und Alleinvertretungsanspruch, an Südamerika vorbeigingen.[430]

b) Die Bundesrepublik Deutschland nahm seit ihrem Bestehen besonders in Lateinamerika Rücksicht auf die Interessen der Weltmacht USA als ihres wichtigsten Verbündeten. Das Regierungsengagement blieb dementsprechend gering, damit Bonn nicht im häufig als „Hinterhof der USA" bezeichneten Lateinamerika mit den US-Belangen in Kollision geriet.[431] Durch das hieraus resultierende Konzeptionsdefizit in bezug auf eine eigenständige Lateinamerika-Politik und die damit einhergehende Degradierung des Subkontinents zu einem Teil der Dritten Welt nahm die Bedeutung der nichtstaatlichen Akteure in den Beziehungen noch einmal deutlich zu. Der Einsatz auf Regierungsebene blieb bis heute weit hinter der eigentlichen Bedeutung Südamerikas zurück.

c) Eine Trendwende zeichnete sich im Lauf der siebziger Jahre ab. Helmut Schmidt besuchte 1979 als erster Bundeskanzler mehrere Länder der Region und deutete damit den Willen nach intensiveren und eigenständigeren Kontakten an. Die in Folge dieser Entwicklung erarbeiteten Atomabkommen mit Brasilien (1978) und später unter Helmut Kohl mit Argentinien (1983) zeugten, ebenso wie der verstärkte Ausbau der diplomatischen Vertretungen in Südamerika, von einem beginnenden Emanzipationsprozeß Bonns gegenüber den USA, die diesen Verlauf kritisch beobachteten.
Der Falkland-/Malvinas-Krieg und die zunehmende Verschärfung des Ost-West-Konflikts zu Beginn der achtziger Jahre verlangsamten ein weiteres Mal aus übergeordneten Interessen den Ausbau und die Diversifizierung der Kontakte. Dies führte beinahe direkt zu einer Stärkung der NGOs als Beziehungsträger, da sie zum einen nicht so stark von der „politischen Großwetterlage" abhängig waren und zum anderen ganz gezielt bereits geschaffene Ansätze fortführen sollten.[432]

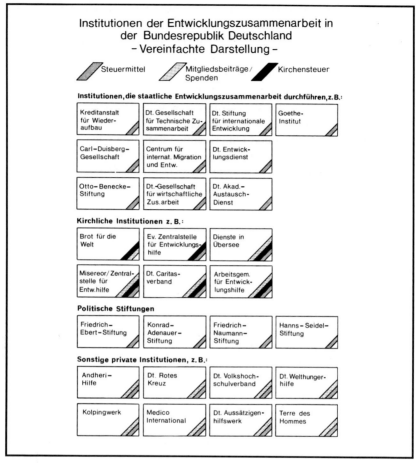

Quelle: BMZ 433

d) Neben den unzähligen gesellschaftlichen Gruppen, wie z. B. Gewerkschaften, Kirchen, Wirtschaftsunternehmen und Universitäten, nehmen die politischen Stiftungen in der Bundesrepublik Deutschland in diesem Zusammenhang eine Sonderstellung ein. In ihrer Form einmalig in der Welt, übernehmen sie mit Unterstützung des Bundesministeriums für wirtschaftliche Zusammenarbeit (BMZ) gezielt Aufgaben in Südamerika.[434] Die jeweilige Bundesregierung fördert den Einsatz der 5 parteinahen Stiftungen speziell aus 2 Gründen:

1. Sie können indirekt, ohne die Brüskierung herrschender Regime, Kontakt mit oppositionellen Gruppen pflegen und diese gar fördern. Die Bundesregierung sichert sich damit auch selbst vor dem Vorwurf der Einmischung in die inneren Angelegenheiten eines Landes, und schließlich kann sie auf die Arbeit dieser nichtstaatlichen Stiftungen verweisen.[435]

2. Sie schafft sich gleichzeitig durch diese Art von Südamerikapolitik gewisse Freiräume in dem von Mols als „doppeltes Dreiecksverhältnis" bezeichneten Beziehungsgeflecht zwischen Deutschland, Europa und Lateinamerika einerseits und Deutschland, USA und Lateinamerika andererseits.[436]

e) Die vorangeschrittene Transnationalisierung als entscheidende Determinante der deutsch-südamerikanischen Beziehungen wurde zum einen durch den föderalen Aufbau der Bundesrepublik und zum anderen durch die zunehmende Regionalisierung bzw. Internationalisierung deutscher Außenpoltik forciert. Nicht nur die Bundesländer forderten ein Mitspracherecht etwa bei der auswärtigen Kulturpolitik, sondern auch regionalen und internationalen Institutionen (Stichwort: Europäisierung der deutschen Außenpolitik) mußte seitens Bonns Rechnung getragen werden.[437] Internationale Beziehungen wurden somit nicht nur komplizierter, sondern auch zusehends multilateral gestaltet. Eine kontinuierliche Arbeit in mehr oder minder rein deutschem Interesse konnten dagegen die nichtstaatlichen Träger leisten, wodurch ihre Rolle noch bedeutsamer wurde.

Die damit verbundene Kontinuität deutschen Engagements in Südamerika barg jedoch auch meherere Risiken. Fragen nach demokratischer Legitimation oder staatlicher Koordination der privaten Akteure fanden häufig unbefriedigende Antworten. Kompetenzstreitigkeiten der verschiedenen staatlichen Ebenen, Koordinationsmängl seitens des AA und das Übertragen, wenn nicht gar Abwälzen, der Aufgaben auf NGOs führten zum Export innenpolitischer Streitigkeiten nach Südamerika, das sich folglich keiner einheitlichen deutschen Position gegenübersah. Erschwerend kam hinzu, daß Südamerika nicht in ausreichendem Maße institutionell auf diese Diversifizierung der deutschen Außenpolitik reagierte.

Offizielle deutsche Südamerikapolitik reduzierte sich auf einige wenige Auftritte des Bundeskanzlers sowie des Außenministers und seiner Staatsminister, wobei durch die zunehmende Perzeption der Regenwaldproblematik in der deutschen Öffentlichkeit und in den deutschen Regierungskreisen durchaus die Hoffnung besteht, daß sich auch die bilaterale Zusammenarbeit wieder verstärken wird. Dies zeigte sich auch während des letzten Besuchs von Bundeskanzler Helmut Kohl in Südamerika im Oktober 1991. Er widmete in Brasilien einen Großteil seines Besuchsprogramms — mit Blick auf die Umweltkonferenz der Vereinten Nationen im Juni 1992 in Rio — der Umweltproblematik.

Hier bietet sich nun eine Chance zur Wiederbelebung der häufig als freundschaftlich und eng bezeichneten Beziehungen zwischen der Bundesrepublik und dem Subkontinent und zur Signalsetzung in Richtung Südamerika, das befürchtet, wegen der Öffnung Osteuropas und des vielseitigen Engagements Deutschlands dort vergessen zu werden.[438]

10.2 Die Beteiligung der politischen Stiftungen an der nichtstaatlichen Entwicklungszusammenarbeit

Wie oben bereits ausgeführt, nehmen die politischen Stiftungen in der Bundesrepublik eine zentrale Rolle im Beziehungsgeflecht zwischen Deutschland und Südamerika ein. Ihr Einsatz liegt im Konsensbereich der deutschen Parteien, das heißt, alle im Bundestag vertretenen Parteien sind sich über die Wichtigkeit des Engagements und die finanzielle Unterstützung der Arbeit einig. Die Stiftungsaufgaben und deren Finanzierung werden somit durch Regierungswechsel o. ä. nicht beeinträchtigt.

Die Bundesregierung fördert derzeit aus Mitteln des BMZ die folgenden 5 politischen Stiftungen, die auf entwicklungspolitischem Gebiet tätig sind:
- die Konrad-Adenauer-Stiftung (KAS), gegründet 1964,
  mit Sitz in St. Augustin bei Bonn,
- die Friedrich-Ebert-Stiftung (FES), gegründet 1925, mit Sitz in Bonn,
- die Friedrich-Naumann-Stiftung (FNS), gegründet 1958,
  mit Sitz in Königswinter bei Bonn,
- die Hanns-Seidel-Stiftung (HSS), gegründet 1967, mit Sitz in München,
- den Stiftungsverband Regenbogen (SVR), gegründet 1989,
  mit Sitz in Dortmund

Mit Ausnahme des SVR verfügen die Stiftungen über Auslandsmitarbeiter in Südamerika, die zum einen als Kontaktpersonen für Projektpartner dienen und zum anderen die Koordination und Durchführung von Programmen vor Ort leiten. Die folgende Auflistung enthält die Gesamtzahlen von Auslandsrepräsentanten der Stiftungen und, da für Südamerika keine gesonderten Angaben verfügbar waren, die Zahlen der in Lateinamerika eingesetzten Mitarbeiter. Des weiteren werden als Ergänzung die Einzelangaben für die Länder des Untersuchungsgebiets separat aufgeführt:

1990	Zahl der Auslandsmitarbeiter	davon in: Lateinamerika	Brasilien	Argentinien	Paraguay
KAS	80	36	4	3	2
FES	120	31	2	3	0
FNS	70	20	2	1	1
HSS	50	8	1	1	1
SVR	0	0	0	0	0
Insgesamt	320 [439]	95	12	8	3

Nach einem festgelegten Schlüssel erhalten alle Stiftungen Finanzzuweisungen aus dem Einzelplan 23 des BMZ-Etats. Diese werden für Projekte in der internationalen Arbeit eingesetzt. Die Mittel teilen sich in einen gesellschaftspolitischen und einen sozialstrukturellen Teil, wobei feststeht, daß die Anteile der FNS und der HSS jeweils die Hälfte der Zuweisungen an FES und KAS umfassen.

Noch nicht in diesen seit Jahren bestehenden Verteiler aufgenommen ist der SVR. Der aus 3 Einzelstiftungen bestehende Verband befindet sich in der Aufbauphase und nimmt nach einem anderen Verfahren an der Mittelvergabe des BMZ teil.

1991 ergaben sich für die einzelnen Stiftungen folgende Beträge:

1991	KAS + FES	HSS + FNS	SVR
Mittel für den gesellschaftspolitischen Bereich in DM	je 74.000.000	je 37.000.000	2.500.000
Mittel für den sozialstrukturellen Bereich in DM	je 28.000.000	je 14.000.000	2.800.000

440

Auf die Stiftungen entfallen demnach große Teile der Mittelzuweisungen für nichtstaatliche Träger der Entwicklungshilfe, dies machte 1988 beispielsweise über 40 % aus.

Bei allen Stiftungen haben sich nach Jahrzehnten der Tätigkeit aus verschiedenen Gründen Arbeitsschwerpunkte in inhaltlicher und geographischer Hinsicht herauskristallisiert. Lediglich bei der KAS steht dabei Lateinamerika seit jeher im Vordergrund. Die ausgeprägte Affinität der Christdemokraten gegenüber dieser Region läßt sich daran ablesen, daß stets knapp 50 % der Auslandsmitarbeiter und der Gelder dort eingesetzt werden. Das Engagement der anderen Stiftungen ist hingegen weiter gestreut, wobei Afrika und Asien besonders bei der HSS, aber auch bei der FES, ins Gewicht fallen.[441]

Als Arbeitsschwerpunkte in Südamerika gelten bei der HSS Projekte zur dualen Berufsausbildung, bei der FES und der KAS Programme im Gewerkschafts- und Genossenschaftsbereich sowie zusehends auf dem Umweltsektor und bei der FNS Forschungs- und Bildungsprojekte. Beim SVR zeichnet sich ein Vorrang für umwelt- und frauenpolitische Themen ab.[442]

Allen gemein ist der Wille zur Förderung und Stabilisierung der Demokratie in Südamerika und die Ausrichtung ihrer Vorhaben auf die Bedürfnisse der jeweiligen Landesbevölkerung. Dabei kommt ihnen das beinahe immer angewandte Partnerprinzip zugute, das heißt, daß die Stiftungen über Projektpartner aus gesellschaftlichen und politischen Gruppen verfügen, die beim Aufbau der Programme mitwirken. Diese Gruppen sollen dann später möglichst in Eigenregie die Projekte übernehmen.[443]

Bei der fortgeschrittenen Internationalisierung der Parteipolitik spielen die Stiftungen auch im Bereich der Kontaktpflege zu den jeweiligen christdemokratischen, liberalen und sozialdemokratischen Landesparteien eine gewichtige Rolle. Die Unterstützung der Schwesterparteien ist allen zu einem wichtigen Betätigungsfeld geworden.[444]

Von nicht minderer Bedeutung ist die Zusammenarbeit mit südamerikanischen Instituten auf dem wissenschaftlichen Sektor. Die Kooperation auf diesem Gebiet führte bei der KAS 1981 zur Gründung des „Centro Interdisziplinario de Estudios sobre el Desarollo Latinoamericano". Durch dieses sozialwissenschaftliche Forschungsinstitut in Buenos Aires werden u. a. Fachtagungen organisiert sowie die Übersetzung und die Betreuung von Forschungsarbeiten übernommen. Die vom Centro publizierte Zeitschrift „Contribuciones" beschäftigt sich vornehmlich mit Fragen der sozialen Marktwirtschaft und des demokratischen Staatsaufbaus.

Bereits dreizehn Jahre zuvor war es mit Unterstützung der FES zur Gründung des „Centro de Estudios Democráticos de América Latina" in Costa Rica gekommen. Das Institut dient als Bildungs- und Diskussionsforum und soll mit seiner Arbeit zur Stärkung der Demokratie in Lateinamerika beitragen. Die Stiftung verfügt über ein weiteres Tochterinstitut in Caracas, wo auch die wissenschaftliche Zeitschrift „Nueva Sociedad", die in ganz Südamerika Verbreitung findet, erscheint. Hier werden dem Leser neben lateinamerikanischen Themen auch neue Entwicklungen in Europa, die z. B. Auswirkungen auf die deutsch-südamerikanischen Beziehungen haben könnten, nähergebracht.[445]

Eine Vielzahl weiterer Publikationen, wie etwa die „Auslandsinformationen" der KAS, die in Deutschland zugänglich sind, führen genauso zur verstärkten Perzeption u. a. der politischen und wirtschaftlichen Zusammenhänge in der Bundesrepublik Deutschland wie die Vergabe von Stipendien an in- und ausländische Studenten.

Die Bedeutung der politischen Stiftungen in bezug auf außenpolitische Kontakte nach Südamerika ist dementsprechend groß. Forciert durch die zunehmende Entstaatlichung der deutsch-südamerikanischen Beziehungen bei gleichzeitiger Gewichtsverlagerung zugunsten der NGOs übernehmen sie eine Vielzahl von Aufgaben in dem Beziehungsgeflecht. Diese jenseits der Regierungsebene bestehenden Kontakte gewinnen durch die zunehmende Internationalisierung deutscher Außenpolitik im Rahmen der EG und der Vereinten Nationen noch an Bedeutung und führen zu intimen Kenntnissen über die Verhältnisse vor Ort.

Ohne Zweifel kommt es dabei auch zu Einmischungen in die inneren Angelegenheiten der Partnerländer und zu einem oft verwirrenden Deutschlandbild westlich des Atlantiks. Die offene Unterstützung von befreundeten Parteien und Regierungen sowie der Export innenpolitischer Streitigkeiten nach Südamerika werden in diesem Zusammenhang inmmer wieder angemahnt.[446]

Genau wie in der staatlichen entwicklungspoltischen Zusammenarbeit stellen die deutschstämmigen Bevölkerungsteile für die Arbeit der politischen Stiftungen keine Zielgruppe dar. Dies schließt jedoch nicht aus, daß es in Teilbereichen zu Kontakten kommt.

So unterhält das Koordinationsbüro der FES in Buenos Aires Verbindungen zur „Asociación Vorwärts". Dieser 1882 in der argentinischen Hauptstadt von linken Intellektuellen und sozialistischen Politikern aus Deutschland gegründete Verein bildet somit eine der wenigen Schnittstellen von Stiftungsarbeit und Auslandsdeutschtum.[447]

Ein weiteres Beispiel partieller Zusammenarbeit stellt das ländliche Entwicklungsprojekt der KAS mit der FeCoProd im paraguayischen Chaco dar. Von diesem Ende 1991 ausgelaufenen Landwirtschaftsprogramm, in dessen Rahmen auch ein Landfunk installiert werden konnte, profitieren die dort lebenden Mennoniten. Das Vorhaben wird nach 17 Jahren der Kooperation mit der KAS nun in Eigenregie weitergeführt.

Diese Ausnahmen können jedoch nicht darüber hinwegtäuschen, daß die deutschen Volksgruppen für die Arbeit der politischen Stiftungen kaum eine Rolle spielen.

Zusammenfassend kommt man zu einer positiven Gesamtbeurteilung des Stiftungsengagements in Südamerika. Der kontinuierliche Einsatz, der sich nicht primär von den vorherrschenden politischen Gegebenheiten leiten läßt, sondern langfristige, projektorientierte Entwicklungszusammenarbeit mit Partnern vor Ort gewährleistet, stellt heute einen wichtigen Teil der transnationalen Beziehungen Deutschlands zum amerikanischen Subkontinent dar. Die Region nimmt in diesem Zusammenhang eine bedeutende Position ein und findet auf deutscher Seite im nichtstaatlichen Bereich größere Beachtung als im staatlichen.

EXKURS C: Die Wirtschaftskontakte zwischen Deutschland und Südamerika

Wie in den Bereichen der staatlichen Entwicklungszusammenarbeit und des Stiftungsengagements nehmen die Deutschstämmigen Südamerikas auch auf dem Wirtschaftssektor keine Sonderstellung ein.

Neben einer Vielzahl von Firmen, deren Eigentümer Deutschstämmige sind, existieren in den Staaten des amerikanischen Subkontinents Joint-ventures und Niederlassungen deutscher Großunternehmen. Dies hat zur Folge, daß nicht nur so bekannte inländische Firmen deutschen Ursprungs wie Bunge und Born in Argentinien oder Hildebrandt in Paraguay anzutreffen sind, sondern auch Tochtergesellschaften von Volkswagen, Mercedes, Hoechst, Bayer, BASF, Siemens, Mannesmann u. v. a. m. bestehen.[448]

Ein geographischer Schwerpunkt dieser Wirtschaftskontakte zwischen Deutschland und Südamerika liegt im brasilianischen São Paulo, das mehr als drei Viertel der deutschen Investitionen in Brasilien anzieht. Dort arbeiten mehr Menschen in deutschen Firmen als in irgendeiner Stadt der Bundesrepublik. Diese Konzentration hat für die in der Millionenstadt ansässigen Deutschen mehrerlei Konsequenzen. So entwickelte sich São Paulo zum Zentrum deutschsprachiger Presseerzeugnisse, da neben den Autochthonen auch die Kontraktdeutschen als Leserpotential in großer Zahl auftreten. Es kam dabei zur der bereits erwähnten Spezialisierung der „Brasil-Post" auf die Brasiliendeutschen und der „Deutschen Zeitung" auf die Kontraktdeutschen. Gleichzeitig bietet São Paulo heute eine Vielzahl von Einrichtungen, wie z. B. das „Staden-Institut", die für das Volksgruppenleben von großer Bedeutung sind.[449]

Asunción und Buenos Aires sind jeweils landesbezogen von ähnlichem Gewicht wie die brasilianische Metropole, obwohl sie im direkten Vergleich aus Sicht der Wirtschaft weit zurückfallen. Deutsche Unternehmen und Banken sind im Umfeld dieser überaus dominanten urbanen Mittelpunkte zahlreich anzutreffen.

Die Präsenz von mehr als 1.000 deutschen Firmen allein in São Paulo kann jedoch nicht darüber hinwegtäuschen, daß Südamerika als Wirtschaftspartner Deutschlands an Bedeutung verloren hat.

Auch wenn die Höhe der Direktinvestitionen nicht völligen Aufschluß über den Stellenwert einzelner Länder in ökonomischer Hinsicht gibt, belegen die Zahlen, mit Blick auf die steigenden Vergleichswerte in anderen Regionen dennoch das nachlassende Interesse am Standort Südamerika. Hierbei ist jedoch zu bedenken, daß viele international arbeitende Konzerne nicht von der deutschen Zentrale, sondern von einer überregional agierenden Überseedependance aus investieren. Diese mittelbaren Direktinvestitionen, die im Rahmen einer weltweiten Konzernstrategie getätigt werden, finden sich dann in den Statistiken der jeweiligen Standortländer wieder.

Deutsche Direktinvestitionen in den Staaten des Untersuchungsgebiets (Stand per Jahresende in Mio. DM):

Jahr/Land	Argentinien	Brasilien	Paraguay
1980	1.411	5.627	20
1981	1.004	6.930	30
1982	1.194	7.991	37
1983	1.418	7.326	47
1984	1.757	8.688	33
1985	1.606	8.201	15
1986	1.520	8.424	14
1987	1.484	8.530	12
1988	1.877	8.997	13
1989	1.039	9.501	13

[450]

Wenn in Argentinien bei einer Umfrage der „Deutsch-Argentinischen Handelskammer" für die Jahre 1992−1996 beispielsweise Investitionen deutscher Unternehmen von 400 Millionen Mark in Aussicht gestellt werden, so bedeutet dies allein für den La-Plata-Staat einen extremen Rückgang von rund 80% gegenüber den knapp 2 Milliarden 1991.[451] Diese Entwicklung belegt den Trend einer verstärkten Hinwendung der deutschen Firmen zu anderen Weltregionen, etwa Südostasien.[452]

Aufgrund der seit dem Beginn des 19. Jahrhunderts gewachsenen Wirtschaftsbeziehungen, dies besonders auf den Gebieten Elektrik, Autoindustrie, Maschinenbau, Chemie, Pharmazie, Kernenergie und Bankwesen, nahm Südamerika bis in die sechziger Jahre eine wesentlich bedeutendere Position als Partner ein.[453] Dabei stand Brasilien uneingeschränkt an der Spitze, während Argentinien und dann Venezuela und Chile mit einigem Abstand auf den nächsten Plätzen folgten.

Mit der Verschärfung der innenpolitischen und wirtschaftlichen Probleme in Südamerika (Stichwort: Verschuldungskrise) und dem gleichzeitig wachsenden Interesse der Deutschen an anderen Regionen setzte ein spürbarer Bedeutungsverlust des Subkontinents aus deutscher Sicht ein. Mit rund 10% der Auslandsinvestitionen belegt Deutschland zwar für den ganzen Bereich Lateinamerika nach den USA noch den zweiten Platz, aber es verstärkt seinen Einsatz speziell in Fernost, so daß dieses neuentdeckte Gebiet Südamerika bereits den Rang abgelaufen hat.

Aus der Sicht Südamerikas ist die Zusammenarbeit mit der deutschen Wirtschaft wesentlich wichtiger als im umgekehrten Fall, nehmen doch für Deutschland die Wirtschaftsbeziehungen zu ganz Südamerika nur einen solchen Platz ein, der dem des Handels mit einem kleineren europäischen Partner vergleichbar ist.

So lagen in den Jahren 1989 sowie 1990 die Handelsanteile des gesamten Subkontinents aus deutscher Sicht bei der Ausfuhr bei 1,2% und bei der Ein-

fuhr zwischen 2,2 und 2,5 %. Brasilien vereinigte dabei jeweils über 40 % der Gesamtvolumina auf sich, wodurch die unterschiedliche Gewichtung innerhalb Südamerikas zusätzlich deutlich wird.[454]
Das Handelsaufkommen zwischen der Bundesrepublik und ganz Südamerika wies somit einen mit dem Einzelergebnissen Schwedens (beim Import) und Finnlands (beim Export) vergleichbaren Umfang auf. Diese beiden Länder waren in den letzten Jahren als Nicht-EG-Staaten in der Liste der deutschen Außenhandelspartner zwischen Platz 10 und 15 zu finden.[455]

Der schwache Grad an Produktdiversifizierung, der bereits durch die Hauptausfuhrgruppen aufgezeigt wurde, schwächt die Position der Staaten Südamerikas zusätzlich. Häufig auf landwirtschaftliche Erzeugnisse ausgerichtet, unterliegen sie in hohem Maße den Schwankungen der Weltmarktpreise, so daß diesen Ländern die Grundvoraussetzungen für eine kontinuierliche Entwicklung ihres Handels – z. B. durch die Ausweitung der Produktpalette – fehlen. Die wechselnden Erlöse erlauben jedoch, neben der teils horrenden Verschuldung, kaum entscheidende Schritte, aus dieser strukturellen Abhängigkeit auszubrechen, so daß auch in den folgenden Jahren nur geringe Verbesserungen zu erwarten sind.

Obwohl einzelne Staaten, wie etwa Paraguay, in den zurückliegenden Jahren versuchten, die Industrialisierung ihrer Volkswirtschaften und die Diversifizierung ihrer Erzeugnisse zu forcieren, blieben landwirtschaftliche Produkte weiterhin die dominanten Handelsgüter. Es ist absehbar, daß sie auch in Zukunft in der Wirtschaftsstruktur der Region die beherrschende Rolle spielen werden. Die jeweiligen Staaten sind bemüht, deutsche Unternehmen, deren Reputation u. a. wegen der relativ geringen Gewinnabflüsse aus Südamerika weit besser als die der US-Firmen ist, zu verstärktem Einsatz zu bewegen, um so die Zufuhr des benötigten Kapitals für die Umstellung bzw. Erweiterung der Produktionsstrukturen zu gewährleisten.[456]

In den zurückliegenden Jahrzehnten wurde der Bedeutungsverlust Südamerikas für die bundesdeutsche Wirtschaft noch dadurch beschleunigt, daß die Staaten des Gebiets nicht in ausreichendem Maß institutionell auf den Rückgang und das Ungleichgewicht in den Wirtschaftsbeziehungen reagierten. Zunehmender Regionalisierung und Internationalisierung deutscher Wirtschafts- und Unternehmenspolitik standen separate volkswirtschaftliche Strukturen in Südamerika gegenüber, deren Versuche, durch eine regionale Wirtschaftsintegration auch ökonomische Fortschritte zu erzielen, weitgehend ohne den nötigen Erfolg blieben.[457]

Erschwerend kam hinzu, daß die Staaten nur unzureichende Instrumentarien für die Ausweitung bestehender Wirtschaftsbeziehungen zur Verfügung stellten, während man in Deutschland zusätzlich u. a. Informationsstellen für Unternehmen errichtete. So müssen Industrie- und Handelskammern einen Großteil der Arbeit erledigen, die in Deutschland z. B. von der „Bundesstelle für Außenhandelsinformationen" (BfAI) geleistet wird. Zusätzlich behindert werden die Handelsbeziehungen durch restriktive Maßnahmen einzelner Regierungen. Die Reservierung gewisser Marktanteile in Brasilien für einheimische Produkte stieß beispielsweise auf wenig Verständnis der sensibel reagierenden deutschen Wirtschaft.[458]

Zusammenfassend muß festgestellt werden, daß die traditionell guten Wirtschaftsbeziehungen nicht mehr die Qualität und Quantität vergangener Jahrzehnte haben. Trotz der starken Präsenz vor Ort hat bei deutschen Unternehmen eine Umorientierung und eine Schwerpunktverlagerung zuungunsten des gesamtem südamerikanischen Subkontinents stattgefunden.
Der Bedeutungsverlust dürfte sich in einer Zeit, da die Wirtschaftsbeziehungen zu Südostasien weiter intensiviert werden, Osteuropa sich öffnet und so deutsche Investitionen gebunden sind, wenn nicht als irreversibel, so doch zumindest aber als nicht nur kurzfristig herausstellen.

10.3 Der Einsatz privater Organisationen — Fallbeispiel VDA

Neben den staatlichen Trägern der Entwicklungszusammenarbeit engagieren sich unzählige private Organisationen aus der Bundesrepublik in Südamerika.
Die Palette der aktiven Gruppen reicht von Arbeitskreisen an bundesdeutschen Hochschulen über Gesellschaften, Stiftungen und Freundeskreise bis hin zu dem Verein, der sich den Erhalt von Sprache und Kultur bei den Auslandsdeutschen zur Aufgabe gemacht hat, dem VDA.
Während andere Organisationen bei ihrem Einsatz häufig auf den Kontakt mit den Deutschstämmigen vor Ort verzichten, setzt sich der VDA gerade für diese Klientel ein. Seine Arbeit wird von weiteren Vereinigungen, die sich entweder landsmannschaftlich, thematisch oder geographisch spezialisiert haben, unterstützt und ergänzt.
Als Beispiel einer solchen landsmannschaftlichen Ausrichtung sei hier „Schwaben International" erwähnt. In räumlicher Nähe zum „Institut für Auslandsbeziehungen", das zu einer der wichtigsten Anlaufstellen für Deutschstämmige in der ganzen Welt zählt, befindet sich die Stuttgarter Zentrale dieser besonders in Nord- und Südamerika vertretenen Organisation.[459]
Die verschiedenen deutsch-südamerikanischen Gesellschaften sind zwar nicht schwerpunktmäßig auf dem Sektor des Auslandsdeutschtums tätig, sie

verfügen jedoch alle über direkte Kontakte zu Deutschstämmigen und deren Vereinen in den einzelnen Ländern. Des weiteren bieten sie in der Bundesrepublik die Möglichkeit, Informationen und Kontakte zu knüpfen. So stellt etwa die „Deutsch-Brasilianische Gesellschaft" eine umfassende Bibliothek in Bonn zur Verfügung, in der das brasilianische Deutschtum großen Raum einnimmt.

Schließlich soll mit dem „Freundeskreis Deutscher Auslandsschulen" noch ein privater Träger mit thematischem Vorrang vorgestellt werden. Sein Sitz befindet sich beim „Deutschen Industrie- und Handelstag" in Bonn, von wo aus er zweckgebundene Mittel an Schulen und Bildungseinrichtungen u. a. in Südamerika zur Pflege der deutschen Sprache weiterleitet. Die aus Mitgliederbeiträgen und Spenden zusammenkommenden Gelder sollen gleichzeitig die kulturellen Beziehungen zwischen Deutschland und dem Ausland festigen. Der Verein fördert so eine schulische Infrastruktur, von der sowohl Autochthone als auch Kontraktdeutsche profitieren.

Für den Zeitraum 1986 bis 1990 flossen dadurch folgende Beträge nach Südamerika:

Land / Jahr	1986	1987	1988	1989	1990
Argentinien	27.578	13.512	13.655	9.422	7.500
Bolivien	1.000	8.006	--	--	--
Brasilien	3.000	11.942	6.112	8.000	3.000
Chile	3.880	5.000	14.954	3.124.519	11.770
Ekuador	9.014	--	—	6.050	
Kolumbien	--	--	18.904	--	--
Paraguay	16.700	6.180	18.130	6.000	6.000
Peru	--	--	—	4.000	
Uruguay	--	14.312	—	500	--
Venezuela	4.000	--	2.500	--	--
Südamerika	65.172	58.952	74.255	3.158.491	28.270

460

Wenden wir uns nun wieder dem VDA zu:

1881 unter dem Namen „Allgemeiner Deutscher Schulverein" in Berlin gegründet und seit 1908 als VDA agierend, legte der Verein seinen Schwerpunkt auf den Erhalt und Ausbau deutscher Schulen am Rande und außerhalb des geschlossenen deutschen Siedlungs- und Sprachraums. Was anfangs besonders für die in Europa lebenden deutschen Minderheiten gedacht war, wurde im Lauf der Zeit auf die weltweit existierenden Volksgruppen ausgeweitet: die Unterstützung der Auslandsdeutschen auf kulturellem und karitativem Gebiet.[461] Bis in die erste Hälfte unseres Jahrhunderts wurde versucht, mit Sammlungen an Schulen in Deutschland und mit den Mitgliederbeiträgen das Solidaritätsgefühl für die Auswanderer und deren Nachkommen unter den Inlandsdeutschen zu stärken. Nach seiner Gleichschaltung im Dritten Reich, die, wie bei allen deutschen Vereinen seinerzeit, die Ausrichtung der Vereinsziele nach NS-Vorstellungen zur Folge hatte, begann der VDA in der Nachkriegszeit mit der Reorganisation der Vereinstätigkeit, die fortan nicht mehr durch ideologische Unterordnungen behindert werden sollte. Unterstützt von bekannten Politikern, wie z. B. Erich Mende und Hans Klein, ist der Verein seither wieder überparteilich mit der Betreuung der rund 14 Millionen Menschen deutscher Abstammung im Ausland und deren Organisationen beschäftigt.[462]

Nachdem Südamerika wegen der geographischen Konzentration und der großen Zahl von Deutschstämmigen zum Hauptbetätigungsfeld des VDA wurde, mußte man in der letzten Zeit eine deutliche Akzentverschiebung in der Arbeit Richtung Osteuropa feststellen.

Dies hatte hauptsächlich 2 Gründe:

a) mit dem Fall der Mauer und der Vollendung der deutschen Einheit eröffneten sich, wie in vielen Politikfeldern auch, für den VDA neue Perspektiven in Osteuropa. 40 Jahre hatten Bipolarität und Konkurrenzdenken auf dem Sektor des Auslandsdeutschtums Spuren hinterlassen. Eine Konsequenz der Teilung Europas und Deutschlands war z. B. der Vorrang der kulturellen Auslandsarbeit durch die DDR auf dem Gebiet des jetzt zerfallenen Ostblocks. Nach der Vereinigung der beiden Staaten in Deutschland kamen nun neue und alte Aufgaben auf die Bundesrepublik zu. Diese wurden auch vom VDA, der anfänglich mit seinem DDR-Pendant kooperierte und schließlich fusionierte, intensiv angegangen.

b) seit Mitte der achtziger Jahre, forciert durch die fundamentalen Veränderungen in Europa, wächst der Strom der aus Ost- und Südosteuropa in die Bundesrepublik kommenden Spätaussiedler. Angesichts innenpolitischer Probleme (Stichwort: Wohnungsknappheit u. a.) hat die Bundesregierung erhebliche Mittel im Rahmen eines Hilfsprogramms für die Deutschen in den osteuropäischen Aussiedlungsgebieten zur Verfügung gestellt. Die alleine für 1990/91 bewilligten 200 Millionen Mark wurden durch Mittlerorganisationen vor Ort in Maßnahmen, die den Menschen gesicherte Existenzen ermöglichen und sie zum Bleiben in der Heimat bewegen sollen, umgewandelt.[463] Der VDA übernahm dabei einen wichtigen Part. So verfügt er neben seiner Bundesgeschäftsstelle in St. Augustin, die mit rund 20 Personen besetzt ist, über Büros in Berlin, Moskau, Saratow, Omsk, Barnaul und Bischkek mit mehreren Vertretern sowie über Ortskräfte etwa in Kirgisien. Er engagiert sich speziell in der ehemaligen UdSSR, wo der Verein u. a. die Umsetzung der Schulautonomie im Altaj-Rajon begleitet.

Der massive Geldmitteleinsatz Bonns und die daraus resultierende Bindung von Personal beim VDA hat zur Folge, daß derzeit den über 3 Millionen Deutschen Osteuropas mehr Betreuung zukommt als den rund 5 Millionen Deutschstämmigen im traditionellen Schwerpunktgebiet Südamerika.

Die Führung des VDA hat jedoch erkannt, daß in Südamerika — wie für den staatlichen Sektor, so auch für den Bereich der Auslandsdeutschen — die Befürchtung aufkommen könnte, der Subkontinent werde wegen des deutschen Engagements in Osteuropa von der Bundesrepublik vernachlässigt.

Daher beabsichtigt der Verein eine weitere Intensivierung seiner Unterstützung für die Schulen und den Jugendaustausch. Es handelt sich dabei um 2 Stammgebiete der Arbeit des VDA, der jährlich mehr als 200 Austauschschüler aus verschiedenen Ländern Südamerikas nach Deutschland vermittelt und betreut sowie parallel dazu auslandsdeutsche Schulen mit Sach- und Geldspenden unterstützt.[464] Beides stößt vor Ort auf ein überaus positives Echo, da so dringend benötigte Hilfe geleistet wird.

Der Verein, der mit rund 18.000 Mitgliedern dabei auf einen großen Kreis von Förderern angewiesen ist, ermöglicht deutschstämmigen und nicht deutschstämmigen Südamerikanern das Kennenlernen Deutschlands. Er hilft des weiteren bei der Aktualisierung manchmal überkommener Deutschlandbilder und knüpft Verbindungen zwischen den Kontinenten, die zur Grundlage zukünftiger Zusammenarbeit werden können.[465]

Dabei erweiterte sich das Aktionsfeld des VDA nach den einschneidenden Veränderungen in Europa und Deutschland seit 1989 erheblich:

Nach vielen Jahren des Nebeneinanders mit oft gegensätzlichen Zielrichtungen kann sich nun von Deutschland aus eine Organisation für die Belange der Auslandsdeutschen einsetzen. Die „Gesellschaft Neue Heimat" der DDR, zuletzt mit Hans-Peter Minetti an der Spitze, war 1964 „als Instrument der Auslandspropaganda"[466] der SED gegründet worden und gehörte bezeichnenderweise der „Liga für Völkerfreundschaft" an. Mit ihrer Arbeit beabsichtigte sie den Einfluß der Bundesrepublik unter den Auslandsdeutschen zu schmälern und die DDR gezielt als neuen, überlegenen, deutschen Staat hervorzuheben.[467] Ihr Einsatz z. B. auf den Gebieten der deutschsprachigen Presse und der deutschen Schulen sollte bewußt als Gegenpol der ideologisch unbelasteten VDA-Arbeit „eine Eigenprofilierung im Sinne der vielzitierten sozialistischen Errungenschaften"[468] bei den Deutschen in Südamerika hervorrufen. Zu diesem Zwecke wurden u. a. Delegationen verschiedener Volksgruppen in die DDR geladen, Bücher an Schulen verschickt und ein Journal mit dem Titel „Neue Heimat" aufgelegt. Aufgrund der schwerpunktmäßigen Arbeit in den „sozialistischen Bruderstaaten" und der relativ geringen Finanzmittel der Gesellschaft, die ja in einem für die DDR sensiblen Bereich tätig war, blieb die „Neue Heimat" für Südamerika im Vergleich zum VDA jedoch beinahe bedeutungslos.[469] Daß sie trotzdem bei einigen Deutschstämmigen zu Identifikationsproblemen in bezug auf das Abstammungsgebiet bei-

trug, war ein weiteres Beispiel dafür, daß Auslandsdeutsche unter politischen Entwicklungen in der Heimat ihrer Vorfahren leiden mußten.
Dennoch, es kann kein Zweifel daran bestehen, daß für die überwiegende Mehrheit die Bundesrepublik mit Deutschland gleichgesetzt wurde, während die DDR oft gar nicht registriert wurde.[470]

10.4 Das deutsche Auslandsschulwesen als Aufgabenbereich privaten und staatlichen Engagements in Südamerika

Im Schulbereich treffen wir auf ein breitgefächertes Angebot, das zu Teilen durch staatlichen und privaten Einsatz von Deutschland aus sowie zu Teilen durch privates Engagement vor Ort aufrechterhalten werden konnte. Die deutschen Schulen stellen heute ein zentrales Aufgabenfeld der bundesdeutschen auswärtigen Kulturpolitik dar.

Wenn wir vom auslandsdeutschen Schulwesen sprechen, so müssen wir dabei stets die verschiedenen Schularten berücksichtigen. Sie unterscheiden sich nicht nur in ihrer Organisation und Trägerschaft, sondern auch in ihrer Größe. Des weiteren darf man neben den Paradebeispielen, das sind meist große Lehranstalten, die sich öffentlicher Förderung aus der Bundesrepublik Deutschland erfreuen, nie die kleinen Schulen in den Ländern Südamerikas als maßgebliche Sicherheiten für den Erhalt der deutschen Sprache vergessen. Diese oftmals als „Bretterschulen" bezeichneten Kleinanstalten manifestieren bis heute den weitverbreiteten Wunsch nach Pflege der Sprache und Kultur. Trotz widriger geographischer und finanzieller Ausgangslagen stehen sie für den Willen vieler Siedler, auch nach Generationen in der Fremde den Bezug zur Heimat der Vorfahren zu wahren.

Zum besseren Verständnis soll hier ein Einblick in das Auslandsschulwesen gegeben werden. Ganz grob lassen sich für den Bereich Südamerika 3 Arten von Schulen unterscheiden:

a) Lehranstalten, die von der Bundesrepublik Deutschland personell und finanziell unterstützt werden;

b) Lehranstalten, die von der Bundesrepublik Deutschland finanziell unterstützt werden,

c) Lehranstalten, die sich über Schulgelder und private Träger selber tragen müssen.[471]

Seit dem Ende des Zweiten Weltkrieges und der daraus resultierenden vierzigjährigen Teilung Deutschlands ist das Engagement der Bundesrepublik auf dem Schulsektor kontinuierlich gestiegen. Beabsichtigte man in den ersten beiden Nachkriegsdekaden, die Förderung der Auslandsschulen unter den Aspekten Ausweitung der kulturellen Präsenz in der Welt, Wieder- und Neuaufbau der schulischen Infrastruktur und Darstellung eines neuen, friedlichen Deutschlands im Kontrast zur DDR zu organisieren, änderten sich die Schwerpunkte mit der Übernahme der Regierungsverantwortung durch sozialdemokratisch geführte Bundesregierungen Ende der sechziger Jahre.[472]

In den folgenden Jahren spielte die Selbstdarstellung in diesem Bereich der auswärtigen Kulturpolitik nicht mehr diese wichtige Rolle, vielmehr wurde ein deutlicher Trend zur Begegnungsschule erkennbar. Somit griffen langsam die Pläne zur Umstrukturierung der Schulen, die zukünftig auch den jeweiligen Landesbewohnern, die nicht deutschstämmig waren, als attraktive Alternative zur Verfügung stehen sollten.

Nach dem neuerlichen Regierungswechsel 1982 gesellte sich neben diese Öffnung der Schulen, die damit auch besser in die deutsche Schulstruktur eingegliedert werden konnten, ein weiterer Förderungsaspekt: das intensive Bemühen um den Erhalt der deutschen Sprache im Ausland.[473]

Die neue Regierung unter Helmut Kohl mußte diesem Aspekt verstärkt Rechnung tragen, wollte sie das Absinken des Deutschen zu einer rein europäischen Regionalsprache vorbeugend verhindern. Daraufhin wurden die Schulen in die Planungen zur Stärkung der deutschen Sprache in der Welt aufgenommen. Diese aus kultur-, wirtschafts- und außenpolitischer Sicht wichtige Entscheidung fand in den letzten Jahren in einer intensiven Förderungspraxis und einer weiteren organisatorischen Straffung ihren Ausdruck. Die Förderung auslandsdeutscher Schulen nimmt somit heute eine zentrale Stellung in der auswärtigen Kulturpolitik Deutschlands ein.[474]

Nach der anfänglichen breiten Streuung von Zuschüssen — dieses „Gießkannenprinzip" wurde in den Anfangsjahren der Bundesrepublik als Teil vertrauensbildender Maßnahmen gegenüber dem Ausland und zur Kontaktaufnahme mit den verstreut lebenden Auslandsdeutschen eingesetzt — kommt es nun zu immer mehr Bündelungen im Förderungsbereich. Konsequenz dieser Vorgehensweise ist eine deutliche Zunahme bei der Errichtung von Schulverbänden, die die Förderkriterien einfacher erfüllen können, als dies bei einzelnen Lehranstalten der Fall ist.

Werfen wir hier z. B. einen Blick nach Paraguay im untersuchten Dreiländerbereich: bei Nachforschungen in Asunción stellte sich heraus, daß 1991 rund 60 Schulen von der Bundesrepublik Deutschland gefördert wurden. Zu der oben bereits erwähnten ersten Kategorie der personell und finanziell geförderten Anstalten gehören die „Goethe-Schule" in Asunción und das Lehrerseminar der Mennoniten in Filadelfia/Fernheim. Insgesamt 10 Lehrer aus Deutschland waren 1992 in Asunción angestellt, und die Förderung beträgt dort ca. 400.000 DM im Jahr.[475] In Filadelfia standen 3 aus Deutschland entsandte Lehrer zur Verfügung. Des weiteren unterrichteten weitere 14 deutsche Lehrer, die vom „Centrum für Internationale Migration und Entwicklung" in Frankfurt a. M. vermittelt wurden. Diese Lehrkräfte, deren Zahl sich im Lauf des Jahres 1992 auf 9 reduzierte, wurden zwar von der genannten Institution vermittelt, sie fallen aber seit September 1990 ebenfalls in den Zuständigkeitsbereich des BVA.[476] Der Rest der im Förderungskatalog enthaltenen Schulen wird mit Zuschüssen unterstützt, während etliche Schulen die Förderungskriterien nicht erfüllen und leer ausgehen.

Folgende Grundvoraussetzungen müssen für eine staatliche Unterstützung erfüllt werden:

a) es müssen mindestens 30 Schüler nachgewiesen werden;
b) es dürfen maximal 3 Jahrgänge in einer Gruppe sein;
c) es müssen mindestens 3 Wochenstunden Deutsch erteilt werden;
d) es muß auf 1 Schuljahr zurückgeblickt werden können.[477]

Gerade in Paraguay ist der Trend zum Zusammenschluß in Schulverbänden deutlich spürbar. So konnte sich in den letzten Jahren beispielsweise der Schulverband Itapúa herausbilden. Das Departamento Itapúa liegt ganz im Süden des Landes, wo der Río Paraná die Grenze zum argentinischen Misiones bildet, und beherbergt eine Vielzahl kleiner deutscher Siedlungen, die auf Jahrzehnte des Bestehens zurückblicken können. Der Schulverband repräsentiert mehr als 10 Primarschulen mit den Klassen 1 bis 6 und 2 Sekundarschulen mit den Klassen 7 bis 12. 1992 erklärten sowohl die „Deutsche Schule von Tirol" als auch die „Adventistenschule Itapúa" den Beitritt in den Schulverband, so daß ihre Förderung für die Zukunft gesichert scheint.[478] Einen Zusammenschluß kleineren Ausmaßes finden wir weiter nördlich im Departamento Guairá, wo die Kolonien Pfannl und Sudetia in einem Schulverband organisiert sind.[479]

Für beide Schulverbände ist eine künftige Vergrößerung absehbar, da in geographischer Nähe weitere Schulen existieren und das Ziel einer konzentrierten Förderung seitens des BVA unverändert besteht.[480] Bei vielen Schulen wird sich in naher Zukunft wegen der personellen und finanziellen Engpässe die Notwendigkeit zur Schulkonzentration noch verstärken. Aus pädagogischer Sicht stünden ihnen dann viel mehr Möglichkeiten zur Verfügung, da Förderungsmittel nicht zerstreut, sondern gebündelt einsatzbar wären.

Eine Umfrage unter den deutschen Schulen Paraguays aus dem Jahre 1987 belegt zum einen den hohen Standard des Schulverbands Itapúa — hier findet z. B. zwei Drittel des Unterrichts der siebten bis neunten Klasse in Deutsch statt — und zum anderen die Schwierigkeiten vieler kleiner Schulen auf finanziellem Gebiet. Hier zeigt sich, daß trotz des Schulgeldes und der Schulvereine die Führung einer Schule große Schwierigkeiten bereitet und gleichzeitig der Allgemeinheit Lasten aufgebürdet werden.[481]

Die für den Bereich der auswärtigen Kulturpolitik wichtige Funktion des „Brückenbaus zwischen den Völkern" wird auf dem Schulsektor immer häufiger durch die Forcierung der organisatorischen Straffung der Schulen erfüllt. Da die Schulen in das Konzept der Verbreitung der deutschen Sprache in der Welt eingebunden werden sollen, legt Bonn großen Wert auf die Öffnung der deutschen Lehranstalten im Ausland für nichtdeutschstämmige Einheimische. Somit gewinnt die Begegnungsschule mit ihrem bikulturell geprägten Unterrichtsangebot an Bedeutung. Es überrascht daher nicht, daß nur rund 15 % aller Schüler auf Auslandsschulen die deutsche Staatsangehörigkeit besitzen.[482] Hier wird deutlich, „daß die Nachkommen deutscher Auswanderer eine wichtige, aber nicht die einzige Zielgruppe, nicht die einzigen Vermittler des kulturpolitischen Angebots sind."[483]

Im Gegensatz zu Paraguay und anderen spanischsprachigen Staaten Südamerikas stellt sich die Situation in Brasilien völlig anders dar. Die Erlasse des Jahres 1938 haben das Deutsche als Schul- und Unterrichtssprache im ursprünglichen Sinne unwiederbringlich verlorengehen lassen.[484] Nach anfänglichem Zögern ist jedoch in den letzten Jahren ein verstärkter Trend zum Deutschen als Fremdsprache speziell in südlichen Landesteilen spürbar. Gezielten Förderungen des BVA in São Paulo und in Rio schließen sich Zuschüsse für Deutschunterricht und -kurse speziell in Rio Grande do Sul, Santa Catarina und Paraná an. Diese Intensivierung der Hilfestellungen aus Deutschland und die unvermindert große Eigeninitiative der Deutschstämmigen haben innerhalb von 10 Jahren zu einer spürbaren Verbesserung geführt. Im Jahr 1981 erhielten 28.479 Schüler an 61 Schulen und 7 Goethe-Instituten Deutschunterricht. Für das Jahr 1990 liegen die Zahlen aus Rio Grande do Sul vor, und sie belegen die positive Entwicklung auf dem Schulsektor seit 1981 in Brasilien:

Jahr	Anzahl der Schüler in RGdS	Anzahl der in RGdS beteiligten Schulen
1981	6.189	28
1990	14.990	79

Das Erlernen des Deutschen als zweite Fremdsprache an den Schulen der südlichen Staaten Brasiliens konnte in Verhandlungen mit den Regionalregierungen erreicht werden und ermöglicht einem Teil der jungen Generation, die schon verloren geglaubten Kenntnisse der Sprache ihrer Vorfahren zu reaktivieren.

Waren 1981 die überwiegende Zahl der involvierten Schulen Privatanstalten, so konnte mittlerweile der Anteil der öffentlichen Schulen erheblich gesteigert werden. Von den 79 beteiligten Schulen waren 1990 34 Privatschulen, 21 Staatsschulen, 8 Munizipalschulen, 4 Gemeindeschulen, 8 Munizipalzentren und schließlich 4 Sprachzentren. 34 von ihnen bieten das Sprachdiplom II und

10 Schulen das Sprachdiplom I an, wodurch auch in Brasilien der Weg für ein späteres Studium in Deutschland eröffnet werden konnte. Da jährlich bis zu 15 Deutschlehrer — in Rio Grande do Sul unterrichten derzeit schon rund 260 Deutschlehrer — das Ausbildungsinstitut an der Universität São Leopoldo absolvieren, scheint es möglich, den Lehrernachwuchs aus eigener Kraft zu stellen. Auch hier nimmt der Schulfachberater der deutschen Botschaft eine Hilfs- und Kontaktfunktion für Lehrer und Schüler wahr, so daß sich Bonn aus erster Hand informieren und auf Bedürfnisse vor Ort reagieren kann.

Mit Blick auf die Anzahl der Deutschstämmigen im Land wäre eine weitere Intensivierung der Bemühungen jedoch dringend erforderlich, möchte man nach der langen Zeit der „Schulabstinenz des Deutschen" nicht der Sprache doch noch verlustig gehen.[485]

Hier soll nun abschließend ein Überblick über die im Auslandsschulverzeichnis aufgeführten personell und finanziell vom BVA geförderten Schulen mit verstärktem Deutschunterricht sowie Begegnungs- und Auslandsschulen und deren Schülerzahlen für die Staaten Südamerikas gegeben werden:

Land	Deutsche Schulen insgesamt (u. U. nur Lehrmittelhilfen)	davon 1989 vom BVA geförderte Schulen	Schülerzahl dieser geförderten Anstalten 1989	davon	
				deutschsprachig	deutsche Staatsangehörigkeit
Argentinien	23 [486]	4	5.323	1.756	396
Bolivien	5 [487]	2	1.743	220	241
Brasilien	48 [488]	4	7.330	1.901	681
Chile	26	7	5.526	550	440
Ekuador	2	2	2.389	350	295
Kolumbien	4 [489]	4	3.424	376	515
Paraguay	63 [490]	3	3.053	2.102	212
Peru	6	4	3.251	601	434
Uruguay	5	1	1.000	190	184
Venezuela	2 [491]	1	1.031	341	322 [492]

Diese Zahlen belegen das breitgefächerte Engagement der Bundesrepublik Deutschland auf dem Schulsektor, der längst mehrheitlich Nichtdeutschstämmigen offensteht und somit eine wichtige Rolle beim Erhalt und Ausbau der deutschen Sprache spielt. Stand früher dabei die Selbstdarstellung im Mittelpunkt, so nehmen heute die Kriterien Dialog und Zusammenarbeit eine zentrale Stellung bei der staatlichen Förderungspraxis ein.

10.5 Selbstverständnis und Grad der Integration der Deutschstämmigen

Wenn vom Grad der Integration gesprochen wird, so müssen den Überlegungen 2 Aspekte zugrunde liegen:
a) Der Eingliederungswille ist heute bei den Gruppen des südamerikanischen Auslandsdeutschtums stark ausgeprägt. Als einer der in den letzten Jahren häufig mit Publizität bedachten Ausnahmefälle wäre die „Colonia Dignidad" in Chile zu nennen. Ihre bewußte Kulturdistanz und ihre Abschottung von der Außenwelt kann keineswegs als typisches Beipiel auslandsdeutschen Verhaltens geltend gemacht werden.[493]

Daß Integration nicht automatisch in der Assimilation münden muß, wird — neben den Mennoniten — von der älteren Generation und den zahlreichen Volksdeutschen, die ja bereits vor Ankunft in Südamerika außerhalb des geschlossenen deutschen Sprach- und Siedlungsraums gelebt hatten und ihr Deutschtum dort bewahren konnten, vorgeführt. Ihr Beziehungsgeflecht zu Deutschland ist breiter und nicht so abstrakt, wie es oft für junge Menschen sein muß, da diese keinen direkten Kontakt mehr nach Europa haben. Bei der jungen Generation ist der Integrationsprozeß abgeschlossen und der Assimilationsprozeß oft in vollem Gange. Man könnte also von einer Generationsfrage sprechen, da die alten Teile des Deutschtums erst in den Integrationsprozeß hereinwachsen mußten, während die Jugendlichen in ihn hereingeboren wurden. Die Ausgangslage für sie ist eine völlig andere.

In diesem Zusammenhang muß jedoch auf die unterschiedlichen Rahmenbedingungen für Deutschstämmige in Städten auf der einen Seite und in Landsiedlungen auf der anderen Seite hingewiesen werden. Was sich heute in den ländlichen Kolonien häufig als Akkulturation — also die Übernahme einzelner fremder Kulturelemente im noch überwiegend „deutschen" Umfeld — darstellt, kann in den urbanen Zentren bereits als Enkulturation — das automatische Hineinwachsen in die einheimische Gesellschaft — bezeichnet werden.

Hier liegt einer der Hauptgründe für die Verschiedenheit der Integrationsstadien innerhalb deutschsprachiger Bevölkerungsteile. Mit Blick auf den Beobachtungsraum und auch Südamerika im allgemeinen kann man somit von mehreren Zwischen- und Übergangsformen der Integrationsprozesse sprechen, die nicht nur von Land zu Land, sondern auch von Siedlungsgebiet zu Siedlungsgebiet unterschiedlich weit fortgeschritten sind.

b) Neben den „generationsbedingten Überlegungen" muß hier auf den Unterschied bei der Betrachtung von Auslandsdeutschen und den sogenannten Kontraktdeutschen sowie Investitionsdeutschen noch einmal separat hingewiesen werden. Ihr Aufenthalt in den Staaten Südamerikas wird von gänzlich anderen Faktoren determiniert, und so könnten die o.g. Aspekte nur auf eine nachfolgende, im Lande geborene Generation angewendet werden. Diese Jüngeren würden dann jedoch erst mit der Integrationsphase beginnen können, da sie vorher lediglich als Kinder von temporär in Südamerika verweilenden Deutschen dort gelebt hätten und nicht über die bei Autochthonen vorfindbaren Grundlagen und Perspektiven verfügten.

Wir stellen dadurch fest, daß es ein erheblicher Unterschied ist, ob man in dem Bewußtsein der baldigen Rückkehr nach Deutschland im Ausland verweilt oder mit dem familiären Hintergrund und der Sicherheit der ausländischen Staatsangehörigkeit dort lebt. Häufig bleiben die Familien der Kontraktdeutschen unter sich, da es sich aus beruflichen Gründen o. ä. anbietet, in engem Kontakt zu stehen. Beziehungen zu autochthonen Auslandsdeutschen mögen keine Ausnahme darstellen, es wäre jedoch falsch, dies als normale Gesetzmäßigkeit anzusehen. In Gruppen, in denen die Kontraktdeutschen einen hohen Anteil an der Gesamtzahl stellen, wie etwa in Ekuador, ist der Kontakt mitunter jedoch sehr intensiv, da er eine der wenigen Möglichkeiten zur Kommunikation für die Auslandsdeutschen bietet. Für Kontraktdeutsche gibt es logischerweise nicht die Notwendigkeit der Integration in das Leben des Gastlands, da sie dieses bald wieder verlassen. Die Auslandsdeutschen hingegen müssen sich integrieren, wollen sie an der gesellschaftlichen Entwicklung teilhaben und nicht von ihr, wenn auch freiwillig, ausgeschlossen sein.

Wie weit die Integration schon fortgeschritten ist, wird z. B. bei der Betrachtung des Faktors Sprache deutlich: obgleich deutschstämmig beherrschen viele junge Auslandsdeutsche die deutsche Sprache nicht. Das einheimische Spanisch oder Portugiesisch bereitet ihnen dagegen keine Schwierigkeiten. Dies war in früheren Generationen anders, wie wir im Lauf der Arbeit gesehen haben. Gerade in Brasilien treffen wir auf eine große Menge von Jüngeren, denen die Sprachkenntnisse von ihren Eltern und Großeltern mündlich übermittelt werden mußten. Da dies häufig Dialekte des Deutschen waren, sind die Fähigkeiten zur Beherrschung des Hochdeutschen bei den Jüngeren beschränkt, wenn nicht sogar völlig abhanden gekommen. Die während der letzten 10 Jahre zu beobachtenden Verbesserungen auf dem Schulsektor in Brasilien werden diesen Verlust nicht mehr kompensieren können. Hier treffen wir auf eine weitere Begründung dafür, daß das Auslandsdeutschtum in seiner Existenz unmittelbar von dem Vorhandensein eines Schulsystems abhängt und ohne ein solches beinahe automatisch nach relativ kurzer Zeit droht verlorenzugehen.

Während bei den Stadtdeutschen Südamerikas die Gefahr besteht, daß die irgendwie geartete deutsche Identität schnell abhanden kommt, so ist dieser Prozeß in den Landsiedlungen noch nicht so spürbar, da es dort nichts Außergewöhnliches ist, sich in Deutsch zu unterhalten. Der zu beobachtende Drang der jüngeren Generation in die urbanen Zentren Südamerikas birgt hier allerdings erste Gefahren, daß dieser Trend auch auf die Landbewohner übergreifen wird.

Ein Phänomen, das wir in den letzten Jahren in der Bundesrepublik Deutschland in bezug auf die aus Ost- und Südosteuropa eintreffenden Spätaussiedler feststellen, ist auch bei vielen Auslandsdeutschen Südamerikas zu beobachten: während sie in Übersee oder im östlichen Teil Europas noch heute als Deutsche tituliert werden und sich als solche empfinden, ändert sich dies bei Ankunft in Deutschland oft schlagartig. In Chile ist es beispielsweise in der Literatur üblich, von den „los Alemanes" zu sprechen und die seit Generationen dort ansässigen Deutschstämmigen zu meinen, hier sind sie dann jedoch „die Chilenen".[494]

Oft tritt in dieser Hinsicht eine völlige Verunsicherung ein, da ihnen erst dabei bewußt wird, wie sehr sie sich den Verhältnissen in Südamerika angeglichen haben. Aufgewachsen mit einem überlieferten, oft verklärten und veralteten Deutschlandbild werden sie plötzlich mit unbekannten Realitäten in der sich schnell ändernden Bundesrepublik konfrontiert und haben dadurch erhebliche Orientierungsschwierigkeiten.

Die intergenerativ fortlebenden Erinnerungen der Deutschstämmigen Südamerikas können somit bei einem Aufenthalt in Deutschland zu einer Art Kulturschock und Identitätskrise führen. Dieses Problem hat sich u. a. bei vielen Schüleraustauschprogrammen des VDA gezeigt. Als Lösung ist hier die weitere Öffnung der Siedlungen und der Besuch Deutschlands erkannt worden. Nur so können konservierte Deutschlandbilder mittels Multiplikatoren aktualisiert und neue Bezugspunkte und Beziehungen zur Heimat der Vorfahren aufgebaut werden.

In welch einem Spannungsfeld sich viele Auslandsdeutsche nach Generationen in Übersee bewegen, soll hier anhand eines Ausschnitts aus einem Aufsatz, der von einem deutschstämmigen Argentinier verfaßt wurde, verdeutlicht werden: „Bin ich ein Deutsch-Argentinier oder ein Argentiniendeutscher? ... In Argentinien komme ich mir wie ein Deutscher vor und in Deutschland wie ein Argentinier! ... In Buenos Aires nennen mich meine Freunde seit jeher „el Aleman". In Deutschland bringt man meiner Versicherung, daß ich 4 deutsche Großeltern habe, die Vermutung entgegen, irgendeine meiner Vorfahren habe einen Seitensprung mit einem Indio gemacht... Wenn ein deutsches Schulschiff im Hafen von Buenos Aires liegt, gehe ich mit unendlich vielen Deutschstämmigen voll glücklicher Wehmut an Bord und freue mich über die schwarz-rot-goldene Flagge am Heck. Das Heimweh packt mich hingegen, wenn ich auf der Kaufingerstraße in München ein Schild sehe, auf dem steht: „Consulado de la República Argentina", und über ihm meine Fahne mit den Himmelsfarben Blau und Weiß weht, die so anders ist als die weiß-blaue der Bayern."[495]

Hier handelt es sich beinahe um ein Plädoyer für die bilinguale und bikulturelle Ausbildung der Deutschstämmigen, damit sie den oben angesprochenen Zwiespalt nicht als Belastung, sondern als Bereicherung empfinden und beide Teile ihrer Identität nebeneinander erleben können.

Es liegt im deutschen Interesse, den eingeschlagenen Weg weiterzugehen und die Bemühungen einer breitgefächerten Schulbildung noch zu intensivieren, da nämlich bei fast allen Deutschstämmigen immer nur der deutsche Teil ihrer Identität bedroht ist: leben sie doch als völlig integrierte Staatsbürger der südamerikanischen Länder permanent unter einem gewissen Assimilierungsdruck. Was den in Deutschland lebenden Minderheiten ermöglicht werden soll, die Integration bei gleichzeitiger Beibehaltung ihrer nationalen Eigenarten, muß auch Ziel der Politik gegenüber den Deutschstämmigen in Übersee sein. Das gebietet nicht nur das Gleichheitsprinzip, sondern es ist aus politischer Sicht von großer Bedeutung, da man dadurch zu einer Intensivierung der Kontakte zu Südamerika kommen kann.

Die Brückenfunktion deutschstämmiger Bevölkerungsteile – mittlerweile z. B. in Rußland erkannt – böte auch den Südamerikanern die Chance, das Interesse der Bundesrepublik wieder zu wecken.

Es kann und darf nicht Ziel der auswärtigen Kulturpolitik sein, Auslandsdeutsche wie in vorangegangenen Jahrzehnten in Probleme mit einer sogenannten doppelten Identität und Loyalität gegenüber Deutschland und dem jetzigen Heimatland zu bringen. Die Auslandsdeutschen können aber als überzeugte Bürger der Staaten Südamerikas wegen ihrer Abstammung Mittler zwischen den Kontinenten werden und zu einer erhöhten Perzeption ihrer Kontaktfunktion in Deutschland beitragen. Dafür die Voraussetzungen zu erhalten respektive wieder zu schaffen muß Aufgabe der Politik sein. So könnten wir einem Teil der Verantwortung gegenüber diesen Menschen gerecht werden und die Auslandsdeutschen als Multiplikations- und Perzeptionsträger der Außenpolitik erkennen. Davon würde nicht nur die Bundesrepublik profitieren, sondern auch die Deutschen im Ausland, hätten sie dann doch ein Ziel, für das es sich, z. B. auf dem Sprachsektor, einzusetzen lohnte.

10.6 Die Deutschen im Untersuchungsgebiet und im restlichen Südamerika – eine Zahlenübersicht

Es ist naturgemäß sehr schwierig, genaue Zahlenangaben über die Deutschen in Südamerika zusammenzutragen.

Dies hat gleich eine Vielzahl von Gründen, so:
- besteht keine Meldepflicht für die Deutschen,
- wird bei Volksbefragungen oft nicht nach Abstammung oder Nationalität der Familie gefragt,
- sind Volkszählungsergebnisse veraltet wie in Argentinien oder offensichtlich falsch wie in Brasilien, wo es bei der letzten Befragung in den fünfziger Jahren nicht opportun war, sich als Deutscher zu erkennen zu geben, und so die Herkunft verschwiegen wurde,
- sind die Begriffe „deutsch" und „deutschsprachig" nicht trennbar, so daß Paßdeutsche und Deutschstämmige mit Sprachkenntnissen zusammengefaßt werden,
- ist es oft unklar, ob etwa das Kind eingewanderter Deutscher noch zur Kategorie „Deutscher" oder schon „Deutschstämmiger" zählt,
- stellt der Austausch, wie zwischen Brasilien und Paraguay, die Erfassung vor nicht lösbare Probleme.

Dies sind die Hauptursachen dafür, daß man mit allen Zahlenzusammenstellungen vorsichtig umgehen sollte. Betrachtet man solche Statistiken nur als groben Anhaltspunkt, um sich ein Bild über Ausmaß, Verteilung und Schwerpunkte des Deutschtums auf dem amerikanischen Subkontinent machen zu können, so lohnt sich doch eine Betrachtung des teilweise stark voneinander abweichenden Zahlenmaterials. Kommt es auf der einen Seite, so bei den kleinen Gruppen im Norden Südamerikas, zu vergleichbaren Ergebnissen, so liegen die Berechnungen für die großen Volksgruppen im Untersuchungsgebiet oft weit auseinander. All dies ist beim Studium der folgenden Auflistung unbedingt zu beachten. Es kann gar nicht der Anspruch auf Vollständigkeit erhoben werden, da die vielen Unwägbarkeiten bei der Ermittlung lediglich einen Versuch rechtfertigen, der dem Leser einen groben Überblick über die Größenordnungen vermitteln soll.

Trotz der eingesetzten Rückwanderung vieler Auslandsdeutscher aus den ost- und südosteuropäischen Bereichen wird heute von einer Gesamtzahl von 12 bis 15 Millionen Deutschen und Deutschstämmigen in der Welt ausgegangen. Der Anteil Südamerikas wird auf über 5 Millionen veranschlagt, so daß mindestens ein Drittel der außerhalb des geschlossenen deutschen Sprach- und Siedlungsraums Lebenden dort anzutreffen ist.[496] Dieser prozentuale Anteil dürfte wegen der Verringerung im Bereich des europäischen Auslandsdeutschtums in den nächsten Jahren eher steigen als fallen.

Hier findet sich nun eine Auflistung der aktuellen Volksgruppenstärken, bevor dann die Siedlungsschwerpunkte für die einzelnen Staaten dargestellt werden.

Die Rubrik „Deutsche" erfaßt dabei nicht nur Paßdeutsche, sondern meist auch diejenigen, die deutschsprachig sind und über direkte deutsche Vorfahren verfügen. „Deutschstämmig" meint weiter zurückliegende Verbindungen.

Land	Deutsche	Deutschstämmig	Besonderheit
Venezuela	< 26.000	30.000 [497]	hoher Anteil Kontraktdeutscher
Kolumbien	< 5.000	> 7.000 [498]	hoher Anteil Kontraktdeutscher
Guayana	200	200 [499]	kaum existent
Ekuador	1.500	1.500 [500]	hoher Anteil Kontraktdeutscher
Peru	> 10.000	5.000 [501]	hoher Anteil Kontraktdeutscher
Bolivien	5.500	14.000 [502]	hoher Mennonitenanteil
Paraguay	> 40.000	> 200.000 [503]	hoher Mennonitenanteil
Argentinien	200.000	800.000 [504]	
Uruguay	> 5.000	> 10.000 [505]	hoher Mennonitenanteil
Brasilien	1.500.000	2.100.000 [506]	
Chile	35.000	70.000 [507]	
Südamerika insgesamt:	<1.830.000	>3.230.000	=> 5.060.000

Deutlich ist der Siedlungsschwerpunkt im Beobachtungsraum erkennbar. Während die nordwestlichen Staaten entweder über kleine Volksgruppen verfügen oder ihre scheinbar hohen Zahlen nur der Präsenz von überdurchschnittlich vielen Kontraktdeutschen verdanken, weisen die Staaten Brasilien, Argentinien, Paraguay, Chile und Uruguay in der genannten Reihenfolge das Gros der Auslandsdeutschen Südamerikas auf. Gerade die angesprochene Anwesenheit der zeitweilig im Land lebenden Deutschen (Firmenvertreter, Entwicklungshelfer usw.) führt zu einer Fluktuation, die Instabilität bewirkt bzw. schwache Strukturen offenbart. Häufig ist nämlich das Volksgruppenengagement auf wenige Schultern verteilt, so daß nach der Abreise dieser Aktiven vieles, was für den Erhalt eines Volksgruppenlebens nötig wäre, einfach einschläft.

Werfen wir nun noch einen Blick auf die Siedlungszentren der Deutschen in den Regionen und Ländern Südamerikas. Auch hier treten Unterschiede schnell hervor. Bei einer Zentrierung auf städtischem Gebiet kann man 2 grundsätzliche Überlegungen festhalten:

a) das Leben in einer Stadt fördert die Integration, da nur ein geringer Teil Deutsch spricht und sich einer landsmannschaftlichen Gruppe zugehörig fühlt. Die Bande sind wesentlich lockerer als auf dem Land, was zur raschen Assimilierung führt.

b) in den Städten, speziell in den Hauptstädten und Wirtschaftszentren der Staaten, ist der Anteil der sogenannten Kontrakt- und Paßdeutschen in Relation zum Landesinneren sehr hoch. Dies hat zur Folge, daß sich dort oft 2 Volksgruppenteile, die eine völlig andere Ausgangslage haben und untereinander nur wenig Kontakte pflegen, herausbilden.

Bei ländlichen Siedlungen treffen wir auf eine andere Situation, da hier ein starker Zusammenhalt für das wirtschaftliche Fortkommen und das reibungslose Funktionieren der Gemeinschaftseinrichtungen vonnöten ist. Man findet mehr Gleichgesinnte und Gleichsprachige, so daß die Pflege von Traditionen und Sprache als selbstverständlich und nicht als künstlich empfunden wird. Hier liegt einer der Gründe dafür, daß zwar die Integration fast vollständig abgeschlossen werden konnte, von einer Assimilierung jedoch nicht automatisch gesprochen werden kann.

Nun zu den Siedlungszentren der Deutschen in den einzelnen Staaten und Regionen Südamerikas, die im Überblick dargestellt werden sollen:

Teilübersicht A

Land	Zentren
1 = Surinam, Guyana, Franz. Guayana	Surinam und Guyana zerstreut.
2 = Venezuela	Caracas, Maracaibo, La Guaira, Puerto Caballo und Tovar als einzige Landsiedlung.
3 = Kolumbien	Bogotá und Cali.
4 = Ekuador	Quito und Guayaquil.
5 = Peru	Lima und die Landsiedlung Pozuzo mit Villa Rica.
6 = Bolivien	La Paz und Santa Cruz. Mit abnehmender Bedeutung: Sucre, Oruro und Cochabamba.
Diese 8 Volksgruppen stellen knapp über 2 % der Deutschen und Deutschstämmigen in Südamerika. [508]	

Teilübersicht B

Land	Zentren
1 = Brasilien	Die Bundesstaaten Rio Grande do Sul, Paraná, São Paulo und Esperito Santo. Die Stadt São Paulo als das große städtische Zentrum vor Rio.
Diese Volksgruppe stellt mehr als 71 % der Deutschen und Deutschstämmigen in Südamerika. [509]	

Teilübersicht C

Land	Zentren
1 = Paraguay	Asunción, Chaco und das paraguayisch-brasilianisch-argentinische Grenzgebiet.
2 = Argentinien	Buenos Aires (Capital u. Prov.), Misiones, Entre Rios und auch Chaco, Córdoba und Bariloche.
3 = Uruguay	Montevideo sowie die Bezirke Paysandú und Río Negro.
4 = Chile	Santiago, Concepción, Temuco, Valparaíso als kleinere Stadtzentren. Die Südprovinzen um Valdivia, Osorno und Llanquihue als Hauptzentren.
Diese 4 Volksgruppen stellen beinahe 27 % der Deutschen und Deutschstämmigen in Südamerika. [510]	

Anmerkungen zu Kapitel 10

429 Guyana war bis 1966 britische Kolonie, und Französisch-Guayana ist bis heute als Übersee-Departement Teil Frankreichs.
430 Vgl. Bodemer, Klaus: Der Stellenwert Lateinamerikas in der Entwicklungspolitik der Bundesrepublik Deutschland, Mainz 1984, S. 25 ff.
Deutsche Unternehmen, Banken und Organisationen verfügten vor allem in Argentinien und Brasilien über gewachsene Kontakte.
431 „Si se considera la relación alemana con América Latina a largo plazo y en su conjunto, no existe, aparte de los Estados Unidos, ninguna región fuera de Europa, con la cual sigamos viviendo una relación tan estrecha."
Mols, Manfred: Las relaciones políticas entre la República Federal de Alemania y América Latina, in: Contribuciones, Buenos Aires, 6. Jg., Nr. 4 1989, S. 71.
Mols befaßt sich in mehreren Veröffentlichungen mit der Rolle der USA in Lateinamerika. Er kommt dabei zu dem Ergebnis, daß die Vereinigten Staaten einem Integrationsprozeß in dieser Region häufig im Wege standen. Dies habe auch zu den heute evidenten Defiziten auf Seiten Südamerikas geführt.
Vgl. u. a. ders.: Latinoamérica y el Sudeste Asiático, in: Cono Sur, 10. Jg., Nr. 5 1991, S. 6.
432 Vgl. Köhler, Volkmar: Die Dritte Welt und wir, Stuttgart/Bonn 1990, S. 100 ff.
433 BMZ (Hrsg.): Politik der Partner, Bonn 1990, S. 84 (zit.: BMZ 1990a). In bezug auf die „Gesellschaft für Technische Zusammenarbeit":
Vgl. Drewsky, L.: Technische Entwicklungszusammenarbeit mit Paraguay, in: Deutsches Jahrbuch für Paraguay 1990. Hrsg. v. Gerhard Ratzlaff, Asunción 1990, S. 9 ff.
Vgl. FAZ vom 18. Juli 1991.
Vgl. Handelsblatt vom 15. April 1991.
Vgl. Gesellschaft für Technische Zusammenarbeit (Hrsg.): Prodefatima-Brazil, Eschborn 1985.
434 „Entwicklungszusammenarbeit ist nicht nur Sache des Staates, sondern eine Aufgabe der gesamten Gesellschaft. Die Unterstützung der Entwicklungshilfe nichtstaatlicher Organisationen ist deshalb wesentlicher Bestandteil der Entwicklungspolitik der Bundesregierung."
BMZ (Hrsg.): Grundlinien der Entwicklungspolitik der Bundesregierung, Bonn 1991, S. 38 f.
435 Vgl. Bodemer, a. a. O. S. 33 f.
Nach dem Putsch Pinochets 1973 verringerte das offizielle Bonn seine Kontakte nach Chile stark. Die nichtstaatlichen Träger wurden jedoch weiterhin in dem Bewußtsein unterstützt, daß sie Kontakte zu oppositionellen Kräften aufrechterhielten.
436 Vgl. Mols, Manfred (Hrsg.): Die Beziehungen zwischen Lateinamerika und der Bundesrepublik Deutschland/Europa, Mainz 1984, S. 32.
Mols geht auch hier auf die politischen Rahmenbedingungen deutscher Außenpolitik gegenüber Lateinamerika ein.
437 Vgl. Nuscheler, a. a. O. S. 20 und S. 263 ff.
Vgl. Köhler, a. a. O. S. 88 ff.
Vgl. BMZ (Hrsg.): Achter Bericht zur Entwicklungspolitik der Bundesregierung, Bonn 1990, S. 171 ff.
Vgl. BMZ 1990a, a. a. O. S. 89 ff. und S. 131 ff.
Vgl. ders. (Hrsg.): Journalistenhandbuch 1990/1991, Bonn 1990, S. 125 ff.
Vgl. Benecke, Dieter: Osteuropa – Integrationsanstoß für Lateinamerika?, in: Aussenpolitik, 42. Jg., Nr. 4 1991, S. 343.
438 Vgl. ebenda, S. 338.
Vgl. ders.: Relaciones entre América Latina y Alemania a la luz de los cambios en Europa Oriental, in: Contribuciones, 7. Jg., Nr. 4 1990, S. 113 f.
In bezug auf das aktuelle deutsche Engagement in Brasilien:
Vgl. Kohlhepp, Gerd: Umweltpolitik zum Schutz tropischer Regenwälder in Brasilien, in: KAS-Auslandsinformationen, 7. Jg., Nr. 7 1991, S. 13 f. (zit.: Kohlhepp 1991).

Bezüglich der Reise von Bundeskanzler Helmut Kohl:
Vgl. FAZ vom 17. Oktober 1991, 19. Oktober 1991, 23. Oktober 1991, 25. Oktober 1991, 26. Oktober 1991, 28. Oktober 1991, 31. Oktober 1991, 2. November 1991.
Vgl. Der Spiegel vom 28. Oktober 1991.
Vgl. NRZ vom 25. Oktober 1991.
Kohl stattete in Chile und Brasilien auch den Deutschstämmigen Besuche ab. In Santiago und Blumenau wurde er von den Chile- bzw. Brasiliendeutschen herzlich empfangen.

439 Wegen der starken Fluktuation wurden die Zahlen für die Auslandsmitarbeiter gerundet. Sie stammen aus den Projektdossiers oder wurden bei den Stiftungszentralen erfragt.

440 Angaben der Stiftungen auf Nachfrage. Der SVR-Zentrale Dortmund lagen für die Jahre 1993 bis 1995 haushaltsrechtliche Verpflichtungsermächtigungen in Höhe von 3 Millionen DM für den gesellschaftspolitischen Bereich und von 2,25 Millionen DM für den sozialstrukturellen Bereich vor.

441 Die HSS führte 1989 48 % ihrer Projekte in Afrika und 33 % in Asien sowie im Südpazifik durch. Lateinamerika folgte mit 17 % erst an dritter Stelle vor Europa mit 2 %.
Vgl. HSS (Hrsg.): Jahresbericht 1989, München 1990, S. 56.
Die FES wandte 1990 30 % (1989: 31 %) ihrer Mittel in Afrika an. Auf Amerika entfielen 29 % (31 %), auf Asien/Ozeanien 26 % (27 %) und Europa 15 % (11 %) der Gelder.
Vgl. FES (Hrsg.): Jahresbericht 1990, Bonn 1991, S. 64.

442 Da die einzelnen Stiftungen in ihren Jahresberichten und den Dossiers die Projekte regelmäßig und eingehend schildern, wird hier nur auf deren leichte Verfügbarkeit hingewiesen und auf eine Projektauflistung verzichtet. Für den SVR, dessen Informationen schwerer zugänglich sind, soll in bezug auf die behandelten Staaten eine kurze Vorstellung erfolgen: während er in Paraguay bisher nicht aktiv wurde, führte der SVR in Argentinien eine sogenannte „Frauenkonferenz" durch. Nach Informationen der Zentrale liefen in Brasilien bereits mehrere Projekte, so z. B.: ein Frauenradio in Rio de Janeiro, ein Zentrum für alternative Landwirtschaft im Nordosten, eine „Straßenkinder-Projekt", ein Ausbildungsprogramm für Landarbeiter. In bezug auf Stiftungsvorhaben im Umweltbereich in Brasilien:
Vgl. z. B. Kohlhepp 1991, a. a. O. S. 14.

443 Als Beispiel erfolgreicher entwicklungspolitischer Zusammenarbeit sei das FePlam-Projekt der KAS in Südbrasilien genannt. Das ehemals von der Stiftung geförderte Fernbildungswerk in Porte Alegre arbeitet seit 1988 eigenständig in den Bereichen Lehrer- und Erwachsenenbildung sowie Genossenschafts- und Landwirtschaftsbetreuung.

444 Die FNS unterstützt so die „Unión Cívica Radical" in Argentinien, die „Partido da Frente Liberal" in Brasilien und 4 liberale Gruppen in Paraguay.
Vgl. FNS: Projektdossier-Lateinamerika/Süd (unveröffentlicht), Königswinter 1991, S. 4 f., S. 8 f. und S. 18 f.
Die KAS und die FES arbeiten mit den Parteien der „Christlich-Demokratischen Internationale" bzw. der „Sozialistischen Internationale" zusammen. Einladungen an führende Politiker Lateinamerikas durch die Stiftungen sind keine Seltenheit.

445 Vgl. KAS (Hrsg.): Demokratie und Entwicklung, St. Augustin 1991, S. 65.
Vgl. Centro de Estudios Democráticos de América Latina: 20 Años Fortaleciendo la Democracia, San Jose 1988.
Die FNS sieht in der wissenschaftlichen Arbeit ebenfalls ein Hauptbetätigungsfeld und unterstützt in Staaten Südamerikas politische Forschungen und deren Publikation.
Vgl. u. a. Morinigo, Jose N./ Silvero, Ilde: Opiniones y actitudes en el Paraguay, Asunción 1986.

446 So unterstützen z. B. die KAS und die FES in Nicaragua die politischen Gegenpole. Ortega war auf Einladung der FES zu Gast in Bonn, während Präsidentin Chamorro in der KAS-Zentrale begrüßt wurde.

447 Ein mit Hilfe der Stiftung erschienenes Buch über „Vorwärts" belegt die Verbindungen.
Vgl. Bauer, Alfredo: La Asociación Vorwärts, Buenos Aires 1989.

448 Über Niederlassungen und Beteiligungen deutscher Firmen z. B. in Paraguay:
    Vgl. Comisión Ecónomica para Latina América y el Caribe de las Naciones Unidas (Hrsg.):
    Las Empresas Transnacionales en la Economía del Paraguay, Santiago de Chile 1987,
    S. 26ff, S. 85—100.
    Vgl. Deutsch-Paraguayische Handelskammer (Hrsg.): Cámara No. 4—12, Asunción 1988.
449 Das Institut gibt z. B. das „Staden-Jahrbuch" heraus. Es ermöglicht damit eine Auseinandersetzung mit aktuellen Themen der deutschen Volksgruppe in Brasilien.
450 Vgl. Deutsch-Südamerikanische Bank (Hrsg.): Kurzbericht über Lateinamerika, Nr. 2 1991, Hamburg 1991, S. 138.
451 Vgl. FAZ vom 9. April 1991.
452 Vgl. Nuscheler, a. a. O. S. 282 ff.
    Vgl. Ling, Martin: Zwischen Krediten und Direktinvestitionen, in: Lateinamerika-Nachrichten, 19. Jg., Nr. 210 1991, S. 19.
    Danach gingen 1989 11 % der deutschen Direktinvestitionen in Länder der Dritten Welt. Seit 1976 (20 %) hat sich der Anteil somit beinahe halbiert, wenngleich sich die absoluten Zahlen auf ca. 20 Milliarden DM erhöht haben. Lateinamerikas Anteil nimmt mit rd. 70 % der Gelder weiter eine wichtige Stellung ein.
453 Zu den Hauptausfuhrgruppen aus dem hier behandelten Dreiländerbereich nach Deutschland gehörten:

aus Brasilien:	1989	1990
a) Metallurgische Erze und Metallabfälle	19,3 %	20,9 %
b) Gemüse und Früchte	10,7 %	11,6 %
aus Argentinien:	1986	1990
a) Fleisch und Fleischwaren	25,9 %	27,6 %
b) Ölsaaten und ölhaltige Früchte	22,0 %	30,9 %
aus Paraguay:	1987	1990
a) Sojabohnen	52,5 %	67,8 %
b) Baumwolle	19,8 %	18,1 %

Vgl. Bundesamt 1989, a. a. O. S. 51.
Vgl. Statistisches Bundesamt (Hrsg.): Länderbericht Argentinien, Stuttgart 1988, S. 51.
Vgl. ders. (Hrsg.): Länderbericht Brasilien, Stuttgart 1991, S. 109.
Vgl. BfAI (Hrsg.): Paraguay — Wirtschaftsdaten aktuell, Köln 1991, S. 2 (zit.: BfAI 1991 a).
Vgl. ders. (Hrsg.): Brasilien — Wirtschaftsdaten aktuell, Köln 1991, S. 2 (zit.: BfAI 1991 b).
Vgl. ders. (Hrsg.): Argentinien — Wirtschaftsdaten aktuell, Köln 1991, S. 2 (zit.: BfAI 1991 c).
454 Vgl. Deutsch-Südamerikanische Bank (Hrsg.): Kurzbericht über Lateinamerika, Nr. 1 1992, Hamburg 1992, S. 11 ff.
455 Vgl. Baratta, Mario von (Hrsg.): Fischer Weltalmanach 1992, Frankfurt a. M. 1991, S. 962 f.
    Die Plätze der Staaten Brasilien, Argentinien und Paraguay in der Rangliste der Wirtschaftsbeziehungen zur Bundesrepublik aus deutscher Sicht:

	Einfuhr		Ausfuhr	
	1989	1990	1989	1990
Brasilien	17	21	29	33
Argentinien	37	38	51	50
Paraguay	89	84	101	95

Vgl. BfAI 1991 a, a. a. O. S. 2.
Vgl. BfAI 1991 b, a. a. O. S. 2.
Vgl. BfAI 1991 c, a. a. O. S. 2.
456 Vgl. Nuscheler, a. a. O. S. 284 ff.
457 1975 wurde das SELA (Sistema Económico Latinoamericano) mit dem Ziel gegründet, gemeinsame Wirtschaftsvorhaben zu organisieren und Ungleichgewichte im Handel mit nichtlateinamerikanischen Partnern abzubauen, u. a. wegen extremer Verschuldung konnte jedoch keine wesentlichen Verbesserung für die 26 Mitgliedsstaaten erreicht werden.

458 In der Wissenschaft wird das offensichtliche Integrations- und Kooperationsdefizit dieser Region bis heute stets kritisiert.
Vgl. u. a. Gardill, Jutta/Thiery, Peter: Leitlinien der Entwicklung in Südostasien und Lateinamerika, in: Aussenpolitik, 42.Jg., Nr.4 1991, S.358ff.

459 „Schwaben International" verfügt über eigene Regionalzentralen in den USA, in Argentinien, Brasilien, Australien und Kanada.
Vgl. auch Deutscher Klub (Hrsg), a.a.O. S.342f.
Hier wird die Entwicklung von „Schwaben International" zur größten deutschen Vereinigung innerhalb des Dachverbandes deutscher Vereine in Argentinien belegt.

460 Angaben des Freundeskreises auf Anfrage.

461 Vgl. N.N.: Die Wiege des VDA stand in Südtirol, in: Globus, 18.Jg., Nr.2 1986, S.14f.

462 Der frühere FDP-Vorsitzende Erich Mende leitete den VDA-Landesverband NRW. Der frühere Vizepräsident des Deutschen Bundestags, Hans Klein, CSU, war in den Jahren 1976 bis 1985 Vorsitzender und ist dann stellvertretender Vorsitzender des VDA-Verwaltungsrates, dem u. a. auch der Bundestagsabgeordnete Horst Sielaff von der SPD angehört.

463 Vgl. Bundesminister des Inneren (Hrsg.): Innenpolitik, 7.Jg. Nr.3 1991, S.7f.
Die Schwerpunkte sind dabei: soziale Hilfe, Begegnungsstätten u. ä. und wirtschaftsbezogene Hilfeleistungen.

464 Vgl. VDA (Hrsg.): Jugendaustausch, St.Augustin 1991.
Vgl. N.N.: VDA-Jugendaustausch, Saison 1991/92, in: Globus, 23.Jg., Nr.3 1991, S.45.
Vgl. FAZ vom 26. November 1991.
Hier finden sich die Zahlen für das Schuljahr 1991/92. Demnach kamen 120 Schüler aus Kolumbien, 125 Schüler aus Chile und 30 Schüler aus Uruguay durch den VDA in die Bundesrepublik. Berichte von einzelnen Teilnehmern an den Austauschprogrammen zeigen, daß diese Einrichtung auf beiden Seiten des Atlantiks dankbar angenommen werden.

465 Zu diesem Zweck werden regelmäßig Begegnungsreisen in die Siedlungsgebiete der Deutschen u. a. in Südamerika organisiert.

466 Bundesministerium für Innerdeutsche Beziehungen (Hrsg.): DDR-Handbuch, Köln 1985, S.506.

467 Vgl. VDA 1990, a.a.O. S.6f.
Vgl. Nasarski, Peter: Die kulturelle Auslandsarbeit der DDR, in: Wege und Wandlungen. Hrsg. v. VDA, Berlin/Bonn 1981, S.186ff.

468 ebenda, S.191.

469 Bei Nachforschungen in Berlin stellte sich heraus, daß die Bedeutung der GNH in den letzten Jahren sehr zurückgegangen war. In den Anfangsjahren der DDR galten die Auslandsdeutschen noch als Tabuthema, so daß eine Betreuung nur zögernd in Angriff genommen wurde. Erschwerend kam hinzu, daß der DDR-Gesellschaft durch knappe Finanzmittel und politische Vorgaben enge Grenzen gesetzt waren. Eigendarstellung nahm stets bei der Arbeit im Ausland eine zentrale Rolle ein. Es überrascht nicht, daß der Aufbau des sechsmal jährlich erscheinenden Journals darauf ausgerichtet war.
Vgl. Längin 1987, a.a.O. S.13.
Vgl. Minetti, H.-P.: VDA und Neue Heimat gehen aufeinander zu, in: Globus, 22.Jg., Nr.3 1990, S.14f.

470 Ein Beleg dafür waren etwa die jährlichen Gedenkfeiern am 17. Juni, wo z.B. in Buenos Aires der Opfer des Aufstands 1953 in der ehemaligen DDR gedacht wurde.

471 Außerhalb Südamerikas finden wir noch Europaschulen, Bundeswehrschulen und die sogenannten Firmenschulen, die ihren Schwerpunkt im arabischen Raum haben. 1986 gingen rund 2.000 Schüler auf 50 solcher Schulen.
Vgl. Werner, a.a.O. S.78.
Nach Mitteilung des BVA befanden sich 1992 478 vermittelte deutsche Lehrkräfte auf dem amerikanischen Kontinent (= 34,3 % aller Auslandslehrkörper). Da Kanada und die USA nur insgesamt 6 Schulen mit vermittelten Lehrern haben, kann man davon ausgehen, daß über 90 % der Lehrer in Südamerika tätig sind.
Vgl. BVA: Informationen zur Lehrervermittlung, Köln 1989,S.1f.

472 Die Bundesrepublik wollte sich durch diese Vorgehensweise von der Arbeit der DDR, die ihrerseits einen völligen Bruch mit der deutschen Kulturpolitik im Ausland vornahm, abheben. Auf „Bruderländer" reduziert, begann die DDR mit der Darstellung des sozialistischen Teils Deutschlands und brach die Kontakte z. B. nach Südamerika für lange Zeit beinahe gänzlich ab.

473 Mittlerweile war ein starker Bedeutungsrückgang der deutschen Sprache evident geworden. Das von 92 Millionen Menschen in 18 Staaten gesprochene Deutsch — nach dem Russischen an zweiter Stelle der Muttersprachen in Europa stehend — verlor als Fremdsprache überall in der Welt an Boden. Erst seit der Wiedervereinigung und der Öffnung Osteuropas konnte dieser negative Trend gestoppt werden.

474 Die Gesamtaufwendungen für die Schulförderung belegen dies:

Jahr	Summe
1950	300.000
1960	30.900.000
1970	100.000.079
1980	237.000.000
1982	275.684.000
1983	271.648.000
1984	281.648.000
1985	294.216.000
1986	282.822.000
1987	307.518.000
1988	313.560.000
1990	ca. 300.000.000

Vgl. Werner, a. a. O. S. 72.
Vgl. Hammer, Wolfgang: Deutsche Lehrer in aller Welt, Baltmannsweiler 1990, S. 5.
Vgl. Witte, Barthold: Auswärtige Kulturpolitik und die Deutschen im Ausland, in: Außenpolitik, 41. Jg., Nr. 2 1990, S. 150.

475 Information der deutschen Botschaft in Asunción. 3 der Lehrer sind frei angeworben, während die 7 anderen vom BVA entsandt wurden. Die Lehrerauswahl erfolgt durch die Kultusministerkonferenz der Länder, so daß auch hier die föderale Ordnung der Bundesrepublik deutlich wird.

476 In Argentinien unterrichten ca. 20 vom Centrum vermittelte Lehrer neben den 50 amtlich entsandten Kräften.
Vgl. Arbeitskreis „Deutsch in Argentinien" (Hrsg.): Deutsch in Argentinien, Buenos Aires 1988, S. 46.

477 Die Schulberater an den deutschen Botschaften erfüllen wichtige Funktionen bei der Überprüfung solcher Grundsätze, da sie ständig vor Ort sind, die Situation der einzelnen Schulen kennen und die Träger permanent beraten. Neben der Erfüllung der Förderkriterien ist hierbei auch die Weiterbildung des Lehrpersonals und die Modifizierung des Unterichtaufbaus ein Ziel. Der Berater in Asunción z. B. führt regelmäßig Fortbildungsseminare für Deutschlehrer in Paraguay durch. Diese von der Botschaft organisierten Schulungen in Didaktik usw. werden von rund 250 Lehrern in Anspruch genommen, was einem Anteil von über 80 % der Deutschlehrer im Land entspricht.

478 Zum Schulverband gehören, teils mehrere, Schulen in Hohenau, Fram, Obligado, Bella Vista und Capitán Meza. 1986 gingen 360 Schüler deutscher Herkunft und 275 paraguayische Schüler auf die 12 Lehranstalten des Verbands.
Vgl. Finke, a. a. O. S. 140.
Vgl. Werner, a. a. O. S. 177.

479 Die Kolonien wurden zum einen von österreichischen und zum anderen von sudetendeutschen Siedlern gegründet.
Vgl. Ilg, Karl: Pioniere in Argentinien, Chile, Paraguay, Venezuela, Innsbruck/Wien/München 1976, S. 207 ff.
Vgl. Kiegler, Franz: Die sudetendeutsche Siedlung Colonia Sudetia in Paraguay, in: Zeitschrift des Mährisch-Schlesischen Sudeten-Gebirgsvereins, 96. Jg., Nr. 2 1977, S. 34 f.

480 Das „Colegio Nacional de Jesus Itapúa" und die Schule „Pestalozzi-Itapúa" zählen zu den Anwärtern auf Mitgliedschaft im Verband. Für die Schule in Independencia (1. bis 12. Klasse), die bis dato sehr auf ihre Eigenständigkeit Wert legte, böte sich demnach ein Arrangement mit dem geographisch nahen Schulverband Sudetia an.

481 Vgl. Everts, a. a. O.
Er schildert die vielschichtigen Probleme von Trägerschaft und Leitung auslandsdeutscher Schulen am Beispiel Bella Vistas.
482 1986 besaßen von 129.352 Schülern auf Auslandsschulen nur noch 19.567 die deutsche Staatsangehörigkeit.
Vgl. Werner, a. a. O. S. 109.
483 Witte, a. a. O. S. 155.
484 Werner schätzt die Zahl der geschlossenen Lehranstalten seit 1938 auf 1.200—1.500. Seit 1961 ist Deutsch als Fremdsprache zugelassen und erfreut sich nun zunehmender Beliebtheit.
485 Vgl. Werner, a. a. O. S. 164.
Vgl. Kleine, T.: In 10 Jahren wesentlich zum Vorteil verändert, in: Globus, 23. Jg., Nr. 4 1991, S. 5 f.
486 Diese Zahl geht aus durchgesehenen Unterlagen der Geschäftsstelle der „Federación de Asociaciones Argentino-Germanas" in Buenos Aires für das Jahr 1991 hervor. Die Schulen wurden in diesem Schuljahr von 16.080 Schülern besucht. Dies war eine Steigerung in Relation zu den Vorjahren, da 1983 13.085, 1984 14.012, 1985 14.398 und 1986 15.406 Schüler registriert waren.
Vgl. auch Werner, a. a. O. S. 159.
487 Vgl. Born/Dickgießer, a. a. O. S. 53.
488 Vgl. Werner, a. a. O. S. 164.
Diese Zahl erfaßt die Schulen, an denen deutsche Sprachkurse durch das BVA angeboten wurden. Neuen Berichten zufolge steigt die Zahl der Schulen, die Deutsch als Fremdsprache anbieten, besonders in den Südstaaten zur Zeit deutlich an.
489 Vgl. Born/Dickgießer, a. a. O. S. 71, S. 85 und S. 135.
Hier finden sich die Zahlen für Chile, Ekuador und Kolumbien. In Chile waren nach Angaben der Schulstatistik des „Deutsch-Chilenischen Bundes" 1990 13.238 Kinder auf deutschen Schulen. Damit haben sich die Zahlen wieder stabilisiert, nachdem es Anfang der achtziger Jahre zu einem spürbaren Rückgang gekommen war. Die Schülerzahl war nämlich von 1975 12.084 auf 1980 14.347 erst gestiegen, um dann bis 1985 auf 11.976 zu fallen. 1988 gingen 12.493, 1989 12.932 Schüler auf deutsche Schulen, so daß wieder eine konstante Entwicklung eingesetzt hat.
Vgl. „Deutsch-Chilenischer Bund" (Hrsg.): Schulstatistik 1990, Santiago de Chile 1991, S. 236.
490 Angabe ohne mennonitische Kleinstschulen.
Vgl. Born/Dickgießer, a. a. O. S. 153.
491 Vgl. ebenda, S. 159, S. 243 und S. 263.
Hier finden sich die Zahlen für Peru, Uruguay und Venezuela.
492 Vgl. BVA 1989 a, a. a. O. S. 23 ff.
Die Zahlen der 4 rechten Spalten wurden in Addition der Einzelergebnisse aus dem Auslandsschulverzeichnis übernommen.
493 Die 1961 in Chile errichtete „Colonia Dignidad, Sociedad Benefactora y Educacional" hatte 1991 300 deutsche Bewohner, die, in völliger Abgeschiedenheit lebend, zu vielen Spekulationen Anlaß gaben. Wirtschaftlich von großer Bedeutung für die Region, sah sie sich nach dem Ende der Pinochet-Diktatur zunehmend Druck aus Deutschland und Santiago ausgesetzt, da Vorwürfe gegen Kolonieleiter Schäfer, er habe dem Geheimdienst für Folterungen Unterschlupf geboten, immer lauter wurden. Chiles demokratisch gewählter Präsident Aylwin entschied, die Sonderrechte, z. B. die Gemeinnützigkeit, aufzuheben, um einen Einblick in das Kolonieleben zu erhalten.
Vgl. FAZ vom 4. Februar 1991 und 13. Februar 1991.
Vgl. Der Spiegel vom 25. November 1991, S. 67 ff.
Vgl. Schultze, Peter: Gerät ein Klischee ins Wanken?, in: Globus, 23. Jg., Nr. 2 1991, S. 22 f.
Vgl. Klemke, Christian: Das Ende der Colonia Dignidad?, in: Lateinamerika-Nachrichten, 18. Jg., Nr. 201 1991, S. 51 ff.

494 Vgl. Schobert, Kurt: Chile und die Deutschchilenen, in: Wege und Wandlungen. Hrsg. v. Peter Nasarski, Berlin/Bonn 1983, S. 289f.
495 Staudt, Guillermo: Bin ich ein Deutsch-Argentinier oder ein Argentiniendeutscher?, in: Deutsch in Argentinien. Hrsg. v. Arbeitskreis Deutsch in Argentinien, Buenos Aires 1988, S. 11.
496 Vgl. VDA 1990, a.a.O. S. 5.
497 Vgl. Born/Dickgießer, a.a.O. S. 263.
    Vgl. Fröschle, a.a.O. S. 775.
498 Vgl. Born/Dickgießer, a.a.O. S. 135.
    Vgl. Allgaier, a.a.O. S. 490.
499 Vgl. Schneeloch, a.a.O. S. 425f.
500 Vgl. Born/Dickgießer, a.a.O. S. 85.
501 Vgl. ebenda, S. 159.
    Vgl. VDA 1990, a.a.O. S. 20.
502 Vgl. Born/Dickgießer, a.a.O. S. 17.
    Vgl. VDA 1990, a.a.O. S. 20.
503 Vgl. ebenda, S. 21.
504 Vgl. Born/Dickgießer, a.a.O. S. 19.
    Vgl. VDA 1990, a.a.O. S. 21.
505 Vgl. ebenda, S. 22.
    Vgl. Born/Dickgießer, a.a.O. S. 243.
506 Vgl. ebenda, S. 55.
507 Vgl. ebenda, S. 67.
    Vgl. VDA 1990, a.a.O. S. 21.
508 Vgl. ebenda, S. 20.
    Vgl. Born/Dickgießer, a.a.O. S. 53, S. 85, S. 135, S. 159, S. 263.
    Vgl. Fröschle, a.a.O. S. 775.
    Vgl. Schneeloch, a.a.O. S. 425f.
    Vgl. Koch, Conrad: La Colonia Tovar, Basel 1969.
    Vgl. Ilg 1982, a.a.O. S. 161ff.
509 Vgl. Born/Dickgießer, a.a.O. S. 55ff.
    Vgl. Ilg 1982, a.a.O. S. 29−154.
    Vgl. Oberacker/Ilg, a.a.O. S. 193ff.
    Vgl. VDA 1990, a.a.O. S. 19f.
510 Vgl. Born/Dickgießer, a.a.O. S. 19, S. 67, S. 151 und S. 243.
    Vgl. Finke, a.a.O. S. 88f.
    Vgl. Hoffmann, a.a.O. S. 82.
    Vgl. Converse, a.a.O. S. 312.

11. Zusammenfassung und Ausblick

Die vorliegende Untersuchung schildert die Entstehung und die Entwicklung der deutschen Volksgruppen im paraguayisch-brasilianisch-argentinischen Dreiländerbereich von den Anfängen der Massenemigration aus Deutschland bis in die heutige Zeit.

Als Teil der transatlantischen Migrationsbewegungen gelangten große Gruppen deutscher Auswanderer in dieses Gebiet, wo sie häufig durch geschlossene Siedlungen ein heimisches bzw. „deutsches" Umfeld in der Ferne vorfanden, so daß — abgesehen von den klimatischen Veränderungen — oftmals gewohnte Voraussetzungen herrschten. Später dort eintreffenden Volksdeutschen aus Osteuropa oder gar Afrika, die alle den vermittelten Traditionen ihrer Familien anhingen, fiel daher die gemeinschaftliche Ansiedlung in Südamerika leichter als eine Rückkehr nach Deutschland, wo sich das Gemeinwesen weiterentwickelt hatte und nicht mehr völlig mit den Überlieferungen in Einklang stand. Neben der Kulturdistanz zur neuen Heimat hatte sich somit eine Art Kulturdiskrepanz zur alten Heimat entwickelt, ohne daß letzteres freilich in vollem Ausmaß erkannt worden wäre.

Durch die Arbeit wird deutlich, daß es bei den deutschen Volksgruppen im Untersuchungsgebiet auf der einen Seite keinen einheitlichen Verlauf der Geschehnisse und auf der anderen Seite keine einheitliche Zusammensetzung gibt. Die Deutschstämmigen sind in ihrer Abstammung, Sprache und Vergangenheit vielmehr ein Spiegelbild deutscher und südamerikanischer Geschichte. Deutsch, als nicht nationalitätsbezogenes Zuordnungskriterium, bezeichnet für diese Menschen einen Teil ihrer persönlichen Identität, über dessen Pflege und Beibehaltung heute jeder frei entscheiden kann.

Die Rahmenbedingungen für den Erhalt des Deutschtums in den einzelnen Staaten waren, wie aufgezeigt, höchst unterschiedlich, und die Qualität dieser Prämissen hatte direkte Auswirkungen auf das Volksgruppenleben. Im Gegensatz zu den Kinder- und Enkelgenerationen fühlten sich die Einwanderer direkt ihrer früheren Heimat verbunden. Gefördert durch die Niederlassung in Nationalitätensiedlungen auf dem Land und die Betreuung durch die stark nach Deutschland orientierten Organisationen blieben diese Menschen lange Zeit gewollt unter sich. Die Versorgung mit deutschen Presseerzeugnissen, der Aufbau deutschsprachiger Schulen und Gemeinden sowie das Wirtschaften auf semisubsistentem Niveau begünstigten eine Art Abkoppelung von der Gesellschaft besonders im Beobachtungsraum, der den überwiegenden Teil der Deutschen seit der Masseneinwanderung des 19. Jahrhunderts beheimatet.

Dort beteiligten sich die Einwanderer am Erschließungsprozeß ländlicher Passivräume, die bis dahin zum großen Teil unbesiedelt und landwirtschaftlich ungenutzt waren. Durch Besitzteilungen z. B. im südlichen Brasilien, die bei Erbschaften in den bäuerlichen Siedlungen zur Zerstückelung und Unrentabilität vieler Farmen führten, kam es zu ersten Wanderungen innerhalb des Untersuchungsgebiets in den südwestlichen brasilianischen Grenzraum und somit zur Ausweitung der Siedlungsgebiete von Deutschstämmigen dieser Region. Wenige Generationen später sollte sie am neuen Standort ein ähnliches Schicksal treffen, so daß — verstärkt durch expansives Auftreten des „agrobusiness" — eine Vermengung der deutschen Volksgruppen über die Grenzen Brasiliens und Paraguays hinweg im Bereich des oberen Paraná einsetzte.

Die Öffnung der Kolonien wurde erst in der ersten Hälfte unseres Jahrhunderts forciert. Neben der zunehmenden Verwurzelung der Emigrantennachkommen traten von außen hereingetragene Spannungen hierbei als Ursache in Erscheinung. In erster Linie war es der Nationalsozialismus, der der pfleglichen und toleranten Behandlung durch die Südamerikaner gegenüber ihren deutschstämmigen Mitbürgern entweder ein Ende setzte oder zu ihrer Unterbrechung führte. Das Auftreten nationalsozialistischer Organisationen und ihre Unterstützung durch Teile der Volksgruppen führte zu einem Bruch in der bis dahin eigentlich harmonisch verlaufenen Entwicklung des südamerikanischen Deutschtums. Verführer und Verführte tragen, wenn auch nicht zu gleichen Teilen, somit die Verantwortung für den bis dato größten Rückschlag in der Geschichte dieser Bevölkerungsgruppe.

In der Darstellung werden die Probleme im Selbstverständnis vieler Deutschstämmiger, die sich oft nach dem Motto „right or wrong my country" verhalten hatten, geschildert. Es wird ebenso deutlich, daß die Härte dieses Rückschlags von Land zu Land unterschiedlich war. Während sich etwa in Chile die Situation recht schnell normalisierte, hatten die Deutschen in den hier gesondert untersuchten Staaten Paraguay und Argentinien einige schwere Jahre zu überwinden, bevor sie an die Reorganisation und Neuausrichtung ihres Volksgruppenlebens gehen konnten.

Für den brasilianischen Bereich bedeutete das Auftreten der Nationalsozialisten beinahe das Ende jeglicher Strukturen, wie z. B. deutscher Schulen, Zeitungen und Vereine. Die NS-Präsenz wurde zum Anlaß genommen, die „Nationalisierungspolitik" — sie war die eigentliche Ursache für das Vorgehen Vargas' — gegenüber den Deutschen verstärkt durchzusetzen. Diese Entscheidung hatte u. a. die Umbenennung von rund 600 deutschen Orten in Brasilien zur Folge (so wurde etwa aus Neu-Württemberg Panambí), versetzte die im Land ansässige Volksgruppe in tiefe Unsicherheit und beraubte sie der Grundlage für ein modifiziertes Gemeinschaftsleben nach dem Untergang des Dritten Reiches.

Hier zeigt sich, daß es 2 große Entwicklungsdeterminanten in der Geschichte des Deutschtums im Dreiländerbereich Paraguay, Brasilien und Argentinien gegeben hat: auf der einen Seite bestimmten die Deutschstämmigen und ihre Vereine, Organisationen, Kirchen usw. bei spürbarer Einflußnahme aus Deutschland das Leben in der neuen Heimat, und auf der anderen Seite hatten die nationalen Geschehnisse — wirtschaftlicher und politischer Natur — in Südamerika direkte Auswirkungen auf die Volksgruppen.

Kam es nach der Phase der weitgehenden Isolation zur Öffnung und schließlich zur Integration der deutschstämmigen Bevölkerungsteile, so kann seit dem Neubeginn nach 1945 ein verstärkter Trend zur Assimilierung festgestellt werden. Bezieht man dies z. B. auf die Sprache, so ist dieser Prozeß der Angleichung vielerorts bereits vollzogen. Da dies in Brasilien besonders zu beobachten ist, wird die Wichtigkeit, ja die existenzielle Notwendigkeit von deutschen Schulen noch einmal unterstrichen.

Wird die Kontinuität der Weitergabe der deutschen Sprache an nachfolgende Generationen erst einmal unterbrochen, muß von einer schnellen Assimilation ausgegangen werden. Die Irreversibilität dieses Bruchs in der Erziehung und in der Pflege deutscher Traditionen, die sich meistens regionalspezifisch an den Herkunftsgebieten orientieren, hatte in Brasilien zur Folge, daß Sprache und Kultur der Vorfahren bei einem bedeutenden Teil der Brasiliendeutschen für immer verlorengingen. Jetzt greifende Maßnahmen können daher nur noch bei einem kleineren Teil zum Erfolg führen und die Volksgruppe auf einem zahlenmäßig geringeren Niveau wiederbeleben.

Seit nunmehr 4 Jahrzehnten beteiligen sich die Deutschstämmigen auf verschiedenen Ebenen in exponierten Stellungen am gesellschaftlichen Leben der südamerikanischen Staaten. Die Spannweite des Engagements reicht von der Politik über die Wirtschaft bis hin zu den Kirchen, in denen sie sich nicht scheuen, sozialkritische Positionen einzunehmen. All dies belegt den inzwischen weit fortgeschrittenen Wandel im Selbstverständnis von einer deutschen Minderheit im Ausland hin zu einem Teil der Gesellschaft Südamerikas mit deutscher Abstammung.

Die unterschiedlichen Ausgangspositionen und Entwicklungen der Auslandsdeutschen sowie die voneinander abweichenden politischen Rahmenbedingungen, die die einzelnen Gruppen vorfanden, werden in der Untersuchung dargelegt. Die Gruppe der deutschsprachigen Mennoniten stellte dabei eine in mancherlei Hinsicht wichtige Ausnahme dar. Obwohl auch sie nicht als homogen zusammengesetzt angesehen werden kann, bleibt festzustellen, daß ihr Zusammenhalt stärker ist als der andersgläubiger Deutschstämmiger. Der Hauptgrund für diese Art „Assimilationsresistenz" liegt in ihrem Glauben, da dieser sie wesentlich mehr verbindet, als dies die Nationalität bei anderen tun kann. Bei der immer noch relativ starken Absonderung dieser Gruppe und der stark ausgeprägten Solidarität untereinander finden sich hier andere Voraussetzungen und Rahmenbedingungen für das zukünftige Leben auf dem amerikanischen Subkontinent.

Während speziell die im Norden lebenden Volksgruppen mit einem hohen Anteil von Stadt- und Kontraktdeutschen die Phase der Öffnung und völligen Integration abgeschlossen haben und dort die Phase der Assimilierung voranschreitet, stellt sich die Situation für die mehrheitlich in ländlichen Kolonien lebenden Mennoniten und für die großteils der Mittelschicht zuzurechnenden sonstigen Deutschstämmigen im Cono Sur anders dar.

Allerdings treffen wir auch in dieser Region auf eine unterschiedliche Ausprägung der Bestimmungsfaktoren Erhaltungswille und Erhaltungsmöglichkeiten. Während für einen großen Teil der Brasiliendeutschen kaum Möglichkeiten für den Erhalt der deutschen Sprache und Kultur gegeben sind, läßt sich für Paraguay der Fortbestand einer bedeutenden Gruppe prognostizieren. Trotz der finanziellen Engpässe vieler Organisationen und trotz des Drangs vieler Jüngerer in die Städte und somit in ein spanischsprechendes Umfeld, bieten die Kolonien des Landes gute Voraussetzungen für die zukünftige Existenz einer deutschen Volksgruppe, die sich organisiert und als Teil der paraguayischen Gesellschaft engagiert.

Eine wichtige Rolle spielt dabei freilich die Unterstützung seitens der Bundesrepublik Deutschland, die Lehranstalten und Vereinigungen vor Ort langfristig helfen muß, damit z. B. der Deutschunterricht an Schulen gesichert wird und nicht wie in Brasilien die Gefahr des Verschwindens einer Volksgruppe eintritt. Wie gezeigt, ermöglichen bilinguale und bikulturelle Erziehung den Nachkommen der Einwanderer das Praktizieren des deutschen Erbes neben der landeseigenen Identität und führen zu einer Bereicherung des einzelnen und der Gemeinschaft.

In Argentinien, wie etwa auch in Chile, verfügen die Deutschstämmigen ebenfalls über Zentren der Ansiedlung und über eine Vielzahl aktiver Vereine und Schulen. Obwohl mit einer Verringerung der Volksgruppenstärken gerechnet werden muß, da viele Immigranten der Jahre 1933 bis 1945 dort verweilen und ihre Kinder oft mit dem Deutschtum wegen der Geschehnisse im Deutschland zu Zeiten Hitlers nichts zu tun haben wollen, kann man davon ausgehen, daß sowohl am La Plata wie im Andenstaat aktive Volksgruppen über die Jahrtausendwende hinweg anzutreffen sein werden.

Das in den vergangenen Jahren mehrmals vorgebrachte Angebot der beiden letztgenannten Staaten, für die Zuwanderung deutschstämmiger Aussiedler Osteuropas offenzustehen, birgt hier unter Umständen letztmals die Chance, eine neuerliche Erweiterung der deutschen Volksgruppen zu erreichen. Wie in der Vergangenheit auch, käme ihnen dann die Erschließung weitgehend unbesiedelter Gebiete wie Patagonien zu.

Ein wichtiger Aspekt bei einer solchen potentiellen Zuwanderung wäre die Wiederaufnahme der seit den frühen fünfziger Jahre abgeschlossenen Gruppeneinwanderung. Wie dargestellt, war es nach der Einzel- und Eliteneinwanderung des 17. und 18. Jahrhunderts zu einer Massen- bzw. Arbeitseinwanderung im gesamten 19. Jahrhundert und in der ersten Hälfte dieses Jahrhunderts gekommen. Seither lassen sich nur noch vereinzelt Deutsche in den Ländern nieder, so daß man für den Immigrationssektor in dieser Region von einem extremen Rückfall sprechen kann.

Ein Unterschied zwischen diesen sogenannten Investitionsdeutschen und Teilen der Immigranten des 17. und 18. Jahrhunderts ist in der Intention ihrer Einwanderung zu finden: wissenschaftlichem Forschungswillen z. B. eines Alexander von Humboldt steht heute primär wirtschaftliches Interesse der finanzstarken Einzeleinwanderer gegenüber. Eine Zuwanderung von Deutschen aus Osteuropa böte daher auch die Möglichkeit, die mittlerweile im Beobachtungsgebiet anzutreffende Einordnung durch die Einheimischen in „alte" und „neue" Deutsche aufzubrechen und das Gesamturteil der Südamerikaner zu verbessern.

Die Zukunftsperspektiven der Mennoniten Paraguays hängen zu einem erheblichen Teil von der weiteren Gewährung der Sonderrechte, die sie in Brasilien nicht genießen, ab. Wie ausgeführt, stellt z. B. die Schulautonomie einen zentralen Bereich im Leben dieser Menschen dar. Ginge 'der paraguayische Staat daran, diese und ähnliche Privilegien aufzuheben, müßte für den Binnenstaat mit einem relativ schnellen Rückgang zumindest unter den tradionellen Glaubensbrüdern gerechnet werden. Eine Migrationsbewegung mit dem Ziel Bundesrepublik, wo mittlerweile die Gruppe der Mennoniten durch den Zuzug aus Osteuropa wächst, wäre dann nicht mehr auszuschließen.

Durch eine solche Entwicklung würde das gesamte Deutschtum in Paraguay einen herben Rückschlag erleiden, da die Mennoniten einen relativ viel bedeutenderen Anteil an der Volksgruppe stellen als im portugiesischsprechenden Nachbarland. Dort hätte eine Abwanderung auch bei weitem nicht die Folgen für die Gruppe der Deutschstämmigen, da sie nur einen Bruchteil an der Gesamtzahl ausmachen. Ein weiterer Unterschied zwischen diesen beiden Gruppen besteht in der weitgehenden Dominanz der deutschen Sprache in Paraguay gegenüber einem spürbaren Bedeutungszuwachs des Portugiesischen unter Brasiliens Mennoniten. An den paraguayischen Glaubensbrüdern ist bis dato die Entwicklung vorbeigegangen, nach der die deutsche Sprache unter den Täufern an Gewicht verliert. In Brasilien jedoch stellen die missionierenden, nicht deutschsprechenden Mennoniten einen wichtigen Teil, wodurch die deutsche Sprache dort schon heute nicht mehr das Gewicht vergangener Jahre besitzt. Der Anteil derer, die in Zukunft im Alltagsleben Deutsch sprechen, wird in Brasilien sinken, während er in Paraguay wegen der Unterstützung durch die Schulen usw. konstant bleiben dürfte.

Wie in der Vergangenheit, so hängt auch in der Zukunft vieles vom Verhalten der deutschsprachigen Staaten in Europa ab. Nicht die Führung früherer Jahrzehnte ist hierbei gefragt, sondern es wird eine Intensivierung der Zusammenarbeit auf allen Ebenen und Sektoren der Volksgruppen als integrierte Teile der Gesellschaften Südamerikas erforderlich. Bevölkerungsgruppen deutscher Abstammung bieten somit in vielerlei Hinsicht Anknüpfungspunkte für eine Verstärkung der auswärtigen Beziehungen der Bundesrepublik zu dieser Region. Gelingt es Bonn nicht, deutschsprachige Schulen vor Ort auch in ländlichen Gebieten zu erhalten, werden viele Südamerikaner weder örtliche noch finanzielle Möglichkeiten haben, die deutsche Sprache zu pflegen und weiterzugeben.

Ziel einer auswärtigen Kulturpolitik und einer nichtstaatlichen Förderung muß daher die Unterstützung der fundamentalen Bereiche des Volksgruppenlebens im Untersuchungsgebiet sein, wobei die Deutschstämmigen nicht in die Rolle von bevorzugten Isolierten gedrängt werden dürfen, sondern durch die weitere Öffnung des Angebots für nicht Deutschstämmige eine Attraktivitätssteigerung und Zukunftssicherung für das Deutschtum erreicht werden muß.

Die derzeitige, weitgehende Passivität im Bereich des staatlichen Handelns gegenüber den Auslandsdeutschen, die zu großen Teilen auf das Verhalten der Nationalsozialisten und dessen Konsequenzen in Südamerika zurückzuführen ist, wird zum einen der eigentlichen Bedeutung der Volksgruppen nicht gerecht und bedeutet zum anderen die freiwillige Aufgabe eines natürlichen Partners und Betätigungsfeldes der Bundesrepublik, die durch eine intensivere Kontaktaufnahme zu den Deutschstämmigen auch engere Beziehungen zu den Staaten im Untersuchungsgebiet installieren könnte. Trotz der unterschiedlichen Ausgangspositionen würde damit den Deutschstämmigen, bei denen noch heute der Wille zum Erhalt der Sprache und Kultur vorhanden ist, für einen längeren Zeitraum die Möglichkeit gegeben, ihre Abstammung als Bereicherung zu empfinden und als Bürger der Staaten im Beobachtungsraum den deutschen Teil ihrer Identität zu pflegen. Gleichzeitig könnten sie zu zusätzlichen Bezugspunkten der deutschen Südamerikapolitik werden, eine Mittlerfunktion zwischen den Kontinenten übernehmen und zu einem Abbau des Perzeptionsdefizits auf deutscher Seite beitragen. Auf diese Weise könnten die Deutschstämmigen einen wichtigen Beitrag zur Wiederbelebung der einst engeren zwischenstaatlichen Kontakte leisten.

12. Anhang

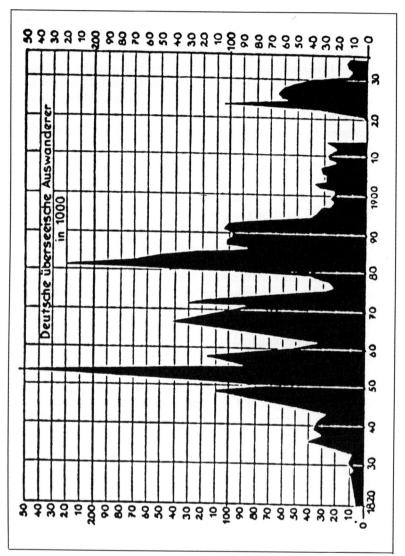

(aus: Kunze, Paul H.: *Das Volksbuch unserer Kolonien*, Leipzig 1938, S. 38)

Vista general de la emigración alemana a países ultramarinos desde 1846—1931 con respeto particular a América Latina*

Años	emigración total a países ultramarinos	la parte de los Estados Unidos	la parte de Hispanoamérica	en % de la emigración total	la parte del Brasil	en % de la emigración total
1846—50	182.346	172.288	215	0,1	1.060	0,6
1851—55	402.845	358.520	2.323	0,6	8.093	2,0
1856—60	268.474	236.262	2.424	0,9	9.990	3,7
1861—65	249.364	226.093	1.933	0,7	4.032	1,6
1866—70	530.105	508.823	985	0,2	9.641	1,8
1871—74	362.485	332.729	2.160	0,6	10.219	2,9
1875—79	146.386	120.022	2.917	0,2	8.556	6,2
1880—84	864.266	797.910	5.357	0,6	7.979	0,9
1885—89	498.152	452.579	7.863	1,6	8.351	1,8
1890—94	462.172	428.765	6.014	1,5	11.037	2,5
1895—99	142.497	120.253	6.851	4,5	5.525	4,9
1900—04	140.774	128.560	1.512	1,1	2.175	2,0
1905—09	135.149	123.543	6.657	5,0	1.374	1,5
1910—14	104.412	82.942	11.615	12,8	1.241	1,2
1915—19	4.086	985	3.030	74,1	71	1,7
1920—24	239.201	150.523	42.658	17,8	43.533	18,2
1925—29	295.339	230.071	21.533	7,2	12.361	4,2
1930—31	51.043	34.223	6.436	12,6	1.932	3,7

* Columna *Vereinigte Staaten* de las tablas *Auswanderung über fremde Häfen* en los capítulos «Die deutsche überseeische Auswanderung», en: Vierteljahreshefte zur Statistik des Deutschen Reichs, Erste Reihe, vols. 20, cuad. III; 30, cuad. III; 37, cuad. III; 43, cuad. III; 48, cuad. III; 53, cuad. I; 59, cuad. I; 360, Monatshefte zur Statistik des Deutschen Reichs, siempre la parte años 1884 y 1891.

(aus: Kellenbenz, H./Schneider, J.: La emigración alemana a América Latina desde 1821 hasta 1930, in: Jahrbuch für Geschichte von Staat, Wirtschaft und Gesellschaft Lateinamerikas. Hrsg. v. R.Konetzke und H. Kellenbenz, Köln, Bd..13 1976, S..394)

Deutsche Migrationen nach Argentinien über den Seeweg 1932 bis 1945

Teil 1: Die Jahre 1932 bis 1938

	1932	1933	1934	1935	1936	1937	1938
Einwanderer insgesamt	205.369	181.293	110.992	?	140.024	149.557	149.364
Auswanderer insgesamt	154.355	178.623	110.753	?	116.294	125.624	124.253
Deutsche Einwanderer 1. Klasse	329	454	3.865	?	1.613	1.983	2.428
Deutsche Auswanderer 1. Klasse	275	270	4.077	?	881	1.050	1.190
Deutsche Einwanderer 2. + 3. Klasse	2.089	1.429	1.535	?	2.981	2.857	3.409
Deutsche Auswanderer 2. + 3. Klasse	2.039	1.620	1.568	?	1.992	1.445	1.836
Religionen deutscher Einwanderer 2. + 3. Klasse:							
Katholiken	648	410	o.A.	?	738	602	716
Protestanten	1.353	853	o.A.	?	1.220	1.145	994
Juden	69	102	o.A.	?	973	1.091	1.668
Orthodoxe	3	9	o.A.	?	16	1	2
Andere	16	55	o.A.	?	34	18	35

(Der Band für das Jahr 1935 war im Archiv nicht auffindbar)

Deutsche Migrationen nach Argentinien über den Seeweg 1932 bis 1945

Teil 2: Die Jahre 1939 bis 1945

	1939	1940	1941	1942	1943	1944	1945
Einwanderer insgesamt	135.935	123.725	141.095	140.014	138.651	145.389	154.026
Auswanderer insgesamt	129.708	116.170	136.155	135.374	136.841	147.979	157.145
Deutsche Einwanderer 1. Klasse	1.559	360	5.637	73	37	17	24
Deutsche Auswanderer 1. Klasse	1.101	205	1.–3. Kl. zus. 5.467	13	194	269	28
Deutsche Einwanderer 2. + 3. Klasse	1.846	1.062	767	35	28	9	18
Deutsche Auswanderer 2. + 3. Klasse	1.835	74	1.–3. Kl. zus. 5.467	1	0	37	15
Religionen deutscher Einwanderer 2. + 3. Klasse:							
Katholiken	483	266	20	12	15	2	5
Protestanten	280	35	15	3	5	3	6
Juden	1.000	609	732	20	8	4	7
Orthodoxe	64	151	0	0	0	0	0
Andere	19	1	0	0	0	0	0

(Die Angaben wurden den einzelnen Jahrbänden im Migraciones-Archiv von Buenos Aires entnommen.)

13. Literatur- und Quellenverzeichnis

a) Bücher und Aufsätze

Adveniat (Hrsg.): Brasilien — Gewalt nimmt erschreckende Ausmaße an; Erklärung der Bischöfe von Para und Amapa, in: Weltkirche, 11.Jg., Nr.8 1991, S.262—263.

Aleff, Eberhard (Hrsg.): Das Dritte Reich, Hannover 1980.

Ders.: Mobilmachung, in : Das Dritte Reich. Hrsg. v. Eberhard Aleff, Hannover 1980, S.61—176.

Alemann, Juan E.: Das argentinische Wirtschaftsrätsel, Buenos Aires 1985.

Allgaier, Dieter: Die Deutschen in Kolumbien, in: Die Deutschen in Lateinamerika. Hrsg. v. Hartmut Fröschle, Tübingen/Basel 1979, S.433—474.

Arbeitskreis „Deutsch in Argentinien" (Hrsg.): Deutsch in Argentinien, Buenos Aires 1988.

Artucio, Hugo Fernandez: Nazis en el Uruguay, Montevideo 1940.

Arditi, Benjamín: Adiós a Stroessner; nuevos espacios, viejos problemas, in: Nueva Sociedad, 18.Jg., Nr.102 1989, S.24—33.

Associaçao Menonita Beneficente (Hrsg.): Brasilien für Jesus, Witmarsum 1990.

Auswander-Hilfsverein (Hrsg.): Deutsch-Österreich in Paraguay, Wien 1919.

Auswärtiges Amt (Hrsg.): Dritte Welt; Dokumentation, Bonn 1981.

Ders. (Hrsg.): Die Bundesrepublik Deutschland und Lateinamerika; Dokumentation, Bonn 1987.

Ders. (Hrsg.): Die Stellung der deutschen Sprache in der Welt; Bericht der Bundesregierung, Bonn 1988.

Bade, Klaus J. (Hrsg.): Deutsche im Ausland — Fremde in Deutschland, München 1992.

Bankier, David: Deutsch-jüdische Symbiose bis 1933, argentinisch-jüdische Symbiose bis 1950, in: Lateinamerika und Europa im Dialog. Hrsg. v. Hans-Uwe Erichsen, Berlin 1989, S.213—223 [Schriftenreihe des Lateinamerikazentrums der Westfälischen Wilhelms-Universität Münster; Bd.1].

Ders.: Die Beziehungen zwischen deutschen jüdischen Flüchtlingen und deutschen politischen Exilierten in Südamerika, in: Europäische Juden in Lateinamerika. Hrsg. v. Achim Schrader und Karl H. Rengstorf, St. Ingbert 1989, S.213—225.

Baratta, Mario (Hrsg.): Der Fischer Weltalmanach 1992, Frankfurt a.M. 1991.

Barkai, Avraham: Vom Boykott zur „Entjudung"; Der wirtschaftliche Existenzkampf der Juden im Dritten Reich 1933—1943, Frankfurt a.M. 1988.

Bauer, Alfredo: La Asociación Vorwärts y la lucha democrática en la Argentina, Buenos Aires 1989.

Beckherrn, Eberhard: Pulverfaß Sowjetunion; Der Nationalitätenkonflikt und seine Ursachen, München 1990.

Beijer, G. (Hrsg.): The German Exodus, The Hague 1962.

Benecke, Dieter: Relaciones entre América Latina y Alemania a la luz de los cambios en Europa Oriental, in: Contribuciones, 7.Jg., Nr.4 1990, S.113—119.

Ders.: Osteuropa — Integrationsanstoß für Lateinamerika?, in: Außenpolitik, 42.Jg., Nr.4 1991, S.336—343.

Benz, Wolfgang (Hrsg.): Die Juden in Deutschland 1933—1945; Leben unter nationalsozialistischer Herrschaft, München 1989.

Bernecker, Walther L./Fischer, Thomas: Deutsche in Lateinamerika, in: Deutsche im Ausland — Fremde in Deutschland. Hrsg. v. Klaus J. Bade, München 1992, S.197—214.

Bodemer, Klaus: Der Stellenwert Lateinamerikas in der Entwicklungspolitik der Bundesrepublik Deutschland; Bestandsaufnahme und Empfehlungen, Mainz 1984 [Reihe Dokumente und Materialien des Instituts für Politikwissenschaft der Johannes Gutenberg-Universität Mainz; Nr. 2].

Bohmann, Alfred: Menschen und Grenzen, Bd. 2; Bevölkerung und Nationalitäten in Südosteuropa, Köln 1969.

Born, Joachim/Dickgießer, Sylvia: Deutschsprachige Minderheiten; Ein Überblick über den Stand der Forschung für 27 Länder, Mannheim 1989.

Born, Joachim/Jakob, Gerhard: Deutschsprachige Gruppen am Rande und außerhalb des geschlossenen deutschen Sprachgebietes, Mannheim 1990.

Bracher, Karl-Dietrich: Zusammenbruch des Versailler Systems und Zweiter Weltkrieg; Hitler und die europäische Politik, in: Propyläen Weltgeschichte, Bd. 9. Hrsg. v. Golo Mann, Berlin/Frankfurt a. M. 1960 S. 401—409.

Bracher, Karl-Dietrich/Funke, Manfred/Jacobsen, Hans-A. (Hrsg.): Nationalsozialistische Diktatur 1933—1945; Eine Bilanz, Bonn 1986 [Schriftenreihe der BzfpB; Nr. 192].

Bretting, Agnes: Mit Bibel, Pflug und Büchse: deutsche Pioniere im kolonialen Amerika, in: Deutsche im Ausland — Fremde in Deutschland. Hrsg. v. Klaus J. Bade, München 1992, S. 135—147.

Broszat, Martin: Der Staat Hitlers; Grundlegung und Entwicklung seiner inneren Verfassung, München 1981.

Broszat, Martin/Frei, Norbert (Hrsg.): Ploetz: Das Dritte Reich; Ursprünge, Ereignisse, Wirkungen, Freiburg/Würzburg 1983.

Bundesminister des Innern (Hrsg.): Innenpolitik, Bonn, 7. Jg., Nr. 3 1991, S. 7—8.

Bundesministerium für Innerdeutsche Beziehungen (Hrsg.): DDR-Handbuch, Köln 1985.

Bundesministerium für Vertriebene, Flüchtlinge und Kriegsgeschädigte: Dokumentation der Vertreibung der Deutschen aus Ost-Mitteleuropa, Bonn 1953.

Bundesministerium für wirtschaftliche Zusammenarbeit (Hrsg.): Journalistenhandbuch 1985, Bonn 1985.
Ders. (Hrsg.): Journalistenhandbuch 1990/1991, Bonn 1990.
Ders. (Hrsg.): Achter Bericht zur Entwicklungspolitik der Bundesregierung, Bonn 1990.
Ders. (Hrsg.): Politik der Partner; Aufgaben, Bilanz und Chancen der deutschen Entwicklungspolitik, Bonn 1990 (zit.: BMZ 1990a).
Ders. (Hrsg.): Grundlinien der Entwicklungspolitik der Bundesregierung, Bonn 1991.

Bundesstelle für Aussenhandelsinformationen (Hrsg.): Paraguay — Landwirtschaft 1986 bis 1988, Köln 1988.
Ders. (Hrsg.): Paraguay — Wirtschaftsentwicklung 1987, Köln 1988.
Ders. (Hrsg.): Paraguay — Wirtschaftsdaten aktuell, Köln 1989.
Ders. : Paraguay am Jahreswechsel 1988/89, in : Wirtschaftslage. Hrsg. v. BfAI, Köln 1989, S. 1—7.
Ders. (Hrsg.): Paraguay — Wirtschaftsentwicklung 1989/1990, Köln 1990.
Ders. (Hrsg.): Paraguay — Wirtschaftsdaten aktuell, Köln 1991 (zit.: BfAI 1991a).
Ders. (Hrsg.): Brasilien — Wirtschaftsdaten aktuell, Köln 1991 (zit.: BfAI 1991b).
Ders. (Hrsg.): Argentinien — Wirtschaftsdaten aktuell, Köln 1991 (zit.: BfAI 1991c).
Ders. : Paraguay am Jahreswechsel 1990/91, in: Wirtschaftslage. Hrsg.v. BfAI, Köln 1991, S. 1—9.

Bundesverband der Deutschen Industrie: Deutsche Direktinvestitionen im Ausland; Struktur und Entwicklung 1976 bis 1989 und Vergleich mit ausländischen Direktinvestitionen in der BR Deutschland, Köln 1990.

Bundesverwaltungsamt (Hrsg.): Auslandsschulverzeichnis 1989, Köln 1989 (zit.: BVA 1989a).
Ders. (Hrsg.): Informationen zur Lehrervermittlung, Köln 1989.

Bundeszentrale für politische Bildung (Hrsg.): Widerstand und Exil 1933—1945, Bonn 1985 [Schriftenreihe der BzfpB; Nr. 223].

Ders. (Hrsg.): Aussiedler; Informationen zur politischen Bildung Nr. 222 Bonn 1989.

Ders. (Hrsg.): Lateinamerika Geschichte; Informationen zur politischen Bildung Nr. 226 Bonn 1990.

Bussmann, Claus: Treu deutsch und evangelisch; Die Geschichte der deutschen evangelischen Gemeinde zu Asunción/Paraguay von 1883—1963, Stuttgart 1989 [Acta Humboldtiana; Nr. 12].

Bussmeyer, Peter: 50 Jahre Argentinisches Tageblatt; Werden und Aufstieg einer auslandsdeutschen Zeitung, Buenos Aires 1938.

Caraman, Philip: Ein verlorenes Paradies; Der Jesuitenstaat in Paraguay, München 1979.

Centro de Estudios Democráticos de América Latina: 20 Años Fortaleciendo la Democracia, San José 1988.

Comisión Económica para Latina América y el Caribe de las Naciones Unidas (Hrsg.): Las Empresas Transnacionales en la Economía del Paraguay, Santiago de Chile 1987.

Comité Intergubernamental para las Migraciones (Hrsg.): Proyecto de Migración Hemisferica; Las migraciones internacionales en el cono sur, Georgetown/Buenos Aires 1985.

Converse, Christel: Die Deutschen in Chile, in: Die Deutschen in Lateinamerika. Hrsg. v. Hartmut Fröschle, Tübingen/Basel 1979, S. 301—372.

Cooperativa Mista Agro-Pecuária Witmarsum (Hrsg.): Witmarsum em Quatro Decades 1951—1991, Castro (PR) 1991.

Crespo, Alberto: Alemanes en Bolivia, La Paz/Cochabamba 1978.

Derksen, Heinrich sen.: Vom „Paradies" in die grüne Hölle Paraguays, Asunción 1988.

Deutsch-Chilenischer-Bund (Hrsg.): Schulstatistik 1988, Santiago de Chile 1989.

Ders. (Hrsg.): Schulstatistik 1990, Santiago de Chile 1991.

Deutscher Bundestag (Hrsg.): Die deutsche Sprache in der Welt, Bonn 1986 [Zur Sache; 86/5].

Ders. (Hrsg.): Schutz der Erdatmosphäre; Eine internationale Herausforderung, Bonn 1988 [Zur Sache; 88/5].

Deutscher Hilfsverein São Paulo (Hrsg.): 100 Jahre Deutscher Hilfsverein Sociedade Beneficiente Alema, São Paulo 1963.

Deutscher Klub Buenos Aires (Hrsg.): Deutsche in Argentinien; Geschichte des Deutschtums in Argentinien 1520—1980, Buenos Aires 1980.

Deutsch-Paraguayische Handelskammer (Hrsg.): CAMARA No. 4—12; Revista de la Camara de Comercio e Industria Paraguayo-Alemana, Asunción 1988.

Deutsch-Südamerikanische Bank (Hrsg.): Kurzberichte über Lateinamerika 1988—91, Hamburg 1988—1991.

Deutscher Volksbund für Paraguay: Merkblatt für Einwanderer, Asunción 1932.

Dietrich, Breno: Eine Einwandererkirche entdeckt ihre gesellschaftliche Aufgabe, in: Blick in die Welt. Hrsg. v. Missionskolleg der Evangelisch-Lutherischen Kirche in Bayern, o. A., Nr. II + II 1985, S. 1—5.

Dietz, Barbara/Hilkes, Peter: Deutsche in der Sowjetunion; Zahlen, Fakten und neue Forschungsergebnisse, in: Aus Politik und Zeitgeschichte, o. A. Nr. B50 1988, S. 3—13.

Digel, Werner (Hrsg.): Meyers Taschenlexikon Geschichte in sechs Bänden, Mannheim/Wien/Zürich 1982.

Döscher, Hans-Jürgen: SS und Auswärtiges Amt im Dritten Reich; Diplomatie im Schatten der „Endlösung", Frankfurt a. M./Berlin 1991.

Donat, Franz: An Lagerfeuern deutscher Vagabunden in Südamerika, Stuttgart 1927.

Dormien, Ursula: Chefredakteurin und „Mädchen für alles"; Die Wochenzeitung „Brasil-Post" und ihre Pläne, in: Globus, 23. Jg., Nr. 4 1991, S. 12—19.

Drewsky, L.: Technische Entwicklungszusammenarbeit mit Paraguay; Die Arbeit der GTZ, in: Deutsches Jahrbuch für Paraguay 1990. Hrsg. v. Gerhard Ratzlaff, Asunción 1990, S. 9—14.

Duerksen, Marvin: Radio mission in the multicultural Gran Chaco, in: Mennonite World Handbook 1990. Hrsg. v. Mennonite World Conference, Carol Stream 1990, S. 223—226.

Dyck, Rüdiger: Colegio Alemán Concordia, in: Deutsches Jahrbuch für Paraguay 1988. Hrsg. v. Gerhard Ratzlaff, Asunción 1988, S. 66—67.

Ebel, Arnold: Das Dritte Reich und Argentinien; Die diplomatischen Beziehungen unter besonderer Berücksichtigung der Handelspolitik 1933—1939, Köln/Wien 1971 [Lateinamerika Forschungen; Nr. 3].

Eichhoff, Jürgen: Statistisches zur deutschen Einwanderung nach Nordamerika, in: Globus, 21. Jg., Nr. 4 1989, S. 22—23.

Eisenbürger, Gert: „Das andere Deutschland"; Antifaschistischer Kampf in Lateinamerika, in: ila, o. A., Nr. 150 November 1991, S. 56—57.

Enquete-Kommission des Deutschen Bundestags „Vorsorge zum Schutz der Erdatmosphäre" (Hrsg.): Zweiter Bericht zum Thema Schutz der tropischen Wälder, Bonn 1991 (zit.: Enquete-Kommission).

Epp, George K.: Zweihundert Jahre deutsche Mennoniten in Rußland, in: Globus, 20. Jg., Nr. 4 1988, S. 3—13.

Erichsen, Hans-U. (Hrsg.): Lateinamerika und Europa im Dialog, Berlin 1989 [Schriftenreihe des Lateinamerikazentrums der Westfälischen Wilhelms-Universität Münster; Bd.1].

Evangelische Kirche Deutschland (Hrsg.): Amtsblatt — Heft 1 1979, Hannover 1979.

Ders. (Hrsg.): Amtsblatt — Heft 5 1981, Hannover 1981.

Ders. (Hrsg.): Amtsblatt — Heft 11 1984, Hannover 1984.

Everts, Ulf: Überblick über die Schulsituation in Bella Vista, Bella Vista 1987.

Fest, Joachim: Das Gesicht des Dritten Reiches; Profile einer totalitären Herrschaft, München 1980.

Finke, Theodor: Leben und Arbeit deutschsprachiger Siedler in Südbrasilien und Paraguay, Bremen 1989.

Fleischhauer, Ingeborg: Die Deutschen im Zarenreich; Zwei Jahrhunderte deutsch-russische Kulturgemeinschaft, Stuttgart 1986.

Frank, Michael: Die letzte Bastion; Nazis in Argentinien, Hamburg 1962.

Frankenthal, Roberto: Viel Rauch um nichts?; Menem und die argentinischen Nazi-Archive, in: ila, o. A., Nr. 154 April 1992, S. 52—53.

Freeden, Herbert: Vom geistigen Widerstand der deutschen Juden; Ein Kapitel jüdischer Selbstbehauptung in den Jahren 1933 bis 1938, in: Exil und Widerstand 1933 bis 1945. Hrsg. v. BzfpB, Bonn 1985, S. 47—59.

Fretz, Joseph Winfield: Pilgrims in Paraguay; The story of Mennonite colonization in South America, Scottdale 1953 (zit.: Fretz 1953).

Ders.: Immigrant Group Settlement in Paraguay; A study in the sociology of colonization, North Newton 1962.

Friedrich-Ebert-Stiftung (Hrsg.): Jahresbericht 1990, Bonn 1991.

Friedrich-Naumann-Stiftung (Hrsg.): Jahresbericht 1990, Königswinter 1991.

Ders.: Projektdossier — Lateinamerika/Süd, (unveröffentlicht) Königswinter 1991.

Friesen, Martin W.: Neue Heimat in der Chaco Wildnis, Asunción 1987 (zit.: Friesen 1987).

Ders.: Vieles ist getan — noch vieles ist zu tun, in: Globus, 21. Jg., Nr. 2 1989, S. 25—29.

Fröschle, Hartmut (Hrsg.): Die Deutschen in Lateinamerika; Schicksal und Leistungen, Tübingen/Basel 1979 [Buchreihe deutsch-ausländischer Beziehungen des Institutes für Auslandsbeziehungen, Stuttgart; Nr. 15].

Ders.: Die Deutschen in Venezuela, in: Die Deutschen in Lateinamerika. Hrsg. v. Hartmut Fröschle, Tübingen/Basel 1979, S. 767—805.

Ders./Hoyer, Hans-Jürgen: Die Deutschen in Uruguay, in: Die Deutschen in Lateinamerika. Hrsg. v. Hartmut Fröschle, Tübingen/Basel 1979, S. 742—766.

Gardill, Jutta/Thiery, Peter: Leitlinien der Entwicklung in Südostasien und Lateinamerika, in: Außenpolitik, 42. Jg., Nr. 4 1991, S. 353—362.

Gehse, Hans: Die deutsche Presse in Brasilien von 1852 bis zur Gegenwart, Münster i. W. 1931 [Deutschtum und Ausland; Heft 43].

Gemeinde deutschsprechender Katholiken Buenos Aires (Hrsg.): 75 Jahre Gemeinde deutschsprechender Katholiken St. Bonifatius, Buenos Aires 1986.

Gerlach, Horst: Von Westpreußen nach Rußland 1789—1989; Hintergründe und Bedeutung der mennonitischen Auswanderung, in: Westpreußen-Jahrbuch, Münster, Nr. 41 1990, S. 98—114.

Gesellschaft für Technische Zusammenarbeit (Hrsg.): Prodefatima — Brazil; Impulses for better living conditions for urban squatters, Eschborn 1985.

Giefer, Rena/Giefer Thomas: Die Rattenlinie; Fluchtwege der Nazis — Eine Dokumentation —, Frankfurt a. M. 1991.

Giordano, Ralph: Wenn Hitler den Krieg gewonnen hätte; Die Pläne der Nazis nach dem Endsieg, Hamburg 1989.

Görtemaker, Manfred: Deutschland im 19. Jahrhundert; Entwicklungslinien, Bonn 1987 [Schriftenreihe der BzfpB; Nr. 203].

Granzow, Klaus: Bei Hunsrückern und Pommern in Esperito Santo, in: Wege und Wandlungen. Hrsg. v. Peter Nasarski, Berlin/Bonn 1983, S. 156—157.

Gregor-Dellin, Martin (Hrsg.): Der Hitler-Putsch; Berichte und Kommentare eines Deutschland-Korrespondenten (1922—1924) für das Argentinische Tage- und Wochenblatt, Nördlingen 1987.

Hack, Hendrik: Die Kolonisation der Mennoniten im paraguayischen Chaco, Amsterdam 1961 (zit.: Hack 1961).

Ders.: Indianer und Mennoniten im paraguayischen Chaco, Amsterdam 1976.

Hagin, Matthias: Werderplatt in Uruguay?; Der weite Weg der Rußlanddeutschen, in: Globus, 17. Jg., Nr. 1 1985, S. 23—25.

Hammer, Wolfgang: Deutsche Lehrer in aller Welt, Baltmannsweiler 1990.

Hanns-Seidel-Stiftung (Hrsg.): Die HSS in Paraguay, München 1988.

Ders. (Hrsg.): Jahresbericht 1989, München 1990.

Harms-Baltzer, Käte: Die Nationalisierung der deutschen Einwanderer und ihrer Nachkommen in Brasilien als Problem der deutsch-brasilianischen Beziehungen 1930—1938, Berlin 1970 [Bibliotheca Ibero-Americana; Nr. 14].

Hein, David (Hrsg.): Die Ayoreos — unsere Nachbarn; Anfänge der Mission im nördlichen Chaco, Filadelfia/Asunción 1988.

Heinchen, Luis: Instituto Cultural Paraguayo-Alemán, in: Deutsches Jahrbuch für Paraguay 1988, Hrsg. v. Gerhard Ratzlaff, Asunción 1988, S. 78—82.

Helbich, Wolfgang (Hrsg.): "Amerika ist ein freies Land ...“; Auswanderer schreiben nach Deutschland, Darmstadt 1985.

Herzfeld, Hans: Verhaltensformen der Argentinier, Buenos Aires 1984.

Herzog, Roman: Landlose Menschen und menschenloses Land, in: Lateinamerika-Nachrichten, 17. Jg., Nr. 187 1989, S. 57—60.

Hildebrandt, Gerhard: Den ersten der Tod, den zweiten die Not; Der Weg der Rußlanddeutschen, in: Globus, 20. Jg. Nr. 3 1988, S. 3—8.

Hoffmann, Werner: Die Deutschen in Argentinien, in: Die Deutschen in Lateinamerika. Hrsg. v. Hartmut Fröschle, Tübingen/Basel 1979, S. 40—145.

Hoyer, Hans-Jürgen: Germans in Paraguay, 1881—1945; A study of cultural and social isolation, Washington 1973.

Ilg, Karl: Pioniere in Argentinien, Chile, Paraguay, Venezuela, Innsbruck/Wien/München 1976.

Ders.: Heimat Südamerika Brasilien und Peru; Leistungen und Schicksal deutschsprachiger Siedler, Innsbruck/Wien 1982 (zit.: Ilg 1982).

Ders.: Die Donauschwabendörfer von Entre Rios in Paraná, in: Wege und Wandlungen. Hrsg. v. Peter Nasarski, Berlin/Bonn 1983, S. 163—173.

Ders.: Das Deutschtum in Paraguay und Peru, Wien 1989 [Eckart-Schriften; Heft 108].

Illi, Manfred: Die deutsche Auswanderung nach Lateinamerika; Eine Literaturübersicht, München 1977 [Lateinamerika-Studien; Nr. 2].

Institut für Zeitgeschichte-München/Research Foundation for Jewish Immigration – New York (Hrsg.): Biographisches Handbuch zur deutschen Emigration nach 1933, München/New York/London/Paris 1980.

Jackisch, Carlotta: El nazismo y los refugiados alemanes en la Argentina 1933–1945, Buenos Aires 1989.

Ders.: Die Einwanderungspolitik Argentiniens gegenüber den Juden 1933–1945, in: Europäische Juden in Lateinamerika. Hrsg.v. Achim Schrader und Karl-H. Rengstorf, St. Ingbert 1989, S. 69–76.

Jacob, Ernst Gerhard: Grundzüge der Geschichte Brasiliens, Darmstadt 1974 [Grundzüge; Bd. 24].

Janzen, Harry: Mennoniten Brüdergemeinden in Colonia Nova, in: Gemeinde unter dem Kreuz des Südens. Hrsg. v. Südamerikanische Konferenz der Mennonitischen Brüdergemeinden, Curitiba 1980, S. 10–34.

Jungenfeld, Ernesto Freiherr Gedult von: Aus den Urwäldern Paraguays zur Fahne, Berlin/Wien 1916.

Ders.: Ein deutsches Schicksal im Urwald, Berlin 1933.

Junk, Wolfgang: Neue Konzepte in der Entwicklungszusammenarbeit mit Lateinamerika?, Bonn 1990 [Kommissionsdrucksache Deutscher Bundestag 11/120].

Kahle, Günter: Simon Bolivar und die Deutschen, Berlin 1980.

Kannapin, Klaus: Zur Politik der Nazis in Argentinien von 1933 bis 1943, in: Der deutsche Faschismus in Lateinamerika. Hrsg. v. Heinz Sauke, Ost-Berlin 1966, S. 81–102.

Kappeler, Andreas/Meisner, Boris/Simon, Gerhard: Die Deutschen im Russischen Reich und im Sowjetstaat, Köln 1987.

Karthographisches Institut Bertelsmann: Großer Atlas der Welt, Gütersloh 1985.

Katholisches Auslandssekretariat der Deutschen Bischofskonferenz (Hrsg.): Seelsorge für deutschsprachige Katholiken im Ausland, Tourismus und Verkehr, Bonn 1990.

Katz, Friedrich: Einige Grundzüge der Politik des deutschen Imperialismus in Lateinamerika von 1898 bis 1941, in: Der deutsche Faschismus in Lateinamerika. Hrsg. v. Heinz Sauke, Ost-Berlin 1966, S. 9–70.

Kellenbenz, Hermann/Schneider, Jürgen: La emigración alemana a América Latina desde 1821 hasta 1930, in: Jahrbuch für Geschichte von Staat, Wirtschaft und Gesellschaft Lateinamerikas. Hrsg. v. Richard Konetzke und Hermann Kellenbenz, Köln, Bd. 13 1976, S. 386–403.

Kiegler, Franz: Die sudetendeutsche Siedlung Colonia Sudetia in Paraguay, in: Zeitschrift des Mährisch-Schlesischen Sudeten-Gebirgsvereins, 96.Jg., Nr. 2 1977, S. 34–36.

Kienzle, Robert (Hrsg.): Vom Bauernjungen in der Ukraine zum Schulrat in Paraguay; Heinrich Wiebe erzählt uns seinen Lebensweg, Kirchlinteln 1986.

Kirchliches Außenamt der EKD (Hrsg.): Deutschsprachige evangelische Gemeinden in Lateinamerika, Hannover 1985.

Kießling, Wolfgang: Brücken nach Mexiko; Traditionen einer Freundschaft, Ost-Berlin 1989.

Klassen, Peter P.: Die deutschen Siedlungen im Chaco von Paraguay, in: Jahrbuch für ostdeutsche Volkskunde, o. A., Bd.27 1984, S. 293–306.

Ders.: Immer kreisen die Geier; Ein Buch vom Chaco Boreal in Paraguay, Filadelfia 1986.

Ders.: Die Mennoniten in Paraguay; Reich Gottes und Reich dieser Welt, Asunción 1988 (zit.: Klassen 1988).

Ders.: Deutsche Bauern zwischen Moskau und Fernheim, in: Globus, 21.Jg., Nr. 2 1989, S. 29–31.

Ders.: Das Menno-Blatt; eine Zeitschrift aus dem Urwald, in: Deutsches Jahrbuch für Paraguay 1989. Hrsg.v. Gerhard Ratzlaff, Asunción 1989, S. 58–59 (zit.: Klassen 1989).

Ders.: Die deutsch-völkische Zeit in der Kolonie Fernheim, Chaco, Paraguay 1933–1945;

Ein Beitrag zur Geschichte der auslandsdeutschen Mennoniten während des Dritten Reiches, Asunción/Filadelfia 1990 (zit.: Klassen 1990).

Ders.: Die Mennoniten in Paraguay; Begegnung mit Indianern und Paraguayern, Asunción 1991.

Klee, Ernst: Persilscheine und falsche Pässe; Wie die Kirchen den Nazis halfen, Frankfurt a.M. 1991.

Kleine, Theo: Die Deutschbrasilianer, in: Wege und Wandlungen. Hrsg. v. Peter Nasarski, Berlin/Bonn 1983, S. 143—162 (zit.: Kleine 1983).

Ders.: In zehn Jahren wesentlich zum Vorteil verändert; Zum aktuellen Stand des Deutschunterrichts in Brasilien, in: Globus, 23. Jg., Nr. 4 1991, S. 5—6.

Klemke, Christian: Das Ende der Colonia Dignidad?, in: Lateinamerika-Nachrichten, 18. Jg., Nr. 201 1991, S. 51—54.

Kliewer, Friedrich: Die Deutsche Volksgruppe in Paraguay; Eine siedlungspolitische, volkskundliche und volkspolitische Untersuchung, Hamburg 1941 [Schriftenfolge Übersee-Geschichte;Nr.12].

Kloss, Heinz: Geschichte der landwirtschaftlichen Zusammenschlüsse der Sprachdeutschen in Übersee, Braunschweig 1957.

Ders.: Aufschlüsse über die US-Bürger, in: Globus, 15. Jg., Nr. 6 1983, S. 20—21 (zit.: Kloss 1983).

Knabe, Wolfgang: Aufbruch in die Ferne; Deutsche Auswanderungen zwischen 1803 und 1914 am Beispiel Bayerisch-Schwaben, Augsburg 1990.

Koch, Conrad: La Colonia Tovar; Geschichte und Kultur einer alemannischen Siedlung in Venezuela, Basel 1969.

Köhler, Volkmar: Die Dritte Welt und wir; Probleme und Ansprüche einer zukunftweisenden Entwicklungspolitik, Stuttgart/Bonn 1990.

Köhne, Reinhard: Karl von Koseritz und die Anfänge einer deutschbrasilianischen Politik, Münster 1937.

Kohlhepp, Gerd: Bevölkerungs- und wirtschaftgeographische Entwicklungstendenzen in mennonitischen Siedlungsgebieten des Chaco Boreal in Paraguay, in: Tübinger Geographische Studien, o. A., Nr. 80 1980, S. 367—405 (zit.: Kohlhepp 1980).

Ders.: Neue Formen des Kolonialismus im Verhältnis der Entwicklungsländer untereinander?; Das Beispiel der brasilianisch-paraguayischen Beziehungen, in: Zeitschrift für Kulturaustausch, 34. Jg., Nr. 4 1984, S. 351—365 (zit.: Kohlhepp 1984a).

Ders.: Strukturwandel und Beharrungsvermögen der Mennoniten im paraguayischen Chaco; Zur wirtschaftlichen Entwicklung religiöser Gruppensiedlungen an der agronomischen Trockengrenze, in: Lateinamerika-Studien, o. A., Nr. 14 1984, S. 255—281 (zit.: Kohlhepp 1984b).

Ders.: Die brasilianische Auswanderung nach Ost-Paraguay, in: Staden-Jahrbuch. Hrsg.v. Flavio R. Kothe, São Paulo, Nr. 32 1984, S. 21—56 (zit.: Kohlhepp 1984c).

Ders.: Amazonien; Regionalentwicklung im Spannungsfeld ökonomischer Interessen sowie sozialer und ökologischer Notwendigkeiten, Köln 1986 [Problemräume der Welt; Bd. 8] (zit.: Kohlhepp 1986).

Ders.: Itaipu; Socio-economic and ecological consequences of the Itaipu dam, Braunschweig/Wiesbaden 1987 (zit.: Kohlhepp 1987).

Ders.: Umweltpolitik zum Schutz tropischer Regenwälder in Brasilien; Rahmenbedingungen und umweltpolitische Aktivitäten, in: KAS-Auslandsinformationen, 7. Jg., Nr. 7 1991, S. 1—23 (zit.: Kohlhepp 1991).

Konetzke, Richard/Kellenbenz, H. (Hrsg.): Jahrbuch für Geschichte von Staat, Wirtschaft und Gesellschaft in Lateinamerika, Band 13, Köln 1976.

Ders.: Jahrbuch für Geschichte von Staat, Wirtschaft und Gesellschaft in Lateinamerika, Band 25, Köln 1988.

Konrad-Adenauer-Stiftung (Hrsg.): Demokratie und Entwicklung; Informationen über die internationale Arbeit der KAS, St. Augustin 1991.

Ders.: Jahresbericht 1990, St. Augustin 1991.

Koop, David: Die Siedlung Stolzplateau, in: Mennoniten in Brasilien. Hrsg. v. Peter Pauls jr., Witmarsum 1980, S. 72—73.

Kothe, Flavio R.(Hrsg.): Staden — Jahrbuch, Nr. 32, São Paulo 1984.

Krier, Hubert: Die Deutschen in Paraguay, in: Die Deutschen in Lateinamerika. Hrsg. v. Hartmut Fröschle, Tübingen/Basel 1979, S. 651—695 (zit.: Krier 1979).

Ders.: Tapferes Paraguay, Tübingen 1986 (zit.: Krier 1986).

Krüger, Joachim: Hohenau; Erste Kolonie der Deutsch-Brasilianer in Paraguay, in: Deutsches Jahrbuch für Paraguay 1989. Hrsg. v. Gerhard Ratzlaff, Asunción 1989, S. 15—21.

Ders.: Die Jesuiten oder Das Geheimnis des „Heiligen Experiments", in: Deutscher Jahrbuch für Paraguay 1990. Hrsg. v. Gerhard Ratzlaff, Asunción 1990, S. 55—66.

Kunze, Paul H.: Das Volksbuch unserer Kolonien, Leipzig 1938.

Längin, Bernd G.: Wege und Wandlungen; Germantown, auf den deutschen Spuren in Nordamerika, Berlin/Bonn 1983 [Die Deutschen in der Welt heute; Nr. 3].

Ders.: Kaiserstuhl oder Küstenkordilleren — das ist hier die Frage; Vom Überlebenskampf der Alemannen in Venezuela, in: Globus, 19. Jg., Nr. 2 1987, S. 3—8.

Ders.: Rein, o Chile, ist dein blauer Himmel; Die deutsche Volksgruppe in Chile gestern, heute und morgen, in: Globus, 19. Jg., Nr. 3 1987, S. 3—13 (zit.: Längin 1987)

Ders.: Grünes Licht für die grüne Hölle; Die Mennoniten in Paraguay, in: Globus, 21. Jg., Nr. 2 1989, S. 3—17 (zit.: Längin 1989).

Lawrezki, Josef: Simon Bolivar; Rebell gegen die spanische Krone, Befreier Südamerikas, Köln 1981.

Lesser, Jeff H.: Historische Entwicklung und regionale Unterschiede der zeitgenössischen brasilianisch-jüdischen Gemeinden, in: Europäische Juden in Lateinamerika. Hrsg. v. Achim Schrader und Karl H. Rengstorf, St. Ingbert 1989, S. 361—377.

Lewis, John P./Kallas, Valeriana (Hrsg.): US-Foreign Policy and the Third World; Agenda 1983, New York 1983.

Lexikon-Institut Bertelsmann (Hrsg.): Die Große Illustrierte Länderkunde, Bd. 2, Gütersloh 1968.

Ling, Martin: Zwischen Krediten und Direktinvestitionen, in: Lateinamerika-Nachrichten, 19. Jg., Nr. 210 1991, S. 17—19.

Lingenthal, Michael: Paraguay im Jahre 1989, in: KAS-Auslandsinformationen, 6. Jg., Nr. 2 1990, S. 31—37.

Loewen, Heinrich sen.: Wirtschaftliche Einrichtungen, in: Mennoniten in Brasilien. Hrsg. v. Peter Pauls jr., Witmarsum 1980, S. 46—56.

Loewen, Heinrich jr.: Von Deutschland nach Brasilien, in: Mennoniten in Brasilien. Hrsg. v. Peter Pauls jr., Witmarsum 1980, S. 23—28.

Maas, Lieselotte: Deutsche Exilpresse in Lateinamerika, Frankfurt a. M. 1978.

Mann, Golo/Heuß, Alfred/Nitschke, August (Hrsg.): Propyläen Weltgeschichte, Band 9, Berlin/Frankfurt a. M./Wien 1960.

Mayer, Anton (Hrsg.): Das Buch der deutschen Kolonien, Potsdam/Leipzig 1933.

Meding, Holger M.: Der Weg; Eine deutsche Emigrantenzeitschrift in Buenos Aires, Köln 1988.

Mennonite World Conference (Hrsg.): Mennonite World Handbook 1990; Mennonites in Global Witness, Carol Stream (Illinois) 1990.

Merkx, Joep/Quarles Jack Twiss: „Ich hab' noch einen Koffer in Berlin"; Deutsch-jüdische Einwanderer der ersten Generation in Argentinien, in: Europäische Juden in Lateinamerika. Hrsg. v. Achim Schrader und Karl H. Rengstorf, St. Ingbert 1989, S. 157—180.

Miller, Randall M.: Wie aus guten Deutschen gute Amerikaner wurden, in: Globus, 21. Jg., Nr. 4 1989, S. 12—21.

Minetti, Hans-Peter: VDA und Neue Heimat gehen aufeinander zu, in: Globus, 22. Jg., Nr. 3 1990, S. 14—15.

Ministerio de Industria y Comercio, Gabinete Tecnico (Hrsg.): Republik Paraguay; Investitionsführer, Asunción 1986.

Mols, Manfred (Hrsg.): Die Beziehungen zwischen Lateinamerika und der Bundesrepublik Deutschland/Europa, Mainz 1984 [Reihe Dokumente und Materialien des Instituts für Politikwissenschaft der Johannes Gutenberg-Universität Mainz; Nr. 1].

Ders.: Das Verhältnis der Bundesrepublik Deutschland zu Lateinamerika; Defizite und Lösungsansätze, in: Jahrbuch für Geschichte von Staat, Wirtschaft und Gesellschaft Lateinamerikas, Hrsg. v. Richard Konetzke und Hermann Kellenbenz, Köln, Bd. 25 1988, S. 321—348.

Ders.: Regionalismus in Lateinamerika und Südostasien, in: Außenpolitik, 39. Jg., Nr. 3 1988, S. 284—300.

Ders.: Las relaciones políticas entre la República Federal de Alemania y América Latina, in: Contribuciones, 6. Jg., Nr. 4 1989, S. 71—73.

Ders.: Latinoamérica y el Sudeste Asiático: Comparación de los respectivos procesos de integración y cooperación política regional, in: Cono Sur, 10. Jg., Nr. 5 1991, S. 1—7.

Ders.: Entwicklungsdenken und Entwicklungspraxis in Lateinamerika, Südostasien und Indien; Gemeinsamkeiten und Unterschiede, in: Entwicklungsdiskussion und Entwicklungspraxis in Lateinamerika, Südostasien und Indien. Hrsg. v. Manfred Mols und Peter Birle, Münster/Hamburg 1991, S. 237—283.

Ders./Birle, Peter (Hrsg.): Entwicklungsdiskussion und Entwicklungspraxis in Lateinamerika, Südostasien und Indien, Münster/Hamburg 1991 [Politikwissenschaftliche Perspektiven, Bd. 1].

Morinigo, Jose N./Silvero, Ilde: Opiniones y actitudes politicas en el Paraguay, Asunción 1986 [Editorial Historica; Fundacion Friedrich Naumann/Universidad Catolica „Nuestra Senora de la Asunción"].

Mott, Barbara: Pfälzer am Niederrhein; Die Geschichte der Pfälzersiedlungen Pfalzdorf, Louisendorf und Neulouisendorf im Rahmen der preußischen Binnenkolonisation des 18. und 19. Jahrhunderts, Kalkar/Goch 1989.

Mühlen, Patrick von zur: Fluchtziel Lateinamerika; Die deutsche Emigration 1933—1945: politische Aktivitäten und soziokulturelle Integration, Bonn 1988.

Müller, Rolf-Dieter: Hitlers Ostkrieg und die deutsche Siedlungspolitik, Frankfurt a. M. 1991.

Munzinger-Archiv: Munzinger Länderheft Paraguay, Ravensburg 1988.

Ders.: Munzinger Länderheft Argentinien, Ravensburg 1990.

Ders.: Munzinger Länderheft Brasilien, Ravensburg 1990.

Nasarski, Peter: Die kulturelle Auslandsarbeit der DDR, in: Wege und Wandlungen. Hrsg. v. VDA, Berlin/Bonn 1981, S. 186—191.

Ders. (Hrsg.): Wege und Wandlungen, Berlin/Bonn 1983 [Die Deutschen in aller Welt heute; Nr. 2].

Nawratil, Heinz: Die deutschen Nachkriegsverluste unter Vertriebenen, Gefangenen und Verschleppten, München/Berlin 1986.

Nelke, Wilhelm: Das Deutschtum in Uruguay, Stuttgart 1921.

Neufeld, Juan: Die Affäre Dr. Fritz Kliewer in Fernheim 1940—1944; Wie es war, Asunción 1991.

Newton, Ronald C.: German Buenos Aires, 1900—1933; Social Change and Cultural Crisis, Austin/London 1977.

N. N.: Paraguay, in: Lateinamerika-Nachrichten, 6. Jg., Nr. 69 1979, S. 33—38.

N. N.: Die längste Diktatur Lateinamerikas, in: Lateinamerika-Nachrichten, 7. Jg., Nr. 73 1979, S. 66—70.

N. N.: Paraguay; Aus der Anzeigenwelt, in: Lateinamerika-Nachrichten, 8. Jg., Nr. 88 1980, S. 29—31.

N. N.: Paraguay; Deutsche Landkäufe in Paraguay, in: Lateinamerika-Nachrichten, 9. Jg., Nr. 101 1982, S. 18.

N. N.: Nazis in Paraguay, in: Lateinamerika-Nachrichten, 11. Jg., Nr. 118/119 1984, S. 81—84.

N. N.: Paraguay; Besuch aus dem Paradies, in: Lateinamerika-Nachrichten, 12. Jg., Nr. 137 1985, S. 6—11.

N.N.: Die Wiege des VDA stand in Südtirol, in: Globus, 18.Jg., Nr.2 1986, S.14−15.

N.N.: Ulrich Schmidel − der erste Deutsche am Rio de la Plata, in: Globus, 18.Jg., Nr.3 1986, S.25−26.

N.N.: VDA-Jugendaustausch Saison 1991/92, in: Globus, 23.Jg., Nr.3 1991, S.45.

N.N.: Viele Helfer zur rechten Zeit; Aus der Chronik der deutschen evangelischen Gemeinden in Valparaíso, Chile, in: Globus, 24.Jg., Nr.2 1992, S.6−7.

Nohlen, Dieter (Hrsg.): Lexikon Dritte Welt, Baden-Baden 1991.

Nuscheler, Franz: Lern- und Arbeitsbuch Entwicklungspolitik, Bonn 1991.

Organisation of American States (Hrsg.): Las migraciones laborales en el Paraguay, Washington D.C. 1986.

Oberacker, Carlos H.: Carlos von Koseritz, São Paulo 1961.

Ders./Ilg, Karl: Die Deutschen in Brasilien, in: Die Deutschen in Lateinamerika. Hrsg. v. Hartmut Fröschle, Tübingen/Basel 1979, S.169−300.

Oeste de Bopp, Mariane: Die Deutschen in Mexiko, in: Die Deutschen in Lateinamerika. Hrsg. v. Hartmut Fröschle, Tübingen/Basel 1979, S.475−564.

Paiva, Cesar: Die deutschsprachigen Schulen in RGdS und die Nationalisierungspolitik, Hamburg 1984.

Pauls, Alfred: AMAS − ein mennonitisches Hilfswerk, in: Mennoniten in Brasilien. Hrsg. v. Peter Pauls jr., Witmarsum 1980, S.212−218.

Pauls, Hans Werner: Associaçao Evangélica Menonita, in: Mennoniten in Brasilien. Hrsg. v. Peter Pauls jr., Witmarsum 1980, S.92−94.

Pauls, Peter jr. (Hrsg.): Mennoniten in Brasilien; Gedenkschrift zum 50-Jahr-Jubiläum ihrer Einwanderung 1930−1980, Witmarsum 1980 (zit.: Pauls Hrsg.).

Ders.: Das neue Heimatland, in: Mennoniten in Brasilien. Hrsg. v. Peter Pauls jr., Witmarsum 1980, S.34−36.

Ders.: Gesundheitswesen, in: Mennoniten in Brasilien. Hrsg. v. Peter Pauls jr., Witmarsum 1980, S.161−167.

Pauls, Peter sen.: Der Krauel − Eine Mustersiedlung in S.C., in: Mennoniten in Brasilien. Hrsg. v. Peter Pauls jr., Witmarsum 1980, S.63−67.

Ders.: Vergiß es nicht, in: Mennoniten in Brasilien. Hrsg. v. Peter Pauls jr., Witmarsum 1980, S.21−22.

Petersen, Georg/Fröschle, Hartmut: Die Deutschen in Peru, in: Die Deutschen in Lateinamerika. Hrsg. v. Hartmut Fröschle, Tübingen/Basel 1979, S.696−741.

Petri, Franz/Schöffer, Ivo/Woltjer, Jan Juliaan: Geschichte der Niederlande; Holland, Belgien, Luxemburg, München 1991.

Pilatti Balhana, Altiva/Westphalen, Cecilia M.: O censo dos Alemaes do Paraná em 1917, in: Jahrbuch für Geschichte von Staat, Wirtschaft und Gesellschaft in Lateinamerika. Hrsg. v. Richard Konetzke und Hermann Kellenbenz, Köln, Bd.13 1976, S.404−419.

Plett, Rudolf: Presencia Mennonita en el Paraguay, Asunción 1979.

Pohl-Weber, Rosemarie: Mit dem Paketsegler 1853 nach Texas; Reisebericht der Christine Haun, Bremen 1971.

Pommerin, Reiner: Das Dritte Reich und Lateinamerika, Düsseldorf 1977.

Prien, Hans-Jürgen: Die Geschichte des Christentums in Lateinamerika, Göttingen 1978.

Quelle, Otto: Die Siedlungsgebiete der Deutschen in Südamerika, in: Ibero-Amerikanisches Archiv, 7.Jg., Heft 2 1933/34, S.195−200.

Quiring, Walter: Rußlanddeutsche suchen eine Heimat, Karlsruhe 1938.

Ratzlaff, Gerhard: Deutsches Jahrbuch für Paraguay 1988, Asunción 1988.

Ders.: Die deutschsprachigen Siedlungen in Paraguay; Ein allgemeiner Überblick, in: Deutsches Jahrbuch für Paraguay 1988, Hrsg. v. Gerhard Ratzlaff, Asunción 1988, S.11−25.

Ders.: Deutsches Jahrbuch für Paraguay 1989, Asunción 1989.

Ders.: Die deutschen Volksgruppen in Paraguay, in: Deutsches Jahrbuch für Paraguay 1989.

Hrsg. v. Gerhard Ratzlaff, Asunción 1989, S.11—14 (zit.: Ratzlaff 1989).

Ders.: Deutsches Jahrbuch für Paraguay 1990, Asunción 1990.

Ratzloff, Peter Penner: Die Mennonitische Brüdergemeinde von Witmarsum, Paraná, Brasilien, in: Gemeinde unter dem Kreuz des Südens. Hrsg. v. Peter Pauls jr., Witmarsum 1980, S.64—68.

Reich, Josef: Die Goethe-Schule in Asunción, in: Deutsches Jahrbuch für Paraguay 1988. Hrsg. v. Gerhard Ratzlaff, Asunción 1988, S.61—64.

Rodriguez-Silvero, Ricardo: Paraguay; Ungleichheit und Marginalität, Bonn 1981.

Röder, Werner: Einleitung, in: Biographisches Handbuch zur deutschen Emigration nach 1933. Hrsg. v. Institut für Zeitgeschichte München und Research Foundation for Jewish Immigration New York, München/New York/London/Paris 1980, S.XI—XXXI.

Rößler, Horst: Massenexodus; die Neue Welt des 19.Jahrhunderts, in: Deutsche im Ausland — Fremde in Deutschland. Hrsg. v. Klaus J. Bade, München 1992, S.148—156.

Sangmeister, Hartmut: Brasilianische Entwicklungstendenzen, in: Zeitschrift für Lateinamerika, o.A., Nr.37 1989, S.65—86.

Santander, Silvano: Nazismo en Argentina; La conquista del ejército, Montevideo 1945.

Sauke, Heinz: Der deutsche Faschismus in Lateinamerika 1933—1943, Ost-Berlin 1966.

Schallock, Wolfgang: Lateinamerika und die Rundfunkpropaganda der Nazis in Theorie und Praxis, in: Der deutsche Faschismus in Lateinamerika. Hrsg. v. Heinz Sauke, Ost-Berlin 1966, S.159—169.

Scherbaum, Gustav: Unerwünschte Rückkehrer, in: Tribüne — Zeitschrift zum Verständnis des Judentums, 29.Jg., Heft 114 1990, S.19—24.

Schmid, Hans-Dieter/Schneider, Gerhard/Sommer, Wilhelm (Hrsg.): Juden unterm Hakenkreuz, Bd.1, Düsseldorf 1983.

Schmid, Hans-D. (Hrsg.): Fragen an die Geschichte 3, Frankfurt a.M. 1977.

Schneeloch, Norbert H.: Die Deutschen in Guayana, in: Die Deutschen in Lateinamerika. Hrsg. v. Hartmut Fröschle, Tübingen/Basel 1979, S.409—432.

Schniedewind, Karen: Fremde in der alten Welt: die transatlantische Rückwanderung, in: Deutsche im Ausland — Fremde in Deutschland. Hrsg. v. Klaus J. Bade, München 1992, S.179—185.

Schobert, Kurt: Chile und die Deutschchilenen; Ergebnisse und Erfahrungen, in: Wege und Wandlungen. Hrsg. v. Peter Nasarski, Berlin/Bonn 1983, S.286—298.

Schön, Anke: Alltag in Casilla Dos, in: Globus, 23.Jg., Nr.1 1991, S.18.

Schrader, Achim/Rengstorf, K.-H. (Hrsg.): Europäische Juden in Lateinamerika, St.Ingbert 1989.

Schultze, Peter: Gerät ein Klischee ins Wanken?; Das Ende der deutschen Colonia Dignidad in Chile, in: Globus, 23.Jg., Nr.2 1991, S.22—23.

Schulz-Vobach, Klaus-D.: Die Deutschen im Osten vom Balkan bis Sibirien, Hamburg 1990.

Schuster, Adolf N.: Paraguay; Land, Volk, Geschichte, Wirtschaftsleben und Kolonisation, Stuttgart 1929.

Schwarcz, Alfredo J.: Y a pesar de todo... ; Los judíos de habla alemana en la Argentina, Buenos Aires 1991.

Schwarz, Jörg: Condor — verbunden mit Land und Lesern, in: Globus, 24.Jg., Nr.1 1992, S.16.

Schweiger, Bernhard: Leitlinien deutscher Entwicklungspolitik in Lateinamerika im Zeichen von Diktaturen, Gewalt, Korruption und Unwissenheit, (Thesenpapier) Bonn 1988.

Schwinghammer, Georg: Im Exil zur Ohnmacht verurteilt; Deutsche Politiker und Parteien in der Emigration 1933—1945, in: Widerstand und Exil 1933—1945. Hrsg. v. BzfpB, Bonn 1985, S.239—254.

Schwittay, Karl: Evangelische Kirche am La Plata, Berlin 1985.

Seefeld, Ruth: La emigración y la immigración alemana en la Argentina, Buenos Aires 1983.

Seiferheld, Alfredo M.: Nazismo y Fascismo en el Paraguay; Vísperas de la II Guerra Mundial 1936—1939, Asunción 1985 (zit.: Seiferheld 1985).

Ders.: Nazismo y Fascismo en el Paraguay; Los años de la guerra 1939—1945, Asunción 1986 (zit.: Seiferheld 1986).

Ders.: Los judíos en el Paraguay, Asunción 1981.

Sekretariat „Deutscher Turn- und Sportverein": Der deutsche Sportklub in Asunción, in: Deutsches Jahrbuch für Paraguay 1989. Hrsg. v. Gerhard Ratzlaff, Asunción 1989, S. 73—74.

Senkman, Leonardo: Argentinien und der Holocaust; Die Einwanderungspolitik und die Frage der Flüchtlinge 1933—1945, in: Europäische Juden in Lateinamerika. Hrsg. v. Achim Schrader und Karl-H. Rengstorf, St. Ingbert 1989, S. 49—68.

Simon, Rolf: Umweltaspekte des lateinamerikanischen Exils, in: Das Exilerlebnis; Verhandlungen des vierten Symposiums über die deutsche und österreichische Exilliteratur. Hrsg. v. Donald G. Davian und Ludwig M. Fischer, Columbia/South Carolina 1980, S. 32—40.

Solberg, Carl E.: Immigration and Nationalism; Argentina and Chile 1870—1914, Austin 1970.

Spitzy, Reinhard: So entkamen wir den Alliierten; Erinnerungen eines „Ehemaligen", München/ Berlin 1989.

Stahl, Wilmar: Interethnic cooperation in the Chaco, in: Mennonite World Handbook 1990. Hrsg. v. Mennonite World Conference, Carol Stream 1990, S. 233—236.

Statistisches Bundesamt (Hrsg.): Länderbericht Paraguay 1986, Stuttgart 1986.

Ders. (Hrsg.): Zahlen, Fakten, Trends Nr. 4, Wiesbaden 1987.

Ders. (Hrsg.): Länderbericht Argentinien 1988, Stuttgart 1988.

Ders. (Hrsg.): Länderbericht Paraguay 1989, Stuttgart 1989 (zit.: Bundesamt 1989).

Ders. (Hrsg.): Länderbericht Brasilien 1991, Stuttgart 1991.

Staudt, Guillermo: Bin ich ein Deutsch-Argentinier oder ein Argentiniendeutscher?, in: Deutsch in Argentinien. Hrsg. v. AK Deutsch in Argentinien, Buenos Aires 1988, S. 11.

Südamerikanische Konferenz der Mennonitischen Brüdergemeinden (Hrsg.): Gemeinde unter dem Kreuz des Südens; Eine Darstellung der Mennonitischen Brudergemeinden von Brasilien, Paraguay und Uruguay, Curitiba 1980.

Sutin, Stewart E.: The Impact of Nazism on the Germans of Argentina, Austin 1975.

Thiessen, Jack: Dietsche Jasch; Ein Indianer aus dem Chaco erzählt in plattdeutscher Mundart, in: Jahrbuch für ostdeutsche Volkskunde, o. A., Bd. 27 1984, S. 326—332.

Tischler, Paul: Die deutsche Presse in Übersee, in: Wege und Wandlungen. Hrsg. v. Peter Nasarski, Berlin/Bonn 1983, S. 540—542.

Tönjes, Hermann: Deutsche Auswanderung, in: Das Buch der deutschen Kolonien. Hrsg. v. Anton Mayer, Potsdam/Leipzig 1933, S. 313—319.

Ungern-Sternberg, Roderich von: Wanderungen der Westeuropäer während der letzten Jahre, in: Jahrbuch für Nationalökonomie und Statistik, Nr. 175 1963, S. 132—146.

Valla, Celso J.: Los alemanes del Volga y los Salesianos en la Pampa 1878—1978, Boulogne (Provincia Buenos Aires) 1978.

Verein für das Deutschtum im Ausland (Hrsg.): Die Auslandsdeutschen in aller Welt, Bonn 1976.

Ders. (Hrsg.): Wege und Wandlungen, Berlin/Bonn 1981 [Die Deutschen in der Welt heute; Nr. 1].

Ders. (Hrsg.): Globus, 14. Jg., Nr. 4 1982.
Ders. (Hrsg.): Globus, 15. Jg., Nr. 6 1983.
Ders. (Hrsg.): Globus, 17. Jg., Nr. 1 1985.
Ders. (Hrsg.): Globus, 18. Jg., Nr. 2 1986.
Ders. (Hrsg.): Globus, 18. Jg., Nr. 3 1986.
Ders. (Hrsg.): Globus, 19. Jg., Nr. 2 1987.
Ders. (Hrsg.): Globus, 19. Jg., Nr. 3 1987.
Ders. (Hrsg.): Globus, 20. Jg., Nr. 3 1988.
Ders. (Hrsg.): Globus, 20. Jg., Nr. 4 1988.
Ders. (Hrsg.): Globus, 21. Jg., Nr. 2 1989.

Ders. (Hrsg.): Globus, 21.Jg., Nr.4 1989.
Ders. (Hrsg.): Die Deutschen in aller Welt; Globus Spezial, Bonn 1990 (zit.: VDA 1990).
Ders. (Hrsg.): Globus, 22.Jg., Nr.3 1990.
Ders. (Hrsg.): Jugendaustausch St. Augustin 1991.
Ders. (Hrsg.): Globus, 23.Jg., Nr.1 1991.
Ders. (Hrsg.): Globus, 23.Jg., Nr.2 1991.
Ders. (Hrsg.): Globus, 23.Jg., Nr.3 1991.
Ders. (Hrsg.): Globus, 23.Jg., Nr.4 1991.
Ders. (Hrsg.): Globus, 24.Jg., Nr.1 1992.
Ders. (Hrsg.): Globus, 24.Jg., Nr.2 1992.
Ders. (Hrsg.): Globus, 24.Jg., Nr.4 1992.
Verlag Ploetz (Hrsg.): Lateinamerika-Ploetz; Geschichte, Probleme, Perspektiven, Freiburg/ Würzburg 1978.
Verwaltung der Kolonie Menno (Hrsg.): Mennonitische Kolonisation im paraguayischen Chaco unter Gesetz Nr. 514, Loma Plata 1984.
Verwaltung der Kolonie Friesland (Hrsg.): Auf den Spuren der Väter; Eine Jubiläumsschrift der Kolonie Friesland in Ostparaguay 1937—1987, Filadelfia 1987 (zit.: Kol. Friesland).
Vogt, Herbert W.: Im Dienst der Mitmenschen; 90 Jahre evangelische Gemeinde in São Paulo, in: Globus, 14.Jg., Nr.4 1982, S.18.
Volberg, Heinrich: Auslandsdeutschtum und Drittes Reich; Der Fall Argentinien, Köln/Wien 1981.
Volger, Gernot: Lateinamerika in der Dauerkrise; Wirtschaft, Gesellschaft, Politik, Berlin 1989.
Wächtler, Fritz: Deutsche fern der Heimat; Deutsches Volk-Deutsche Heimat, München 1940.
Warkentin, Jakob: Das bilinguale Lehrerseminar in Filadelfia, in: Deutsches Jahrbuch für Paraguay 1988. Hrsg. v. Gerhard Ratzlaff, Asunción 1988, S.69—76.
Weilbauer, Arthur: Die Deutschen in Ekuador, in: Die Deutschen in Lateinamerika. Hrsg. v. Hartmut Fröschle, Tübingen/Basel 1979, S.373—408.
Weller, B. Uwe: Der große Augenblick der Zeitgeschichte, Bayreuth 1976.
Werner, Harry: Deutsche Schulen im Ausland; Werdegang und Gegenwart, Bd.1, Berlin/Bonn 1988.
Ders.: Bewährter Weg zur Weltoffenheit; Deutsche Schulen in Chile, in: Globus, 24.Jg., Nr.1 1992, S.8—9.
Ders.: Getreu der Lehre Martin Luthers; Evangelische Pfarrer als Gründer der ersten deutschen Schule im cono sur von Südamerika, in: Globus, 24.Jg., Nr.2 1992, S.14.
Wetzel, Juliane: Auswanderung aus Deutschland; Lateinamerika öffnet seine Grenzen nur unter Vorbehalten, in: Die Juden in Deutschland 1933—1945. Hrsg. v. Wolfgang Benz, München 1989, S.490—493.
Wiens, Hans J.: „Daß die Heiden Miterben seien"; Die Geschichte der Indianermission im paraguayischen Chaco, Filadelfia 1987.
Wiens, Peter: 60 Jahre Kolonie Fernheim im Chaco von Paraguay, in: Deutsches Jahrbuch für Paraguay 1990. Hrsg. v. Gerhard Ratzlaff, Asunción 1990, S.22—29.
Wiesenthal, Simon: Recht, nicht Rache, Frankfurt a.M./Berlin 1990.
Wilhelms, Christian: Die wirtschaftliche Situation Paraguays, in: KAS-Auslandsinformationen, 3.Jg., Nr.10 1987, S.39—55.
Wistrich, Robert: Wer war wer im Dritten Reich? Ein biographisches Lexikon, Frankfurt a.M. 1987.
Witte, Barthold C.: Auswärtige Kulturpolitik und die Deutschen im Ausland, in: Außenpolitik, 41.Jg., Nr.2 1990, S.147—155.
Wolff, Reinhard/Fröschle, Hartmut: Die Deutschen in Bolivien, in: Die Deutschen in Lateinamerika. Hrsg. v. Hartmut Fröschle, Tübingen/Basel 1979, S.146—168.
Zipfel, Friedrich: Krieg und Zusammenbruch, in: Das Dritte Reich. Hrsg. v. Eberhard Aleff, Hannover 1980, S.177—240.
Zöller, Hugo: Pampas und Anden, Berlin 1884.

b) Quellen aus Archiven:

Archiv des „Argentinischen Tageblatts" in Buenos Aires:
verschiedene Ausgaben der Jahrgänge 1931, 1934, 1938, 1939.
Briefe an den Herausgeber 1933/34.

Archiv der „Mennonitischen Forschungsstelle" in Weierhof/Pfalz:
Ausgaben der „Kämpfenden Jugend", Mitteilungsblätter des „Deutsch-Mennonitischen Jugendbundes der Kolonie Fernheim vom: Februar 1935, März 1935, April 1935, Dezember 1935, März 1936, April 1936, Dezember 1936.

Archiv des „Vereins für das Deutschtum im Ausland" in St. Augustin:
Schriftverkehr des VDA mit deutschen Vereinen, Schulen, Verbänden sowie Einzelpersonen aus Paraguay, Brasilien, Chile und Argentinien.

Archiv der „Migraciones" in Buenos Aires:
Staatliche Einwanderungsregister der Jahre 1932 bis 1945.

Bundesarchiv in Koblenz:
Schreiben Nr. 1023/1931 der Deutschen Gesandtschaft Buenos Aires (BA-Koblenz R43 I/102a).

Schreiben Nr. 320/1938 der Deutschen Gesandtschaft Montevideo (BA-Koblenz R43 II/1470b).

Darstellung des Reichsführer SS/Chef RSHA über die „Stellung des Deutschtums in Brasilien" vom 1. Dezember 1938 (BA-Koblenz R43 II/1470b).

„Deutsche Warte", Organ der NSDAP – Landesgruppe in Paraguay, vom 30. Juni 1937 (BA-Koblenz NSD 8/30-1937).

Schriftverkehr zwischen dem DVP und dem DAI, Stuttgart, vom: 3. August 1934, 21. August 1934, 26. September 1934, 30. November 1934, 23. August 1935, 24. Oktober 1936, 30. Dezember 1936, 6. Januar 1938, 11. Februar 1938 (BA-Koblenz R57/181-10).

Statistisches Bundesamt in Wiesbaden:
Zahlenangaben über die deutsche Auswanderung seit dem Jahr 1947.

c) Buchquellen:

Hitler, Adolf: Mein Kampf, Bd. 1; Eine Abrechnung, München 1933.
Ders.: Mein Kampf, Bd. 2; Die nationalsozialistische Bewegung, München 1933.
Rosenberg, Alfred: Der Mythos des zwanzigsten Jahrhunderts, München 1934.

d) Sonstige Quellen:

Aufzeichnungen eigener Interviews in Buenos Aires und Asunción.

Eigener Schriftverkehr mit deutschen Siedlungen, Vereinen und Einzelpersonen in Argentinien, Paraguay und Brasilien.

Eigene Erhebungen in Form von Fragebögen in mehreren Kolonien deutschsprachiger Brasilianer in Ostparaguay.

e) Zeitungen und Zeitschriften:

„Argentinisches Tageblatt" vom: 10. Mai 1986, 19. März 1988, 14. Mai 1988, 21. Mai 1988, 28. Mai 1988, 14. Juni 1988, 11. Juni 1988, 18. Juni 1988, 2. Juli 1988, 3. November 1990, 12. Januar 1991, 19. Januar 1991, 26. Januar 1991, 2. Februar 1991, 23. Februar 1991, 2. März 1991, 4. Januar 1992.

„Brasil-Post" vom: 14. Juni 1975, 22. November 1986, 7. Februar 1987.

„Condor", Chile, vom: 22. Februar 1986, 31. Mai 1986, 21. Juni 1986, 19. Juli 1986, 31. Januar 1987, 17. Oktober 1987, 12. Dezember 1987, 23. Juli 1988.

„Deutsche Zeitung", Brasilien, vom: 18. Oktober 1986, 29. August 1987, 10. September 1988.
„Folha de São Paulo", Brasilien, vom: 22. April 1979, 29. April 1981.
„Israel Nachrichten", Israel, vom: 12. März 1992.
„Mennoblatt", Paraguay, vom: 1. August 1988, 16. März 1988, 16. Juni 1988.
„Neues für Alle", Paraguay, vom: 26. März 1988, 21. Mai 1988, 26. Mai 1988, 18. Juni 1988.
„Semanario Israelita", Argentinien, vom: November 1990, Dezember 1990, Januar 1991, Februar 1991, März 1991.
„Tribuna Alemana", Deutschland, vom: 21. November 1990, 5. Dezember 1990, 19. Dezember 1990, 6. Februar 1991, 20. Februar 1991.
„Vredesbrief", Niederlande, vom: 17. Juni 1972.
„Das Parlament", Deutschland, vom: 2. November 1990, 10. Mai 1991, 16. August 1991, 20. September 1991, 18. Oktober 1991.
„Der Spiegel", Deutschland, vom: 9. November 1987, 20. Mai 1991, 15. Juli 1991, 28. Oktober 1991, 25. November 1991, 4. Mai 1992.
„Die Welt", Deutschland, vom: 8. Dezember 1987, 17. Februar 1988, 4. Februar 1989, 29. April 1989, 6. Mai 1989, 26. Juni 1989, 11. Juli 1989, 1. September 1989, 23. September 1989, 13. Januar 1990, 6. Februar 1990, 6. März 1990, 15. März 1990, 5. April 1990, 4. Mai 1990, 4. Dezember 1990, 6. Dezember 1990, 1. März 1992.
„Frankfurter Allgemeine Zeitung" vom: 21. November 1980, 18. Mai 1988, 11. Januar 1989, 4. Februar 1989, 6. Februar 1989, 29. April 1989, 2. Mai 1989, 3. Mai 1989, 6. Mai 1989, 21. Juni 1989, 26. Juni 1989, 4. August 1989, 5. August 1989, 8. August 1989, 6. Dezember 1989, 4. Januar 1990, 12. März 1990, 6. Februar 1990, 8. Februar 1990, 29. Oktober 1990, 15. Dezember 1990, 9. Januar 1991, 24. Januar 1991, 31. Januar 1991, 4. Februar 1991, 7. Februar 1991, 11. Februar 1991, 12. Februar 1991, 13. Februar 1991, 20. Februar 1991, 30. März 1991, 9. April 1991, 22. April 1991, 6. Mai 1991, 13. Mai 1991, 15. Mai 1991, 29. Mai 1991, 25. Juni 1991, 27. Juni 1991, 6. Juli 1991, 9. Juli 1991, 18. Juli 1991, 20. Juli 1991, 27. Juli 1991, 30. Juli 1991, 31. Juli 1991, 2. August 1991, 6. August 1991, 26. August 1991, 10. September 1991, 12. September 1991, 14. September 1991, 20. September 1991, 21. September 1991, 23. September 1991, 27. September 1991, 28. September 1991, 12. Oktober 1991, 16. Oktober 1991, 17. Oktober 1991, 19. Oktober 1991, 21. Oktober 1991, 23. Oktober 1991, 24. Oktober 1991, 25. Oktober 1991, 26. Oktober 1991, 28. Oktober 1991, 31. Oktober 1991, 02. November 1991, 6. November 1991, 7. November 1991, 13. November 1991, 23. November 1991, 26. November 1991, 2. Dezember 1991, 4. Dezember 1991, 2. Januar 1992, 14. Januar 1992, 18. Januar 1992, 21. Januar 1992, 25. Januar 1992, 27. Januar 1992, 4. Februar 1992, 7. Februar 1992, 22. Februar 1992, 25. Februar 1992, 2. März 1992, 7. März 1992, 21. März 1992, 23. März 1992, 28. März 1992, 1. April 1992, 2. April 1992, 6. April 1992, 7. April 1992, 9. April 1992, 13. April 1992, 14. April 1992, 18. April 1992, 24. April 1992, 27. April 1992, 5. Mai 1992, 7. Mai 1992, 9. Mai 1992, 13. Mai 1992, 19. Mai 1992.
„FAZ-Magazin" vom 26. Oktober 1990, 30. November 1990, 7. Dezember 1990, 14. Dezember 1990, 18. Januar 1991.
„Handelsblatt" vom 15. April 1991.
„Neue Rhein Zeitung" vom 25. Oktober 1991.
„Rheinischer Merkur" vom 28. April 1989.
„Rheinische Post" vom 22. Februar 1989, 24. Februar 1989, 4. Februar 1989, 7. Februar 1989.